供电企业
业务外包
管理与实践

张立刚　吴慈生　任傅强　主编

合肥工业大学出版社

图书在版编目(CIP)数据

供电企业业务外包管理与实践/张立刚,吴慈生,任傅强主编 . --合肥:合肥工业大学出版社,2025.3. -- ISBN 978 - 7 - 5650 - 7031 - 0

Ⅰ.F426.61

中国国家版本馆 CIP 数据核字第 2025DF5127 号

供电企业业务外包管理与实践

GONGDIAN QIYE YEWU WAIBAO GUANLI YU SHIJIAN

张立刚　吴慈生　任傅强　主编　　　　　　　　责任编辑　疏利民

出　版	合肥工业大学出版社		版　次	2025 年 3 月第 1 版	
地　址	合肥市屯溪路 193 号		印　次	2025 年 3 月第 1 次印刷	
邮　编	230009		开　本	787 毫米×1092 毫米　1/16	
电　话	理工图书出版中心:0551 - 62903018		印　张	16.25	
	营销与储运管理中心:0551 - 62903198		字　数	395 千字	
网　址	press. hfut. edu. cn		印　刷	安徽联众印刷有限公司	
E-mail	hfutpress@163.com		发　行	全国新华书店	

ISBN 978 - 7 - 5650 - 7031 - 0　　　　　　　　　　　　　　定价:58.00 元

如果有影响阅读的印装质量问题,请与出版社营销与储运管理中心联系调换。

前　言
PREFACE

　　为加快建设具有中国特色国际领先的能源互联网企业，担负起大国重器的重要使命，在电网设备规模不断扩大、企业职工逐年减少的前提下，必要的业务外包是充分利用社会资源、加快电网企业高质量发展的重要举措。新形势下，电网企业进一步深化业务外包管理，明确细化业务外包项目化实施的流程、要求，规范界定内部的职责分工，着力增强业务外包全过程管理能力，有效提高了企业投入产出的效率，业务外包管理取得了显著成效。

　　在供电企业业务外包管理实际工作中，仍存在一些不规范、不完善的问题。例如，部分外包项目未严格按照要求规范实施，专业部门监督管控职能未有效发挥，供电所业务外包管理存在短板等。分析这些问题的根源，很重要的一点就是制度办法健全的前提下，专业化、系统性的培训远远不能满足实际工作的需要，业务外包培训的手段少，针对性和有效性还不强，部分业务外包的实施人员缺乏专业管理的基础知识和必要的管理技能。因此，系统梳理供电企业业务外包理论、实践、案例，开发业务外包管理专业培训教材，借助微课程、微视频等数字化的技术和工具，是加强供电企业业务外包管理培训的重要手段。

　　受国网安徽省电力有限公司委托，国网阜阳供电公司与合肥工业大学组织力量编写了《供电企业业务外包管理与实践》这本书，既有对企业业务外包管理基本概念、基本理论等基础知识的全面介绍，也有对供电企业业务外包管理创新的实践总结，还有对高质量跨越式发展环境下的新思考和新探讨。本教材具有较强的针对性、实用性和可读性，可为供电企业业务外包管理培训和实践提供有价值的参考。

全书共分 8 章。张立刚、吴慈生、张建权负责全书内容的总体思路设计、组织研讨，张立刚、吴慈生、任傅强负责定稿。本书的撰写者（按章节顺序）：第 1 章（吴慈生、张建权、杨翼、刘腾、刘莉、孙李）；第 2 章（吴慈生、葛曼曼、任傅强、宋宇飞）；第 3 章（张可、徐红芳、徐欣宇、张子保、许康）；第 4 章（杜先进、江天缘、王永祥、王钰、魏欣）；第 5 章（付红、赵敏、徐海滨、高江明、吴雪梅）；第 6 章（张立刚、张可心、张永、蔡磊、李越）；第 7 章（吴慈生、吴玉玉、刘昆仑、李一飞）；第 8 章（吴慈生、周二磊、王宜福、黄志远、姚晨晨）。

在本书出版过程中，合肥工业大学出版社疏利民编辑给予了大力支持和帮助，在此表示诚挚的谢意。

本书大量参考和引用了国内外相关文献资料，有的可能未一一标明，在此一并表示感谢！由于水平和时间有限，书中一些概念界定、内容与方法的创新性探索等还有待于进一步完善，一些疏漏和不当之处，也恳请广大读者特别是同行们提出批评与指导意见。

编　者

2024 年 8 月

目　录

第 1 章
业务外包管理概论

1.1　业务外包管理的概念、内容和对象

1.1.1　业务外包管理的概念

外包是指企业依据签订的外包服务合同，将合同规定范围内工作项目的管理责任委托给外包方执行。外包的主要形式有业务外包、活动外包、服务外包等。

业务外包（Outsourcing）是指某一公司（称为发包单位）通过与外部其他企业（称承包单位）签订契约，将一些传统上由公司内部人员负责的业务或职能外包给专业、高效的服务提供商的经营形式。业务外包是企业减少用工总量、优化员工队伍结构、提高劳动效率、节约成本的重要措施。同一法人主体内部的业务委托不属于业务外包范畴；由其他法人单位承接企业经营范围外业务的经济行为属于外部服务采购，也不纳入业务外包的范畴[1]。

业务外包管理（Outsourcing Management）是指企业的管理者在业务外包实施的过程中通过制订计划、组织、带领、协调、控制等形式来协调他人活动，促使相关人员协同实现既定目标的过程。业务外包管理围绕着业务外包实施流程开展，涵盖制订业务外包实施计划、控制业务外包实施过程、参与业务外包验收等内容。

1.1.2　业务外包管理的内容

业务外包管理主要包括外包用工管理、外包安全管理、外包质量管理、外包项目进度管理、外包费用管理。

1. 外包用工管理

承包单位按照外包合同安排人员到发包单位工作，并配备相应的管理人员，对外包用工人员进行岗前培训和日常业务培训，负责外包用工每月考核、记录等各项管理工作。

外包用工主要由承包单位自行管理，但发包单位对承包单位选人、用人有监督权。发包单位如对承包单位选派到各岗位的人员以及其他事宜有意见，承包单位应按照发包单位的要求及时调整、更换人员。

各单位应认清业务外包用工特点，加强业务外包过程中的用工规范管理，通过完善外包协议、明确工作标准、服务标准并监督实施，由承包单位统一管理外包用工。

2. 外包安全管理

各单位应通过资质审查、合同约束、教育培训、动态评价等机制，做好承包单位的安全监督，严禁以包代管、以罚代管。

各单位应督促承包单位履行自身应尽的责任和义务，对外包合同确定的目标进行跟踪和动态管理，及时预测和分析合同执行过程中的风险和偏差，提前采取预控措施。

各单位应在开工前对承包单位做好全面的安全和技术交底，严格审查实施方案、工艺标准、危险点预控措施；各专业部门和安全监察质量部门应对外包作业现场开展动态安全监督。

各单位应按照专业管理要求和工艺实施标准，抓好验收，加强作业质量管控。对安全风险和工艺要求较高的外包业务的重要环节要现场督察，对标准化程度较高的外包业务应定期进行抽查。检查中发现严重问题时，应责令承包单位现场立即停工整顿，限期整改。

3. 外包质量管理

业务外包项目的质量管理应遵循国家、国网公司及省公司的相关要求，承包单位对外包合同范围内的工作质量负总责，各专业管理部门和项目实施部门应严格业务外包项目监督检查，确保外包业务的质量。

各单位应加强对承包单位的工作质量及安全风险管控，按合同约定加强进度跟踪、验收管理、费用结算管理，督导承包单位严格遵守国家和公司的有关规定，制定详细的质量控制措施并按照工艺标准开展工作，杜绝外包业务资料体现的工作质量和工作内容与合同约定不符、现场安全质量不符合相关规定的问题，同时做好承包单位信用评价工作。

基层单位专业管理部门和项目实施部门应根据有关规范要求，严格开展业务外包项目的验收工作。项目验收实行闭环管理，验收中发现的缺陷应由承包单位在规定时间内完成整改，并将整改情况书面反馈给基层单位专业管理部门，各专业管理部门根据反馈情况组织复验，直至验收合格。

4. 外包项目进度管理

业务外包项目的进度应严格按照合同约定进行，如遇不可抗力因素，承包单位应及时制定应对措施，并与修订后的进度计划一并报项目实施部门审核。

项目实施部门应密切跟踪业务外包项目的进展情况，及时评估可能存在的违约风险，并指导承包单位采取防范措施。

5. 外包费用管理

外包业务实施中应严格监管承包单位履约情况，并依据合同约定对承包单位的违约行为予以处罚。在满足外包业务预定目标后，方可开展费用报销和资金支付[4]。

1.1.3 业务外包管理的对象

业务外包管理的对象是公司的业务外包工作全过程，具体包括：业务外包单位的初步选择推荐，与承包单位签订"生产业务承包合同"和"安全协议"，审查业务外包工作施工方案、承包单位的分包计划及分包申请、专业外包项目的结算书和结算费用；业务外包实施过程的日常管理；监督承包单位安全、技术、组织措施的落实；对单项外包业务的承包单位进行考核评价，并上报考评结果等。

1.2　业务外包管理的特点和原则

1.2.1　业务外包管理的特点

1. 并行的作业分布模式

企业运营系统是一个大系统，包括物料生产系统和企业管理系统等子系统。企业管理系统可分为主要的外包活动管理系统和内部生产技术或劳务输出的生产管理系统。通过实施业务外包，企业可以将非核心或者不擅长的业务活动移交给其他在此领域具有优势的企业，从而在传统的单线运营模式中改变实践和过程中的相关功能和环节。企业的活动在空间上是分开的，在时间上可以是平行的。这种并行运行模式提高了企业的响应速度，有利于企业获得先行者的优势。

2. 组织扁平化

对于实施业务外包的企业，企业可以简化组织，因为它将不擅长的业务外包给承包单位。金字塔式的总部和子公司的组织结构不再适用，取而代之的是更加灵活的、具有高度可变信息流的平面结构。

3. 动态组织管理原则

业务外包的一个重要特征是它与外部世界的联系更紧密，这就要求日常运营和管理活动要具有灵活性和高效率。因此，组织管理系统必须遵循适用于环境变化的动态原则：第一是权力与知识相结合的原则，提高人员地位，扩大人员权力，加强人员的职能，实现科学的决策和管理；第二是适度分权，打破集权管理模式，实现集权和分权相平衡，使企业高管可以专注于战略决策与企业长期和整体规划等事物，充分调动员工积极性，发挥核心竞争力，创造竞争优势；第三是发挥弹性结构的优势：部门、岗位、人员等因素可以根据市场机会进行调整。从战略管理的角度看，外包是通过科学合理的决策来实现的，企业的核心职能是从一般职能中分离出来的。

4. 更加强调技术领先

企业外包非核心业务，企业专注于核心业务，必须保持技术领先。为了使企业能够适应新产品开发，降低成本，提高产品质量，我们应该重视新技术和敏捷制造技术的研究和应用，以建立和保持制造技术的领先地位。

1.2.2　业务外包管理的原则

业务外包工作要按照"谁主管业务，谁组织外包"的原则明确管理主体，按照"公平、公正、择优"的原则确定承包单位，按照"统一管理、规范流程、节约成本、有序实施、严格考评"的原则开展。

统一管理、分级实施。要规范公司业务外包管控体系，分级落实业务外包管理职责，各单位综合考虑人力资源配置、专业工作需要、业务承接商市场等因素，差异化制定业务外包管理办法，依法依规有序开展业务外包工作。

理清职责、规范流程。按照"谁主管业务，谁组织实施"的要求，理清牵头管理部门、业务实施部门相关职责，科学制定流程标准，实现业务外包管理"风险可控、过程在控、规模能控"。

依法合规、降本增效。在安全、法律、财务、审计、物资管理等方面，要严格遵守国家及公司的相关规定，增强成本管控意识，科学制定外包策略，最大限度地实现企业降本增效[4]。

1.3　业务外包管理的主体和管理体制

1.3.1　业务外包管理的主体

业务外包存在着三个主体：发包方、承包方及外包员工。三者的关系梳理如下：

首先，承包方与外包员工之间存在劳动关系，需签订劳动合同。承包方要承担所有《中华人民共和国劳动法》（以下简称《劳动法》）上规定的义务，包括社会保险办理、工资和加班费的支付、工伤待遇的承担等。

其次，发包方与承包方之间建立民事承包关系，双方签订外包协议或项目合作协议（经专业法务的合规审核）。承包方按照外包协议的约定为发包方提供专业服务，或承担发包方的某项具体业务，并对其提供的服务或承包的业务质量负责，发包方向承包方支付整体的外包业务服务费用。

最后，发包方与外包员工之间仅属于劳务合作关系，并不存在直接的法律关系。双方的联系仅仅在于：发包方把具体业务外包给承包方，承包方指派外包员工执行该项业务，外包员工为发包方承办相关业务工作仅仅是履行作为承包方的用人单位分配给其的工作任务，因此，发包方不对外包员工承担《劳动法》上规定的用人单位的任何义务。

1.3.2　业务外包管理要求

1. 业务外包项目立项要求

业务外包项目应按照国网公司的相关文件要求分别立项实施。

将生产业务拆分进行分包的项目，其拆分应符合公司的相关规定。

2. 业务外包项目发包要求

业务外包项目符合省公司规定招标条件的应进行招标，并遵守有关文件规定；对于应急抢修、因功能配套性需委托原单位设计、维修等特殊业务外包项目，可进行竞争性谈判、询价采购或单一来源采购，并按照省公司的有关文件规定程序规范实施。

业务外包项目不在省公司规定招标范围的，由基层单位的专业管理部门会同物资和招投标归口管理部门采用竞争性谈判或者直接谈判确定承包单位。主要发包要求如下：

（1）发包实施进度要求

基层单位项目实施部门根据省公司下达的项目和外包计划，在一个月内编制完发包计划并上报基层单位专业管理部门汇总，各专业管理部门会同物资和招投标归口管理部门在一个月内组织进行业务外包比质比价谈判。

对于确因实施方案、技术要求等不能在年度计划下达后确定外包需求的项目，可在每年的 6、9、11 月份的 10 日前将计划表上报给各专业管理部门，各专业管理部门在半个月内会同物资和招投标归口管理部门组织进行业务外包比质比价谈判。

对于出现设备紧急故障需发包抢修的项目可采用签报的方式进行紧急发包和承包单位的确认。

对于（2）、（3）两种情况所列的发包需求所需资金总额不能超过项目实施部门年度资金计划的 5%。

（2）发包需求要求

一般外包项目需根据外包内容逐项编制整体外包或者分包的发包需求。

检修外包项目可按年度编制框架发包需求，费用按实结算，结算时应附有经过审核的工程量清单和结算书。

对于长期合作的外包单位且外包业务工作量无法准确预计的（如抢修、物业修缮、短期劳务等），可按年度编制框架发包需求，费用按实结算，结算时应附有经过审核的工程量清单和结算书。

（3）发包方式要求

业务外包项目应通过比质比价确定承包单位及相关业务，主要方式为竞争性谈判和直接谈判，特定情况可采用签报方式。

竞争性谈判是指向两家及以上潜在承包单位发出邀请，通过谈判确定供应单位。业务外包优先采用该方式确认承包单位。

直接谈判是指直接向一家承包单位发出邀请，通过直接谈判确定承包单位及承包内容。具有以下特点的项目业务可采用该方式确认承包单位：采用特定专利、专有技术或者其他特殊原因，只能选择唯一承包单位的；必须保证与原有项目一致性或者服务配套要求的；在原项目范围内，因少量技术或商务条件变化，引起合同调整，必须与原承包单位签约的。

签报方式是由项目实施部门申请经基层单位专业管理部门审核并经基层单位分管领导批准确认承包单位的方式。可采用签报方式的业务为：现设备紧急故障需发包抢修的项目；单项业务外包费用小于 1 万元的项目；需原厂修理的仪器仪表及工器具的修理。

业务外包中所需物资采购管理按照国网总部有关规定执行。

集体企业应和社会企业按规定要求同等参与业务外包活动。

3. 承包单位资质审查要求

需要招标的业务外包项目的承包单位资质审查由省公司物资部组织运维检修部、安全监察部和相关职能部门共同进行，确保承包单位具备所承包业务外包项目专业和规模施工要求的资质、资格和施工能力。

不需要招标的业务外包项目的承包单位资质审查由基层单位自行组织。

（1）对潜在生产业务承包单位资格审查采用年度资格预审方式。

（2）基层单位项目实施部门根据年度项目计划情况，收集承包商的施工资质、财务状况、施工技术能力和安全情况，择优选择施工队伍，按照确定的外包原则和范围拟定承包商承包项目范围，提出年度项目潜在承包单位名单。

（3）基层单位专业管理部门组织对承包单位资质、业绩等组织审查，形成生产业务潜在承包单位预审名单，提交给基层单位物资和招投标归口管理部门组织审查。

（4）基层单位物资和招投标归口管理部门牵头组织成立基层单位项目潜在承包单位资格预审小组，由基层单位相关专业管理部门组成，审查结果经基层单位领导审批后执行。

（5）对承包单位的资质审查不得自行降低标准，不得简化审查手续，不得逾期办理。

（6）承包单位如发生资质变更（资质降级和经营范围缩小的），在资质变更当日起24小时内应通知相应管理部门，基层单位相关管理部门应重新对其进行资质审查、备案。如资质变化影响生产业务实施的，应及时通知相关单位和部门。

（7）承包商资质要求见附录一。

4. 业务外包项目实施的要求

业务外包项目确定承包单位后，项目实施部门应与承包单位签订"生产业务承包合同"和"安全协议"。安全协议作为业务合同的附件，随业务合同同步履行，严禁无合同和安全协议进行施工。安全协议应符合《国家电网公司电力建设工程分包安全协议范本》（国家电网安监〔2008〕1057号）要求。

业务外包项目不得转包。承包单位在承担整个生产业务外包项目时，仅可进行一次专业分包或劳务分包；承包单位在承担外包生产业务中的专业任务时，不得再进行专业分包，仅可进行一次劳务分包。承包单位的分包计划应经项目实施部门审查、专业管理部门审核后方可实施。

监理单位（没有监理单位的项目由项目实施部门履行相关管理要求，下同）应根据监理合同要求，代表专业管理部门和项目实施部门通过文件审查、签证、旁站和巡视等监理手段，实施业务外包项目的安全、质量、进度、费用监理。

业务外包合同中规定的安全、质量、进度、费用等目标和关键条款不得随意更改。如有重大违约情况，发包单位应及时按有关规定上报上级管理部门。

5. 业务外包项目安全管理的要求

通过资质审查、合同约束、教育培训、动态评价等制度，做好承包单位的安全监督工作，严禁以包代管、以罚代管。

项目实施部门应督促承包单位履行自身应尽的责任和义务，对外包合同确定的目标进行跟踪和动态管理，及时预测和分析合同执行过程中的风险和偏差，提前采取预控措施。

项目实施部门应督促监理单位动态核查进场承包单位的人员配备、施工机具配备、技术管理等施工能力，发现问题，及时提出整改要求并实施闭环管理。

承包单位对外包合同范围内的施工安全负总责，依据业务外包合同及安全协议负责承包范围的安全生产工作，并应服从专业管理部门和项目实施部门、监理单位的安全生产管理。

基层单位应加强现场安全管理和现场组织协调，完善安全组织技术措施，强化现场安全监督，推行现场标准化作业，确保作业安全、质量优良。

在变电站生产区内和输配电线路杆塔上进行的生产业务外包时，工作票必须由承包单位和基层单位运行管理部门双方签发。

各种承包方式的安全责任具体为：

（1）采用专业承包方式：工作负责人由承包单位具备相应资格的人员担任，承包单位承担全部人员、设备等安全责任。

发包方应安排专人对施工关键环节、关键部位实行专门监护。

承包单位担任工作负责人的人员资格须由发包方安全监察部认定。

（2）采用劳务分包方式：工作票签发人和工作负责人均由发包方具备相应资格的人员担任，发包方承担现场人员、设备安全责任。

生产业务实行劳务分包时，应由基层单位项目实施部门中具备相应资格的主业人员担任工作负责人和专职监护人。

6. 业务外包项目质量管理的要求

业务外包项目的质量管理应遵循国家、行业、发包单位的相关要求，承包单位对外包合同范围内的施工质量负总责，监理单位应认真履行监理合同规定的职责，对业务外包项目进行质量控制，各专业管理部门和项目实施部门应严格落实业务外包项目的三级验收制度，确保外包业务的质量。

项目实施部门应督促承包单位认真查勘检修工作现场，编制完整的实施方案，制定详细的安全技术措施，按照相关工艺标准开展工作，确保质量。

监理单位负责审查承包单位的施工组织设计、重大技术方案、重大项目、重要工序、危险性作业、特殊作业的安全技术措施及现场等所涉及的安全文明施工和环境保护措施，并监督实施，必要时实行旁站监理和跟踪控制，发现问题及时督促整改，情节严重时下达停工令并及时向各专业管理部门和项目实施部门汇报。

基层单位专业管理部门和项目实施部门应根据有关规范要求，严格开展业务外包的工程验收工作。工程验收实行闭环管理，验收中发现的缺陷应由承包单位在规定时间内完成整改，监理单位负责督促承包单位的整改，并将整改情况书面反馈给基层单位专业管理部门，各专业管理部门根据反馈情况组织复验，直至验收合格。

7. 业务外包项目进度管理的要求

业务外包项目的进度应严格按照合同约定进行，如遇不可抗力因素，承包单位应及时制定应对措施，并与修订后的进度计划一并报项目实施部门审核。

项目实施部门应密切跟踪业务外包项目的进展情况，及时评估可能的违约风险，并指导承包单位采取防范措施。

8. 业务外包项目费用管理的要求

业务外包项目的费用发生应严格按照合同约定进行，如遇不可抗力因素，承包单位应及时制定应对措施，并与修订后的费用预算一并通过项目实施部门报专业管理部门审核。

项目实施部门应密切跟踪业务外包项目的费用发生情况，及时评估可能的经营风险，并指导承包单位采取防范措施。

9. 业务外包项目资料管理的要求

项目实施部门应妥善保管项目外包、施工、结算等相关资料。外包项目资料按项目进行存档，一个项目建立一份存档资料，根据《项目归档资料清单》进行收集存档，存档资料应准确齐全，签字盖章手续规范。

项目外包管理中谈判过程资料应作为项目外包谈判资料进行归档保存。

1.4　业务外包管理模式

1.4.1　业务外包模式

根据不同的标准，可以将业务外包划分为不同种类，如整体外包和部分外包、生产外包、销售外包、研发外包、人力资源外包，以及无中介的外包和利用中介服务的外包等。

首先，根据业务活动的完整性可以将业务外包分为整体外包和部分外包。所谓部分外包，是指企业根据需要将业务各组成部分分别外包给该领域的优秀的服务供应商。如企业的人力资源部分外包，企业根据需要将劳资关系、员工聘用、培训和解聘等分别外包给不同的外部供应商。一般来说，部分外包的主要是与核心业务无关的辅助性活动，如临时性服务等。当企业的业务量突然增大，现有流程和资源不能完全满足业务的快速扩张时，可以通过部分外包，利用外部资源，不仅获得规模经济优势，提高工作效率，而且可以尽快满足企业业务活动的弹性需求。而整体外包时企业将业务的所有流程，从计划、安排、执行以及业务分析全部外包，由外部供应商管理整个业务流程，并根据企业的需要进行调整。在这种外包模式下，企业必须与承包商签订合同，合约内容应包括产品质量、交货期、技术变动，以及相关设备性能指标的要求。整体外包强调企业之间的长期合作，长期合作关系将在很大程度上抑制机会主义行为的产生。由于一次性的背叛和欺诈在长期合作中将导致针锋相对的报复和惩罚，外包伙伴可能会失去相关业务，因此，这种合作关系会使因机会主义而产生的交易费用降到最低限度。

其次，根据业务职能可以将业务外包划分为生产外包、销售外包、供应外包、人力资源外包、信息技术服务外包，以及研发外包。业务外包理论强调企业专注于自己的核心能力部分，如果某一业务职能不是市场上最有效率的，并且该业务职能又不是企业的核心能力，那么就应该把它外包给外部效率更高的专业化厂商去做。根据核心能力观点，企业应集中有限资源强化其核心业务，对于其他非核心职能则应该实行外购或外包。

再次，根据合作伙伴间的组织形式可以将业务外包分为无中介的外包和利用中介服务的外包。在有中介的外包模式中，厂商和外包供应商并不直接接触，双方与中介服务组织签订契约，由中介服务机构去匹配交易信息，中介组织通过收取佣金获利。这种利用中介组织的外包模式可以大大降低厂商和外包供应商的搜索成本，提高交易的效率。如麦当劳在我国许多城市中的员工雇用就是采用这种模式。而在无中介的外包模式中，厂商和外包供应商可以借助于互联网络进行，如美国思科（CISCO）公司将80％的产品生产和陪送业务通过其"生产在线"网站实行外包，获得 CISCO 授权的供应商可以进入 CISCO 数据库，得到承包供货的信息。

1.4.2 业务外包形式

业务外包，也称业务合作，是指发包方将从甲方承揽的某部分业务（一般是非主要、辅助性的，当然也不排除特殊情况下的全部转包等）转包给第三方，并由第三方实际履行的业务合作方式。在此种模式下，企业对甲方仍需就整个业务的质量进度等承担责任；如因业务分包方导致发包方损失的，发包方可以追究分包方的违约责任。这个概念主要是由于《中华人民共和国民法典》（以下简称《民法典》）的调整而产生的。在业务分包模式下，由业务分包单位与劳动者建立劳动关系。

劳务分包是指发包方将部分工作发包给第三方，由第三方提供劳动者完成相应工作任务的业务合作方式。劳务分包首先产生于《中华人民共和国建筑法》等建筑行业的法律法规中，后来在其他行业中也逐步开展起来。在劳务分包模式下，由劳务公司与劳动者建立劳动关系。

劳务派遣是指劳务派遣机构与劳动者签订合同，并由劳务派遣单位把劳动者派遣到其他用工单位去工作，再由用工单位向劳务派遣机构支付一笔劳务派遣费用的用工形式。这种用工形式在《劳动法》《中华人民共和国劳动合同法》（以下简称《劳动合同法》）等相关法律法规中有明确规定。主要特征：由劳务派遣单位招用劳动者，并与被派遣劳动者建立劳动关系，签订劳动合同；用工单位使用被派遣劳动者，但与被派遣劳动者不建立劳动关系，不直接签订劳动合同；被派遣劳动者的劳动过程受用工单位的指挥管理。

1. 劳务分包与业务分包的区别及注意事项

分包的内容不同。劳务分包是发包单位仅把一定的工作岗位发包给劳务单位，由劳务单位提供劳动者来完成。在此种业务模式下，劳务单位只提供劳动者和辅助性材料，不会提供主材。业务分包是指发包单位将一部分业务内容（包括工作岗位及配套材料等）均交由分包单位履行。在此种业务模式下，分包单位不仅提供劳动者，还需提供劳动者工作所需的全部材料。这是劳务分包与业务分包的核心区别点。

所需承担的责任不同。在劳务分包模式下，劳务分包单位仅需对劳务工作的质量承担责任，而对因发包单位提供的工作质量等引起的问题不承担责任。在业务分包模式下，业务分包单位对所承包的所有业务内容（包括但不限于人员、材料、工作质量等）承担责任。

行政监管的模式不同。在劳务分包模式下，承接分包业务的公司应当具备相应的劳务资质，并要接受行政主管部门的监督。在业务分包模式下，除非对业务分包内容有明确的资质要求，否则不受业务分包内容的限制。

适用的法律不同。劳务分包模式下，除了适用《民法典》之外，还需适用建设部等相关部委对劳务分包的相关规定。业务分包模式下，主要是适用《民法典》的规定；如果分包业务有特殊性，还需适用相关行业的法律及行政监管规定。

2. 劳务分包、劳务外包和劳务派遣的区别及注意事项

适用的法律不同。劳务外包除适用《民法典》之外，还需适用建设部等相关部委对劳务分包的相关规定。劳务派遣主要适用的是《劳动合同法》，其次是《民法典》。二者比较而言，劳务派遣更多地受到法律的约束。

对劳动者的管理权限不同。在劳务派遣模式下，用工单位要直接管理劳动者，用工单位的规章制度对劳动者有约束力。在劳务分包模式下，由劳务单位直接管理劳动者，发包单位不参与对劳动者管理。

劳动风险的承担不同。劳务外包中的核心要素是工作成果，发包人关注的是承包人交付的工作成果，至于承包人如何完成工作，发包人并不关心，承包人只有在工作成果符合约定时才能获得相应的外包费用，从事外包劳务劳动者的劳动风险与发包人无关；劳务派遣中的核心要素是劳动过程，劳务派遣单位对被派遣劳动者的工作结果不负责任，被派遣劳动者有可能"成事"，也可能"败事"，成败的风险由用工单位承担。

用工风险的承担不同。劳务外包中，承包人招用劳动者的用工风险与发包人无关，发包人与承包人自行承担各自的用工风险，各自的用工风险完全隔离；劳务派遣作为一种劳动用工方式，用工单位系劳务派遣三方法律关系中的一方主体，需承担一定的用工风险，比如劳务派遣单位违法给被派遣劳动者造成损害的，用工单位与劳务派遣单位均需承担连带赔偿责任。

资质管理不同。在劳务派遣模式下，劳务派遣公司必须由劳动行政主管部门颁发相应的劳务派遣资质方能开展劳务派遣业务。劳务分包中，除了建筑行业对劳务分包有明确的资质要求外，其他行业暂未出台相应的资质管理规定。

3. 业务分包和劳务派遣的区别及注意事项

分包的内容不同。业务分包是把部分业务内容转包给分包单位，由分包单位提供人员及其他必备的材料等独立完成。劳务派遣是用工单位将部分工作岗位发包给劳务派遣单位，并由其派遣劳动者到该岗位完成相关工作。

劳动用工风险不同。在业务分包模式下，发包单位不参与分包单位的人员管理，不承担任何用工风险。在劳务派遣模式下，用工单位要对派遣员工进行管理，依法要承担因违法用工产生的法律责任。

履行义务的场所不同。在业务分包模式下，分包单位履行义务的场所与发包单位的工作场地可能一致，也可能不一致。在劳务派遣模式下，劳务派遣单位派遣的员工一般是与用工单位员工在同一个劳动场所工作。

1.5　业务外包管理研究现状

1.5.1　国外业务外包管理研究现状

1990 年，"业务外包"一词首次由哈默和普拉哈拉德提出并使用，是英文单词 Outsourcing 翻译而来的，也可以翻译为资源外包、外源化、资源外取、资源外用、资源外购和外部化[2]。自 1990 年以来，业务外包研究课题就成为各大国外企业生产经营、管理研究的热门话题，很多国外机构和企业都就此先后对业务外包管理、业务外包咨询和业务外包服务等进行了研究讨论。尤其是在 1998 年之后，出版了针对业务外包研究的专著和期刊。通过对国外业务外包相关研究成果的整理，我们总结出以下几方面的研究内容：

1. 分类、动因和优势

1998 年，在业务外包分类方面，Lepak、Snell 将外包业务按照独特性和价值两维度，划分为四种：传统业务、独特性业务、外围业务和核心业务[3]。

Vining、Globerman 将外包按照生产复杂性和资产专用性两维度，划分为四种：高专用性高复杂性外包、高专用性低复杂性外包、低专用性低复杂性外包和低专用性高复杂性外包[4]。

Arnold 在 2000 年提出按照外包结构模型、外包主体、外包合作者、外包目标以及外包设计，对企业业务进行类别划分，以此决定企业外包类型，包括四大类：企业核心业务、企业支持性业务、企业可抛弃性业务以及企业与核心业务密切相关的业务，并提出企业业务外包业务的外包过程是由企业交易成本和企业核心能力决定的[5]。

在业务外包动因方面，Glass 在 2001 年以南北方国家的企业优势，即具有技术优势的北方国家和具有成本优势的南方国家，构建了产品周期模型，以企业业务交易成本和企业核心竞争力为视角提出了企业业务外包产生的原因；通过研究，发现南北方国家的企业业务外包的主要原因是技术差异，而不是资源差异，并且重点研究了企业业务外包对企业技术创新行为的影响[6]。

　　Grossman 在 2006 年从企业生产规模经济的角度得出企业的业务外包原因是生产的产品具有复杂性，从而导致生产成本很高，并重点考察了三方面对企业外包业务产生的影响[7]，即消费补贴、消费产品的运输成本和消费份额。

　　2. 外包过程框架

　　Johnson 在 1995 年认为外包包括：分析企业战略、辨识企业适合的外包业务、制定企业外包需求、选择企业外包商、转变企业经营模式以及企业与外包商之间的关系管理六阶段[8]。

　　Greaver 在 1999 年认为外包包括：企业外包计划、企业外包战略、企业业绩与成本分析、企业外包商的选择、企业与外包商的协议、企业外包业务的资源转换以及企业与外包商之间的关系管理七阶段[9]。

　　Momme 和 Hvolby 在 2000 年采取实证研究法对重工业部门进行研究，认为企业外包包括：分析企业竞争力、选择评估企业外包商、企业与外包商签订合同协议、执行外包项目、企业与外包商之间的关系管理和关系终止六步骤[10]。

　　3. 外包决策研究

　　Venkatesen 在 1992 认为企业在进行外包决策时，可采取单维判断模型进行决策，即"业务是否是企业核心业务"的评价指标，如果业务属于企业核心业务，则进行业务自己生产，实施企业纵向一体化战略，否则采取对外采购形式[11]。

　　Quinn 和 Hilmer 在 1994 年提出了比一维判断模型更为实用的二维模型，对企业核心业务和企业非核心业务之间的不明确地带进行了设置，并建议企业在特定类型区域可以实施业务外包策略。二维模型将企业外包因素划分为战略脆弱性程度、获取竞争优势的潜力两方面，其中战略脆弱性程度是指：如果企业将某业务实现外包后，会受到市场的影响，导致企业受脆弱性影响；获取竞争优势的潜力是指：企业将某业务实现外包后，企业竞争优势的潜力会大大增强。该模型分别以战略脆弱性程度和获取竞争优势的潜力为横纵坐标划分企业的经营活动，可划分为九大类，并明确规定了其中三大类的经营策略，如战略脆弱性程度和获取竞争优势的潜力水平均低时，采取外包策略；战略脆弱性程度和获取竞争优势的潜力水平均高时，采取企业自己生产的策略；介于战略脆弱性程度和获取竞争优势的潜力中间水平时，采取外包协调策略。该模型最大的缺陷就是没有考虑企业其他六大类经营活动[12]。

　　Olsen 在 1997 年以企业产品采购难度和企业产品的重要性为分析变量，构建了企业采购模型，该模型从企业生产连续性的视角分析外包策略，它是以传统的采购职能思想为指导构建的完全外包模型，完全不涉及企业的自行生产问题[13]。

　　Vining 和 Globerman 在 1999 年提出企业外包与否的依据要综合考虑企业的成本：生产成本、企业谈判成本和企业机会主义等，要求总成本最低[4]。

　　4. 外包管理必然性研究

　　Mclaren（2000）研究公司外包决策与国际开放度之间的关系，并明确地指出国际格局的开放化促进全球市场化加快，这样，经济发展趋势为外包业务的发展提供了坚实的基础[14]。

　　Satyendra Singh（2009）通过对印度本土企业和在印外资企业进行外包业务研究发现，市场导向与外包有助于企业能力培养，而且有助于企业工作效率的提高和资源的合理配置[15]。

Bjarke（2016）通过实证分析指出，企业通过实施业务外包管理，可以帮助企业减少劣势活动所消耗的资源，便于企业集中精力创造更有价值的竞争优势[16]。

Jesper（2018）等学者认为，面对新的经济发展形势，企业之间需要合作共赢创造新的利益共同体。在这种情况下，通过业务外包形成一种新的合作方式显得尤为重要，虽然这样的合作会带来巨大的利益，但是也会诱发新的从未出现过的风险，需要企业采取积极的应对措施[17]。

Elock（2019）研究指出，多数企业选择业务外包方式降低自己工作中重复性较高且价值较低的工作，通过这种方式进行业务优化，使得企业在自身专长的领域能够集中资源获取更加丰厚的回报[18]。

5. 外包风险研究

Everest Group 公司在 1997 年通过对软件公司外包活动的调研发现，导致企业外包活动失败的风险因素包括：外包合同缺少柔性、外包合同没有持续改善的机制、外包需求和企业文化不相容、企业外包商机会主义、企业与外包商关系管理较差、企业职能的丧失、外包合同管理不善、企业员工士气低、企业信息安全性较差和企业面临潜在竞争。

Cross 在 1995 年和 Nelson、Earl 在 1996 年提出企业外包可能面临交易成本以及治理成本的发生，如企业外包业务资源的重置成本、企业组织变更成本、企业外包人力管理成本等[19][20][21]。

Lacity（1996）研究指出，实施业务外包会面临法律风险，如诉讼困难、谈判困难、维权困难等[22]。

Lacity 和 Willcock 在 2000 年提出企业外包还面临隐藏的服务费、法律诉讼费、外包协商难、服务成本高等风险[23]。

Aubert、Patry、Rivard（1998，2001，2001）以 IT 外包风险的研究为出发点，通过对外包风险进行预期损失计算（以外包风险为负面事件，计算负面事件发生的概率和负面事件发生的损失乘积），将 IT 外包风险划分为隐藏成本、服务质量低、契约成本以及企业竞争力下降四类[24][25][26]。

Bahli 在总结前人研究的基础上，全面研究了外包风险，以代理理论和交易成本理论为研究视角，对外包风险进行了理论和实践两方面的研究。他通过对 IT 软件公司外包风险的实证研究，从三方面（委托方、代理方和交易方）提出了具有实际操作性的外包风险管理战略：管理信息系统外包、人力资源外包，但是缺乏对外包风险的综合性研究[27]。

Benton（1990）研究明确指出，业务外包管理实施水平的高低与服务商关系管理好坏有至关重要的关系，只有加强与外包服务商的合作关系，才能做好外包服务商关系管理，从而达到提高外包业务管理实施水平的目的[28]。

Gupta（2018）研究认为，企业在选择实施业务外包时存在一定的道德风险，但是企业依旧可以从业务外包管理中获得收益，长久来看业务外包管理所带来的这种收益必然大于企业将会承担的道德风险，建议企业改变支付方案，采用结果考核的方式，激励外包服务商使其发挥最佳的工作状态[29]。

6. 外包服务商绩效考核方面研究

Baxendale（2004）研究指出，在业务外包管理的过程中建立客观的考核评价体系尤为重要，在外包业务考核评价体系的建立过程中可以使用模糊多规划模型，涵盖着工程结束准时率、服务质量优秀率以及供货商等级评价等内容[30]。

Kenyon（2016）研究指出，从必然性角度出发，尽管业务外包合作双方都在合同中明确地表明了自己的要求，但是在具体实施过程中所遇到的变化也不能提前预知，所以实施业务外包管理会引发各种各样的风险[31]。

Asmussen（2018）运用混合整数线性规划模型对生产企业的外包业务决策行为进行分析，该模型综合考虑生产计划、人力调整的资本投资，将柔性影响因子进行了量化处理[17]。

Ewelina（2019）选取典型的业务外包管理案例进行了分析研究，探索了管理创新与业务流程化之间存在的风险问题，并建议采取业务外包管理创新的企业通过建立风险控制体系来降低存在的风险[32]。

1.5.2　国内业务外包管理研究现状

在我国企业发展过程中，业务外包的开展有很重要的作用，很多学者也逐渐认识到业务外包的重要性，但是由于对业务外包的研究时间较短，目前我国学者对外包的研究主要集中在外包基本理论方面，我们从以下方面展开介绍：

1. 外包的分类、动因和优势

从企业外包的概念来看，外包就是资源外取、外包服务，将企业外包业务资源分为企业核心资源、企业外包资源以及企业市场资源三类，认为企业外包业务就是将原有企业负责的非核心资源外包给外包商，认为企业外包业务主要是由下面三个方面引起的：企业竞争战略、企业交易成本以及企业之间的比较优势；因此，企业外包是指企业将内部非核心竞争业务等环节外包给其他外部企业进行运营，自己只关注于专业部分，关注于自己的核心竞争业务。

卢锋于 2007 年在技术发展、经济体制变革和市场竞争环境下，以企业生产服务工序分工的成本利润比较的视角为企业外包业务构建了分析框架，通过历史追溯法和逻辑演变法，观察解释了企业外包业务的产生和兴起。通过研究，卢锋提出企业外包业务的发展是基于下面几个背景条件下的，即信息技术的发展、经济体制的变革、物流运输的革命以及市场竞争[33]。

2. 外包风险研究

吕魏、郑勇强（2001）通过研究发现，企业外包业务很可能会使得企业对一些业务失去应有的控制，增加企业生产运营的不确定性，对企业外包失去控制，甚至会波及企业对整个生产业务的控制；另外，企业的外包战略还可能使企业失去对核心竞争力的培养机会和学习机会等潜在风险[34]。李威松、王淑云（2004）研究发现，企业外包合同也会带来外包风险，如发包企业与外包供应商之间由于信息不对称问题引起的风险，由于信息不对称，发包企业无法得到准确的证据去约束外包供应商的行为，而带来企业风险和企业损失；由于信息不对称，外包供应商可能利用不对称信息获取额外利益，也可能由于不对称信息逃脱应承担的责任风险[35]。

徐姝（2006）对外包业务风险有较为全面的研究，她通过研究构建了对企业外包业务风险进行分析管理的框架，建立了对外包业务风险进行识别的模型，以更好地对外包业务风险进行排序和评估,并提出了对于相应风险的控制策略;另外,她还设计了一套行之有效的外包激励机制,以防范企业外包合同管理之外引起的外包道德风险以及外包逆向选择风险[36]。

朱四明等(2011)提出企业外包业务不仅可以给企业带来利益,还可以带来风险,企业的外包业务风险是由于企业在外包中面临环境的不确定性导致的,并且企业外包风险是和企业外包活动过程对应的,企业外包业务的决策阶段以及执行阶段的风险是不同程度的[37]。结合企业外包业务开展的过程考虑,企业外包风险大体可以划分为企业成本风险、企业战略风险、企业外包业务自身风险以及企业环境风险。企业想要控制外包风险需要在成本和不确定性之间寻找控制平衡点,以付出成本来减少企业面临的不确定性,降低企业外包风险。第一,企业需要从发展战略的角度考虑企业外包决策,并进一步确定企业外包业务的界限;第二,企业为了规避外包风险,需要选择多家外包供应商进行竞标,并从中选择合适的外包供应商,与其建立战略合作伙伴关系,并进行外包关系管理。总之,正确地识别企业外包业务风险并加以合理控制是非常重要的。

3. 外包的决策研究

李华焰、马士华(2001)提出了以企业核心竞争力、企业内部能力以及企业财务为视角的外包决策分析模型,对企业供应链外包进行三维模型选择[38]。

张建华、梅胜等(2005)采用威廉姆森分析法,从企业交易的不确定程度、频率以及企业资产的专用性程度对企业外包进行三维分析,并从企业交易成本的视角对企业外包决策进行了定性描述[39]。企业成本包括企业投资成本、企业管理成本以及企业外包风险成本三大类,认为当成本最低时,适当考虑将企业业务外包。

李晋、崔南方(2005)通过对影响企业外包业务的因素进行分析后,构建了包括核心度、技术度以及流失度为主的三维分析模型,对企业业务自制和外包之间的不明确地带进行分析,并结合外包供应商的关系管理情况和企业的业务情况进行综合分析,给出企业业务的外包选择决策[40]。

4. 外包管理必然性研究

企业管控业务外包的重要意义在于通过规范业务外包范围和内容,充分调动社会资源,不断优化与盘活企业内部人力资源,从而推进企业降本增效,解决现有编制内人员紧缺的矛盾,积极应对新的劳动用工环境,实现公司持续健康发展。因此,对于电网企业来讲,开展业务外包管理对企业战略发展和创新变革都具有重要意义。

供电企业通过加强业务外包管理,能够规避法律风险,依法合规开展劳动用工管理;理清供电企业与业务外包单位的业务界限和管理关系,减少供电企业对承包单位人员的直接管理,明确外包单位的管理职责,提升外包单位的管理水平;加强供电企业内部各关联专业的规范管理,加强对业务外包人员人工成本的控制,达到业务外包工作规范有序、效能提升的目的。

5. 外包的实施与管理研究

孙大鹏、苏敬勤在2006年为了缓解企业外包业务评价过程中存在的主观问题,采取聚类分析法,以企业专利以及企业销售收入为变量,分别考察企业的市场力、企业的组织力、企业的技术力,然后对企业外包业务进行了综合分析评价[41]。李雷鸣、陈俊芳在2004年以外包业务成本因素为视角对外包决策进行分析,提出企业外包业务活动要对自行生产成本和购买成本进行比较，认为总成本包括企业生产成本、企业谈判成本以及企业机会成本。企业在进行外包业务决策时，要在企业内部生产成本和企业外包成本之间进行决策选择[42]。企业外包业务环境依据企业产品的复杂性以及企业资产的专用性可以分为四大类，并提出企业在不同的外包业务环境下可以采取不同的策略。

6. 外包服务商选择研究

企业确定其业务外包业务后，下一个至关紧要的环节就是对业务外包商的选择。在业务外包中，这是一个极易出错的环节，也是一个至为关键的环节。国内关于业务外包商选择的问题有较为系统的研究。

钱碧波和潘晓弘（2000）提出从时间、质量、成本、服务、机遇实现能力、先进性、创新能力、后勤、环境、管理和文化等因素作为业务外包商选择的评价要素[43]。

马丽娟（2002）提出业务外包商的选择标准由 9 个评价指标组成：产品质量、产品价格、售后服务、地理位置、技术水平、供应能力、经济效益、交货情况及市场影响度[44]。

仲维清和侯强（2003）指出，在具体的业务外包商选择指标筛选中，应该从使供应链绩效最大化的目标出发，按照指标的设计原则，具体从技术水平、经营能力、服务水平、经营环境等四个方面进行分析，具体指标如下：技术水平指标包括技术参数、产品质量、产品可靠性[45]。

王旭坪和陈傲（2004）构建了电子商务环境下的业务外包商评价指标体系，这一体系考虑到了影响企业与业务外包商长期合作的因素，重点突出了信息化水平、业务外包商信誉、柔性[46]。

孙静春（2002）等认为，业务外包商的选择和评价具有多准则和多目标特征，业务外包商的这两个特征对供应商分类和评价模型的建立有着重要影响，这种多准则和多目标特征使得决策问题变得非常复杂[47]。

袁宇等（2014）通过文献统计方法构建供应商选择评价准则体系，有效避免了不同形式信息转换为同一形式造成的信息损失，克服了决策过程中的双重不确定性[48]。

吴阳等（2021）通过构建选择模型，使供应商选择的决策方法从理论层面应用到实践层面，对国有企业的经营运作具有一定的实践指导作用[49]。

7. 外包业务绩效考核研究

企业在建立业务外包绩效管理体系的过程中，应紧密结合公司战略发展方向，在业务外包项目总体框架和要求下，以提高组织与团队的业务完成效果为目标，注重计划与实施过程，制定全面、细致、完整的业务外包绩效管理体系，设置科学合理的考核指标，并将考核结果运用于实际，会对提升承包方业务水平起到良好的激励作用，对整个业务外包起着重要的支撑作用。

许多研究表明，在业务外包实施管理的过程中外包服务商的选择尤为重要，在选择的过程中主观因素比较多，企业应该建立有效的外包服务商选择体系、外包服务商监控体系和外包服务商绩效考核体系，尽量使所有的考核因子都可以进行量化考核，从而达到强化日常管理的目标。

目前国内学术界对业务外包的研究，从研究方向的集中度来看，多数文献是从宏观环境角度尤其是产业经济、区域经济视角来研究企业发展，企业内部因素管理和模式研究相比较而言比较薄弱，由于不能从动态的管理要素和模式上探讨，因而在理论范畴不能从根本上解答业务外包效率不高的问题。

1.5.3　国外劳务派遣研究现状

劳务派遣作为一种新型劳动用工模式，最早出现于美国，以其辅助性、替代性、临时性的显著优点，在欧洲、日本等工业发达国家得到迅速发展。

Kalleberg（2000）认为，用工灵活是劳务派遣的主要优势，使用劳务派遣工的岗位通常比较不重要，从而降低企业的用工成本，帮助企业提升核心竞争力[50]。

Coyle 等人（2002）提出，劳务派遣人员主要集中于两类截然不同的行业，一类是翻译人员、工程师、设计师及提供咨询服务的专业人员等需要具备较高的资格条件和知识水平的工种；另一类则是保洁、家政、园林绿化及社区安保等资质条件要求较低的工种，而其他条件和能力均处于中等水平的工种上却较少存在劳务派遣人员，分布严重不均衡[51]。

Lu，Tsung-Chien（2006）的研究结果认为，在同一用工单位，劳务派遣工的各项待遇都普遍低于正式员工，不利于彰显公平公正[52]。

Kirsten Thommes（2010）研究认为，灵活用工模式的流行，特别是劳务派遣用工模式，不仅帮助临时工增加就业机会，使失业人员在最短时间内重新就业，而且使劳务派遣工有机会转为一名正式职工[53]。

Mobley（2000）认为，劳务派遣用工的优点是成本小、时间短，能快速帮助企业获得有用的人才[54]。

Donald Storrie（2012）研究认为，劳务派遣制度存在两面性：一方面，劳务派遣促进人力市场加速流通，提高劳动力利用率；另一方面，用人单位、用工单位、劳务派遣工三者之间容易发生劳动纠纷，不利于人力资源管理[55]。

Torres-Machí，Cristina（2013）认为，在西方发达国家，劳务派遣工的利益往往不受到重视，用工单位反而担忧劳务派遣工会对公司正式员工的利益造成不利影响或威胁。西方国家的经济危机降低了建筑行业毕业生的就业率，通过一系列问卷调查，提出用工单位普遍认为劳务派遣人员不属于组织成员，而是编外人员。因此他们考虑更多的是劳务派遣人员是否会挤压正式员工的利益，却很少关注劳务派遣人员利益是否受损[56]。

Juliana（2014）提到供给、需求以及工会三方面的因素为劳务派遣用工形式在美国迅速发展奠定了坚实的基础，发挥出巨大的效用[57]。

Benjamin Hopkins 等人（2016）与英国食品公司的业务部门主管、人事部主管以及临时工作人员进行了多达 88 次的面谈，研究了来自不同国家、地区的员工对考勤、绩效等人力资源管理手段的看法，发现只打算短期逗留的员工对考勤重视程度较低，往往缺勤严重；而那些有长期发展打算的员工，则对考勤持积极遵守的态度[58]。

Chiara Benassi 和 Tim VlandasZapan（2016）使用一个结合了工会化率和集体规模的指数，收集了 14 个国家的数据，并通过模糊定性比较分析法，探索诸多因素的不同组合如何影响工会对劳务派遣人员的包容度，得出是意识形态而不是激励对策决定了工会对劳务派遣人员的态度[59]。

Cho S，Choi Y（2017）将日本与韩国的劳动力市场进行了类比，主要研究了劳动力市场分割现象的出现和劳务派遣工人社会福利的扩大。他们指出，现阶段劳务派遣工人享受到的社会福利与社会产生脱节，企业依然行使着剥削性的分包关系使用劳务派遣用工，如何使劳务派遣用工与整个社会福利体系形成嵌套是当今应该研究的热点问题[60]。

Casilli A A（2017）指出，在时代变化的影响下劳务派遣用工的新形式已经出现，他将利用互联网平台从事增值活动的劳动力称为数字劳工，现阶段已有不少企业使用劳务派遣用工的模式从线下转变为线上，他对这些"数字劳工"的培训和管理提出了相关建议[61]。

Goldschmidt D（2017）指出，雇主与劳动力之间关系的性质一直在变化，企业越来越依赖劳务派遣机构的临时代理和特许经营权，而不是直接雇用劳动力，劳务派遣这种用工模式的增加也使德国的工资结构发生了广泛变化[62]。

Hammel（2019）指出，企业的文化建设、激励机制、优化对策的制定要能对劳务派遣人员起引导作用，促进两者目标统一。此外，当员工参与企业管理时，必须使他们感受到自己获得了充分的尊重和足够的话语权[63]。

总体来说，国外关于劳务派遣的研究学术性比较强，更有前瞻性，更适应国外的企业发展情况。

1.5.4　国内劳务派遣研究现状

我国劳务派遣模式产生于20世纪七八十年代，随着经济的快速发展，劳务派遣用工需求不断增加，呈现出市场规模不断扩大、服务技能更加专业化、法律法规更加健全的用工环境，以保障派遣机构、用工单位以及劳动者三方权益。

周春梅（2011）研究指出，政府部门要根据市场发展形势不断调整和改进劳务派遣用工的相关规定，进一步规范劳务派遣用工市场[64]。

王丽平等（2012）指出，通过劳务派遣使得用人单位免于增加管理雇员，对用工单位来讲，劳务派遣与劳动合同制职工相比，可以为企业带来更多的效益[65]。

谢玉华和肖巧玲（2013）指出，采取劳务派遣的原因是：降低企业用工风险，减少用工成本，优化企业人员结构，提升生产质量[66]。

左春玲（2014）的《劳务派遣下的劳动关系》在理论研究、现状分析的基础上，从宏观政策及微观管理的层面，对劳务派遣的关系进行研究[67]。

孙蕾扬（2016）提到，由于劳务派遣在我国萌芽时间较晚，《劳动合同法》的相关规定也不足以应对当前复杂多变的就业形式，导致劳务派遣用工过程中呈现出了诸多问题，例如地位不平等、工作不稳定、同工不同酬等[68]。

马红光（2017）对劳务派遣同工同酬的概念及其影响因素等相关文献进行了梳理，报告了有关劳动法律规制、政府监管、用工双轨制、企业行为以及工会组织等方面的研究现状，采用文献查阅法对企业劳务派遣同工同酬方面的文献进行展开分析，发现目前相关研究主要分析了劳动法律规制不足、政府监管缺位、用工双轨制、企业无序管理以及工会职能缺失等因素对同工同酬造成的影响[69]。

总体来说，国内关于劳务派遣的研究更符合国内企业的发展要求，为本项目的研究提供了开阔的思路。

第 2 章
业务外包相关理论

2.1　核心竞争力理论

2.1.1　基本内涵

核心竞争力（Core Competence），又叫"核心（竞争）能力""核心竞争优势"，这一概念首次由美国学者普拉哈拉德（C. K. Prahalad）和哈默（G. Hamel）提出[70]，他们认为："核心竞争力是指组织中的积累性学识，特别是关于如何协调不同的生产技能和有机结合多种技术流的学识。"

核心竞争力包括三个方面：一是企业获取各种资源和技术的能力；二是将资源和技术转化成企业技能或产品的能力；三是企业组织协调各生产要素，优化配置资源的能力。核心竞争力是其他企业难以模仿、不可替代、独特且有价值的能力，是企业的一种无形资产，其基本特征主要体现在三个方面：首先，核心竞争力应反映客户最看重的长期价值，要对客户的核心利益有关键性的贡献；其次，核心竞争力必须具有唯一性和独创性，并且难以被竞争对手模仿和替代；最后，核心竞争力应具有拓展到更深入和宽阔的市场空间的能力。

2.1.2　研究现状

Yang，Ching-Chow 认为，核心竞争力是由"业务发展战略""核心产品领导者"以及"创新性产品"构成的，这可以为企业带来优秀的经营业绩[71]。Le，Han 提出企业核心竞争力是多元化经营的根本支撑，是多元化经营成功的前提，是影响多元化经营与企业绩效关系的重要因素[72]。

刘世锦、杨建龙将核心竞争力定义为企业获得长期稳定的竞争优势的基础，是将技能、资产和运作机制有机融合的企业自组织能力，是企业推行内部管理性战略和外部交易性战略的结果[73]。秦德智、秦超等认为，企业核心竞争力是一种技术力、管理力和文化力三力合一的动态平衡系统。三种力量处于不同层面，其中技术力处于表层，是最明显也是最容易被复制的一种能力，管理力处于中层，文化力则处于深层，三种力层层递进、有机结合并相互促进，从而达到动态平衡的状态[74]。马浩认为，核心竞争力为企业进入广泛的产品市场空间提供跳板、支持和契机，为它所支持的终端产品增加价值，使产品在客户的眼里具有较高的效用。并且，核心竞争力应该很难被对手模仿[75]。

2.1.3　在业务外包中的应用

如何培育和形成企业的核心竞争力，并将其发挥到极致，这就需要增强企业本身的核心竞争能力，将企业非核心能力业务外包给更为专业的外部组织。企业进行业务外包的本质就是为了保留具备竞争优势的核心资源，而把其他不具竞争优势的资源借助于外部专业化资源予以整合，以优化企业资源配置，实现企业自身持续性发展。

核心竞争力理论的战略是把企业的资源和精力集中投放在企业最具备竞争优势的业务上，把运营重心放在企业相对优势最大的价值链环节上，而其他一些必需的业务则可以通过与外部第三方合作的方式来获得，以此进行强强联合，实现企业利润的最大化，逐步提升企业的核心竞争力。依据核心竞争力理论，企业所有的业务均能分为核心和非核心业务，核心业务就是企业核心竞争力所能及的业务。对本企业的核心竞争力有直接影响的、具有战略性的业务由本企业完成，而且需要增加企业在这些业务上的投入，不断提升核心竞争力。而对本企业核心竞争力没有直接影响或者关系不大的业务视市场情况决定是否外包，可以采取外包的做法交给外部的第三方机构来提供，如图 2-1 所示。

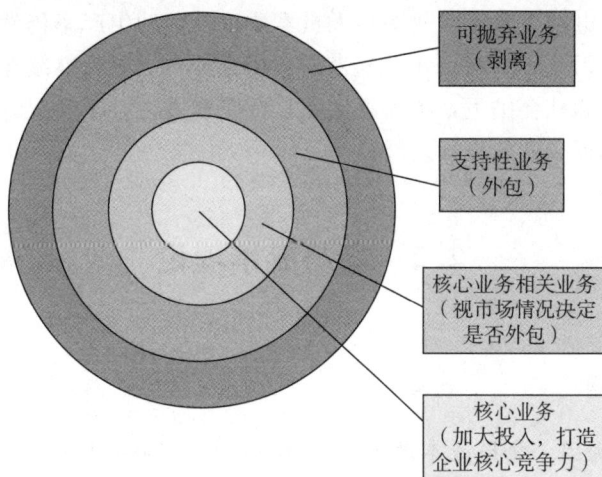

可抛弃业务
（剥离）

支持性业务
（外包）

核心业务相关业务
（视市场情况决定
是否外包）

核心业务
（加大投入，打造
企业核心竞争力）

图 2-1　企业业务外包模型

培育和提升企业核心竞争力的方式和途径可以从不同方面讨论。简单地说，可以分为从企业内部出发和企业外包出发进行分析：从企业内部来看，主要分为技术创新、制度创新、组织文化创新等；从企业外部来说，根据企业核心竞争力理论，企业应该将有限的资源投入具有核心竞争力的业务板块上，而将自身不具备核心能力的业务以合同的方式或非合同的方式交由专业化的外部组织承担。如果某项业务（非其核心业务），但它对企业的核心竞争力也有重要贡献，那么就应该把此项业务外包给其他更好的专业化公司，以使企业能够将尽可能多的资源投入自己的核心业务中，创造核心竞争优势，提高企业核心竞争力。因此，业务外包的本质就在于保留有竞争优势的核心资源，把其他资源借助外包专业化企业进一步整合和梳理，从而达到优化企业资源配置目的。外包与核心竞争力之间的关系如图 2-2 所示。由此可知，业务外包是培育和提升企业核心竞争力的有效方式。

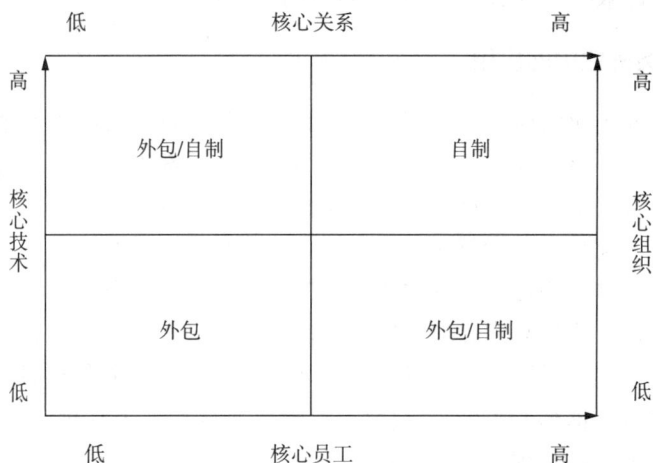

图 2-2　外包与核心竞争力之间的关系

目前，电网企业的核心竞争力主要包括已经建成的输配电设施、光纤通信网络和信息系统，还有完备的运维服务队伍和先进的技术优势，这些都将成为下一阶段电网企业参与竞争的优势。但是，电网企业运营效率、人员素质以及劳动生产率仍然是制约电网企业充分参与竞争的因素。因此，电网企业在未来的市场竞争中，应当继续充分履行国企的职责担当，保障经济发展和社会民生，巩固硬实力，夯实软实力，不断提升核心竞争力，外包部分非核心业务，实现企业的长远发展。

2.2　交易成本理论

2.2.1　基本内涵

科斯（Coase）提出"交易成本理论"（Transaction Cost Theory）[76]。他认为，一方面，市场机制的运行是有成本的，企业想通过市场获取所需要的资源就必须付出市场交易费用这部分成本。另一方面，企业内部运行同样存在一定的管理成本。当企业的内部管理成本小于市场交易费用时，企业选择内部生产；当企业的内部管理成本随着企业规模的扩大而越来越高，直至超过市场交易费用时，企业则选择通过市场交易获取资源。

交易成本包括：谈判合同发生的成本，签订合同后，再发生不可预见事件而要进行合同变更所需花费的成本；管理与监督是另一方对合同的执行情况成本；以及因另一方不愿意采用双方已认可的解决机制，特别是违约解决机制时所需要的争议成本等[76]。此外，还包括交易一方因谋求自我利益而不守信用所造成的成本，相对来说，这一成本更容易在外包的环境下发生。

2.2.2　研究现状

根据威廉姆森（Williamson）的观点，交易成本、交易费用的高低，主要取决于三个关键维度：交易的不确定性、交易的重复频率，以及交易中是否存在专用性投资[77]。其中，交易的不确定性，是指由于市场环境的复杂多变，交易双方的稳定性会受到影响，从而增加履约风险。不确定性的根源，一方面来自消费者偏好的变化以及市场环境的变化；另一方面，交易双方的信息不对称和相互依赖的不对称也会导致不确定性。交易重复频率，与交易费用密切相关。频繁的交易意味着反复签约，从而导致较高的签约成本和交易费用。资产专用性，是指在不牺牲生产价值的条件下，资产可用于不同用途和由不同使用者利用的程度。在交易费用经济学中，资产专用性主要指沉没成本。即某一资产是用于支持某些特定的交易，如果移作他用就会降低其价值，这种资产就是专用性资产。见表 2-1。

表 2-1　影响交易成本的三个关键维度

关键维度	解　释
交易不确定性	是指由于市场环境的复杂多变，交易双方的稳定性会受到影响，从而增加履约风险。不确定性的根源，一方面来自消费者偏好的变化以及市场环境的变化；另一方面，交易双方的信息不对称和相互依赖的不对称也会导致不确定性
交易重复频率	体现交易在时间序列里的状况。当交易发生次数较为频繁时，因成本在多次交易中的分摊而使得交易费用降低；而当交易只发生一次或有限几次时，因投资成本较大可能面临无法收回的风险
资产专用性	是指在不牺牲生产价值的条件下，资产可用于不同用途和由不同使用者利用的程度。在交易费用经济学中，资产专用性主要指沉没成本。即某一资产是用于支持某些特定的交易，如果移作他用就会降低其价值，这种资产就是专用性资产

　　Cao，Z 和 Lumineau，F. 认为，交易成本理论是关于企业如何通过有效组织经济交易，从而获得竞争优势的最为广泛接受的理论[78]。Sarkis，J. 等认为，交易成本是指在两个实体之间交换产品或服务，所需的产品或服务成本之外的活动成本[79]。交易成本的核心思想是管理者为寻求节省交易成本而进行组织变革[80]。该理论探索了基于不同治理结构的交易成本差异。当人们去选择价格尽可能低廉的治理结构时，组织将会以一种最优的形式运行。张金隆（2009）等基于交易成本理论对 IT 外包的风险进行了分析[81]。陈启泷（2015）等依据交易成本理论，以制造业企业为样本，研究了供应链组织之间的信任与承诺的影响因素，他认为，交易成本定义是组织所在供应链中从事资源交易所产生的成本，以及进行企业内部交易时产生成本的总和[82]。

2.2.3　在业务外包中的应用

　　交易成本是外包活动产生的基础。当企业内部生产的成本高于外包的交易成本时，企业就有可能选择外包策略。经济发展到标准化生产时代，并且进入网络经济时代时，敏捷制造、网络通信、电子商务、标准化及系统集成使经济运行方式发生变革。现代信息技术的发展已经为企业在获取以及发布信息方面提供了极大的便利，使得交易成本大大降低，从而加速了市场交易成本的下降。而当边际交易成本等于边际组织成本时，企业原先通过"内部化"节约的交易成本就会被增加的管理成本所抵消，企业就会停止扩大其规模边界，然后通过市场获取资源，业务外包也就应运而生。业务外包将企业长期以来只重视内部结构调整和资源配置的固定模式打破，使得企业积极寻找能打破影响企业发展桎梏、突破瓶颈的有效方法，去探讨未来企业间合作的中间组织形式和运行机制。

企业在获得资源投入时，必须对治理结构进行选择。当企业依赖外部服务商时，则把市场合约作为治理结构的形式；当企业依赖内部员工时，则把组织等级制度作为治理结构的形式；当获得投入的质量相同时，企业将选择交易成本最小的治理结构。市场合约容易产生与服务商机会主义行为相关的成本，而组织等级制度更容易产生与官僚主义的低效相关的成本。通过外包获得人力资源服务所产生的交易成本与企业自身履行人力资源职能产生的交易成本是不同的。当市场治理结构能够更有效地降低交易成本，而且给组织带来的不利影响更小时，通过人力资源外包就更有可能达到期望的结果。

企业在进行业务外包决策前，首先会对相关成本进行比较和分析，生产制造、物料采购、内部管理等方面都可以作为对比的参照。通常，如果通过业务外包能为企业带来生产制造成本下降或者其他成本的下降，且下降的成本大于业务外包所带来的关系管理等交易成本的增加，那么企业就可以考虑选择业务外包。具体来看，外包的交易成本也可取决于交易成本的三个关键维度，正如前文提到的交易的不确定性、交易频率和资产专用性[83]。当交易不确定性较低、交易频率较低、资产专用性较低时，企业一般采用外包策略。企业外包的决策过程和交易特性分析，如图 2-3 所示。

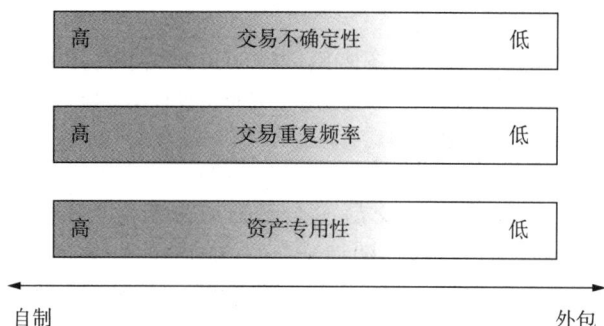

图 2-3　企业外包的决策过程和交易特性分析

1. 外包交易的不确定性

不确定性的存在使得契约描述、执行和监督困难并导致交易成本增加。首先，不确定性会产生签订和执行契约的成本，因为交易中的不确定性越大，则合同完整地描述交易越困难，从而越需要再谈判以适应不可预见的环境。其次，不确定性将引发无法察觉的逃避责任成本，由于行为的不确定性导致对单个企业活动及其贡献测度的难度增加，这又进一步增加了伙伴逃避的可能性，所以对伙伴的监督成本上升。再次，不确定性还可能引发协调成本，因为不确定性的存在常常导致伙伴之间激励相容水平下降和冲突增加，为了减少因利益冲突导致的事后不适应以及敲竹杠问题，常常需要更多的协调与控制，这势必引起交易成本的增加。因此，必须投入更多精力来监督和控制服务供应商的机会主义，但监督和控制机制的建立和实施又不可避免地增加交易费用。

2. 与同一个供应商的交易频率

与同一个供应商交易频率的高低直接决定交易费用的大小，多次与固定供应商订立外包合同有助于降低交易成本。一般而言，与那些有多次前期交易经历的供应商做生意，要比与从来没有交易经历的供应商做生意需要更少的投入和准备，原因在于以往的外包经历有助于降低外包合同订立的成本，并且降低关系管理的费用；而基于前期合作经历建立的理解和信任可以促使客户更好地解决外包关系中的问题。

但是，参与方之间的交易行为极易引发交易成本（例如谈判成本、签约成本、监督成本、管理成本、合同执行成本等），因此，需要对交易成本的决定因素进行深入分析，以便作出能够有效地降低交易风险的外包决策，明确哪些业务在内部完成，而哪些业务外包出去。

3. 外包中的资产专用性

资产专用性的存在使得现有的服务供应商具有很强的不可替代性，此时如果关系破裂将导致发包商高额的转换成本。

资产专用性可能引起投资不足、敲竹杠、关系破裂等问题，而当资产专用性与不确定性和有限理性缠绕在一起时交易风险更大。一方面，有限理性的存在导致难以写下完整的契约，常常需要通过事后谈判来适应不可预见的事宜；另一方面，关系专用性资产投资极易引发根本性转换（根本性转换是指一旦做出关系专用性资产投资，市场局面将会由事前大量交易商之间的竞价转化为契约执行阶段或者续签阶段的少数交易商之间的交换关系）。这种根本性转换会进一步引发双边依赖，而且资产专用性程度越高则双边依赖程度也越高，此时，提供专用资产的一方被伙伴敲竹杠或机会主义侵占的风险越大。在双边依赖交易中买方难以转换替代的资源供应，卖方必须以牺牲产品价值为代价才能将专用资产用于下一个用户，因此双边依赖将导致市场失灵，各方无法通过市场机制来约束机会主义行为。

总之，当某业务在企业内交易成本高于其在市场中进行配置的成本时，那么该业务应采取市场化的方法来降低成本，即运用外包策略节约交易成本。当然，交易成本只能作为企业进行业务外包决策的一个参考依据，企业在决定进行业务外包之前，需要进行大量的信息和资料收集，只有进行充分的分析才能做出正确的决策。因为业务外包不同于产品的买卖，企业在决定是否外包之时，也要考虑外包对于企业带来的竞争力贡献程度高低来进行判断。

供电企业交易成本包括外部交易成本和内部交易成本。其中外部交易成本包括搜寻信息的成本、协商与制定契约的成本、决策成本、监督和执行成本、重新谈判的成本、违约成本等。内部交易成本包括代理成本、内部考核成本、员工懈怠引起的成本、组织协调成本等。供电企业需要结合行业属性、规模、资产专用性等因素，在比较外包和通过内部组织自行构建两种交易方式的交易成本之后，做出最符合本企业情况的决策，以最低的成本换取最佳的效果。

2.3　比较优势理论

2.3.1　基本内涵

英国古典经济学家大卫·李嘉图 1817 年在《政治经济学及赋税原理》中提出比较优势理论（Theory of Comparative Advantage），也称比较成本理论[84]。比较优势是指一国在所有商品上的劳动生产率都要低于另一国，以及所有商品的生产均处于绝对劣势，但是相对劣势较小的商品较之于那些相对劣势较大的商品而言，其具有比较优势。

2.3.2　研究现状

比较优势理论产生以前，解释国际贸易的理论依据主要是亚当·斯密的绝对优势理论。绝对优势理论认为，国家的资源禀赋优势以及后天形成的有利的生产条件将使其在生产某类产品的成本低于其他国家，从而产生优势。世界上的国家按照自身优势选择分工生产并开展国际贸易，各国的资源便得到了充分的利用，实现物质财富的增长。绝对优势理论的基础是一国拥有某一产品的成本优势，而另一产品成本高于别国。但如果某国在两种产品上具有成本优势，贸易依然会存在。但针对这种现象，绝对优势理论缺乏一定的解释力[85]。

为了解决这个缺陷，大卫·李嘉图在《政治经济学及赋税原理》一书中提出比较优势理论。他认为，国际贸易的基础是相对差别（而非绝对差别），以及由此产生的相对成本的差别。每个国家都应该根据"两利相权取其重，两弊相权取其轻"的原则，集中生产具有"比较优势"的产品，进口其具有"比较劣势"的产品，以各国生产成本的相对差异为基础进行国际分工，并通过自由贸易获利。如果一个国家在两种商品的生产上都处于绝对有利的地位，但有利的程度不同，而另一个国家在两种商品的生产上都处于绝对不利的地位，但不利的程度也不同，在此情况下，前者应专门生产比较有利的商品，后者应专门生产其不利程度最小的商品，通过对外贸易，双方都能取得比自己等量劳动生产更多的产品，从而实现社会劳动的节约，给贸易双方都带来利益。

比较优势理论的贡献在于：第一，比较优势理论更全面深刻地揭示了国际贸易产生的根源，对推动世界自由贸易起积极作用，还可以作为解释国际分工和国际贸易发生原因及结构的基础理论。无论一国是否拥有绝对优势的商品，只要存在相互间的比较优势，各国之间的自由贸易就可以使得双方获利。这个理论很好地支持了为什么许多国家之间都可以进行贸易，无论是发展中国家之间，还是发达国家与发展中国家之间。第二，以相对生产率代替绝对生产率，克服了亚当·斯密绝对优势假定的局限，扩大了自由贸易理论的适用范围。

但是该理论也存在一定的局限性。第一，这种理论在假定时只考虑生产力的投入，并认为劳动力的转移劳动生产率不变，以及从静态角度考虑国际分工；第二，没有从根本上揭示出国际贸易产生的原因，没有解释比较优势的来源，无法解释国际价格的形成；第三，假定过于苛刻，不符合经济现实，也与现实的国际贸易实际不相符合。

传统的比较优势理论不能解释现代国际贸易的发展，特别是后起国家的崛起。动态比较优势理论随之出现，动态比较优势理论的主要思想就是，比较优势不是一成不变的，而是随着时间的推移而发展的[86]。动态比较优势是指，对于发展中国家来讲，需要在符合现有比较优势的传统产业（一般是低技术产业）和未来随着生产率的提升有可能成为具有比较优势（但目前没有比较优势）的产业之间做出权衡。战略性贸易和产业政策，对于目前不具有比较优势的产业在未来获取比较优势时具有重要作用，而且会带来一国的经济福利[87]。优势理论的发展如图 2-4 所示。

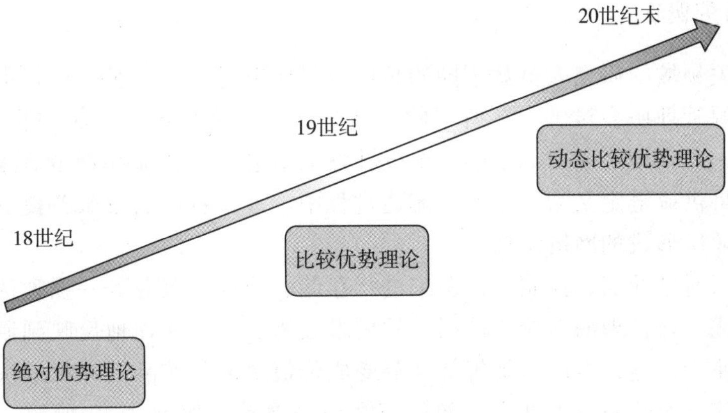

图 2 - 4　优势理论的发展

2.3.3　在业务外包中的应用

比较优势理论指出了服务外包的动力来源。国家或公司将非核心业务或生产环境通过外包的方式交给具有相对优势的国家或公司完成，从而减少自身成本、提升效率，有利于集中资源于核心业务，从而形成竞争力。因此，发包方的企业占据生产优势，承包方占据人力和成本优势，各自发挥各自的优势，外包便逐渐发展起来[88]。

近代中国电业发展技术趋同于世界水平。这是发展中国家具有的各种比较优势综合发挥作用的结果，特别是技术和制度因素的联合作用[89]。电力企业作为国家支柱性企业，技术资源相对丰富，管理能力不断提升。各类适合行业发展的信息化、智能化服务不断更新完善、将非核心业务或生产环境通过外包的方式交给具有相对优势团队完成，这些比较优势，有利于电力行业在走向市场化的过程中降低运营成本、提高工作效率、提升顾客满意度。

2.4　供应链管理理论

2.4.1　基本内涵

供应链的概念最早产生在 20 世纪 50 年代。早期的观点认为，供应链是制造企业内部的一个流程，它是指企业将所采购的原材料和零部件，通过生产和销售等活动，将产品传递到零售商和用户的一个过程。进入 21 世纪后，供应链系统依托互联网技术在发达国家得到了较为广泛的应用，尤其是电子商务的产生彻底改变了供应链上原有的物流、商流、信息流、资金流和交付方式，强调供应链协同运作的系统化管理、产销两端的资源优化管理、快速的分布式决策管理、不确定性需求信息的共享管理、供应链实时的可视性与向前的可预见性管理、供应链流程处理及事件处理的监控与能力管理等六方面内容。

2.4.2 研究现状

国内外相关领域的研究人员从不同的角度对供应链进行了多种定义，但基本内容是一致的。美国资源管理协会对供应链所下的定义是：一个用来传送产品和服务的整体网络，从原材料开始一直到最终客户，借由一个设计好的信息流、物流和现金流来完成。中国的物流术语标准将供应链定义为：生产及流通过程中，涉及将产品或服务提供给最终用户的上游与下游企业所形成的网链结构。

供应链力图通过计划、控制、协调来进行存储、分销、服务等一系列活动，在客户和供应商之间形成一种合理的衔接，使用户的需求较为真实、快捷地反映到制造商，将生产资料以最快的速度，通过生产、销售等环节变成价值增值的产品，并以最快的方式送到客户手中，从而使企业能满足内部生产和外部客户的需求，如图2-5所示。因此在某种程度上讲，供应链又叫作供需链。

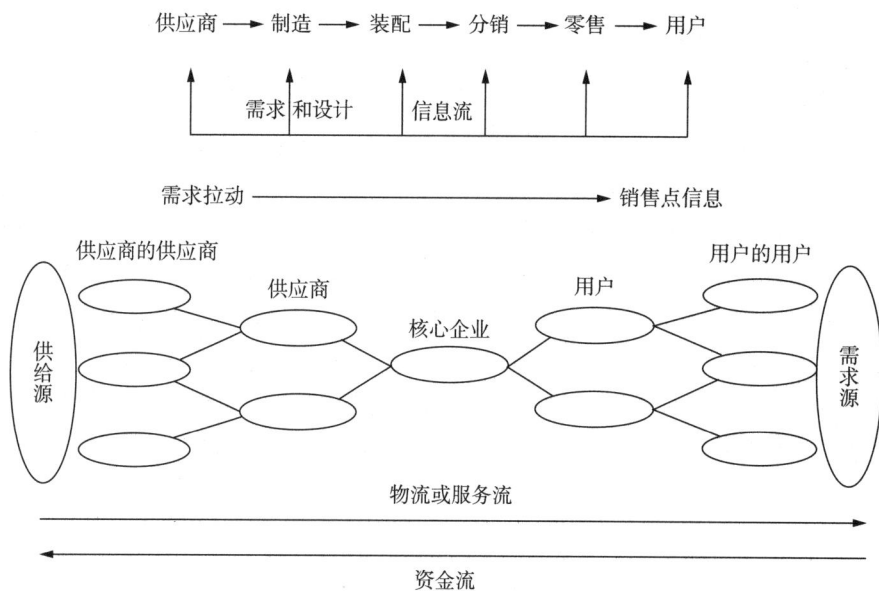

图2-5 供应链网络结构

在国外，很多学者对供应链管理（Supply Chain Management，SCM）问题进行了研究，并针对供应链给出了不同的定义。1980年，美国学者MichaelE.Porter出版了《竞争优势》一书，并提出了"价值流"（Value Chain）的概念，这是SCM概念的最早起源。其后，美国国内迅速开始传播SCM的概念。根据美国SGSCF（Standard Global Supply Chain Forum）给出的定义，供应链管理是指"从供应（商）、制造（商）、分销（商）到客户的物流和信息流的协调与集成"。国内学者陈国权认为，供应链管理是对整个供应链系统进行计划、协调、操作、控制和优化的各种活动和过程。其目标是：将顾客所需的正确产品（Right Product）、能够在正确的时间（Right Time）、按照正确的数量（Right Quantity）、正确的质量（Right Quality）和正确的状态（Right Status）送到正确的地点（Right Place）——即"6R"，并使总成本最小[90]。一般认为供应链管理是通过前馈的信息流（需方向供方流动如订货合同、加工单、采购单等）和反馈的物料流及信息流（供方向需方的物料流及伴随的供给信息流如提货单、入库单、完工报告等）将供应商、制造商、分销商、零售商直到最终用户连成一个整体的模式。因此，供应链管理主要是通过控制和协调供应链各个实体及其行为，以达到降低系统成本、提高产品质量和改善服务水平等目的，进而全面提高整个系统的综合竞争力。

2.4.3　在业务外包中的应用

供应链管理主要强调了一种系统集成、最优化的理念，并通过对供应链上各种活动和"流"的管理，实现链条收益最大化并满足消费者的需求。在 20 世纪经典的 SCM 中，主要只是针对物料流的管理。而进入 21 世纪以来，对信息流和资金流的管理，尤其是这三种流动之间的协同管理，在实际当中也得到了高度的重视和迅猛的发展。

除了企业自身内部的调度管理，供应链管理也包括在更宏观的尺度上，对供应链网络节点的管理（考虑其与其他节点之间的相互作用），21 世纪的供应链管理更是面向全球化的。其中，生产外包（Outsourcing）、战略采购（Strategic Sourcing）、供应链协作 (CPFR)、国际物流（Global Logistics）、风险管理（Risk Management）等等都成了现代供应链管理当中十分重要的环节。

跟传统的管理模式相比，供应链管理存在很大的不同，具体表现在这样几个方面：第一，供应链管理具有整体性特征。传统的管理模式将某个企业作为唯一的关注重点，而供应链管理对供应链中各个环节的企业都投以高度关注的目光，供应链管理涉及多项职能领域环节，包含生产计划制订、原料采购、生产环节、运输流通环节和消费环节。第二，供应链管理具有宏观性特征，将战略合作管理作为着重点。供应链管理的战略价值巨大，拥有至关重要的作用，在很大程度上，供应链管理能够对全面供应链的市场占有份额、市场发展潜力起到决定性作用。第三，供应链管理能够优化整合供应链上各成员企业间的优势资源，充分利用各企业的内外部资源，增强整体竞争力。第四，相比于传统管理模式，供应链管理追求的目标更高更远大，不仅要确保各项市场发展目标的实现和完成，还需要为终端客户提供高质量服务，让客户感到满意。

与普通的商品市场相比，电力市场具有较强的协作性和计划性。电力系统是一个相互紧密联系的、不可分割的整体，这个系统中任一成员的行为，均将对电力系统产生较大的影响，所以要求电力市场中的电力生产和传输具有计划性。同时，由于电能难以储存，这就要求电力系统随时做到供需平衡，因而电力市场中的供应商之间以及供应商与用户之间的相互协调非常重要。电力市场的这些特点要求供电企业必须做好供应链管理，特别是在电力体制改革后，更需要高效率的供电量管理来降低企业成本，减少资源的浪费，提高企业效益。供应链管理的思想精髓是把主要精力放在企业的核心业务上，充分发挥核心业务为企业带来更大的竞争优势。在这种管理模式下，为了保持供电企业最核心的竞争优势，业务外包成为许多供电企业的首选战略。

业务外包作为供应链系统中采购活动的一种重要形式，可以将那些不属于核心竞争力的业务从组织的内部活动中逐渐进行分离，并可以充分地利用其他外部企业的资源来完成，借此获得更大更多的竞争优势；同时，还可以将企业的内部资源集中用于企业核心竞争力的建设上，这样就可以获得最大的投资回报。

2.5 资源依赖理论

2.5.1 基本内涵

资源依赖理论是组织理论的重要理论之一，是研究组织与环境间的资源关系与相互依赖共生发展的趋势的重要理论，认为组织最重要的存活目标是不断降低依赖外部关键资源的程度，并且不断寻求可以影响外包资源提供组织的关键资源的方法。资源依赖理论强调企业个体对周围环境资源的需求，与生存环境相互依赖、相互作用才能更好地发展。

2.5.2 研究现状

作为研究组织变迁活动的理论，资源依赖理论萌芽于 20 世纪 40 年代，主要代表人物是菲佛和萨兰基克（Pfefferand & Salancik）。早期的组织理论以研究组织的内部关系为主要研究方向，20 世纪 60 年代以后，随着跨国公司的不断涌现、生产的日益专业化，组织与环境的关系成为组织研究的重要议题。

这一时期，组织关系的研究从内部关系向外部关系研究方向转变。组织问题与环境问题联系起来的观点被称为开放系统模式，其中资源依赖理论、种群生态理论和新制度主义理论最为盛行。资源依赖理论最早用于对企业与其外部环境关系的研究，其核心主题是：组织是一种具备提供企业可持续竞争的关键，组织可以通过对某一资源的专门化积累，得到其占据这一市场主导地位的特权。资源依赖理论发展，经历了 20 世纪 30 年代的塞尔兹尼克的"共同体抉择"、20 世纪 70 年代菲佛和萨兰基克的"互依性"、20 世纪 80 年代的伯特"结构自主性"和格拉斯科维奇的"公司行为扩散"等变化，逐渐形成模型，向人们揭示了组织对于资源的自身性选择。组织通过对资源依赖性的调整，以及对稀缺资源的把握，使得自身与组织内外部环境建立起共生的发展关系。通过资源依赖理论我们可以发现，组织关系的变化取决于其对外部资源的依赖程度，组织可通过对内部要素与功能进行整合，对外与相关的组织进行互动，从而获得相关资源支持。

资源依赖理论包括四个重要假设：一是组织最关心的是生存，它的首要目标是生存；二是为了生存，组织需要资源，但其自身无法生产或满足生存所需要的全部资源；三是组织必须与它所依赖的环境中的因素进行互动，与其他组织之间进行交换或者是互动来获取资源；四是组织的生存建立在该组织做出自主行动战略去控制与其他组织关系的能力基础之上，组织生存能力的核心在于该组织如何做出自主行动战略去改变、控制与其他组织之间的关系。资源依赖理论的核心假设是组织需要通过获取环境中的资源来维持生存，没有组织是自给的，都要与环境进行交换。

资源依赖理论的主要观点包括：第一，组织的生存需要从周围环境中汲取资源，要依靠周围环境，与周围环境相互作用才能达到目的。第二，组织改变其所处环境的可能性较大，尽管组织受到所处形势和环境的制约，但还是有机会做自己的事情。第三，组织被认为是一个综合体，它不断改变自身的行为结构和模式去获取自身发展所必需的外部资源。资源依赖理论认为，任何组织不能完全自给自足，组织生存与发展需要各种资源，包括财政资源、物资资源以及信息资源，而这些资源都需要通过外部环境才能获取，因此组织不得不依赖这些资源外部提供者。同时，资源依赖理论强调，组织不是被动地适应环境，而是对环境具有主动管理与控制的自主选择能力，组织可以通过改变自身和采用各种策略去适应环境。资源依赖理论主要以探索组织内外部资源互动依赖关系为主，对内表现为组织对自身内部要素及功能的调整与有序变换，对外表现为组织及其相关的资源及其他组织的互动与控制。其中内部资源主要是指组织内可直接控制的人才、资金、物资、组织管理制度等，外部资源主要是指项目生存发展所需要的政府资源、企业资源和其他资源。同时，这一理论进一步解释了组织的自身完善与主动适应性，组织通过对自身定位的调整，以及与其他组织关系的变动，实现充分利用稀有资源的可能。资源依赖理论的主要假设与观点见表 2-2。

表 2-2　资源依赖理论的主要假设与观点

资源依赖理论主要假设	资源依赖理论的主要观点
第一，组织最关心的是生存，它的首要目标是生存	第一，组织的生存需要从周围环境中汲取资源
第二，为了生存，组织需要资源，但其自身无法生产或满足生存所需要的全部资源	第二，组织改变其所处环境的可能性较大，尽管组织受到所处形势和环境的制约，但还是有机会做自己的事情
第三，组织必须与它所依赖的环境中的因素进行互动	第三，组织被认为是一个综合体，它不断改变自身的行为结构和模式去获取自身发展所必需的外部资源
第四，组织生存能力的核心在于该组织如何做出自主行动战略去改变、控制与其他组织之间的关系	/

2.5.3　在业务外包中的应用

根据资源依赖理论，如果组织关于外包的某些资源缺口对于外部环境的依赖性较强，要保证获取这些在组织内部无法产生的外部资源，组织必须与环境中的其他组织建立较为稳定的交换关系，也就是要建立伙伴关系。

同时，资源与企业的盈利能力密切相关。企业的竞争优势在于直接或间接控制竞争对手无法控制的资源，从而提高竞争对手的淘汰成本或降低其边际收入。由于客观条件的限制，企业不可能获得自身需要的全部资源，因此，实施外包的企业管理行为，如项目合作、战略联盟和并购等模式，在企业间应运而生。

对于供电企业来说，应该确定哪些资源是要自身经营的，哪些资源是要寻求与外界合作的，获取和控制这种资源的可能性和成本有多少，以及这种资源能否为企业带来长期利益等问题，这对于供电企业长足发展具有重要意义。

第 3 章
业务外包与劳务派遣法规政策解读

3.1　业务外包制度文件

业务外包，是指企业利用专业化分工优势，将日常经营中的部分业务委托给本企业以外的专业服务机构或经济组织（以下简称承包方）完成的经营行为，通常包括研发、资信调查、可行性研究、委托加工、物业管理、客户服务、IT 服务等。

随着社会主义市场发展及国际产业分工呈细化趋势，我国业务外包市场必将有较大发展。为了适应这种发展趋势，2010 年 4 月，财政部研究制定了《企业内部控制应用指引第13 号——业务外包》（以下简称《指引》），为企业优化资源配置、加速业务重组、提高经营效率提供了活力。但是，企业在将业务外包的同时，也承担着一些重大风险，主要包括：外包范围和价格确定不合理，承包方选择不当，可能导致企业遭受损失；业务外包监控不严、服务质量低劣，可能导致企业难以发挥业务外包的优势；业务外包存在商业贿赂等舞弊行为，可能导致企业相关人员涉案。为此，"指引"明确指出，存在业务外包活动的企业应当着手建立和完善业务外包管理制度，规定业务外包的范围、方式、条件、程序和实施等相关内容，明确相关机构和岗位的职责权限，强化业务外包全过程的监控，防范外包风险，充分发挥业务外包的优势。具体来讲：①要求企业合理确定外包业务范围，综合考虑成本效益原则，权衡利弊，避免将核心业务外包。②要求企业拟定业务外包实施方案，按照规定的权限和程序审核批准。重大外包业务方案应当提交董事会或类似决策机构审批。③要求企业按照批准的业务外包实施方案，择优选择外包业务的承包方，签订外包合同，合理确定外包价格，严格控制外包业务成本，切实做到相关业务外包后的成本在保证质量的前提下低于原经营方式。外包业务涉及保密的，还要求企业在外包业务合同或另行签订的保密协议中明确规定承包方的保密义务和责任。④要求企业加强业务外包实施的管理，注重与承包方的沟通与协调，并对承包方的履约能力进行持续评估。有确凿证据表明承包方存在重大违约行为，导致外包业务合同无法履行，企业应当及时终止合同并更换承包方；承包方违约并造成企业损失的，企业应当进行索赔，并追究相关责任人责任。该"指引"的出台对于规范业务外包行为、防范业务外包风险具有重要的意义。相关资料详见附录二。

2019 年 5 月，根据《内部审计基本准则》，中国内部审计协会组织制定了《第 2309 号内部审计具体准则——内部审计业务外包管理》，组织及其内部审计机构将业务委托给本组织外部具有一定资质的中介机构，具体可分为全面业务外包、部分业务外包、审计管理咨询和合作内部审计等外包形式。该"指引"进一步完善了内部审计准则体系，有利于指导内部审计实践，规范内部审计业务外包管理行为，保证内部审计质量。

国网公司在 2014 年工作报告中提出：要坚持"两个转变"，不断创新体制机制。要统筹当前与长远发展，合理界定建设、检修、营销等主要业务与外委业务，逐步引入社会力量承担外委业务，降低用工成本。要全面规范施工企业和集体企业管理，进一步明确集体企业功能定位和主营业务，加大清理整合力度，提高效率效益。为此，国家电网有限公司在 2015 年 7 月发布了《国家电网公司供电企业业务外包管理办法》（国家电网企管〔2015〕626 号），明确"业务外包""劳务外包""专业外包"的含义、职责分工，业务外包需求计划报批流程及备案管理方案、业务外包采购管理、业务外包实施管理、外包评价与考核等内容。为适应国家电网公司"三集五大"体系建设要求，规范供电企业业务外包管理，充分利用公司内外部资源，提升生产经营效益和效能，切实保障电力安全可靠供应和优质服务等具有重要意义。

为落实建设具有卓越竞争力的世界一流能源互联网企业战略，进一步提高企业经济效益与劳动效率，有效盘活人力资源，完善供电企业业务外包管理制度和运行机制，2018 年 11 月，国家电网公司结合实际印发《规范供电企业业务外包管理的指导意见（暂行）》（国家电网办〔2018〕1072 号，以下简称《意见》）。《意见》要求各单位加强组织管理，完善管控机制；因地制宜，细化管理要求；滚动制定，建立动态调整机制。《意见》进一步优化业务外包管理的职责界面和流程，形成"统一管理、分级实施"的工作机制，有助于建立"责权对等、规范高效"的业务外包管控体系。

2019 年 9 月，根据《国家电网有限公司关于印发规范供电企业业务外包管理的指导意见（暂行）的通知》（国家电网办〔2018〕1072 号），要求安徽公司组织编制了《国网安徽省电力有限公司业务外包管理暂行办法》（电企工作〔2019〕202 号），进一步规范安徽公司业务外包管理，深化负面清单在业务运营和专业管理过程中的应用，切实抓好计划安排、过程管控、考核监督等关键环节，强化常态运行管理，提升业务管控水平。

2020 年 10 月，安徽公司在《国网安徽省电力有限公司业务外包管理暂行办法》基础上，提出了《国网安徽省电力有限公司关于进一步加强业务外包管理的指导意见》，补充完善劳务外包管理范围、标准、模板及业务流程，通过建立分类管控、边界清晰的项目化外包管理体系，进一步规范公司系统业务外包管理，不断提高外包项目投入产出效率，实现"控规模、提效率、降风险"的工作目标。

3.2　劳务派遣制度文件

劳务派遣是指企业（劳务派遣单位）以经营方式将招用的劳动者派遣至用工单位，由用工单位直接对劳动者的劳动过程进行管理的一种用工形式。2007 年修订的《中华人民共和国劳动合同法》，有专门的一节阐述劳务派遣，是首次以法律的形式对于劳务派遣单位、用工单位和被派遣劳动者的权利义务关系作了规定。但是，由于《劳动合同法》关于劳务派遣的规定过于原则、可操作性不强，部分条款不严谨，劳动合同法实施条例的相关规定也不够明确，给劳务派遣被滥用留下了漏洞。《劳动合同法》实施后，劳务派遣用工不仅没有减少，反而呈现加快发展的态势，劳务派遣用工从少数行业的用工岗位向各行业、各种工作岗位蔓延，大多超出了临时性、辅助性、替代性的限制。

为了有效遏制劳务派遣泛滥的局面，2012 年全国人大常委会对劳动合同法中涉及劳务派遣的条款进行了修改，但仍以原则性规定为主。因此，人力资源和社会保障部按照全国人大常委会和国务院的要求，根据修改《劳动合同法》时所体现出的严格限制劳务派遣用工的精神，制定了具有较强可操作性的配套规章——《劳务派遣行政许可实施办法》（以下简称《实施办法》）和《劳务派遣暂行规定》（以下简称《暂行规定》）。

《实施办法》和《暂行规定》对劳务派遣政策进行了很大的调整与规范。首先，对劳务派遣单位进行了规范。对于劳务派遣人员的派出机构作出明确规定，提高了劳务派遣单位运营的门槛，劳务派遣公司的注册资本由原先的 50 万元提高至 200 万元，并且需要先获得相关的行政许可证书。这就对原先一些小规模的劳务机构进行了选择性淘汰，保证了劳务派遣企业的合理运营。同时加大资金的支持，也有利于劳务派遣企业对出现的劳务纠纷承担民事责任。其次，明确了用工单位使用劳务派遣的数量，被派遣劳动者数量不得超过其用工总量的 10%。再次，进一步明确劳务派遣的使用范围，只能在临时性、辅助性或者替代性的工作岗位上使用被派遣劳动者，同时对"三性岗位"做了相关定义和解释。强调劳务派遣不应当作为主流用工的方式，它只是劳动力市场的补充方式。最后，增加了对劳务派遣员工的权利保障。明确劳务派遣员工同工同酬，不得歧视被派遣劳动者，从立法角度去保护派遣人员应有的权利。明确劳务派遣单位开展跨地区派遣业务的，应当在用工单位所在地为被派遣劳动者办理社会保险，按照用工单位所在地的规定为其缴纳社会保险费。除此之外，也对劳动合同、劳务派遣协议的订立、履行、解除和终止以及相应的法律责任等加以明确。《暂行规定》是与《劳动合同法》修正案相配套的人社部规章，是规范劳务派遣的一部重要规章。《实施办法》和《暂行规定》的颁布实施，对于进一步规范劳务派遣用工行为，明确劳务派遣单位、用工单位和被派遣劳动者三方的权利义务，维护被派遣劳动者的合法权益，促进企业健康发展，构建和发展和谐稳定的劳动关系具有重要意义。这意味着劳务派遣制度终于有了专门的法律条文，企业对劳务派遣制度的适用也将揭开新的一页。

在人社部发布《实施办法》和《暂行规定》等部委文件之后，各地方积极响应，结合本地实情先后发布了多个政策文件。

在行政许可实施方面，安徽省人力资源和社会保障厅发布的《关于做好劳务派遣行政许可工作的通知》、合肥市人力资源和社会保障局发布的《关于做好劳务派遣行政许可工作的补充通知》对省级、地级劳务派遣行政许可工作提出了具体要求，要求各人力资源社会保障部门要通过组织学习和培训，充分认识对经营劳务派遣业务实行行政许可的重要性和必要性，要严格按照管辖分工实施行政许可，依法规范劳务派遣行政许可，加强劳务派遣单位的服务和监管。行政许可规定的实施，将进一步约束劳务派遣，抑制经营劳务派遣业务的单位增长速度，防止一些不具备经营能力的劳务派遣单位甚至"皮包"公司进入派遣行业而无力承担用人单位的法律义务，侵害了被派遣劳动者的合法权益。

在制定贯彻执行《暂行规定》的规范性文件方面，上海市人力资源和社会保障局《关于劳务派遣适用法律若干问题的会议纪要》、合肥市人力资源和社会保障局《关于做好劳务派遣暂行规定贯彻实施工作的通知》、江苏省人力资源和社会保障厅印发《长三角地区劳务派遣合规用工指引》的通知，主要明确"暂时性岗位、替代性岗位、辅助性岗位"三岗细化，使得可使用派遣用工的岗位大大减少，其中临时性岗位被限定在"存续时间不超过六个月的岗位",替代性岗位则被限定在"用工单位的劳动者因脱产学习、休假等原因无法工作的一定期间内,可以由其他劳动者替代工作的岗位",因此可以使用劳务派遣的岗位将更多的是在"辅助性"岗位上。对此,电网企业面临以下几种选择:一是与有能力的派遣工直接签合同,转为直接用工;二是减少用工,能不用的员工就不用了;三是维持一定比例的劳务派遣工,符合规定的岗位继续使用派遣员工;四是实施业务外包,企业更多地转向业务外包方向,逐渐减少劳务派遣。

在 2016 年全面推进"营改增"之后,根据《财政部、国家税务总局关于全面推开营业税改征增值税试点的通知》的有关规定,财政部、国家税务总局发布了《关于进一步明确全面推开营改增试点有关劳务派遣服务、收费公路通行费抵扣等政策的通知》,明确了"营改增"之后劳务派遣服务税率计算的原则,指出像国网公司一样的一般纳税人提供劳务派遣服务,以取得的全部价款和价外费用为销售额,按照一般计税方法计算缴纳增值税;也可以选择差额纳税,以取得的全部价款和价外费用,扣除代用工单位支付给劳务派遣员工的工资、福利以及为其办理社会保险及住房公积金后的余额为销售额,按照简易计税方法依 5% 的征收率计算缴纳增值税。营改增施行后,劳务派遣税率相对提高,人工成本加大,劳务外包方式比劳务派遣方式承担税负较低,更多的企业会选择劳务外包公司而非劳务派遣。

2019 年新冠疫情以来,为有效阻击疫情,保障劳动者身体健康和劳务派遣企业正常运行,稳定市场和谐劳动关系,各地方相继发布了《关于做好劳务派遣单位新型冠状病毒感染的肺炎疫情防控工作的通知》《关于疫情防控期间劳务派遣、特殊工时行政审批业务网上办理的通知》《关于进一步明确劳务派遣机构和人力资源服务机构防疫责任要求的紧急通知》等文件,要求进一步落实对派遣员工疫情防控的主体责任,必须为提供派遣和外包服务的每家用人单位配备一名疫情防控安全员;进一步加强用工安全源头管控,为用工建立电子健康档案;进一步保障劳务派遣工的权益,不得对新型冠状病毒感染的肺炎患者、疑似病人、密切接触者的企业职工停止支付工资和解除劳动合同,企业因受疫情影响导致生产经营困难的,可以通过与职工协商一致采取调整薪酬、轮岗轮休、缩短工时等方式稳定工作岗位。

8 年来,从顶层设计到制度制定,再到试点落地,劳务派遣改革迅速推进,我国已逐步确立了劳务派遣的综合利用指导方针、原则和发展目标。劳务派遣政策文件见表 3-1。梳理政策发现,近年来,政府部门不断做出一些政策调整,我们可以看出,劳务派遣政策越发严格,对劳务派遣中存在的种种问题进行的对症下药式修改,就是为了更好地保护劳务派遣者的权益,维护我国的基本劳动体系。

表 3-1 我国劳务派遣相关政策文件

政策类型	发布文号/时间	发布单位	文件名称
顶层设计	2007 年 6 月 29 日	全国人大	中华人民共和国劳动合同法
制度规定	2013 年 6 月 20 日	国家人力资源和社会保障部	劳务派遣行政许可实施办法
	2014 年 1 月 24 日	国家人力资源和社会保障部	劳务派遣暂行规定
	2016 年 4 月 30 日	财政部、国家税务总局	关于进一步明确全面推开营改增试点有关劳务派遣服务、收费公路通行费抵扣等政策的通知

（续表）

政策类型	发布文号/时间	发布单位	文件名称
试点落地	2014年12月31日	上海人力资源和社会保障局、上海高院	关于劳务派遣适用法律若干问题的会议纪要
	2013年7月4日	安徽省人力资源和社会保障厅	关于做好劳务派遣行政许可工作的通知
	2013年9月23日	合肥市人力资源和社会保障局	关于做好劳务派遣行政许可工作的补充通知
	2014年3月1日	合肥市人力资源和社会保障局	关于做好《劳务派遣暂行规定》贯彻实施工作的通知
	2016年6月8日	安徽省财政厅、安徽省国家税务局、安徽省地方税务局	关于进一步明确全面推开营改增试点有关劳务派遣服务、收费公路通行费抵扣等政策的通知
	2022年2月3日	朝阳区人力资源和社会保障局	关于疫情防控期间劳务派遣、特殊工时行政审批业务网上办理的通知
	2022年2月27日	北京市人力资源和社会保障局	关于进一步明确劳务派遣机构和人力资源服务机构防疫责任要求的紧急通知
	2022年7月18日	浙江省、江苏省、上海市、安徽省人力资源和社会保障厅	关于印发《长三角地区劳务派遣合规用工指引》的通知

3.3　业务外包和劳务派遣的关系

劳务派遣是指企业（劳务派遣单位）以经营方式将招用的劳动者派遣至用工单位，由用工单位直接对劳动者的劳动过程进行管理的一种用工形式。其主要特征：由劳务派遣单位招用劳动者，并与被派遣劳动者建立劳动关系，签订劳动合同；用工单位使用被派遣劳动者，但与被派遣劳动者不建立劳动关系，不直接签订劳动合同；被派遣劳动者的劳动过程受用工单位的指挥管理。

业务外包是指用人单位（发包单位）将业务发包给承包单位，由承包单位自行安排人员按照用人单位（发包单位）要求完成相应的业务或工作内容的用工形式。其主要特征：发包单位与承包单位基于外包合同形成民事上的契约关系；发包单位和承包单位约定将发包单位一定的工作交付给承包单位完成，由发包单位支付承包单位一定的费用；承包单位与所雇用的劳动者建立劳动关系并对劳动者进行管理和支配；发包单位不能直接管理与支配承包单位的劳动者。

劳务派遣与业务外包的主要区别：①主体方面：经营劳务派遣业务需要一定的资质，应取得《劳务派遣经营许可证》后方可经营劳务派遣业务；在劳务外包关系中，外包的项目不涉及国家规定的特许内容，无须办理行政许可，没有特别的资质要求。②岗位要求方面：劳务派遣用工只能在临时性、辅助性或者替代性岗位上实施；劳务外包对岗位没有特殊限定和要求。③法律关系方面：劳务派遣涉及三方关系，劳务派遣单位与用工单位之间的劳务派遣合同关系，劳务派遣单位与被派遣劳动者之间的劳动合同关系，用工单位与被派遣劳动者之间的实际用工关系；劳务外包涉及两方关系，发包单位与承包单位之间的合同关系，承包单位与劳动者的劳动合同关系。④支配与管理方面：用工单位直接对被派遣劳动者的日常劳动进行指挥管理，被派遣劳动者受用工单位的规章制度管理；劳务外包的发包单位不参与对劳动者的指挥管理，由承包单位直接对劳动者进行指挥管理。⑤工作成果衡量标准方面：在劳务派遣中，用工单位根据劳务派遣单位派遣的劳动者数量、工作内容和时间等与被派遣劳动者直接相关的要素，向劳务派遣单位支付服务费；在劳务外包关系中，发包单位根据外包业务的完成情况向承包单位支付外包费用，与承包单位使用的劳动者数量、工作时间等没有直接关系。⑥法律适用方面：劳务派遣主要适用《中华人民共和国劳动合同法》《劳务派遣行政许可实施办法》《劳务派遣暂行规定》；劳务外包主要适用《中华人民共和国民法典》。

用工单位在劳务外包时，应注意劳务外包与劳务派遣的区别，避免出现名为劳务外包实为劳务派遣的情形。比如企业将其业务发包给其他单位，但承包单位的劳动者接受企业的指挥管理、按照企业的安排提供劳动，或者以企业的名义提供劳动等，可能会被认定为劳务派遣而非劳务外包。

发包单位应履行相关社会责任，选择具备合法经营资质、信誉良好的外包单位，并督促外包单位落实劳动者权益保障责任。承包单位应严格执行劳动保障法律法规，依法依规用工，与建立劳动关系的劳动者签订劳动合同，参加社会保险，缴纳社会保险费。外包单位违规用工，损害劳动者权益的，根据发包单位与外包单位之间的具体法律关系，依法确定两个单位应当承担的法律责任。

3.4　电网企业业务外包和劳务派遣政策下凸显的问题

3.4.1　电网企业业务外包政策下凸显的问题

2015 年，国家电网公司印发《国家电网公司外包管理办法》，其中对于业务外包中的管理职责、外包范围、外包流程、监督管理、考核评价等方面做了具体规定。该管理办法的附件《国家电网公司供电企业业务分类明细表》，则是对供电企业的具体业务做了划分，明确哪些是核心业务，哪些是常规业务，哪些属于其他业务。

多数供电企业及其下属集体企业通过业务外包，将纯粹的劳动用工关系转化为民事经济关系，在保留劳务派遣优势的同时规避了劳务派遣的风险，有效降低了用工成本。但是随着业务外包工作的推进，电网企业业务外包产生了诸多问题。

1. 被认定为事实劳动关系

事实劳动关系，是指劳动者与用人单位虽未签订书面的劳动合同或所签订的劳动合同无效，但双方实际已经履行了劳动合同中应有的权利和义务，形成了事实上的劳动关系。在审判实践中，在认定事实劳动关系时均以劳动关系的基本特征为重点，即从用人单位和劳动者是否具备主体资格、从属性、业务关联性来认定事实劳动关系。

在业务外包被认定为劳务派遣的情形下，如果不符合"岗位三性"、用工比例、同工同酬等规定，供电企业还将面临被认定与外包单位员工建立事实劳动关系的风险和法律责任。此外，如果外包单位无资质，外包单位未与其员工签订劳动合同或所签订的劳动合同无效，或者虽有效但已到期且无续签的，公司都可能面临被认定与外包单位员工建立事实劳动关系的风险。

2. 被认定为劳务派遣

业务外包须具备一定的条件，供电企业与原劳务派遣单位在各方面开展业务外包合作，存在因合作单位欠缺业务外包必要的资质而判定业务外包不成立的风险。在不成立的情况下，关注到上述业务外包来源于劳务派遣，且劳务派遣单位为业务外包单位，司法部门很可能朝劳务派遣方向去判断。

根据《劳动合同法》和《劳务派遣暂行规定》，劳务派遣用工遵守"岗位三性"、用工比例、同工同酬的规定，否则用工单位将须承担法律责任。如《劳动合同法》第九十二条规定："用工单位违反本法有关劳务派遣规定的，由劳动行政部门责令限期改正；逾期不改正的，以每人五千元以上一万元以下的标准处以罚款；用工单位给被派遣劳动者造成损害的，劳务派遣单位与用工单位承担连带赔偿责任。"

3. 承包方缺乏相关资质

供电企业包括集体企业将物业服务、餐饮服务、检修施工业务等外包，根据我国法律的规定，承接检修施工业务须具备承装（修、试）电力设施许可证，承担物业服务业务须具备物业服务业企业资质证书，承接餐饮服务业务须具备餐饮服务许可证。承包方不具备相应的资质，可能会导致责令停止经营、没收违法所得、罚款等行政责任，以及外包合同无效、承担赔偿责任等民事责任，以及其他不利的法律后果。

4. 核心业务外包风险

《国网外包管理办法》规定："根据业务性质的不同，供电企业业务分为核心业务、常规业务和其他业务……核心业务不得外包，常规业务可根据各单位人力资源实际情况适度开展外包，其他业务宜推进外包。"其中，后勤保障类业务中，车辆调拨等业务为业务分类中的核心业务；物资保障类业务中，物资出入库、盘点以及工程余料、废旧物资的移交均属于核心业务。若出现将核心业务外包的，则可能引发内部审计风险。

5. 业务外包合同衔接不当

在现有供电企业外包系列中，集体企业既是供电公司辅助业务的承包方，又是上述业务的发包方，所以上下游合同之间的权利义务的衔接问题需要关注。

6. 签订委托合同的风险

现有供电企业业务外包中，存在"委托＋外包"的模式，即是供电公司将业务委托给集体企业管理，再由集体企业出面外包给其他公司。在业务外包合同中，由承包人自己承担风险和责任，独立完成任务，发包人一般不会对此承担风险和责任。而委托责任则不同，因为受托人所处理的事务并非自己的事务，而是为委托人处理事务，所以委托人要承担处理事务所发生的风险和责任。从风险承担的角度来看，与供电公司签订委托合同，再与其他公司签订业务外包协议的，业务外包项下的法律责任仍由供电公司承担。

7. 分包被认定为转包的风险

供电公司与集体企业签署的部分业务，例如运维检修业务，是打包在施工合同中的，但集体企业与其他公司签署的合同虽名为《检修业务外包合同》，其合同内容仍与工程检修项目合同内容相同。而根据五部委关于业务外包合同的定义，运维检修业务并非该业务外包合同定义下的外包业务，而应当是运维检修施工合同及其分包合同更合适。而从施工合同及其分包的规则出发，需要严格按照施工合同约定履行及分包，防止出现被认定为转包的法律风险。

8. 合同倒签的风险

在合同签订前的履行过程中，双方的权利义务都还不明确，法律责任很难界定清楚，容易产生法律纠纷。同时，倒签合同也违反了公司的合同管理规定和内控管理制度，在进行内部审计的过程中，可能会被提出疑问。

9. 总公司或分公司之间签约的风险

在业务外包项下，集体企业存在总公司与其分公司之间的业务外包合同，或同一总公司下各个分公司之间签约的情形。所谓合同，是平等主体的自然人、法人、其他组织之间设立、变更、终止民事权利义务关系的协议，而分公司并不具有法人资格，其民事责任由总公司承担。所以同一法人内部的分公司之间不适用合同，而且上述合同存在被税务机关征收印花税等的风险。

3.4.2　电网企业劳务派遣政策下凸显的问题

随着市场经济的日益成熟及劳务派遣用工制度改革的深度推进，劳务派遣这种灵活用工形式以其机制灵活、用工效率高、便于管理、减少纠纷、降低用人成本以及规避运营风险、使企业将精力集中于核心业务和竞争力等优势已被越来越多的企业所青睐，因而逐渐成为电网企业用工的一个重要组成部分。电网企业目前劳务派遣用工占比较大，而且工期一般比较长，超过两年的占大多数。但在目前劳务派遣制度下电网企业用工方面也有一些突出问题。

1. 法律风险方面的问题

第一，用工范围和用工比例方面的风险。"暂行规定"中第三条明确了辅助性岗位的认定方法。规定的临时性工作岗位是指存续时间不超过六个月的岗位，辅助性工作岗位是指为主营业务岗位提供服务的非主营业务岗位，替代性工作岗位是指用工单位的劳动者因脱产学习、休假等原因无法工作的一定期间内可以由其他劳动者替代工作的岗位。这就大大地遏制了之前辅助性岗位因缺少认定程序和标准而被用工单位所滥用的趋势，使得企业不得不正视生产线存在的混岗现象。《暂行规定》的第四条明确规定，用工单位接受的被派遣劳动者人数不得超过用工单位的劳动者和接受的被派遣劳动者总人数的10%。对于使用派遣劳动者数量超过其用工总量的10%的需制订调整用工方案，于2016年1月前降至规定比例并将制订的调整用工方案报当地人力资源社会保障行政部门备案。这对于成立时间短、技能人员需求量大、企业现有的职工队伍还处于培训期、生产任务重的电网企业来说无疑是巨大的挑战，减人就意味着产能下降，放弃市场现有份额，直接威胁企业的生存，而不将劳务派遣人员降到规定比例企业将面临严重的经济处罚。

第二，用工单位事实用工的风险。在实践中，有些用工单位采取以下方式：自己招聘到合适人员后，再由劳务派遣单位与员工签订劳动合同，建立劳动关系，然后才通过劳务派遣的方式来使用该员工。招聘在《劳动合同法》中被认为是建立劳动关系的前提，在实际操作中应尽量减少此种招工流程，用工单位应注意避免此类风险。

第三，用工单位的连带责任风险。《暂行规定》第二十条规定，给劳务派遣者造成损害的，劳务派遣公司与用工单位承担连带责任。为督促用工单位合法合理地与规范的劳务派遣公司合作，《暂行规定》中还要求用工单位要监督劳务派遣公司依法履行义务，如果劳务派遣公司给被派遣劳动者造成损害的，劳务派遣公司与用工单位承担连带责任。这一责任的规定，将使企业使用劳务派遣员工的法律风险大幅增加。

2. 管理风险方面的问题

第一，缺乏岗位素质模型，员工的聘用和试用管理标准不明确。目前，使用劳务派遣员工的国有企业尚未建立完善的岗位素质模型，对于岗位需要具备什么素质的员工，公司管理人员尚不明晰，更无法对应聘者是否满足岗位需求进行判断，使得试用期如同虚设，无法起到考察员工是否符合岗位要求；在后续用工过程中即使发现员工不适岗，由于举证困难，也只能采取调岗再另行招聘的办法，从而增加企业人工成本。

第二，薪酬体系缺乏内部公平性。一方面，企业内部多工种并存，存在混岗现象，劳务派遣员工与编制内员工的薪酬存在较大差异；另一方面，同为劳务派遣员工，员工的薪酬一般与岗位有关，与员工的工作负荷、工作成效等无关。以上两点导致薪酬体系缺乏内部公平性。

第三，职业通道不畅。使用劳务派遣员工的企业基本没有针对该类员工的职业生涯规划，缺乏晋升渠道。劳务工多数充当生产和创值的一线员工，为企业的发展做出了贡献。然而，企业却很少关注到劳务工的职场生涯规划，在晋升渠道上有着各种各样的限制，极大地挫伤劳务工的积极性和上进心。

3.5 电网企业业务外包和劳务派遣的政策建议

3.5.1 电网企业业务外包的政策建议

1. 制定用工相关规章制度

供电企业应对现有涉及业务外包的合同管理、外包项目人员监管等方面的规定进行全面梳理，对其中不符合业务外包要求、不符合业务外包人员监管模式的部分规章制度进行修改或废止；制定业务外包管理办法，规范、调整业务外包情形下的外包项目人员管理方式，最终统一采用合法合规的业务外包模式，实现从规章制度源头规避和防范法律风险的目标。

2. 完善业务外包合同文本和表单

供电企业目前已经有较为成熟的业务外包合同文本，但为规避被认定劳务派遣的风险，公司应对业务外包合同文本中不适宜的服务范围、技术规格书、价格、验收、权利义务等条款进行全面审查和修订，形成符合业务外包合同的条件和要求的《业务外包合同范本》《技术服务合同范本》。在此基础上，针对运维检修类、后勤保障类等业务制定专项合同示范文本。同时，供电企业应在对业务外包涉及表单进行全面梳理的基础上，重新设计或修改表单，确保表单能作为公司预防、控制业务外包风险的重要工具和有效证据。

3. 制定业务外包领域法律风险防控手册

业务外包领域法律风险防控手册主要规定了业务外包各环节可能存在的法律风险以及应对措施。业务外包法律风险防控手册形成后分发给各岗位人员，用以指导公司业务外包管理工作，确保一线风险得以管控。在实际经营中，需要一线员工根据自身职责了解业务外包法律风险防控手册中的风险提示，并以其中的建议为基础加以应对。在应对过程中形成的经验可进一步完善风险应对措施，最终形成更为完善的风险应对机制。

4. 完善业务外包管理流程

在业务外包合同管理方面，供电企业应在现有制度的基础上，针对业务外包合同的特点优化相关合同管理流程，明确将项目的质量和完成情况作为外包项目考核的依据。在外包项目人员监管方面，应区分外包单位对其员工的全面管理责任、公司对外包项目人员的监管责任，在人员招聘、进入、日常管理、变更、退回等环节避免公司对外包项目人员的直接管理，特别是要避免形成书面凭证。最终确保公司与外包单位间形成清晰的业务外包民事法律关系，避免和杜绝被认定为劳务派遣或事实劳动关系的可能。

3.5.2 电网企业劳务派遣的政策建议

1. 完善用工治理组织体系

企业内部治理组织体系主要由公司的上级单位、公司、公司各部门组成。在公司上级单位的指导下，编制用工治理制度细则，按照劳务派遣政策的要求确定各岗位属性。用工治理制度细则经民主程序讨论通过后，对现有劳务派遣人员的岗位情况进行梳理，清理用工中存在的"混岗"现象。具有关键性影响与作用的岗位，如生产技术岗、管理岗等应当坚决避免选用派遣工。另外，统一岗位的用工方式，用工要尽量保持一致，这在一定程度上能够避免同岗不同酬等问题的发生，避免引发报酬纠纷。

企业外部用工治理体系主要由公司、劳务派遣公司和政府监督部门组成。劳务派遣公司作为企业用工的重要相关方和合作者，企业应该通过劳务派遣协议，指导和约束劳务派遣单位对劳务派遣人员的规范管理。在签订劳务派遣协议之前，首先，电力企业应当对企业的资质、信誉等进行全面的考察，选择综合质量高的单位进行合作；其次，要避免与电力企业相关的劳务派遣单位合作，这是严重的违法行为；最后，在合作开展以前，双方应当对协议的内容进行商讨，明确各自应当承担的责任以及应尽的义务，同时要对违约条款的内容进行商议，协议内容应当做到内容清晰、条理分明。

2. 完善员工管理制度体系

企业的用工管理体系包括与法律要求相关的制度体系和企业内部人力资源管理制度体系。法律制度的完善主要包括以下几方面：

一是优化劳动分工。按照"三性"的要求划分工作内容。将劳务派遣员工集中安排至"三性"岗位上，同时将劳务派遣人员的薪酬福利纳入公司统一的薪酬福利管理制度，以实现真正意义上的同工同酬。

二是确保高技能人员录用，制定试用期管理办法和考核管理办法。对于在试用期内不适岗人员，要严格履行退回机制，以减少成本浪费；直接与考核合格者签订劳动合同，纳入职工管理范畴。

3. 探索业务外包模式

《暂行规定》中对劳务派遣用工人数及使用范围的严格限制促使企业不断探索外包业务。业务外包是企业为了完成生产经营目标、最大化内部资源而选择的经营战略。通过业务外包的形式，委托有资质的单位进行经营管理，以最大限度地规避劳务派遣中的法律风险。

4. 疏通员工的职业发展渠道

将劳务派遣人员的培训纳入整体培训体系，给予其充实知识、提高能力的机会。同时，为劳务派遣员工提供一个有效合理的发展平台，完善员工的职业发展渠道，建立技术、技能、管理等职业发展通道。

第 4 章
企业业务外包管理模式的案例研究

4.1　长三角国网公司业务外包管理案例分析

4.1.1　江苏省电力公司电网生产业务外包管理案例分析

1. 国网江苏省电力公司生产业务外包管理实施背景

国网江苏省电力有限公司（以下简称"公司"）成立于 1988 年 12 月 25 日，是国家电网有限公司系统规模最大的省级电网公司之一。公司现有 13 个市、58 个县（市）供电分公司和 15 个科研、检修、施工等单位，职工约 7.8 万人，服务全省 4621.36 万电力客户。公司荣获全国脱贫攻坚先进集体、国资委国有重点企业管理标杆企业等荣誉称号。

近年来，公司坚持以习近平新时代中国特色社会主义思想为指导，坚定落实"四个革命、一个合作"能源安全新战略；聚焦服务"双碳"目标，加快推动以供给新体系、配置新格局、消费新形态、存储新模式、技术高水平、机制高效能"四新两高"为特征的江苏新型电力系统建设，努力将公司建设成为具有中国特色国际领先的能源互联网企业。然而随着电网企业建设、检修、抢修、运维等外包业务规模的逐渐扩大，各类风险隐患日益凸显。2013 年开始，公司通过深刻分析，全面、系统研究实施"四统一"业务外包管理，以推进公司"三集五大"体系建设、深化"两个转变"、提升业务外包风险管控能力。

2. 国网江苏省电力公司生产业务外包管理的主要做法

（1）统一标准规范，明确业务外包管理职责

公司业务外包工作坚持"谁主管、谁负责，谁实施、谁负责"的原则，构建了全过程、多维度的业务外包管理规范。明确由"归口管理部门牵头、各专业管理部门具体负责、监督审计部门督查把关、支撑保障部门协助落实"的"四位一体"责任体系。其中运维检修部是业务外包工作的归口管理部门，负责制定和完善公司业务外包管理办法；安全监察部负责落实关于业务外包安全监管的各项工作要求；物资部负责落实业务外包招标管理的各项工作要求；调控中心负责公司继电保护、调度自动化系统和设备相关业务外包工作的专业管理；其他相关部门按照专业分工，共同保障业务外包工作的顺利开展。

（2）统一管理流程，规范关键节点的管理流程

业务外包管理应明确资质审查、项目发包、项目实施、竣工结算、考核评价等关键节点的管理流程，如图 4-1 所示。

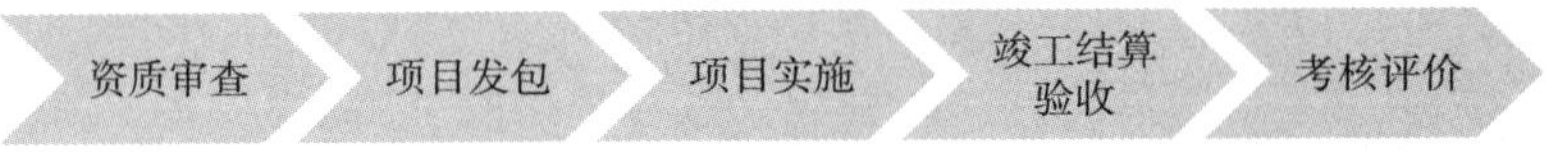

图 4-1 关键节点流程

在资质审查阶段，由省公司物资部组织相关职能部门对项目承包单位的资质、施工能力等进行审查，相关部门在审查时不得自行降低标准，不得简化审查手续，以确保承包单位具备外包项目资质要求。

在项目发包阶段，应严格按照公司的相关规定，对于符合省公司招标条件的应进行招标；对于应急抢修、维修等特殊业务外包项目，可进行竞争性谈判、询价采购或单一来源采购；对于不在省公司规定招标范围的业务外包项目采用竞争性谈判或者直接谈判确定承包单位。

在项目实施阶段，监理单位根据合同要求，通过文件审查、签证、旁站和巡视等监理手段，不定期对项目的安全、质量、进度、费用进行监理，发现问题要及时纠偏，避免出现违反合同约定的现象。

在竣工结算阶段，严格实施三级验收制度。由承包单位负责组织自验收，项目实施部门组织预验收，最后由基层单位专业管理部门组织进行竣工验收。验收中发现的问题应及时整改，实现闭环管理，确保零缺陷移交生产。

在考核评价阶段，对发现的业务外包管理问题按管理评价体系进行量化扣分，将业务外包工作结果纳入对承包企业的招标采购工作的考核评价体系中。

3. 统一过程管控，强化业务外包风险防控

（1）科学划分业务外包项目范围

考虑到业务外包管控难度和资源的不对称性，为了降低成本、提高效率，构筑自身核心竞争力，公司将业务外包项目分为核心业务、常规业务和一般业务。核心业务不得进行业务外包，常规业务可进行外包，除核心业务、常规业务以外的生产业务即一般业务适合外包。具体的业务范围划分见附录三。同时，规范外包人员管理，使外包人员权责一致，避免出现项目违规外包的情况。

（2）加强项目动态管理

项目实施部门根据外包合同中确定的目标对项目进行动态管理，及时预测和分析合同执行过程中的风险和偏差，对违反项目合同、影响项目进度的事故提前采取预控措施。

（3）形成部门联合管控机制

部门联合管控是指项目管理部门、实施部门、承包单位、监理单位、基层单位等有关部门在项目实施过程中互相配合，由项目实施部门督促监理单位动态核查进场承包单位的人员配备、技术管理等施工能力。承包单位对外包合同范围内的施工安全负总责，并服从管理部门和实施部门、监理单位的安全生产管理。基层单位加强现场安全管理和现场组织协调，完善安全组织技术措施，强化现场安全监督。

4. 统一评价考核，建设业务外包综合评价体系

（1）统一专业管理评价考核标准

业务外包管理评价分为单一项目评价、年度综合评价两种。评价体系由质量管理、现场管理、工期及费用管理、资料管理四个部分。各部分的评分占比分别为 40%、40%、

10%、10%，评价结果纳入项目承包单位招标考核工作中。

（2）统一基层单位评价考核标准

基层单位应及时掌握业务外包项目开展情况，积极跟进，并且按照职责划分对外包业务进行管理，公司将基层单位的业务外包管理工作纳入对基层单位主要负责人业绩考核等考核评价中。

（3）统一承包单位评价考核

对承包单位的考核是指对其项目完成情况的综合评价，考核结果将纳入其资信评价得分，作为公司选择承包商的重要依据，具体评分细则见表 4 - 1。

表 4 - 1　业务外包管理评分

项目	内容	评价标准	标准分
质量	验收	不发生设备检修结束后由于检修质量造成的非一次性验收通过事件	10
	投运	不发生设备检修结束后由于检修质量造成的非一次性加运成功事件	10
	缺陷	不发生检修结束后遗留有缺陷的情况	20
作业现场	作业文本	安全措施、组织措施、技术措施齐全、完整	7
		工作票符合相关规定和现场工作要求	7
		作业指导书（作业卡、工序质量控制卡）满足设备工艺质量的要求	10
	"三齐"	检修现场拆下的零部件排放整齐，工器具摆放整齐，材料、备件堆放整齐	3
	"三不乱"	检修现场电源电线不乱拉；管路不乱位；杂物不乱丢	3
	现场文明	现场整洁，无油迹和烟头；作业现场做到工完、料净、场地清	3
		作业区域应按要求设置临时围栏及安全警示标牌	3
	监督管理	服从监管部门或发包单位的监督和管理	2
	劳保用品	现场工作人员配备必要的安全防护用品	2
工期及费用	工期	工期满足合同要求，不发生延期事件	5
	费用	实际发生费用满足合同要求，不发生超费用事件	5
资料	及时	及时移交检修资料	5
	完整	所移交的检修资料齐全、完整	5

5. 推进信息平台建设，建设业务外包信息管理系统

随着科技和信息化水平的提高，公司依靠信息、通信技术，积极推进电网信息化平台建设。

（1）建立业务外包管理"数据库"

业务外包系统管理内容覆盖规划、基建、生产、营销、信通、科技、物资、调度、后勤、企管等各专业外包业务的管理，通过对物资管理系统、ERP 系统、经法系统、安监系统等业务系统功能、数据的整合重组，微调部分管理流程，全面统计分析各专业、各单位外包资金、项目、队伍等现状，实现不同纬度的统计分析功能，通过收集各外包项目的安全、质量、廉政等信息，动态评价各专业部门、基层单位、承包单位管理情况搭建了外

包项目实施过程信息和承（分）包单位资信记录查询统计一体化平台，建立了业务外包管理的"数据库"。

（2）开发移动终端应用

在系统推广应用的基础上，公司进一步拓展系统功能，开发了基于内外网数据安全交换的移动智能互动平台客户端。利用网络通信功能，在手机上预装新开发的"业务外包管理信息系统"客户端，实现现场人员信息核查、作业现场位置定位、管理信息实时交互、现场安全督察智能导航四大功能。

6. 国网江苏省电力公司生产业务外包管理案例启示

（1）科学划分了可外包的业务范围

将生产业务按照与公司安全运行的关联度划分为核心业务、常规业务和一般业务，并对每一种类别的业务进行了具体的范围划分，为其他省份电力公司划分外包生产业务提供了一定的依据。

（2）明确了管理流程和关键节点审查

将业务外包管理按照重要的节点具体划分，明确了每个节点从业人员的职责和工作要求，使整个外包管理流程透明可控。公司业务外包管理制度标准得到统一，规范了业务流程，加强了风险管控。

（3）制定了详细的评价准则

对外包业务管理的考核制定了详细的评分标准，将具体的指标量化，能够有效避免项目考核时的一些徇私舞弊的现象，考核结果更加直观地反映承包商的完成能力。

（4）推动了信息化在电网外包管理中的应用

将信息化技术纳入业务外包管理过程中，通过信息化平台建设，将各个环节各个部门之间的工作连成一个整体，提升了运作效率，降低了运作成本，进一步提高了企业的竞争力。

4.1.2 浙江省电力检修公司生产业务外包管理案例分析

1. 国网浙江省电力检修公司生产业务外包管理实施背景

国网浙江省电力检修公司（以下简称"公司"）于 2012 年 3 月 15 日成立，主要从事自有资产范围内的电力设施维修、试验业务、输变电设备管理、运行、电力技术咨询以及电力设备销售等业务。

为适应"三集五大"体系建设，充分利用公司内外部资源，加强电网生产业务外包工作全过程管理，规范开展业务外包，落实电网安全生产各项规定和要求，确保电网设备安全稳定运行，公司制定了一系列生产业务外包工作管理办法，以确保外包项目顺利开展实施。

2. 国网浙江省电力检修公司生产业务外包管理主要做法

（1）明确业务外包管理组织与职责

公司为了保证生产外包业务的顺利安全运行，明确相关部门的职责范围，依照"谁资产、谁管理、谁运维、谁组织"的原则明确管理主体；依照"谁管理、谁负责，谁组织、谁负责，谁实施、谁负责"的原则落实管理职责。具体的管理组织及职责分工见表 4-2。

表 4-2 业务外包管理组织与职责

生产业务外包管理组织	职责范围
运维检修部	负责落实上级单位关于业务外包的各项工作要求,制定和完善公司生产业务外包工作管理规定,负责公司业务外包工作的组织协调和检查指导等
安全监察质量部	负责落实上级单位关于业务外包安全监管的各项工作要求,负责实施、监督承包单位的安全培训
财务资产部	负责电网生产业务外包工作中的资金管理,参与辖区内业务外包承包单位确认工作,审查、支付业务外包款项
监察审计部	负责生产外包的审计工作,监督生产业务外包工作的规范管理,参与辖区内业务外包承包单位确认工作
办公室	负责外包合同的法律审核,处置业务外包所引起的法律纠纷、诉讼工作
项目实施部门	负责外包工作的日常管理,负责业务外包单位的初步选择,负责对承包单位进行考核评价,并上报考核结果

(2)规范生产业务外包范围界定

生产业务按照与企业安全运行的关联度分为核心业务、常规业务与一般业务。与电网安全运行直接相关的核心业务不能外包,常规业务、一般业务可开展业务外包。公司划分的具体业务范围界定原则见表 4-3,具体的业务分类见附录三。

表 4-3 业务外包范围界定

生产外包业务分类	界定原则
核心业务	(1)与电气设备状态评价相关的管理工作 与电气设备安全运行直接相关的运维工作 生产计划安排、技术监督等属于管理职能的工作 (2)设备台账、运行、修试记录等核心生产业务数据保护 (3)属于企业核心能力、企业核心技术秘密的工作 (4)政府和监管机构明确规定不允许外包的工作
常规业务	(1)受人力、技术、装备或时刻等因素的制约,部分本单位无法自行实施完成的电网生产常规业务 (2)电气设备解体等特殊检修中需要厂商技术服务、专业检修单位进行的特殊工作
一般业务	(1)辅助设备的保护或厂方服务 (2)技术含量低且劳动密集型的工作 (3)社会化程度高、不直接接触电气设备的辅助性工作 (4)政府或监管机构指定相关专业机构开展的工作

(3)严格承包单位资质审查

在确定年度业务外包项目计划后,有关部门组织开展承包单位的资质审查,以确保所遴选出的承包单位具备顺利开展项目的条件。为了准确、科学实现对承包单位的遴选,公司划分了以下五类评价准则，并对负责审查的部门做了明确的要求，具体如图 4-2 所示。

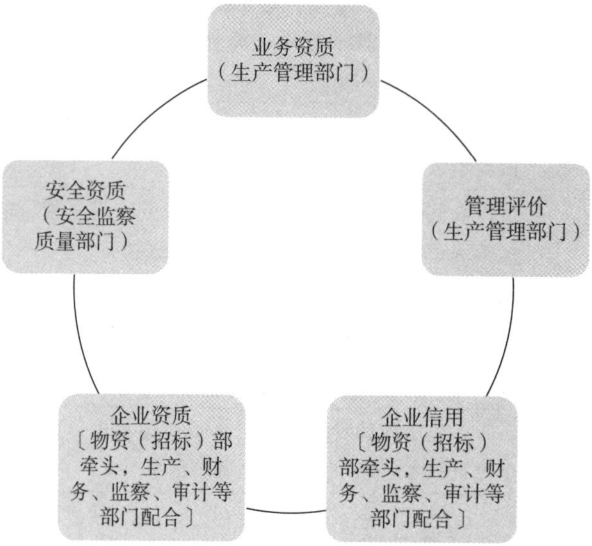

图 4-2 承包单位资质审查条件与组织

（4）开展生产外包项目"四管理"

① 安全管理

承包单位按要求开展安全教育、知识培训，定期组织应急演练；在作业过程中，通过班组每日进行安全检查，每周对工地进行安全监察，各级安全生产管理人员日常巡视，检查现场各项风险措施落实情况，发现问题及时纠正；现场作业人员要服从指挥，严格执行工作票制度、工作许可等制度，杜绝违章作业。

监理单位每天对承包单位安全规章制度的执行、危险预防措施、安全交底等情况进行监督检查，必要时设专人监护；严格审核承包单位报送的各类报审文件，对作业关键工序、危险性大、专业性强的作业必须实施旁站监督，发现问题及时报送公司，并实施闭环管理。

公司通过资质审查、合同约束、教育培训、动态评价等制度对承包单位进行安全监察工作。领导干部和管理人员依据国网公司《生产现场领导干部和管理人员到岗到位标准》，深入现场进行安全检查和指导；定期开展业务外包安全管理督察，并将承包单位的安全业务生产纳入公司日常管理范畴，进行一体化管理；动态开展外包安全现场督察，将外包现场的突发事故纳入公司应急预案体系，并进行定期演练；动态追踪外包安全问题整改情况，督促承包方进行期限内闭环整改。

② 质量管理

承包单位对外包合同范围内的施工质量负总责，编制作业方案、标准化作业指导书、三措（安全、组织、技术措施）等文件，对于重要临时措施、特殊作业及危险作业编制专项施工方案，施工时严格按照作业指导书的要求进行作业，杜绝野蛮施工。

监理单位对外包项目进行质量控制，审查承包单位的施工情况，发现问题及时催促整改，情节严重时下停工命令并及时向发包单位汇报。

公司对外包项目实行三级验收，工程验收实行闭环管理，验收过程中发现问题要求承包方在规定时间内整改，并对整改结果组织复验，直至合格；催促承包单位制定详细的安全技术方法，依照相关工艺标准开展工作，确保质量。

③ 进度管理

外包项目进度严格合同约定执行，承包方如遇不可抗力情形需要延期，将修订后的进度计划报发包方审核；发包方依据承包方制订的项目作业计划紧密追踪项目进度情况，及时评估项目风险、纠正作业进度偏差，并指导承包方采取必要的解决方法。

④ 费用管理

项目经费以自营项目本钱为基础，结合承包方应获取的人工本钱、合理利润、税金等进行测算，作为招标的依据并纳入预算管理。企业作为发包方对项目费用发生情况进行实时追踪并且动态评估可能的风险，以此作为依据指导承包方采取防范措施，并组织审计部门对业务外包费用结算进度进行审计监督。

3. 国网浙江省电力检修公司生产业务外包管理案例启示

(1) 明确了外包业务范围界定原则

对于三种不同类型的项目，结合公司发展、项目管控难度以及公司内外部资源限制等因素，对生产业务明确了范围界定原则并且进行了细致的划分，为供电企业外包生产业务提供了一定的借鉴意义。

(2) 规范了业务外包作业质量管理

分别从发包方、承包方、监理单位三方角度出发，对各个单位应该履行的质量管理职责进行了详细的划分，在一定程度上保障了项目工作质量，有效提升了外包项目的合作质量。

4.2　电力企业业务外包管理案例分析

4.2.1　华能平凉发电公司维修业务外包管理案例分析

1. 华能平凉发电公司维修业务外包管理实施背景

华能平凉发电公司是全球 500 强企业——中国华能集团的控股公司，是华能集团在西北最早接收运营的发电企业，负责向国家电网和大用户企业生产、销售电力和热力资源。近十年，平凉电厂已累计发电超 1000 亿千瓦时，累计上缴税金 13.7 亿万元，有效助力了地方经济发展。目前企业总装机容量 252 万千瓦，是甘肃省装机容量最大的火力发电厂和电网主要电源支撑点。

随着电力体制改革的深入推进，对火力发电厂的维修业务外包管理活动提出了更高的要求，为确保人身和设备安全，保障电能的安全稳定生产，提升企业经济效益和市场竞争力，公司采用将设备维修业务外包的策略来实现设备长时间安全稳定运行，同时制定一系列外包管理措施确保业务外包的效率。

2. 华能平凉发电公司维修业务外包管理主要做法

（1）维修业务外包模式

公司目前对维修业务实行两种外包模式，分为设备日常维护和机组标准化检修两部分，每部分具体的外包内容及外包方式见表 4-4。

表 4-4　维修业务外包

维修业务外包内容	具体分类	外包方式
设备日常维护	劳动力密集型、技术含量低及专业性很强的一部分设备的日常维护业务	年度招标
	技术含量高、需要专门技术资质认证的起重机械、电梯和消防设施维护保养、特种设备检验等工作	年度招标
	对 H 公司生产设备有着至关重要影响的维修业务	自主承担
机组标准化检修	A 级：是指对发电机组进行全面的解体检查和修理，以保持、恢复或提高设备性能，一般四到六年进行一次	单独招标
	B 级：是指针对机组某些设备存在的问题，对机组部分设备进行解体检查和修理，可根据机组设备状态评估结果，有针对性地实施部分 A 级检修项目或定期滚动检修项目。一般两到三年一次	单独招标
	C 级：是指根据设备的磨损、老化规律，有重点地对机组进行检查、评估、修理、清扫。一般一年一次	单独招标
	D 级：是指机组总体运行状况良好，而对主要设备的附属系统和设备进行消缺。检修周期视设备运行情况确定	由本年度中标的设备日常维护业务的外包服务商和检修部相应的专业班组自主承担

（2）维修业务外包管理组织结构

公司检修部负责全公司设备的检修、维护、日常保养以及维修业务外包的管理工作。检修部主任负责对外包项目进行统筹管理，两名副主任负责协助主任分管下属部门，同时还配备了一名安全主管，专职负责部门内部的安全监督。针对两种类型的外包服务商，采取不同的管理方法：

① 设备日常维护业务服务外包商管理

公司检修部对设备日常维护业务外包服务商的管理方式，是要求较大规模的外包服务商依据检修部专业班组和设备划分，分别成立的相应的外包服务班组，归口相应的检修部专业班组进行管理。例如中能建西北电建三公司中标了 2021 年度公司脱硝除灰设备、脱硫排烟设备、化学水处理设备、公用照明设备的日常维护项目，按照公司的管理要求，其驻公司项目部相应地成立灰硝班、脱硫班、化水班、电气班共四个外包服务班组，分别由公司检修部环保专业环保班、化学专业化检班、电气专业变电班负责管理；白银东鹏建筑安装公司中标了 2021 年度公司制粉系统和除渣系统的日常维护项目，其驻公司项目部相应地成立制粉班、除渣班两个外包服务班组，分别由锅炉专业风磨班和锅炉专业炉本班负责管理。同时，公司还要求中能建西北电建三公司（以下简称西电三公司）和白银东鹏建筑安装公司（以下简称东鹏公司）项目部，依据其管理的外包人员数量，按照一定比例配备安全管理人员。其余小规模的外包服务商，则只需要组成相应的外包服务班组，归口检修部相应的专业班组管辖，无须单独设置项目部。具体组织架构如图 4-3 所示。

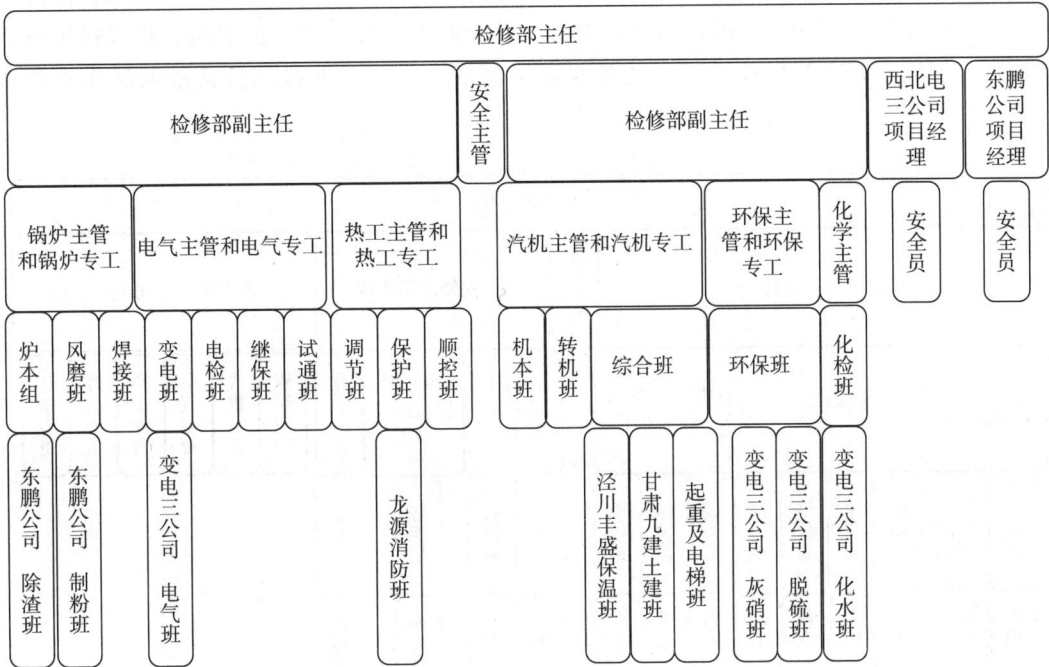

检修部主任

- 检修部副主任
  - 锅炉主管和锅炉专工
    - 炉本组
    - 风磨班 —— 东鹏公司 除渣班 / 东鹏公司 制粉班
    - 焊接班
  - 电气主管和电气专工
    - 变电班 —— 变电三公司 电气班
    - 电检班
    - 继保班
    - 试通班
  - 热工主管和热工专工
    - 调节班
    - 保护班
    - 顺控班 —— 龙源消防班
- 安全主管
- 检修部副主任
  - 汽机主管和汽机专工
    - 机本班
    - 转机班
    - 综合班 —— 泾川丰盛保温班 / 甘肃九建土建班 / 起重及电梯班
  - 环保主管和环保专工
    - 环保班 —— 变电三公司 灰硝班 / 变电三公司 脱硫班
  - 化学主管
    - 化检班 —— 变电三公司 化水班
- 西北电三公司项目经理
  - 安全员
- 东鹏公司项目经理
  - 安全员

图 4-3　设备日常维护业务管理组织架构

② 机组标准化检修业务外包服务商管理

公司检修部对机组标准化检修业务外包服务商管理，是由部门总体负责，检修部各班组则依据检修任务书，对本班组所辖设备外包维修工作分别进行管理。例如，中能建西北电建三公司中标了 2020 年度公司#1 机组 C 级检修项目，共安排 200 名外包服务人员参与检修，所有外包服务人员按照检修任务书分组安排到检修部相应专业班组进行培训和管理，由相应的组长负责，在检修部专业班组的指导下开展机组设备维修工作。在实际管理中，由于设备标准化检修期间各班组工作量和工期的动态变化调整，经常会存在外包服务人员在各个工作组之间来回调整调动的情况。其具体管理架构如图 4-4 所示。

（3）维修业务外包管理流程

公司维修业务外包管理流程由立项申请—项目招标—合同签订—过程管理—验收结算五个阶段组成，其流程如图 4-5 所示。

① 立项申请

每一年度，公司检修部依据下一年度机组标准化检修计划和上一年度设备日常维护工作量情况，编制机组标准化检修任务书和设备日常维护外委立项申请，报公司策划部进行内容审核及费用核算，经公司总经理批准后，上报华能集团甘肃分公司和华能集团进行项目和资金批复。按照华能集团规定，单项费用 50 万元以下的外包维修项目，由公司直接批复；单项费用50万～200万元的外包维修项目，由华能集团甘肃分公司批复；单项费用200万元以上的外包维修项目，必须上报至华能集团北京总部进行批复。

② 项目招标

项目和资金批复后，由公司策划部依据机组标准化检修任务书和上年度设备日常维护工作量，编制招标技术规范，通过公司招标平台进行外包招标，采用"专家评标、低价中标"的招标规则，由华能集团评标专家对参与投标的外包服务商所提供的资质资料进行审核评价，淘汰不符合招标技术规范的外包服务商后，最终选取投标价格最低者作为合作对象。

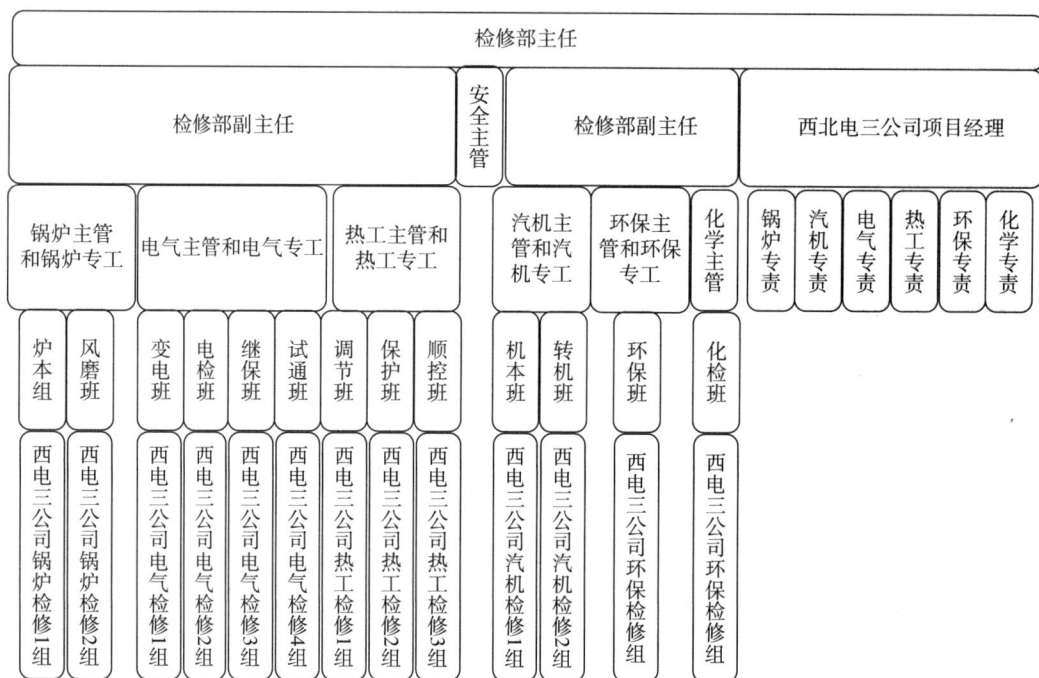

图4-4 机组标准化检修业务管理组织架构

③ 合同签订

在通过招标选定合作外包服务商后，由公司策划部与外包服务商共同讨论、起草、编制和修订维修业务外包合同，经公司总办会和党办会审议批准后，由公司总经理与外包服务商法人共同签署。

④ 过程管理

外包服务商签约后，按照规定时间，依据合同要求，配置足够数量的外包服务人员，由检修部和安监部负责组织入厂安全教育培

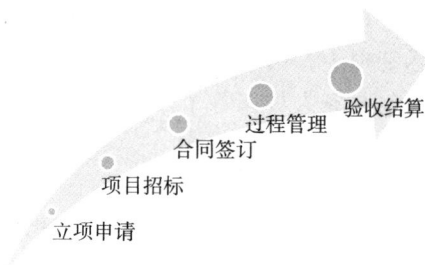

图4-5 维修业务外包管理流程

训，并经安规考试合格后，进入外包维修服务班组或外包维修作业小组进行作业。在外包项目的执行过程中，由检修部负责对外包服务商和外包服务人员的日常管理和考核监督。

在发现外包服务商和外包服务人员的违约和违章行为后，由检修部管理班组或专业管理人员提出考核意见，经部门领导审核，通报安监部签署意见后，由策划部从外包服务合同中扣除考核金额，或要求外包服务商限期到公司财务部缴纳罚款。外包服务商和外包服务人员日常作业中的监督管理，由相应的管理班组按照每日工作安排，指派班组检修技术人员执行。

⑤ 验收结算

在合同服务期或维修项目结束后，由策划部组织检修部相关人员，对外包服务项目进行验收，验收内容以服务商提供的纸质材料、公司设备运行参数及现场文明生产环境为主；验收通过后，办理项目验收单，由检修部、安监部、策划部相关管理人员签署意见后，上报公司总办会批准。由财务部扣除相应的罚款考核和违约金后，进行项目费用结算。

3. 华能平凉发电公司维修业务外包管理案例启示

华能平凉发电公司针对维修业务制定了很多有效的措施。首先，公司对维修业务外包模式进行了科学的划分，针对外包的内容对承包商的资质提出了不同的资质要求；其次，依据每种模式下的业务建立组织架构，明确了各班组的职责，并采取不同的管理办法，同时专门配备了安全主管，专职负责，对项目进行安全监督；最后，从立项申请、项目招标、合同签订、过程管理、验收结算五个方面对项目进行管理，保障项目顺利实施。

4.2.2　大唐国际发电股份有限公司业务外包安全管理案例分析

1. 大唐国际公司业务外包安全管理实施背景

大唐国际发电股份有限公司（以下简称"大唐国际"）成立于 1994 年，是第一家同时在香港、伦敦、上海二地上市的中国企业，是中国最大的独立发电公司之一，经营产业以火电、水电、风电、光伏为主的发电业务，同时涉及煤炭、交通、循环经济、售电等领域。截至 2021 年年底，公司资产总额约为人民币 2959.68 亿元，装机容量达到 68770.03 兆瓦。

大唐国际始终胸怀"国之大者"，认真落实国家电力保供要求，践行"双碳"目标要求，坚决守住能源保供安全底线。为了充分利用自身资源，开展电力、煤炭、煤化工生产和其他多种产业工作，大唐国际对一些的确需要利用系统外人力资源的业务，采用对外发包工程的方式，并制定一系列规章制度，对外包工程安全进行管理。

2. 大唐国际公司业务外包安全管理主要做法

大唐国际对外包工程的安全管理要求持续开展外包外委队伍"双压"工作，严格执行"两票"制度，严把外包工程"六道关口"，不断提高管理水平和责任意识，夯实安全基础。具体的管理细则围绕"六道关口"展开，如图 4-6 所示。

资质审查 → 明晰管理职责 → 安全培训 → "三措两案"编制与审批 → 安全交底，"三讲一落实" → 过程管控

图 4-6　安全管理"六道关口"

（1）强化准入管理，加强资质审查

资质审查是外包工作的进入关口。发、承包单位必须依法签订承包合同、安全协议，规定各自应承担的安全责任，明晰各自的安全管理职责和应当采取的安全措施。从组织、人员、器具三个方面对承包商进行严格的资质审查，坚决杜绝不符合条件的单位入场，具体的审查细则见表4-5。企业不定期检查承包单位数量和名册，防止外包工程技术管理人员、安全管理人员等关系到业务开展的核心工作人员擅自换岗、离岗，同时对未征得企业同意出现的人员随意调换、离岗的行为进行严肃考核。

表4-5　承包方资质审查细则

分　类	细　则
组织	有关部门核发的营业执照、资质证书、安全生产许可证（仅使用于煤矿工程）、法人代表资格证书、安全资质证书、施工简历和近3年安全施工记录
人员	施工人员年龄、工种、健康状况等是否符合要求。工程负责人、工程技术人员资格证书、专职安全员的资格证书、特种作业人员的特种作业操作证
器具	承包方保证安全施工的组织机构、工器具、安全防护设施、安全用具能否满足安全施工要求。涉及定期试验的工器具、绝缘用具、施工机具、安全防护用品，是否具有检验、试验资质部门出具的合格的检验报告

（2）依据规章制度，明晰安全管理职责

系统各单位要认清形势、提高认识，高度重视安全生产工作，牢固树立红线意识，牢固树立生产场所任何作业人员均属于厂内安全管理范围的理念，始终把安全生产放在一切工作的首位，始终把生命安全放在最重要的位置，切实将规章制度落实到位，监督管理落实到位，责任追究落实到位。各单位要成立以安全第一责任人为组长的外包工程专项治理组织机构，切实加强领导，统筹做好外包工程专项治理活动，尤其要周密部署环保和节能改造等工作任务，确保万无一失。特别是基层企业，还要成立专项、专职的环保或节能改造工作组，与乙方项目部对接，落实安全生产管理责任，采取有效可行的措施，努力降低环保和节能改造项目的安全风险，确保改造项目安全。

（3）结合施工需求，严格把好安全培训关

施工前，发包方依据外包项目的实际需求和所用到的技术等制订详细的培训计划，结合不同专业、不同作业的安全需求，对承包方负责人、作业人员进行全员安全培训和考核，提供有关安全生产的规程、制度，并应有完整的记录；对承包方的安全作业流程、施工方案、应急预案进行审查，对作业过程进行全过程监督。承包方要积极主动地配合发包方做好技术交底工作，了解所承包工程的生产和工艺流程的特点，对作业现场可能的危险因素进行分析；组织全体施工人员认真学习，学习要有签字。

（4）部门协作，加强对"三措两案"管理

承包方要结合企业要求，以及施工现场的工作环境、施工工艺和设备特性，编制"三措两案"。发包部门对技术措施、施工方案的全面性进行审查，安监部门对安全措施的全面性进行审查，监理组织发承包企业相关人员审查审定"三措两案"并签字确认。执行过程中如有变更，必须重新履行审批流程，且要统筹考虑所涉及"三措两案"的条款。

要结合工程情况实际，开展危险源辨识和监控，完善应对恶劣气候和自然灾害、受限空间人员窒息（中毒）伤害、火灾以及危化品储存、使用和运输、防腐作业（火灾、高空坠落、窒息、中毒等）事故的专项应急预案，明确应急响应流程，做好作业人员的全员培训、应急物资储备、应急队伍建设和应急演练，提高应急处置能力和水平。

（5）双方互相配合，强化安全交底监督

项目开工前开展"三讲一落实"工作，双方工作负责人必须到现场进行安全交底，要核实"工作票"安全措施是否执行到位、"三措两案"各项要求的落实情况，重点抓好现场作业的安全管理和监护，确保作业人员正确使用安全工器具、穿戴劳动防护用品。发包方要积极做好发包工程的工作票、动火票办理等事宜，除长期外委队伍外，发包工程应实行工作票双负责人制。发包方工作负责人对现场作业安全措施是否执行到位，施工人员是否在指定时间和区域内工作负责；承包方工作负责人对施工作业的现场组织、协调并对施工作业人员安全行为负责。

施工现场要派专人全天候监管，对现场管理混乱的下达强制停工令。对违反停工令或屡不履行安全责任的承包单位，要列入安全生产"黑名单"，并责令清退。大唐国际对环保和节能改造项目关键环节、高风险作业场所、高风险作业活动、大修作业现场等进行重点监督检查。

（6）严格过程管控，强化现场管理

在承包方队伍进入作业现场前，发包方要对其进行消防安全、安全设施及社会治安方面的教育。所有教育培训和考试完成，办理准入手续后，凭证件出入现场。证件上应有本人近期免冠照片、姓名、承包方名称、准入的现场区域等信息。对承包商的安全作业规程、施工方案和应急预案进行审查，对承包商的作业过程进行全过程监督。

发、承包方安全监察部门应经常深入现场，检查指导安全施工，随时对施工安全进行监督，发现有违反安全规章制度的情况，及时纠正，并按规定给予惩处。

集团公司系统各企业的安全监督部门，对本企业外出承包工程的现场，应定期进行安全检查。

（7）工期服从安全，杜绝疲劳作业

在保证安全生产的前提下，结合改造机组所处地区的具体要求、当地电网供需形势、改造设备的制造工艺和进度安排、具备相应资质和能力施工队伍的保有量，科学合理地安排燃煤电厂环保和节能改造工作任务和工期计划。杜绝由于盲目赶工期而埋下的人身伤害、设备质量和系统安全等事故隐患。

杜绝"重工期、轻安全"的思想，尽可能避免连续疲劳作业、夜间作业，对特殊时段作业和高风险作业要提高监护等级，设置专人旁站监护，旁站监护人不宜参加作业。

（8）强化反违章工作，加强违章处罚

认真学习《有限空间作业防止人身伤亡事故重点要求》《发电企业高风险作业管理指导意见》等制度，牢固树立"违章就是事故"的安全理念，持续深入开展"违章模拟分析"活动，严肃查处违章指挥、违章作业、违反劳动纪律、超越施工范围、作业人员脱离施工区域的行为，营造遵章守纪的氛围，有效管控人员违章行为。

按照"四不放过"的原则，对违章的单位和相关负责人按照"无后果责任追究、有后果从严处理"的原则进行处理。要对违章行为进行总结、分析和整改，重点对管理层面的问题进行整改，进一步落实制度、落实责任，提高各级人员的安全意识、防范能力和管理水平。

（9）落实安全投入，确保安全经费保障

建立健全安全措施费用投入和使用管理制度，改造项目概算应当单独计列安全措施费，明确使用范围。要根据改造项目进展情况，及时、足额向施工单位支付安全措施费。要监督施工单位足额提取和使用，据实列支，严禁将安全措施费挪用于其他用途，确保安全措施费真正用于配置安全工器具和安全设施、设备上设置明显的安全警示标志、职业危害标识、事故照明和移动照明、有毒有害气体检测设备、急救用品、消防器材、安全防护用品（安全带、安全帽等）等方面，切实保护作业人员的生命安全和身体健康。

3. 大唐国际公司业务外包安全管理案例启示

通过设置"六道关口"，全面梳理了外包业务安全管理的典型做法。首先从组织、人员、器具三个方面对承包商进行严格的资质审查，使得对承包商的遴选更加全面，从而有效保障了项目的顺利开展。同时，对组织管理的职责进行了清晰的划分和界定，有效保障项目的顺利实施；对参与外包项目的全员进行安全培训，编制"三措两案"；加强对作业现场管理，要求双方单位要落实安全交底和监督工作，结合各项现场管控措施，实现对外包项目的全过程管控。

4.3 其他同类型企业业务外包管理案例分析

4.3.1 中国电信广东公司业务外包管理案例分析

1. 中国电信广东公司业务外包管理实施背景

中国电信广东公司（以下简称"公司"）是中国电信集团公司最大的省级分公司，总资产近1000亿元，年收入占中国电信股份有限公司的五分之一，在"2022中国三大运营商省公司收入百强榜"中位居第4名，同时也是中国电信集团省公司的第一名。

2008年5月24日，工信部、国家发改委、财政部联合发布《关于深化电信体制改革的通告》，将原有的中国移动、中国电信、中国网通、中国联通、铁通、卫通六大电信运营商采取分拆、合并的方式重组为新的中国移动、中国电信、中国联通三大运营商，自此，中国国内的电信行业进入"三国演义"的争霸时代。为了提升综合竞争力，三大运营商从传统业务中解脱出来，开始向综合信息服务业务转型，为了将更多的资源投入核心业务中，同时为客户提供更好的服务，电信企业开始将部分业务外包。近年来，广东电信公司在新的市场竞争环境下，为了进一步推动企业转型，控制成本开支，提升核心竞争力，选择将部分业务外包，并建立和完善了业务外包管理体系。

2. 中国电信广东公司业务外包管理主要做法

（1）广东电信业务外包情况

① 业务外包范围

通过对公司现有业务进行分类，结合公司的核心资源、市场环境、人力资源现状以及公司未来发展规划，将公司业务分为以下四类，具体范围见表4-6。

表 4-6　业务外包范围

业务分类	分类标准	是否适合外包
一类业务	与企业核心能力关联度低、可控度高、外部市场化程度高的业务，如技术简单、工作界面清晰的成熟劳动密集型业务	适合外包
二类业务	与企业核心能力关联度低、但可控度和外部市场化程度低的业务	原则上不进行外包，但具备条件的单位，可以实施业务外包
三类业务	对实现企业转型有重要影响并需要迅速开展的业务，但公司不具备开展的能力或业务执行力不强	根据可控程度和外部市场成熟度来决定是否外包
四类业务	与企业核心能力关联紧密的业务	不能外包

② 业务外包方式

依据外包业务的范围与公司参与业务的程度不同，以外包成本及可实现的效益为基础，综合考虑业务运营具体特点、公司管控水平，将业务外包分为整体外包和部分外包。

整体外包是指将业务全权委托给外包商进行管理，电信公司对业务完成情况、进度计划、收入等进行管控，但是对承包商内部管控与运营不做干预，参与程度低。

部分外包是指公司依然参与外包业务运营的部分环节，承担部分责任，有权参与承包商项目实施环节，对项目的参与程度高。

③ 业务外包模式

根据公司与外包商之间的关系，将业务外包模式分为业务代理和支撑服务模式。

业务代理模式是指公司将直接面向客户的业务提供给外包商，主要适用于客户服务类等业务。这种外包方式有两种操作形式，即外包商以中国电信和自身名义向用户提供服务。

支撑服务模式是将直接面向自身的业务提供给外包商，主要适用于网络维护、后勤服务等工作。

（2）业务外包管理

① 承包商管理

承包商准入资质：依法成立且合法经营的公司或其他组织，且在当地设有固定办公地点，具有相应的经营范围和专业资质，技术、经验水平符合公司要求，必须依法用工、缴纳各类社会保险。

承包商选择评估：承包商遴选要坚持公正、公开、公平的原则，具体的评估因素如图 4-7 所示。其中，若选择实业等关联人士，对其中涉及关联交易的，应符合相关规定。

承包商分等分级管理：对承包商进行定期考核和评估，考核结果作为发放酬金和是否续约的依据。依据考核结果，对承包商进行分等分级管

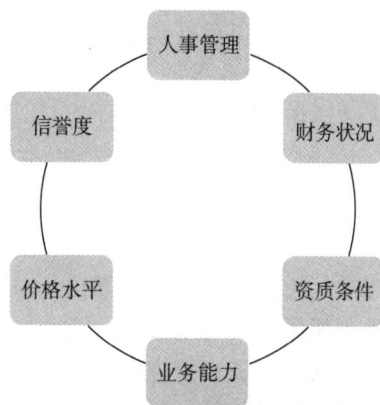

图 4-7　承包商评估因素

理。业务能力优秀的承包商应加大扶持力度,扩大服务范围;业务能力良好的承包商,可以保留其承包业务的资格;业务能力差的承包商,则取消其承包业务的资格。

② 人力资源管理

外包项目人力资源管理不仅意味着要对本公司涉及外包业务的管理人员进行管理,而且要对外包方人员进行管理。为了加强领导,纠正电信公司员工和外包方人员岗位混乱现象,在推进外包工作时,按照"人走业务走"的原则,妥善处理外包从业人员;对于混岗人员比较多的业务,进一步划小业务外包单元;劳动合同制员工比较多的区域和业务暂不外包,待具备管理能力后再进行外包,也可采取组织调配、空缺岗位竞争或委派到外包方进行外包业务管理等方式妥善安置劳动合同制员工。

③ 风险管理

通过合同明确外包双方的权利义务。外包合同对双方的权利和义务提出严格要求,明确保密责任、违约责任、争议解决等事项的处理办法。强化对承包商的责任管理,约定业务转包、分包的限制条款,以及业务终止后的后续事项处理;同时,明确约定承包商违反限制条例的处理办法,以及应该担负的违约责任,必要时可以要求承包商提供适当的担保。

加强对保密信息的管理。在外包合同或者单独签署的保密协议中应明确对公司保密信息的管理,同时明确规定外包商的保密义务和保密责任,加强对保密信息的管理、使用、保管以及传输。

利用 IT 系统做好业务外包支撑工作。对 IT 系统进行有针对性的改进,便于科学分析外包工作的进度以及完成质量,以便加强管控。例如在 BSS 系统中建立专门的外包业务管理模块,在综合调度系统中开发代维管理模块,在财务系统和人力资源系统中设置业务外包模块等。

3. 中国电信广东公司业务外包管理案例启示

(1) 对承包商进行了动态的等级划分

公司在对承包商进行管理时,不仅仅是在前期对承包商进行一次考核,更体现在过程中对承包商进行动态的考核,随时评估承包商是否依然具备承包该项目的资质。对于承包商的考核结果分为优良差三种,实行不同的管理措施。

(2) 加强了对外包人力资源的管理

针对电信公司和外包方人员的混岗问题,制定了"人随业务走""划小业务外包单元""分解岗位职责"等措施,有效改善了外包过程中双方外包人员岗位混乱等现象,促进了外包人才队伍转型。

4.3.2 神华能源-包神铁路公司业务外包管理案例分析

1. 包神铁路公司业务外包管理实施背景

国能包神铁路集团有限责任公司(以下简称"公司")于 2019 年 11 月 23 日成立,是中国神华能源股份有限公司的全资子公司,注册资本 117 亿元,负责包神、神朔、甘泉、塔韩四条铁路的资产管理和生产运营,资产总额 413 亿元,总营业里程 872 公里,占国家能源集团铁路总里程 40.6%,代表国家能源集团、中国神华参股并参与管理东乌铁路、三新铁路、新包神铁路和浩吉铁路。

为了优化铁路运输业务组织布局，加强资源共享利用，完善集运线路建设，提升包神铁路公司业务外包效率，规范业务外包单位与人员的管理，针对公司业务外包实施现状，制定了详细的业务外包管理办法，取得了不错的实施效果。

2. 包神铁路公司业务外包管理主要做法

（1）业务外包管理组织与职责

公司成立业务外包管理领导小组全面负责业务外包管理工作，领导小组组长由公司总经理担任，其他分管领导担任副组长，领导小组成员为各部室主任和各站区（中心）主任。根据业务外包组织结构，对各组织应该担负的职责做了详细的要求，见表 4 - 7。

表 4 - 7　业务外包管理组织职责

业务外包管理组织职责		
领导小组	领导小组办公室	各站区（中心）工作职责
全面负责公司的业务外包工作，确定业务外包管理机制和办法，及时掌握公司业务外包工作情况，适时调整工作重点、考评机制；指导、督促、协调公司与业务外包单位间的生产运营工作，解决存在的问题	在业务外包管理领导小组的领导下开展日常工作。负责业务外包人员管理办法的制定。负责对业务外包单位的劳动、用工、薪酬等情况进行监管；负责按规定对业务外包人员进行任职前考试和专项考试，并颁发相关证书；组织业务外包人员参加特种作业操作资格证、特种设备操作资格证、进网作业许可证等证书的复审培训、新办证培训；负责指导、督促、协调公司与业务外包单位间的人事劳资管理工作；对业务外包单位人员配备情况的监督、指导与考核；负责业务外包单位人员进入前的资质审查和变更时的核准等工作	将业务外包单位统一纳入"五型班组"建设及考评范围内，对业务外包班组按月进行检查考核，并通报考核内容，季度汇总考核成绩，并按成绩兑现挂钩费用；督促业务外包单位建立人事劳动管理档案，并监督管理；督促业务外包单位认真执行国家劳动安全法律法规，按合同约定配齐人员、合理安排班次和作业时间，足额按时发放工资；统一制订业务外包人员教育培训计划，督促外包单位开展安全业务教育培训、任职岗位适应性培训工作，并建立员工职教培训档案；组织外包单位参加业务考试；统一组织开展岗位练兵、技术比武、应急救援演练等活动；在业务外包单位班组中，统一设置班组安全员、青安岗，并纳入站区（中心）的统一考核、评比；按照集团公司相关制度标准，根据业务外包合同中约定的人员数量和岗位，向业务外包人员按时发放生产、生活用具和劳动保护用品

（2）业务外包管理流程

为了规范业务外包管理流程，有效控制外包项目实施进度、保障外包项目实施效果，公司制定业务外包管理办法，具体流程如图 4 - 8 所示。

外包可行性分析 → 外包方案审核 → 确定外包单位 → 外包过程管理 → 考核评价 → 外包项目结算

图 4 - 8　业务外包管理流程

外包可行性分析。公司在组织业务外包之前首先进行技术经济分析，重点分析该业务在自营与业务外包情况下的成本情况，以判断项目是否适合外包；评价业务外包的合规性、可行性、经济性及风险；拟定实施方案及业务外包申请，说明业务外包范围方式、费用构成、人员要求、服务质量要求等内容。

外包方案审核。公司将业务外包实施方案及业务外包申请上报集团公司，集团对业务外包实施方案及业务外包申请进行初步审核。

确定承包单位。通过公开招标或非招标方式确定业务外包单位。对于外包项目实施过程中外包单位和单位人员的准入条件提出了要求，见表4-8。

表4-8　业务外包单位、人员准入标准

业务外包单位的准入	业务外包单位人员的准入
业务外包单位必须具有从事铁路运营的专业资质或所涉外包业务项目的专项服务资质。经公司进行资质审查，确认其具备相应的资质并上报集团同意后方可准入	业务外包单位人员身体条件必须符合任职岗位要求。任职前，由业务外包单位负责组织健康检查，并建立体检档案，以便查阅。 普通外包单位人员任职前，由站区（中心）对其进行电气化安全和相关专业定岗考试（试卷和成绩留存备查），考试合格后报公司人力资源部；公司人力资源部会同集团公司人力资源部组织考试，考试合格、颁发电气化安全合格证和上岗证后，方可上岗任职。任职期间，应按规定周期参加公司组织的任职岗位适应性培训和业务考试，考试不合格的，不得上岗作业。 特殊岗位工作的业务外包人员必须持有相关部门颁发的有效职业资格等级证书；从事特种作业人员必须按照国家有关规定，经专门的安全作业培训，取得特种作业操作资格证书，方可上岗作业

外包过程管理。业务外包单位确定后，生产技术部、人力资源部和安全监察部负责对合同中确定的业务范围、内容、权利和义务履行情况进行监督检查。公司对业务外包班组及人员统一纳入"五型班组"建设考评，各考核组根据考评标准进行检查考核。对于外包项目实施过程中外包单位和单位人员的退出的几种不同情形也做了说明，见表4-9。

表4-9　业务外包单位、人员退出标准

业务外包单位的退出	业务外包单位人员的退出
业务外包单位发生一般B类及其以上铁路交通事故且事故全部责任或主要责任为外包单位时，公司可提前终止合同，要求该单位退出外包业务 业务外包单位人员或设备自愿整体退出时，应提前三个月提出申请，经双方协商同意后方可退出	普通业务外包人员因特殊情况需更换或调整人员时，须提前二十日以书面形式向公司报告，经对接替人员审查合格、颁发上岗证后，填写相应的审批单（见附表），报公司审批，方可替换或调整；业务外包单位派驻所在公司担任管理职务的人员变更前，须提前一个月向公司人力资源部报备；对于严重违反国家法律法规、企业劳动纪律和作业纪律、一般D类及其以上事故的全部责任或主要责任者或不适应本岗位工作要求的业务外包人员，公司将书面通知业务外包单位更换人员

项目实施过程中，外包单位若出现定编缺员情况，公司将按人月均工资核减合同费

用；若出现在岗作业人员缺员情况，公司将按核定的人月均工资和人月均工资附加两项费用加倍核减月合同费用；若不按外包合同规定的条款执行，公司将核减业务外包单位当月1％的管理费用；若出现员工超劳情况，公司将核减业务外包单位当月1％的管理费，并要求业务外包单位及时安排职工休息。

同时，为了保障外包项目顺利进行，有效规避过程风险，公司制定了一系列的应急管理举措：公司积极采取承包方竞争机制，尽量选择多家单位作为外包业务承包方，以降低一方服务失败或单方中止合同可能带来的风险及损失，以便公司对重大业务外包项目的各种意外情况做出充分预计，建立相应的应急处理机制，制订临时替代方案，避免业务外包失败造成企业生产经营活动中断；如遇突发情况导致业务外包单位无法提供相应服务时，所属单位应立即启动应急替代机制，组织本单位人员、设备进驻现场，保证公司生产经营活动持续运行；如本单位人员、设备无法替代业务外包项目时，应立即上报集团公司对口管理部门，由集团公司业务管理部门协调解决。

业务外包考核评价。各站区（中心）每月定期进行考核并通报考核结果，每季度按照考核结果兑现奖惩，同时将季度兑现结果上报公司，做到同管理、同考核、同奖惩。公司相关部室在业务外包单位合同期满前三个月应对业务外包单位进行履约及可持续能力评价，形成业务可持续能力评估报告，由分管领导审阅后报送领导小组办公室。

公司根据业务可持续能力评估报告，负责及时替换不再继续具备履约能力的承包方，避免外包业务中止造成公司的损失。

外包项目结算在业务外包单位递交结算申请单后，公司主管部门和相关业务部门严格按照合同约定的结算条件，结合日常监管考核结果对结算申请进行审核并出具审核意见，经计划财务部对结算申请单、发票等原始凭证审核后，按照规定权限和程序审批后由计划财务部进行付款。

3. 包神铁路公司业务外包管理案例启示

明确外包单位、人员的准入标准，帮助公司筛选出更符合外包要求的单位及作业人员，保障项目能更加高效地实施。公司通过对外包人员设置准入标准，能够促使员工为了通过资质考试主动学习与项目有关的知识。明确外包单位、人员退出的标准，使公司能及时发现并取消不符合标准的承包商，有效减低了外包项目的实施风险，从而达到调整与优化人力资源与成本结构的目的。

4.3.3 新疆联通公司无线网络优化服务外包管理案例分析

1. 新疆联通公司无线网络优化服务外包管理实施背景

中国联通新疆分公司（以下简称"公司"）于1998年7月29日注册成立，负责联通通信网在新疆的建设、经营和管理。目前新疆联通在全疆14个地、州、市，89个县（市），均成立了相应的分支机构。

随着新疆联通移动网业务的快速发展，2008年，新疆联通根据网络维护需要，成立了区、地两级网络优化团队，但由于员工数量少、专业能力不强，所以选择将无线网络优化服务外包给第三方团队。在早期外包过程中，公司基本上是被动接受外包商的服务，服务内容都是基础的工程优化。2008年以后，公司希望在传统维护运行安全和网络质量服务的前提下，提高工作效率。2013年，通信市场用户争夺更加激烈，运营商更加注重客户感知服务。因此，公司在外包内容上增加了客户感知服务外包内容和考核体系。2018年以来，公司更加关注服务外包的效益分析，希望能通过发挥外包优势，提高网络运营效率。其发展历程如图4-9所示。

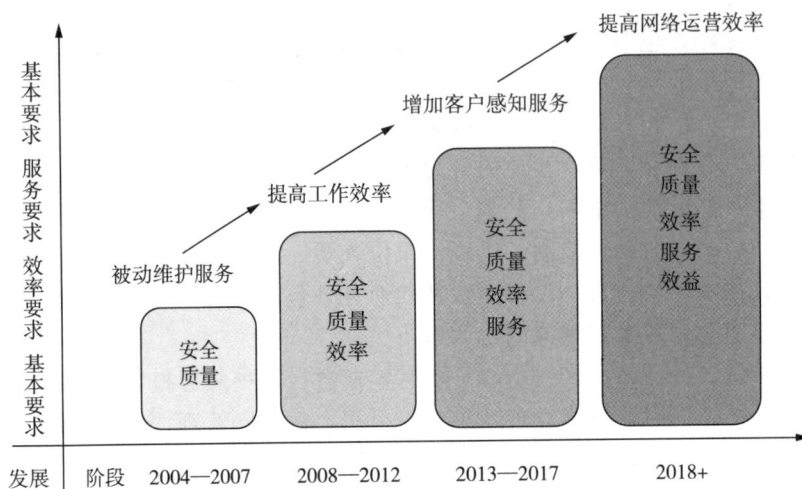

图4-9 新疆联通无线网络优化服务外包发展历程

2. 新疆联通公司无线网络优化服务外包管理主要做法

（1）服务外包模式

2018年以来，为了适应数字化转型，更好地满足客户需求，提高业务外包效率，公司对无线网络优化服务外包的模式进行了探索和创新，在原有外包模式的基础上，结合不同地域的实际情况，提出了三种不同的网络优化服务外包模式，见表4-10。

表4-10 新疆联通无线网络优化服务外包模式

模 式	概 述	优 点	缺 点
模式一	地方分公司原则上将非核心部分的网络优化操作服务外包给第三方。核心部分由企业自主实施	服务外包费用减少，自主优化能力提升	由于服务外包和自主优化同时存在，协调和管理成本增加，考核责任主体界定上存在交叉，无法精准划分，因此发包方和承包方都具有一定的风险性
模式二	地方分公司现有人力及配套资源不能满足独立承接部分网络优化服务工作。可采取地市自由技术人员暂时与联通公司解除劳动合同，融入服务外包商团队，协助完成项目交付	原企业人员的加入，提高了承包方与发包方的沟通效率，同时对原企业人员在薪酬上会有大幅度的增加，而且短时间内能快速提升自身的专业技能	企业自有人员会与联通公司暂时解除劳动合同，有一定的思想负担，不容易接受

（续表）

模　式	概　　述	优　点	缺　点
模式三	地市分公司暂不具备自主实施部分网络优化工作的能力，选择委托第三方专业公司继续实施全量网络优化服务外包模式	公司将上级网络优化考核压力全部传导至第三方公司，自有人员可以释放出来做其他工作	分公司的服务外包费用增加，带来企业的利润减少，人工薪酬会受影响，自身网络控制能力减弱，与承包商的谈判能力减弱，并将丧失核心专业的高端人才培养

统计 2013 年至 2017 年新疆联通无线网络优化服务全量外包的合同成本增长情况发现，由于基站规模的快速增加，网络优化费用也逐年递增，从 2013 年的 1999 万元到 2017 年的 2920 万元，增幅超过 46%。2018 年，通过探索服务外包为主和自主优化服务为辅相结合的模式，当年无线网络优化服务外包费用为 844 万元，较 2017 年节约外包费用 1076 万元，为公司经营收入、利润改善起到了积极的作用。详情见表 4-11。

表 4-11　新疆联通无线网络优化服务外包费用统计

年　　度	优化网络	基站规模	基站增长率（%）	服务周期	外包费用
2013	2G+3G	11027	35	1 年	1999
2014	2G+3G	14615	32	1 年	2249
2015	2G+3G	16657	14	1 年	2500
2016	2G+3G	22139	33	1 年	2818
2017	2G+3G	29023	31	1 年	2920
2018	2G+3G	31246	8	1 年	844

考虑到企业的发展以及核心竞争力的快速提升，公司原则上要求各地市选择模式一。由于外包和自有员工同时存在，可能会出现人力资源混岗等现象，协调和管理的成本较大，且考核的界限无法准确分割，所以对很多公司来说并不适用。新疆联通各地市网络优化模式选择，见表 4-12。

表 4-12　各地市网络优化服务外包模式的选择

地　　市	选择模式	备　　注
乌鲁木齐	模式 1	部分业务外包
喀什	模式 1	部分业务外包
伊犁	模式 1	部分业务外包
阿克苏	模式 1	部分业务外包
昌吉	模式 1	部分业务外包
巴州	模式 1	部分业务外包
和田	模式 1	部分业务外包

（续表）

地 市	选择模式	备 注
克州	模式2	自有人员离职派驻外包商
吐鲁番	模式1	部分业务外包
哈密	模式1	部分业务外包
石河子	模式1	部分业务外包
阿勒泰	模式2	自有人员离职派驻外包商
奎屯	模式1	部分业务外包
克拉玛依	模式2	自有人员离职派驻外包商
博州	模式1	部分业务外包
塔城	模式3	全量采购服务外包

（2）服务外包内容

经过公司专家组逐一对每项工作内容的操作频次、效果评估、指标关联性进行综合考量，明确了新疆联通无线网络优化服务外包内容共包含10大类中的34项工作，内容见表4-13。

表4-13 无线网络优化服务外包内容

工作大类	序号	工作分项	工作大类	序号	工作分项
集中质量监控	1	全网指标监控	KPI优化	18	差小区处理
	2	场景质量监控		19	日常投诉处理
	3	质差小区监控		20	资源优化率优化
	4	KPI质量评估		21	数据业务优化
	5	MR质量评估		22	跨网协同优化
	6	DT/CQT评估		23	深度覆盖优化
集中质量评估	7	天馈系统评估	专题优化	24	载波策略优化
	8	网络效能评估		25	频率规划调整优化
	9	月度运行质量分析		26	校园场景优化
	10	假日运行质量分析			
基础优化	11	基础数据管理	专项优化	27	高铁专项优化
	12	无线参数管理		28	地铁专项优化
	13	场景数据管理	市场支撑	29	网络保障响应支撑
	14	割接配合管理	客服支撑	30	投诉分析与优化
	15	网络优化支撑系统维护		31	投诉热点分析优化
道路优化	16	DT/CQT测试优化	建设支撑	32	网络规划支撑
	17	邻区优化		33	工程优化质量管控
				34	建设后评估支撑

（3）承包商管理考核制度

① 承包商资质要求

为了确保外包项目实施的效率和质量，保证外包人员专业技术、设备能力达到从事网络优化服务外包的标准，新疆联通已建立基于技能与岗位匹配、持证上岗的机制，在全疆从事网络优化的队伍中全面推行"网优能力认证"制度，细化专业能力标准，体系化推进网络优化人才培养及外部能力认证工作，推动从事新疆联通网络优化的队伍具有丰富的移动网络优化知识和实操经验，高效开展移动网络优化。目前，各地市承包团队项目负责人100％获得外部网规网优高级工程师及以上认证，承包团队其他人员70％及以上获得外部网规网优中级工程师及以上认证。

② 承包商服务要求

根据《新疆联通网络优化服务外包采购管理办法》指导原则，结合各地市承包商最终选择的服务外包工作内容，承包商与发包方（新疆联通各地市）签订无线网络优化承包协议，双方明确承包的服务内容、服务范围、服务周期和要求，明确双方的权利和义务，见表 4 - 14。

表 4 - 14 新疆联通无线网络优化服务外包协议

权利/责任	发包方（新疆联通各地市）	承包方（各地市）
权利和义务	发包方编制新疆联通移动无线网络优化服务技术规范书	提供的各项服务应完全符合发包方提出的标准，确保网优工作的有序开展、各项支持保障及时有效、网络质量保持稳定并满足发包方指定的要求
	发包方制定新疆联通承包商考核管理办法	在保证质量、按照承包协议条款完成服务的前提下，按规定获得相应的提出激励
	发包方有权按照本协议及相关附件的约定，对整个项目实施的时间、质量进行监督，并审核项目的完成质量	承包商需配备充足的人力储备，制订网络优化与调整计划，按时向发包方递交工作总结、报表，要求各项数据齐全、真实、准确，分析详尽，记录符合规范要求
	发包方有权按本协议及相关附件的约定，要求承包方提供项目报告等相关材料	按照发包方的要求按时提供各类网络质量评估报告，拥有体系化的质量保证体系
	发包方提出具体的项目需求及外包达到的目标，并组织承包方人员开展各项重点专项与重要活动支撑保障工作	承包方优化团队应配备最新版本的专业优化工具，支撑发包方的日常及专项优化工作的开展，提高优化效率，提升用户感知
	发包方组织专门的验收评审组，对承包方服务成果进行评审	积极配合发包方的各项网络调整措施以及适应新的优化思路调整，协助发包方完成集中优化和现场优化的工作调整以及测试评估
	发包方组织、监督承包商对内部承包人员的日常管理	承包方项目经理负责团队交付的日常管理工作。明确内部人员职责分工，制定团队人员日常考核及积分奖励办法。保证项目员工获得合理的工作激励，体现多劳多得，激发基础活力，以保证承包项目人员的长期稳定性和工作可延续性

（续表）

权利/责任	发包方（新疆联通各地市）	承包方（各地市）
权利和义务	发包方有权对承包方项目交付中发生的网络安全、信息安全等事件列入负面考核清单	承包方严格遵守公司各项保密协议和网络安全操作维护规范及要求，确保公司的各种商业信息和用户信息安全以及网络运行安全生产要求
	发包方负责对项目交付的最终评估和验收确认	承包方应严格按照发包方要求的内容和形式提交交付服务成果，并对发包方提出的疑问，在规定时间内做出相应的口头或书面解释。并且，承包方还应根据发包方提出的修改意见，重新修改后，再次提交发包方验收

③ 承包商考核体系

传统考核是通过制定一些反映网络质量的关键网络指标作为考核验收标准，如掉话率、无线接通率、接入成功率、质差小区等指标，通过这些关键指标来验证网络质量是否达到改善目标，从而间接反映网络优化工作的效果。新的网络优化服务外包考核在延续了传统的网络指标、网优重点工作两个方面的基础上，增加了网络感知的考核权重，如客户投诉率、净推荐值（NPS）等真实反映用户感知的评价指标，避免网络指标达标、而客户感知持续下降的风险。新疆联通无线网络优化服务自主承包考核，从过程、指标、项目管理和考核优化质量，进行科学的效果评价，如图 4-10 所示。新疆联通各地市作为发包方，负责按月对承包方服务团队进行网优结果考核，最终计算年度平均值，只有当承包商团队达标分值为 85 分以上，并且无负面清单的，才能按照合同约定支付项目进度款。

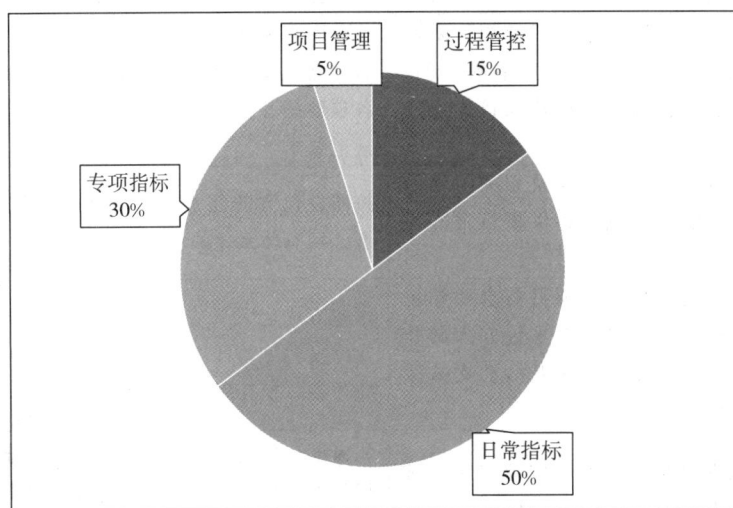

图 4-10 考核指标体系

新疆联通在全疆 16 个分公司实施网络优化服务外包前，科学评估制定各地市的目标，采用过程管控和项目管理的考核方式牵引 11 类具体工作，如图 4-11 所示。通过日常指标和专项指标的量化考核，进一步开展 KPI 优化、道路感知、用户感知、专项优化工作效果，并按时完成承包任务，有效呈现网络优化效果及交付过程。

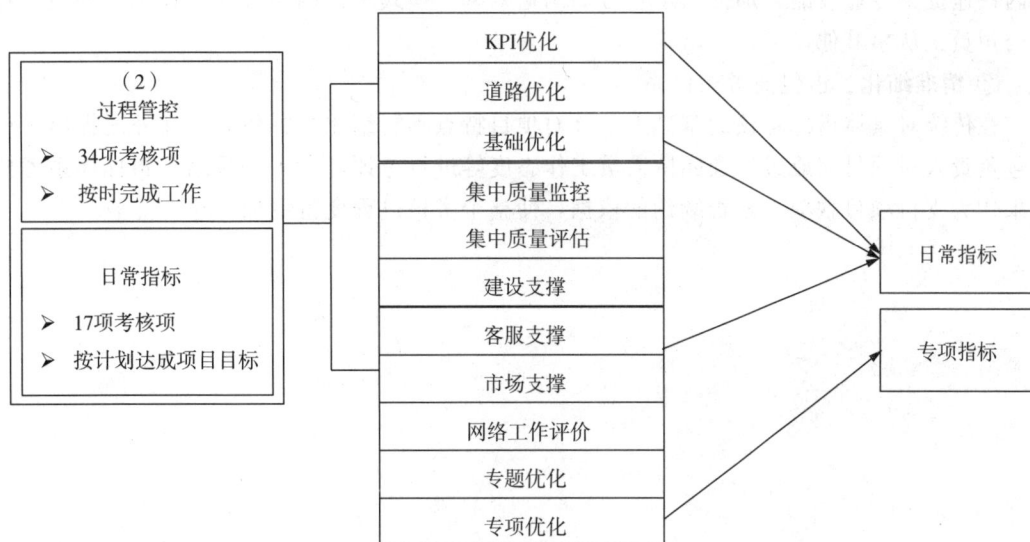

图 4-11　考核评价体系

与传统的定性指标考核方法不同，新疆联通网络优化承包考核体系为使考评变得更加公平、公正和全面，不再是简单的唯结果论，而是赋予了承包负责人对项目完成过程及团队人员工作态度等的考评，相较于传统的考核变得更加合理。例如，在运用等级评价法中，新疆联通在对网络优化服务承包项目的输出报告进行评价时，就划分了五个等级，即优、良、一般、差、很差等，见表 4-15。

表 4-15　服务外包项目评价等级

类　别	很　差	差	一　般	良	优
报告文件质量	完全应付差事，词不达意，报告缺乏数据支撑	报告简单，数据不全，未达到预期的目标，理解有偏差	能够清晰、正确表达论述，基本证明取得的效果，但有部分瑕疵	表达清楚、思路清晰，排版整齐，数据正确且全面，基本实现目标	采用创新的报告方式进行表达，数据充分、效果明显，具有推广价值

2018 年，新疆联通累计对各地市承包商提供的 1368 份网络优化报告进行评价：其中，乌鲁木齐、昌吉及南疆地市的承包商华为公司提交的报告为 863 份（优秀比例达到 30%，差、很差比例仅为 3%），哈密、吐鲁番及北疆地市的承包商中兴公司提交 505 份网络优化报告（优秀比例仅占到 18%，差和很差的比例高达 12%）。从提交的日常网络优化报告可以看出，承包商华为公司的网络服务质量要优于中兴公司的承包商，需要对中兴公司涉及北疆地市的承包商进行约谈或者考核，缩小与南疆区域华为承包商之间服务的差距。

（3）新疆联通公司无线网络优化服务外包管理案例启示

① 探索创新了新型外包模式

新疆联通公司经过长期的探索和实践，提出了三种服务外包模式，经过实践证明，模式一：将部分外包和自主优化相结合能大大降低外包费用；采用模式二能使企业员工在短期内快速提升专业技能，加强与承包方的沟通效率；模式三：网络优化工作全部外包能释放公司员工从事其他业务。

② 精准细化了承包商考核体系

在传统对具体指标考核的基础上，针对项目特点不断细化指标体系，此外还提出了由承包负责人对项目完成过程及团队人员工作态度等进行考评，考评结果结合指标体系考核结果作为支付项目款项、是否续约的依据，使整个考核过程变得更加合理、公平。

第 5 章
供电企业业务外包管理要素分析

5.1　供电企业业务外包管理的环境分析

企业是由相互联系、相互作用的各部分组成的具有特定功能的有机整体。它不仅是一个整体系统和开放系统，同时也是一个资源投入、转换、产出和反馈四个环节有机结合并不停运转的系统。企业的绩效是由企业的内外部环境和管理者的行动决定的，具体到供电企业的业务外包活动来说，其活动绩效同样受到企业内外部环境的深刻影响。因此，在进行价值链分析之前，需要进一步梳理企业的外部环境特征，以发现环境变化对业务外包管理带来的机遇和威胁。

5.1.1　宏观环境

1. 宏观环境的定义

企业不是一个孤立的个体，而是时刻都处于复杂的不同环境中。企业所处的外部环境可以分为宏观环境和行业环境，其中宏观环境又称一般环境，是指影响一切行业和企业的各种宏观力量。

宏观环境分析是指对企业所处的一般环境的非可控因素进行现状与趋势分析，明确所带来的机会和面临的威胁，从而通过制定合适的战略，挖掘并充分利用机会，避开或减轻威胁。

2. 宏观环境分析方法

宏观环境分析主要采用 PESTN 方法进行分析，即分析政治（Political）、经济（Economic）、社会文化（Social Cultural）、科技（Technological）、自然（Natural）等具体的环境因素对企业产生的影响。PESTN 分析如图 5-1 所示。

（1）政治环境。政治环境是指对企业经营活动具有显著作用与影响的政治力量、政治制度、体制、方针政策，同时也包括对企业经营活动加以限制和要求的法律和法规等。这些因素常常制约、影响企业的经营行为。它规定了企业可以做什么，不可以做什么，同时也保护企业的合法权益和合理竞争，对企业长期的投资行为影响深远。

（2）经济环境。经济环境是指一个国家或地区的经济制度、经济结构、经济类型、经济发展水平、消费结构与消费水平，以及未来的发展趋势等等。衡量这些因素的经济指标包括平均实际收入、平均消费水平、消费支出分配规模、实际国民生产总值、利率、汇率

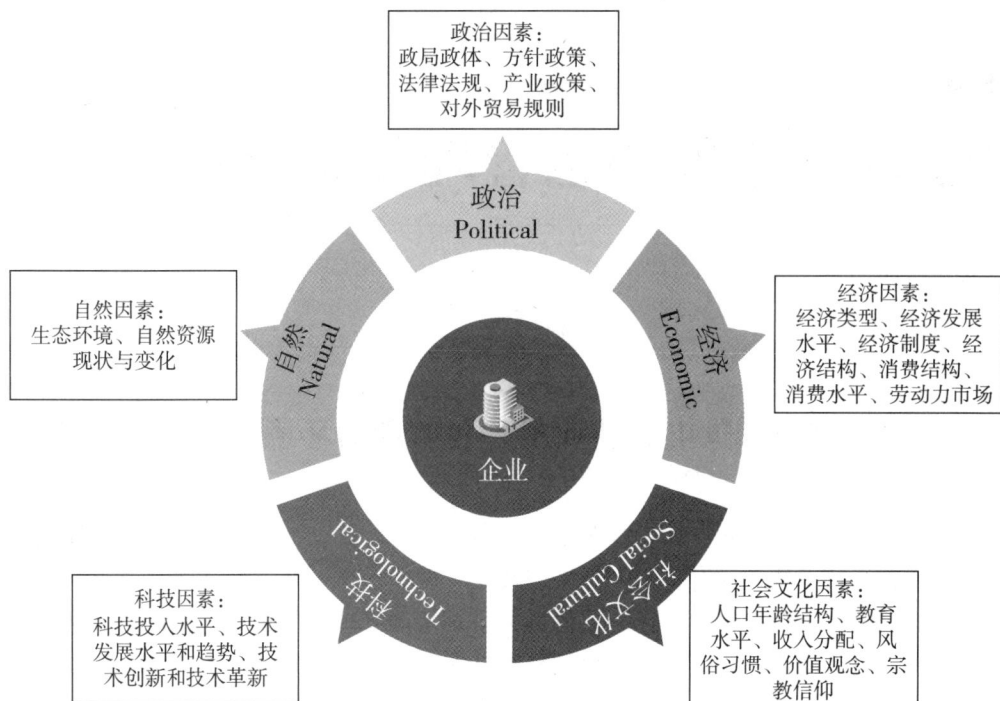

图 5-1 PESTN 分析模型

和通货供应量、政府支出总额等。

（3）社会文化环境。社会文化环境包括一个国家或地区的社会性质、人们共同的价值观、文化传统、生活方式、人口统计特征、教育程度、风俗习惯、宗教信仰等各个方面。这些因素是在长期的生活和成长过程中逐渐形成的，人们总是自觉或不自觉地将这些因素作为行动的准则。变化中的社会文化因素不仅影响社会对于企业产品或服务的需求，也能改变企业战略的选择。

（4）科技环境。科技环境指的是企业所处的社会环境中的科技要素以及与该要素直接相关的各种社会现象的集合，包括国家科技体制、科技制度、科技水平和科技发展趋势等。随着科学技术的发展，新技术、新能源、新材料和新工艺等的出现与运用，企业在战略管理上要做出相应的战略决策，以获得新的竞争优势。

（5）自然环境。自然环境是指企业所处的生态环境和相关的自然资源，包括土地、森林、河流、海洋、生物、矿产、能源、水源、环境保护、生态平衡等方面的发展变化。尤其是环境保护的要求对企业的生产经营有着极为重要的影响，节能减排、保护好环境是企业的社会责任。

3. 供电企业宏观环境分析

（1）政治环境。目前，我国政治社会环境稳定。党的十九大以来，习近平总书记提出"四个革命、一个合作"的能源战略思想，明确了我国能源工作总要求和战略方针。

① 国际关系。国家电网公司全力服务于"一带一路"政策的实施，积极推动资金、技术、装备、标准全方位"走出去"，持续开展投资并购、工程承包、装备出口、标准国际化工作，已和巴西、希腊、阿曼、西班牙、巴基斯坦、沙特阿拉伯等多国达成友好合

作，国际关系较稳定。

② 方针政策。"十四五"以来，《中华人民共和国国民经济和社会发展第十四个五年规划和 2035 年远景目标纲要》《"十四五"就业促进规划》《关于推进新时代人力资源服务业高质量发展的意见》等文件均强调要加快人力资源服务行业高质量发展。国家出台多项方针政策指导人力资源市场发展，业务外包作为人力资源的一个重要部分，受到国家政策的支持。

③ 产业政策。随着"建设具有中国特色国际领先的能源互联网企业"战略目标的推进，在电网规模不断扩大、用工人数逐年减少的情形下，国家电网公司大量业务采取外包形式开展。安徽公司先后印发《国网安徽省电力有限公司业务外包管理暂行办法》（电企工作〔2019〕202 号）和《国网安徽省电力有限公司关于进一步加强业务外包管理的指导意见》（电人资工作〔2020〕206 号），明确业务外包项目化实施的流程、要求，规范各单位、各部门在业务外包过程中的职责分工，业务外包管理取得显著成效。

（2）经济环境。当前，我国经济发展进入新发展阶段，全面建成小康社会取得了伟大历史成就，发展基础更加坚实，发展条件深刻变化，经济运行总体稳中向好。

① 经济类型和结构方面，党的十八大以来，我国经济发展进入新阶段。经济结构战略性挑战和转型升级加快推进，农业、工业、服务业三大产业结构比例不断升级，2019年我国三大产业结构比例为 7.1∶39.0∶53.9；2020 年受疫情影响，比例为 7.7∶37.8∶54.5；2021 年复产复工工作取得显著成就，三大产业结构比例恢复为 7.3∶39.4∶53.3。工业发展向中高端迈进，由"中国制造"逐步转变为"中国创造"，现代工业体系逐步建立，从劳动密集型的一般工业向劳动资本技术密集型工业共同发展转变。

② 经济发展水平方面，经济总量上，2021 年度我国国内生产总值 GDP 达到 114.4 万亿元，稳居世界第二大经济体地位，占世界经济的比重超过 18%。经济持续发展、工业化的不断推进必然产生日益增长的电力需求，我国中长期电力需求形势依然乐观，电力行业前景较好。2021 年，电网售电量达 37787.4 亿千瓦时，同比增长 19.3%，占全社会用电量比重为 45.5%，同比提高 3.3%。

③ 消费水平和结构方面，我国脱贫攻坚战取得全面胜利，5575 万农村贫困人口全部脱贫，绝对贫困问题得到历史性解决，为世界扶贫事业贡献了中国方案、中国智慧、中国力量。2021 年，我国人均 GDP 已超过 8 万元，人均消费支出 24100 元，其中，人均生活用品和服务消费支出 1423 元，同比增长 13.0%，居民消费水平显著提升。伴随着居民消费水平的提高，居民用电量也随之上升。2021 年，城乡居民生活用电量 11743 亿千瓦时，同比增长 7.3%。

④ 劳动力市场方面，第七次全国人口普查数据显示，2020 年，我国劳动年龄人口为 89438 万人，占总人口 63.35%，与 2010 年相比减少了 6.79 个百分点。虽然劳动力总供给呈现减少趋势，但总规模仍然比较庞大。近 10 年来，我国就业结构明显优化，第三产业就业规模占总就业规模的 47.7%，劳动人口受教育水平和整体素质不断提高，为供电企业业务外包和经济高质量发展创造了良好条件。

（3）社会文化环境。当前我国人口呈现增长趋势，人口年龄结构呈现老龄化趋势，但劳动人口总量仍然庞大，劳动者教育水平、人口素质相比于 10 年前显著提高，劳动力向东部地区聚集的趋势尚未改变。

① 人口年龄结构方面，根据第七次人口普查，全国总人口数为 14.12 亿人，0—14 岁人口为 2.53 亿人，占比 17.95%；15—59 岁人口数为 8.94 亿人，占比 63.35%；60 岁及以上人口为 2.64 亿人，占比 18.70%。与第六次全国人口普查数据相比，15—59 岁适龄劳动人口比重下降 6.79 个百分点，60 岁及以上人口比重上升 5.44 个百分点，人口结构呈现老龄化趋势。劳动人口规模减小带来的劳动力供给呈现减少趋势，可能导致未来的劳动力成本上升。

② 教育水平方面，第七次全国人口普查数据显示，2020 年，我国具有大学文化程度的人口达到 21836 万人。与 2010 年相比，每 10 万人中具有大学文化程度的人数由 8930 人上升到 15467 人，几乎翻了 1 倍。15 岁及以上人群的教育年限也由 10 年前的 9.08 年增长到现在的 9.91 年，提升了一个年级。素质教育得到大范围普及，文盲率相比于 10 年前的 4.08% 降为 2.67%。人口和劳动力的素质大幅提升，为供电企业实现业务外包奠定了基础条件。

③ 劳动力社会流动性方面，2020 年我国流动人口总规模达到 3.76 亿人，与 2010 年相比增长了 1.55 亿人，增长率达 69.73%。根据 2020 年农民工监测调查报告，从输入地看，2020 年劳动力输入总量分布如下：东部地区＞西部地区＞中部地区＞东北地区，且东部地区输入量占总输入量的比重超过 50%。劳动力人口流动呈现向东部地区聚集的状况，有利于安徽公司开展业务外包工作。

（4）科技环境。科学技术是第一生产力，国家电网公司坚持绿色发展，服务于国家"碳达峰、碳中和"目标，积极投入新能源、新技术研发，积极布局"大云移物智"建设。

① 科技投入方面，全国科技经费投入统计公报显示，2021 年全国投入研究与试验发展经费 27956.3 亿元，比上年增加 3563.2 亿元，同比增长 14.6%。其中，基础研究经费 1817 亿元，同比增长 23.9%；应用研究经费 3145.4 亿元，同比增长 14.1%。2021 年，国家财政科学技术支出为 10766.7 亿元，增长 6.7%。其中，电力、热力、燃气及水生产和供应业研究经费为 229.4 亿元，占总财政科学支出比重为 0.24%，相比于 2020 年增加 36.7 亿元。国家对科技经费投入增加，且电力行业研究经费也随之增长，有利于供电企业的不断发展。

② 技术发展水平和趋势方面，国家电网 2009 年提出分三个阶段"建设坚强智能电网"，规划到 2020 年全面建成统一的"坚强智能电网"，技术和装备达到国际先进水平。近 20 年来，国家电网公司持续创造全球特大型电网最长安全纪录，建成 20 多项特高压输电工程，成为世界上输电能力最强、新能源并网规模最大的电网，公司累计专利拥有量连续 10 年位列央企第一。据毕马威咨询公司统计数据，未来电力行业发展趋势为数字化、清洁化和透明化，符合当前国家电网公司战略发展方向。

③ 技术创新方面，《2020 年国家电网社会责任报告》指出，2020 年，国家电网数字基建工作投资约 247 亿元，推动智慧物联网、人工智能平台、国网云建设，打造"3＋N"数据中心产业布局，助力新型智慧城市建设发展。技术创新实力强劲，为业务外包管理奠定了坚实的技术基础。

（5）自然环境。随着我国生态文明建设的不断推进，以及"碳达峰、碳中和"目标的不断接近，国家能源结构不断优化，国家电网公司通过创新实践不断加强生态友好设计，以生态环保理念推进电网建设。另外，在保障能源安全方面，我国政府出台了一系列能源改革政策，从根本上推动了能源高质量发展。

① 自然资源现状与变化方面，国家能源集团发布的《中国煤炭、电力及碳市场年度报告》显示，2021 年我国煤炭年度产量达到 41.3 亿吨，创历史新高；年度消费总量达 42.7 亿吨，其中电煤消费比重进一步提升至 56.7％。随着我国"双碳"目标的不断推进，一部分电煤消费将被可再生绿色能源所代替，但无可否认的是，煤炭发电在未来一段时间中仍然占据兜底和基础性地位。

② 生态环境现状与变化方面，2015 年，《中共中央国务院关于加快推进生态文明建设的意见》指出，要建立系统完整的生态文明制度体系。党的十九大提出要建设富强民主文明和谐美丽的社会主义现代化强国的目标，提出现代化是人与自然和谐共生的现代化。国家电网公司高度重视电网环境保护问题，建立健全三级环境保护管理体系，持续完善环境保护制度体系，致力于建设环境友好型电网。

③ 能源安全方面，我国国内油气资源对外依存度过高，逐步成为能源发展的硬约束。国际方面面临着能源"供应中心西移、消费中心东倾"的格局变迁，国际能源治理体系动荡以及关键能源输送通道受地缘政治问题影响显著。2014 年 6 月 13 日，习近平总书记在中央财经领导小组第六次会议上提出"四个革命、一个合作"的能源安全新战略，即推动能源消费革命、能源供给革命、能源技术革命、能源体制革命和全方位加强国际合作等重大战略思想。这是中国政府关于能源安全战略最为系统完整的论述，也意味着中国已将能源发展问题融入社会经济发展全局统筹。2017 年，国家发改委和国家能源局联合印发的《能源生产和消费革命战略（2016—2030)》被认为是能源革命的具体路线图，希冀从根本上推进能源高质量发展。供电企业宏观环境影响因素如图 5-2 所示。

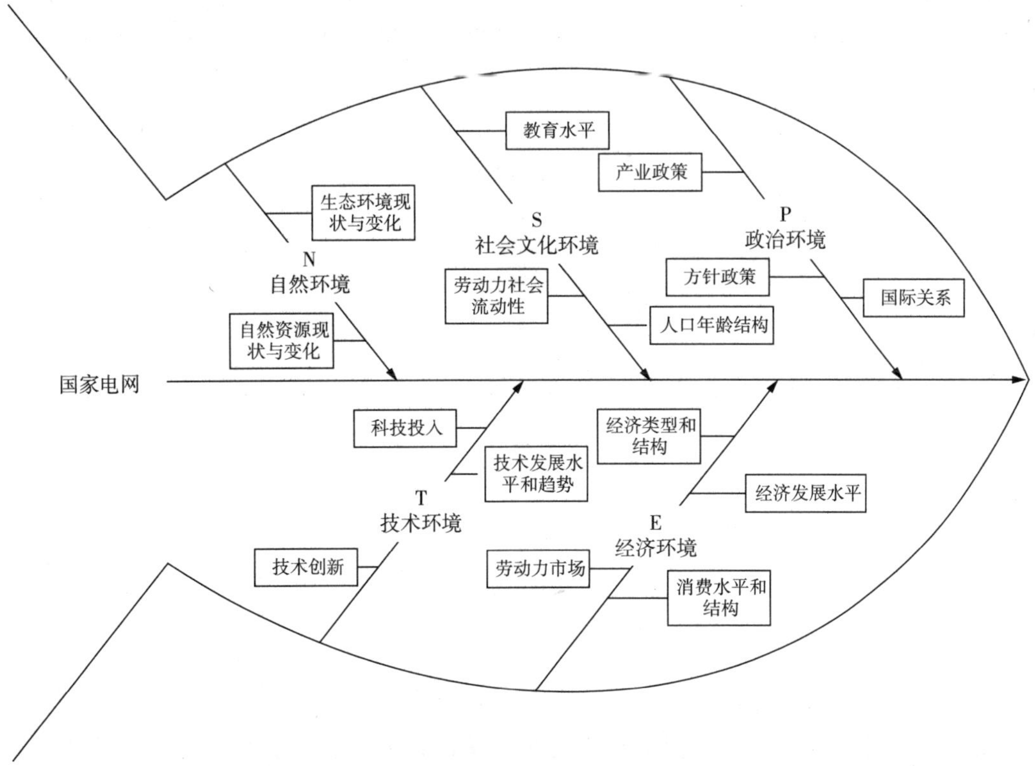

图 5-2　供电企业宏观环境影响因素

5.1.2 行业环境

1. 行业环境的定义

迈克尔·波特认为，"行业"是一组生产彼此可紧密替代产品或服务的企业。行业是企业所处的外部环境中最直接的环境部分，是企业生存发展的空间。行业的特征主要分为行业吸引力特征和行业竞争结构特征两种，对这两种特征的分析即是行业环境分析的主要内容。

2. 行业环境分析方法

（1）行业吸引力分析。行业吸引力主要体现在以下三个方面：一是行业结构因素，表现为：产业规模、行业进入退出壁垒、技术变化程度、行业一体化程度、标准化程度；二是行业变化推动力，表现为：长期增长率、创新频度、成本与效率、政府法规、用户偏好；三是行业特征与战略焦点，表现为：行业的产品价格、成本、规模和利润的关系、政府调控。

（2）行业竞争结构分析。每个企业总是归属于一个或几个产业部门或行业，而在行业中的企业能否盈利，取决于两个方面：一是上文介绍的行业吸引力因素，二是行业内竞争的激烈程度。行业内存在的竞争根植于行业的基本经济结构，它会超越现有企业竞争行为的边界。

行业竞争结构可以使用迈克尔·波特开发的"波特五力模型"来进行分析。波特认为行业内的竞争状态取决于五大竞争力，这五大竞争力的合力决定了行业最终的盈利能力，而盈利能力是用投入资本的长期回报率来衡量的。并非所有行业都有相同的盈利潜力，五大竞争力的合力不同，决定了不同行业的最终盈利能力也不同。波特五力模型，如图5-3所示。

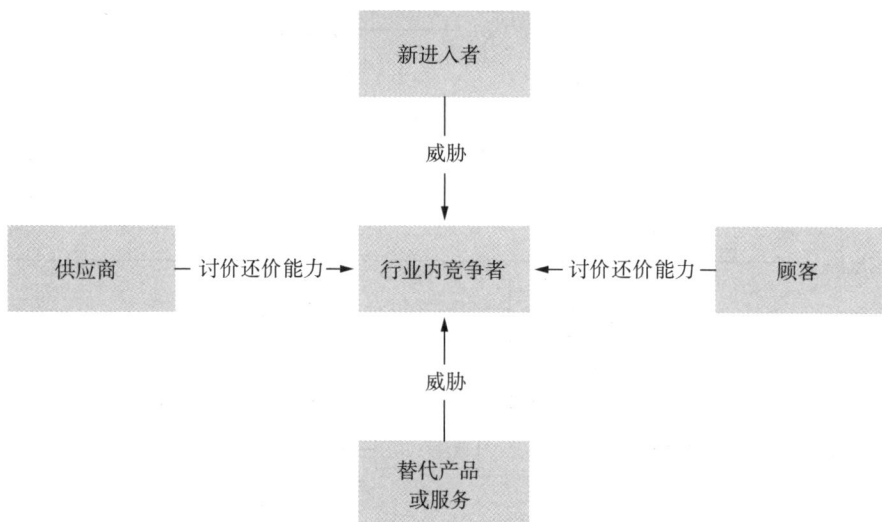

图5-3 波特五力模型

① 行业内企业间的竞争。直接对手之间针锋相对的斗争是最明显的竞争力量之一。分析企业之间的竞争可以帮助确定该行业所创造的价值在竞争方面投入了多少。价格竞

争、产品或服务的差异性、产品或服务的革新和广告战是最常见的竞争手段。竞争对手的数量和实力、行业增长速度、产品或服务的特点、固定成本的高低、生产能力过剩或不足、退出行业的壁垒等因素决定了行业内企业之间的竞争的激烈程度。

② 供应商的讨价还价能力。供应者通过提高价格，或通过降低货物的质量或数量影响购买者盈利的能力。实力强大的供应者对于购买方是一种威胁，威胁的强度取决于供应者的数量、有无替代品或服务、购买者的转换成本、供应者的前向一体化水平等。

③ 顾客的讨价还价能力。顾客的力量能够影响销售的条款和条件。当该能力强时，他们可以通过要求更低的价格、在同样价格下更好的质量或额外的服务等方式得到行业所创造价值的更多部分。顾客购买量、产品差异性、更换供应商的成本、后向一体化的可能性等，对企业都将构成威胁。

④ 新进入者的威胁。新竞争对手的进入会产生新的生产能力，在市场份额、重要资源和增加多元化方面引起新的竞争，从而破坏已有的竞争态势。新进入者的威胁大小取决于行业中企业所建立的进入壁垒，以及该行业的营利性。在假定行业有利可图的情况下，进入壁垒低，新进入者的威胁就大。进入壁垒的高低由规模经济、产品差异性、资本的需求、分销渠道、行业熟悉程度、政策法规许可要求等因素共同决定。

⑤ 替代产品的威胁。替代产品是指具有同样功能或用途的其他产品。替代产品会对某个行业的产品或服务设定价格限制。如果替代产品能满足同样的需要，顾客就会转而购买那些相对便宜的产品或服务。替代产品的威胁大小取决于性价比，造成的竞争压力来自技术进步。

以上分别介绍了行业吸引力分析和行业竞争结构分析的方法和分析指标，下面我们可以进行具体的行业环境分析。

3. 供电企业行业环境分析

(1) 行业吸引力分析

① 行业结构因素方面，《中国电力行业年度发展报告（2022）》数据显示，2021 年我国全社会用电量为 83313 亿千瓦时，同比增长 10.4%。电力行业产业规模庞大，天然具有垄断性特征，重资产重知识，进入退出壁垒都很高。2021 年，经有关政府部门和中电联发布标准 871 项，电力行业获得国家科学技术奖励 17 项，说明电力行业技术变化速度快、科学研究投入较大、标准化程度高。

② 行业变化推动力方面，随着电力改革的持续推进，竞争性售电企业在各个省份陆续成立，售电侧竞争尤为激烈。2019 年 12 月，中共中央、国务院发布《关于营造更好发展环境支持民营企业改革发展的意见》，文件再次重申支持民营资本以控股或参股形式开展发电、配电、售电业务。新市场参与者的竞争将加快电力市场化改革，市场正在迫切期待实施细则的进一步落地。

③ 行业特征与战略焦点方面，由于供电企业具有天然的垄断特征，我国电价在电改后由国家发改委对电价政策和输配电价总水平进行管理，各地发改委（物价局）负责具体落实政策和制定当地电价。而根据《我国电价的国际比较分析》一文，我国平均销售电价为 0.611 元，为新兴工业化国家平均电价水平的 80%。我国电网的产业价格较低，受政府政策调控程度较高，价格受政策影响较大。根据毕马威发布的《知·创明天——2030 中国电力场景展望》报告，数字化、清洁化和透明化被视为未来电力行业发展的主要方向：

数字化改变未来能源商业与运营模式；可再生能源为代表的清洁化促进能源结构转型；透明化带来信息公开与规则规范，进而产生更为丰富的参与权与选择权并借此改变能源格局。

（2）行业竞争结构分析

① 行业内企业间的竞争。自国家电力体制改革方案实施以来，2002年，国家电力公司进行重组，成立了两大电网公司和五大发电公司，分别是：国家电网有限公司和中国南方电网有限责任公司两大发电公司，以及中国华能集团有限公司、国家电力投资集团有限公司、中国大唐集团公司、国家能源投资集团有限责任公司、中国华电集团公司这五个发电公司。其中，国家电网公司负责运行全国26个省、自治区、直辖市的电力系统，覆盖国土面积广；同时又分为几个区域电网：华北电网、华东电网、西北电网、华中电网和东北电网。南方电网主要负责运行南方5省市（广东、广西、云南、贵州、海南）的电力系统，即华南地区被划分为南方电网，与国家电网平级，归国资委直管。由此可以看出，供电企业所在行业内竞争对手相对较少，且由于电力行业天然的垄断性特点，行业内竞争比较温和。

② 供应商的讨价还价能力。供电企业的上游供应商为五大发电企业。2002年，国务院发布的《电力体制改革方案》中引入了"三段式电价"定价机制，并沿用至今。根据三段式电价定价机制，将电价划分为上网电价、输电电价、配电电价和终端销售电价。作为供电企业，其涉及的供应商电价更多是上网电价，而根据2005年国家发改委发布的《上网电价管理暂行办法》规定：对于非竞价上网的上网电价，要求确定事先的"标杆上网电价"；而对于竞价上网的上网电价，要求实行"两部制上网电价"。且随着电力改革的不断深入，电力结构不断调整，不同类型电力的上网电价形成机制也有所不同。总之，供电企业的上网电价受政策影响较大，但随着电力改革市场化进程的不断深入，供电企业的供应商的讨价还价能力会有所增强。

③ 顾客的讨价还价能力。供电企业的顾客主要分为居民个人和企业用电，且根据用电主体的不同，可以划分为：居民用电、农业用电、大工业用电、一般工商业及其他用电四种类型。为规范销售电价，国家发改委先后出台《销售电价管理暂行办法》《关于居民生活用电实行阶梯电价的指导意见（征求意见稿）》《关于阶段性降低企业用电成本支持企业复工复产的通知》等文件，不断完善电力市场价格规定，确保居民、农业、公益性事业等用电价格相对稳定。由于电力政策以及发改委和物价局对于用电价格的规范，供电企业的顾客讨价还价能力较弱。

④ 新进入者的威胁。供电企业属于电力行业，产业规模庞大，且由于电力技术的快速变化，行业内企业具有"重资产、重知识"的特点，进入退出壁垒都很高。当前，电力市场由国家电网和南方电网占据，两家企业作为老牌电力企业，拥有丰富企业资源，新进入者很难在短时间内确立竞争地位。同时，电力行业的退出壁垒较高，退出市场时资产变现速度慢。综上所述，电力行业的特点决定了行业内新进入者较少，因此威胁较小。

⑤ 替代产品的威胁。供电企业的产品主要是电力，电力作为二次能源，具备很多一次能源所不具备的优点，大量生产生活所需的机器设备都在使用电力，电力产品市场规模庞大，且从技术的角度来看，电力在当前可以预见的时期内不存在替代品。虽然伴随着

新能源技术的不断发展以及国家绿色发展政策的不断深入，我国的电力结构可能会有所变化，但就电力这一产品而言，替代产品的威胁较小。

5.1.3 人力资源市场环境

1. 我国人力资源概况

（1）总人口和劳动力人口规模。根据第七次全国人口普查数据，截至 2020 年年底，全国人口总量为 141178 万人，相比于 2010 年第六次全国人口普查时增加了 72053872 人，增幅达 5.38%，年均增长率为 0.53%，与 2000 年至 2010 年的增速相比有所放缓。2020 年，我国 15－59 岁劳动力人口为 8.9 亿人，0－14 岁人口为 2.53 亿人，60 岁及以上人口为 2.64 亿人，人口抚养比为 45.9%。可以看出，目前我国劳动力总量仍然呈现缓慢增长状态，但人口抚养比已接近 50% 的人口红利线，人口红利正在逐步减小。

（2）人口流动趋势。根据历次全国人口普查数据，我国流动人口规模 1982 年 675 万人、2010 年 2.21 亿人、2015 年 2.47 亿人、2020 年 3.76 亿人。第七次全国人口普查数据显示，与 2010 年相比，人口有增加的省份为 25 个，在全国总人口中，东、中、西、东北地区的人口占比分别为 39.93%、25.83%、27.12%、6.98%。与 2010 年相比，东、西部占比分别提高 2.15 个、0.22 个百分点；中部、东北地区占比分别下降 0.79 个、1.20 个百分点。可以看出，长三角和珠三角地区仍然是人口流动最为活跃的地区。历次全国人口普查中流动人口变化，如图 5－4 所示。

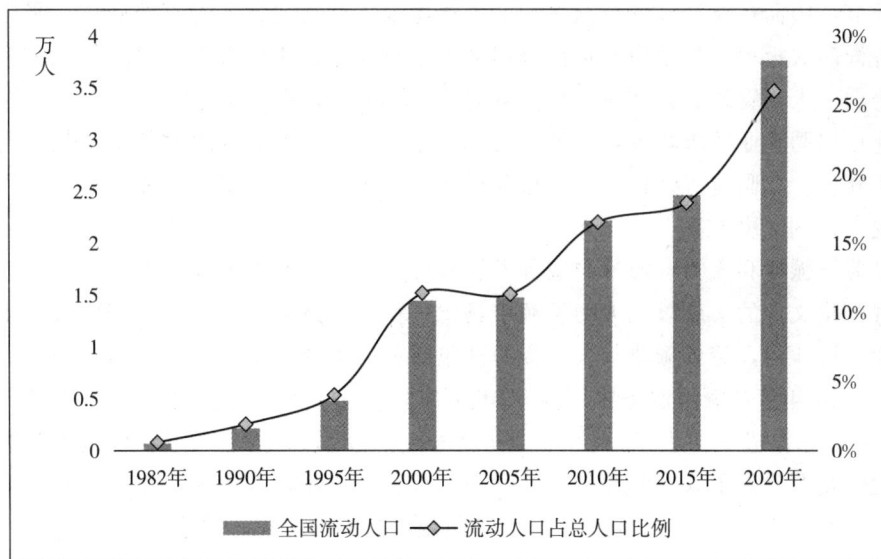

图 5－4 1982—2020 年全国流动人口及其占总人口比例

（3）劳动力素质。从第七次全国人口普查数据得知，2020 年我国 15 岁及以上人口的文盲率为 2.67%，相比于 2010 年降低 1.41%；平均受教育年限为 9.91 年，相比于 2010 年提升接近一个年级；与 2010 年相比，每 10 万人中具有大学文化程度的人口数由 8930 人上升到 15467 人，几乎翻了 1 倍。16—59 岁劳动年龄人口平均受教育年限为 10.75 年，相比于十年前提高了 1.08 年。可以看出，我国人力资源素质相比于十年前有显著提升。

（4）劳动力就业结构。2020 年，全国就业人员在第一、第二、第三产业的分布为 17715 万人、21543 万人和 35806 万人，占比分别为 23.6％、28.7％和 47.7％。2016 至 2020 年，从不同产业结构就业人员数量来看，第一产业减少 3781 万人，年均减少 945.25 万人，占比下降了 4.4 个百分点；第二产业减少 807 万人，年均减少 201.75 万人，占比下降了 0.6 个百分点；第三产业增加 2049 万人，年均增加 512.25 万人，占比提高了 4.4 个百分点。可以看出，我国劳动力就业结构正在不断优化，第三产业就业人数呈现增长趋势。

（5）应届本科生规模。2020 年，高校应届毕业生 874 万，相比于 2019 年增加 40 万人，同比增长 4.8％。2021 年应届毕业生人数增长到 909 万，相比于 2020 年增加 35 万人，同比增长 4.0％。可以看出，高校应届毕业生的规模不断增大，尤其是在疫情防控常态化的背景下，就业形势较为严峻。

2. 人力资源服务业规模及分布

（1）人力资源服务业市场规模。据人力资源和社会保障部数据，2020 年人力资源服务业的营业总收入达到 2.03 万亿元，同比增长 3.57％。与 2016 年的 1.18 万亿元营业总收入相比，5 年内几乎翻了一番，平均增速达到了 14.53％，已经远高于国内生产总值的增长率。人社部推算，到 2025 年，全国人力资源服务业营业收入将超过 2.7 万亿元，年均复合增长率将介于 6％～6.5％之间，与 GDP 增速基本持平。人力资源服务业营业收入快速增长的背后，意味着人力资源市场规模的不断扩大、服务市场化的有效推进。

（2）人力资源服务业市场参与方。人力资源服务覆盖人力资源获取、培训、管理、规划等各环节，因而行业细分领域众多。人力资源服务行业包含人力资源软件、平台、外包服务及咨询四大板块，各板块又可拆分出多个垂直细分行业。人力资源软件即为企业提供招聘、培训、人事管理、薪酬及社保核算等 SaaS 软件服务；人力资源平台主要为在线招聘平台连接招聘企业及求职者，协助实现二者之间匹配；人力资源外包服务包括人力资源业务流程外包、招聘流程外包、人力派遣服务等；人力资源咨询为企业人力组织管理及人才发展提供系列解决方案。

（3）劳务派遣和人力资源外包服务发展趋势。近年来，随着人社部《劳务派遣暂行规定》等规范化文件的实施以及人力资源市场化进程的不断推进，再加上疫情常态化管理带来的就业下行压力，劳务派遣与人力资源外包服务的市场需求呈现稳步增长趋势。据人社部统计，2020 年劳务派遣服务机构为 55.6 万家，相比于 2019 年增长了 7.6 万家，同比增长 15.83％；总派遣员工达 1929 万人，同比增长 64.31％。劳务派遣和外包服务机构的迅速增长说明企业看到了人力资源外包的潜力，有利于企业降本增效，帮助企业获得可持续竞争优势。2016 年到 2020 年劳务派遣和外包服务机构的变化，见表 5 - 1。

表 5 - 1　2016—2020 年外包服务机构数量及其增长率

项 目	2016 年	2017 年	2018 年	2019 年	2020 年	增长率％
劳务派遣服务机构（万家）	28.2	28.3	—	48.0	55.6	15.83
人力资源外包服务机构（万家）	54	58	81.2	91	106	16.48
总派遣员工（万人）	876	893	—	1174	1929	64.31

数据来源：人力资源和社会保障部

5.1.4　超环境

1. 超环境的定义

超环境，又称突变环境，是指受到某种或某些外部因素影响，企业经营环境迅速变化且无法预测。在此突变的情况下，企业组织作为一种系统，需要自身具有快速调整适应和改变结构的功能，才能在突变环境中站稳脚跟，保持竞争地位。

本章所说的超环境或突变环境，是指战争、气候变化、自然灾害（地震、海啸、飓风、旱涝灾害等）、疫情等。突变环境下，环境因素 O 和时间 t 的变化如图 5-5 所示。可以看出，在突变环境中，随着时间的推

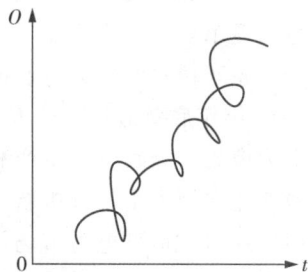

图 5-5　突变环境示意

移，环境因素的变化是随机的，且无法根据上一时刻的状态来预测下一时刻的状态。

本小节以下部分以新冠疫情为例，分析超环境对于人力资源市场和电力行业的影响，及其对于供电企业管理实际的意义。

2. 超环境对于人力资源市场的影响

2019 年年底暴发的新型冠状病毒疫情（COVID-19），简称新冠疫情，给世界带来了很大影响。新冠疫情大流行不仅严重威胁人们的生命健康，而且给世界经济带来巨大压力——世界主要经济体普遍面临经济下行压力，国际供应链不稳定性增加，经济全球化遭遇波折。在新冠疫情背景下，人力资源市场也发生了很大的变化，以下部分从劳动力供需和政策变化方面入手，分析新冠疫情对于人力资源市场的影响。

（1）新冠疫情下劳动力供给和需求变化

在新冠疫情背景下，我国政府秉持人民至上、生命至上的理念，始终把人民群众生命安全和身体健康放在首位，始终坚持"动态清零"的疫情防控政策。从劳动力供给来看，受疫情防控影响，各地大规模实施交通管制，使得返乡劳动力无法及时返城复工。截至 2020 年 2 月 10 日，春节后全国旅客发送量 2.34 亿，同比减少 80%。在劳动力需求方面，北大光华管理学院卢海教授利用智联招聘大数据平台，研究了新冠疫情对于我国劳动力市场的影响。研究结果表明：受新冠疫情影响，无论是招聘职位数还是招聘人数，与上年同期相比，2020 年第一季度的招聘职位数量和招聘人数均下降了 27%，下降比例较大。

但随着复产复工政策的深入推行，从全国整体复工趋势来看，从 2020 年初到 6 月中旬，同比复工率持续上升，从 15% 上升到 84%，全国劳动力市场供需状况得到很大改善。在复产复工政策和疫情常态化管理下，劳动力市场供需波动风险逐渐减小，已逐步趋于平稳状态。

（2）新冠疫情下劳动力政策变化

突如其来的新冠疫情对劳动力市场供给需求造成了巨大影响，政府部门为了减轻疫情带来的失业压力，陆续出台一系列稳定就业的政策方针文件。2020 年 7 月 28 日，国务院印发《关于支持多渠道灵活就业的意见》；2020 年 10 月 29 日，十九届五中全会通过《中共中央关于制定国民经济和社会发展第十四个五年规划和二〇三五年远景目标的建议》；2022 年 10 月 26 日，国务院办公厅出台《第十次全国深化"放管服"改革电视

电话会议重点任务分工方案》等文件，均强调了强化就业优先政策，多渠道稳定和扩大就业。

国家政策的实施对于就业市场应对疫情冲击提供了强有力支持，也为新就业模式的发展提供了动力和方向。借助互联网平台而发展的灵活就业模式蓬勃发展，人力资源社会保障部数据显示，2021年我国灵活就业人数已达到2亿人左右。

（3）超环境对于电力行业的影响

2019年年底新冠疫情的暴发与扩散不仅对劳动力市场造成了严重影响，也极大地冲击了电力市场，导致电力生产和消费出现了新的变化趋势。下文分别从电力市场供需和电力政策变化方面入手，分析新冠疫情对于我国电力行业的影响。

（1）新冠疫情下电力市场供给和需求变化

在电力供给方面，受疫情防控影响，国内大面积停工停产。2020年一季度，电力生产增速同比下降，全国规模以上电厂发电量15822亿千瓦时，同比下降6.8%，增速比上年同期下降11个百分点。在电力需求方面，2020年第一季度，全国全社会用电量1.57万亿千瓦时，同比下降6.5%。其中，第一产业电力消费受疫情影响较小，甚至出现4.0%的同比增长率；第二、第三产业电力消费下滑明显，第二产业用电量同比下降8.8%，第三产业用电量同比下降8.8%。

电力供需在新冠疫情初期波动较为明显，但随着疫情常态化管理和全面复产复工的推进，电力市场供需趋于稳步上升状态。2012—2021年电力市场供需情况，见表5-2。

表5-2 2012—2021年发电量、用电量及其增速

年　份	全口径发电量（亿千瓦时）	发电量增速（%）	全社会用电量（亿千瓦时）	用电量增速（%）
2012年	49875.53	5.80	49658	5.60
2013年	54316.35	8.90	53423	7.58
2014年	57944.57	6.68	56393	5.56
2015年	58145.73	0.35	56933	0.96
2016年	61331.60	5.48	59710	4.88
2017年	66044.47	7.68	63636	6.58
2018年	71661.33	8.50	69404	9.06
2019年	75034.28	4.71	72852	4.97
2020年	77790.60	3.67	75110	3.10
2021年	85342.50	9.71	83128	10.68

数据来源：国家统计局网站

由表5-2可以看出，2020年，我国全年全口径发电量达77790.60亿千瓦时，同比增长3.67%；全社会用电量75110亿千瓦时，同比增长3.10%，发电量和用电量增速比上年同期均有所回落。2021年，我国全年全口径发电量达85342.50亿千瓦时，同比增长9.71%；全年全社会用电量达83128亿千瓦时，同比增长10.68%；发电量和用电量增速与上年同期相比均有所上升。

（2）新冠疫情下电力政策变化

在新冠疫情背景下，为积极响应国家号召，推进复产复工工作全面落实，国家发展和改革委员会接连发布《国家发展改革委办公厅关于疫情防控期间采取支持性两部制电价政策降低企业用电成本的通知》《国家发展改革委关于阶段性降低企业用电成本支持企业复工复产的通知》和《国家发展改革委关于延长阶段性降低企业用电成本政策的通知》等文件，强调统筹疫情防控与经济社会发展，降低企业用电成本以支持企业开展复产复工工作。

综上所述，突如其来的新冠疫情对于人力资源行业和电力行业均造成了不同程度的影响，但随着新冠疫情防治措施的不断进步，人们开始走出家门投入工作中，且政府对于疫情管理的常态化将抵消疫情对于各行业带来的部分巨大波动，减少了诸如新冠疫情等超环境影响下行业的不确定性和不稳定性。

5.2　供电企业业务外包管理目标

目标是指组织和个人在一定时期内通过努力而期望获得的成果。而管理正是通过计划、组织、领导、控制等环节来协调人力、物力等资源，以期更好地达成组织目标的过程。供电企业的业务外包管理具有四个管理目标：①提升企业核心竞争力；②提高人力资源管理效率；③规避企业人力资源风险；④实现人力资源最佳配置。

5.2.1　提升企业核心竞争力

业务外包管理所要实现的第一个目标，就是提升企业核心竞争力。那么何谓核心竞争力？企业业务外包管理如何达到培育核心竞争力的目标？

关于核心竞争力的概念，1990 年，普拉哈拉德（C. K. Prahalad）和哈默（G. Hamel）在 *Harvard Business Review* 上发表 *The Core Competence of the Corporation* 一文，首次给"核心竞争力"作出如下定义：核心能力是组织中积累的学识，特别是关于如何协调不同的生产技能和有机结合多种技术流的学识。核心能力的形成要经历企业内部独特资源、知识和技术的积累与整合的过程。

应用该理论，可以将企业的业务分为核心业务和非核心业务。核心业务是企业持久性竞争优势的来源，需要大量资源的投入以及恰当管理运作的配合；而非核心业务则是企业能力的支撑，对企业持久性竞争优势没有直接影响。因此，可以采用业务外包的形式将非核心业务交给其他企业去做，节省企业资源投入。

根据供电企业的业务外包清单，业务外包涉及营销、运检、通信、供电服务等四个大类共计 13 项非核心业务，通过将这些业务交付给外部企业完成，供电企业节约了成本，将内部有限的资源聚焦于具有核心竞争力的业务，推动外包专业原有职工正向流动，采取内部调动、竞聘、培训等方法，将外包专业的员工向缺员专业过渡，盘活现有人员存量，缓解结构性缺员问题。

5.2.2　提高人力资源管理效率

业务外包管理的第二个目标，则是提高人力资源管理效率。业务外包提高人力资源管理效率主要体现在影响资源分配、精简业务流程、增强用工弹性这三个方面。

首先，业务外包可以通过影响资源分配提高人力资源管理效率。通过将非核心业务外包，供电企业可以将以前用于非核心业务的人员解放出来，将更多的人力资源集中在企业的核心业务上面，以保证核心业务的充分发展，从而在市场竞争中站稳脚跟。

其次，业务外包可以通过精简业务流程提高人力资源管理效率。供电企业的业务外包建立在职能分析的基础上，将与企业主营业务关联不大或者是对企业核心竞争力贡献较小的业务承包给外部单位。供电企业内部的人资部门不再需要进行烦琐的人力资源处理，员工从聘用、合同签订、职工工资和奖金的统计发放，到各类社会保障费用缴纳、工伤申报、劳动纠纷处理等诸多事务性工作均能够由外包公司处理，使得供电企业的人力资源部门和业务部门的业务流程得以精简，从而提高了人力资源管理效率。

最后，业务外包可以通过增强用工弹性提高人力资源管理效率。供电企业售配电工作具有周期性特点，夏季和冬季是需求旺盛期，而春季和秋季相对来说需求较小。通过非核心业务的外包操作，供电企业能在需求旺盛期增加对外包企业的订单量，从而满足周期性业务需求，避免单位编制有限的影响而无法满足单位业务需求。正因为业务外包具备灵活性、降低不确定性的特点，所以具有一定的抗周期性，在面对需求不确定或波动的市场时能增强人力资源弹性从而提高管理效率。

5.2.3 规避企业人力资源风险

业务外包管理的第三个目标，则是规避企业人力资源风险。业务外包管理可以通过降低人力资源供给风险、人力资源成本大幅度上升风险和劳动关系法律风险来起到规避企业人力资源风险的作用。

第一，业务外包可以降低人力资源供给风险。正如上节的分析，业务外包能够增强用工弹性、提高人力资源管理效率。在用工需求旺盛期增加外包业务量，从而满足人力资源需求，降低供给不足的风险。

第二，业务外包可以降低人力资源成本大幅度上升风险。相比于发包企业，业务专项承包商在外包业务技术、设备、经验上拥有很大的优势。在同等业务质量下，专项承包商可以更加高效、快捷、经济地完成相关工作。企业仅需将不擅长、高成本、多人力的非核心业务进行外包，直接降低了企业的人力资源成本，既提高了经济效益，又规避了人力资源成本大幅上升的风险。

第三，业务外包可以降低企业劳动关系法律风险。相比于劳务派遣方式，以业务外包满足用工需求，可以减少劳动关系法律风险。例如，以往海宁供电公司采取劳务派遣用工方式，开展变电运检、配网运检、营业厅业务受理等劳务派遣业务，但随着新《劳动合同法》的实施，劳务派遣用工方式存在着劳资纠纷、合同纠纷等风险；同时，员工消极怠工明显，班组内部不同用工方式极易导致劳动关系紧张。采取业务外包方式后，公司直接与承包商签订合同，规避了以往"真派遣、假外包"行为，有效规避了用工风险，改善了公司内部劳动关系，便于发掘、整合企业内部资源，提升管理水平。

5.2.4 实现人力资源最佳配置

供电企业业务外包管理的第四个目标，则是实现人力资源的最佳配置。人力资源最佳配置既是指合理地安排每个岗位的人员数量，又是指合理地调控单位编制以控制成本。

首先，在合理安排每个岗位人员数量方面，通过专项业务外包，合理安置原有岗位的过渡期人员，借助技术转型、岗位迭代，解决结构性缺员、技术性缺员问题，盘活现有人员存量，充分发挥内部人员存量的管理能力和业务经验，完成精准、高效的人力资源配置。

其次，在合理调控单位编制以控制成本方面，将非核心业务对外承包，一方面满足政策规定；另一方面节省单位编制、部门编制和岗位编制，集中控制人员数量和人工成本，以实现人力资源部门的成本精简。

综上，通过合理的业务外包，能实现：提升企业核心竞争力，提高人力资源管理效率，规避企业人力资源风险，实现人力资源最佳配置四个管理目标，从而实现资源聚焦，对于提高供电企业管理效率，改善传统的经营效率，进一步贯彻落实电力体制改革和应对新兴售电公司的冲击具有积极的作用。

5.3　供电企业业务外包管理特点

业务外包是指将企业内部业务的非核心业务部分交由外部专业的企业和机构来完成，其实质是企业资源的重新分配过程，将企业有限的资源聚焦于核心业务，以提高企业的核心竞争力，确保企业在市场中的竞争地位。供电企业业务外包管理具有以下四个特点：无形性、异质性、同步性、易逝性。

5.3.1　无形性

与普通有形产品不同，业务外包是将非核心业务交由外部机构完成，供电企业支付资金以购买外部机构的生产运作能力的方式完成业务，其整个过程更多的是作为一种服务产品来进行选择，而不是像有形产品一样能够看到、感觉或者触摸到。作为业务外包的提供方，供电企业的业务是无形的，且业务外包的承包商也无法向供电企业提供实物样品，不易展现业务外包的特点及状态。虽然业务外包的结果有一定的实物载体，比如由报表、利润等呈现，但总体而言，业务外包管理具有无形性的特点。

业务外包的无形性特点对于管理提出了新的要求。一方面，因为业务外包是一款无形产品，作为出包方的供电企业在进行供应商选择的时候难以对服务进行比较和评价，因此业务外包管理需要建立一个规范的流程和供应商选择的指标体系，以确定最适合供电企业业务的供应商，提升业务质量和效率。另一方面，由于业务流程的复杂性，外包出去的业务很难进行事前、事中和事后控制，因此业务外包管理要求供电企业进行合理的体制机制安排，设计合理的组织结构以应对外包管理的新变化，及时与供应商联系，做好对接，不断完善流程控制，做到事前检查、事中控制、事后反馈。

5.3.2　异质性

业务外包的异质性是指业务外包的供应商所提供的服务内容及质量水平会随着时间、地点、环境不同而有所差异，即使是同一项服务，不同的供应商提供的同一项业务也会因为提供的主体、外包方式、政策的变化，而使服务内容、形式、质量、效果等产生差异。之所以会这样，主要有两个方面的原因：一方面，服务主要是由人来提供的，而由于人的气质、态度、修养与技术水平的差异，不同的人提供服务就往往产生不同的内容、形式、质量、效果。例如，同一个餐馆里的不同师傅所做的饭菜都是不一样的。另一方面，即使同样一个人在不同的状态下，提供同样一项服务也是不一样的。例如，再优秀的歌唱演员，在不同的演出时间或场合演唱同一首歌曲，演唱效果总是有差异的。

业务外包的异质性为供电企业进行业务外包管理提供了新的管理启示：由于业务外包的异质性的存在，时间、地点和环境的变化使得外包过程变得异常复杂并且充满了诸多不确定性，因此供电企业进行业务外包需要根据环境变化实时动态调整外包政策，建立一个灵活应变机制，以确保业务外包项目的顺利实施。

5.3.3 同步性

对于有形产品而言，客户一般不能参与到其生产过程之中，而只能接触到出厂后的最终产品。产品通常在工厂生产、在商店销售、在使用中消费，这三个环节泾渭分明，人们可以从时间和空间上把产品的生产过程、流通过程与消费过程区分出来。相比之下，业务外包服务的生产过程、流通过程和消费过程是同时进行的：生产一旦开始，流通和消费也就开始；生产一结束，流通与消费也宣告完成。业务外包作为一种服务类型，其同步性是指业务外包供应商的生产过程与供电企业的消费过程是同步发生的，供应商提供外包服务之时也正是供电企业消费享用业务外包服务之时。即客户参与到业务外包服务生产与传递的过程之中，业务外包的起点是供电企业，终点也是供电企业。

业务外包的同步性特点说明业务外包服务的生产、流通和消费过程的密不可分，供电企业在进行业务外包管理时，也需要利用好这个特点，实时监测业务外包运行，保证业务顺利开展。

5.3.4 易逝性

业务外包服务的易逝性又被称为不可储存性，指的是其作为一种非实体的产品，不管在时间上还是在空间上，都是不可存储的。一是业务外包服务不能在生产后储存待售。我们到工厂或者商店去购买产品，钱一付就可以从仓库里将产品取走；但是我们去消费一项服务则不能做到钱一付就走人，也就是说，服务提供者不能像工厂那样生产大量产品放在仓库里等待随时发货。正如宾馆、旅社的客房服务不能储存，今天没有客人住宿，客房就空置，就是实实在在的损失。飞机上的座位同样不能储存，这趟航班剩下的座位是不可能保存到下一趟航班的。这些空房间、空座位以及闲置的服务设施和人员，都是不可补偿的损失，其损失表现为盈利机会的丧失和折旧的发生。二是业务外包服务也无法进行购后储存。当购买或者消费服务结束后，服务也随即消失，不能在时间上或空间上将服务保存起来。比如，看电影，当电影播映完之后服务就会消失，不能储存。再比如，上酒店吃饭，酒店服务人员给客户提供接衣、挂帽、拉椅、让座、斟茶、倒酒等服务，但是一旦客户离开酒店，酒店的服务也随即消失，无法再享受这样的服务。

业务外包管理所具有的易逝性特点揭示了业务外包作为服务，既不能生产后储存，也不能购买后进行储存。该特点的存在可能导致业务外包的需求与供给的不匹配问题，作为发包机构的供电企业应该注意供应商的产能需求情况，做好应急准备方案，使得业务外包流程能够顺畅进行。

5.4 供电企业业务外包管理价值链分析

价值链（Value Chain）这一概念首先由迈克尔·波特在其专著《竞争优势》中提出，他认为：每个企业都是设计、生产、营销、交付和产品支持等一系列活动的集合体，所有这些活动都代表着其应用价值链的方式，即：价值链是指企业内部所有相互不同但又相互关联的增值活动所构成的集合体。

价值链上的活动（即价值活动）是指企业开展具备实体和技术独特性的活动，是企业为买方生产价值产品的基础。价值活动可以分为两大类，分别为：基本活动和辅助活动。其中，基本活动涉及生产实体的产品、销售产品给购买者以及提供售后服务等活动；而辅助活动则以提供生产要素投入、技术、人力资源以及企业范围内的各种职能等来支持企业的基本活动。其价值链分析基本模型，如图 5-6 所示。

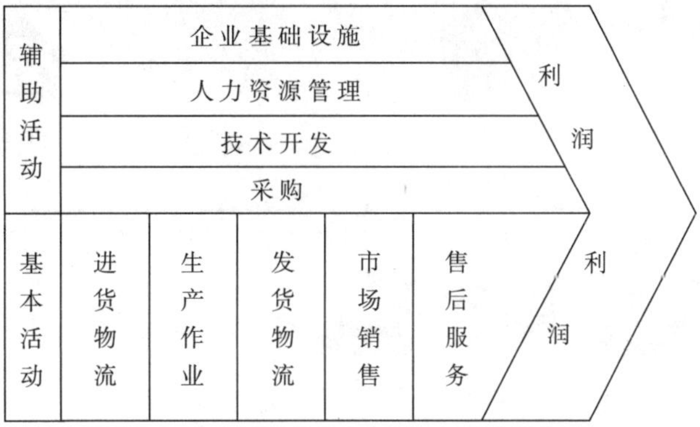

图 5-6 迈克尔·波特价值链模型

本节以下部分利用迈克尔·波特的价值链分析框架，分别从电力行业、供电企业内部以及供电企业业务流程三个角度出发，对供电企业业务外包进行价值链分析，以期得到一些有益的管理启示。

5.4.1 供电企业业务外包价值链构成

对于价值链的分析可以从三个方面进行：第一个方面是从整个供电企业所在电力行业的价值链进行；第二个方面是从供电企业本身进行；第三个方面则是从供电企业业务外包的流程进行。以下部分分别从行业价值链、供电企业价值链和业务流程价值链三个方面出发，首先对供电企业的价值链构成进行分析，主要介绍各价值链上的价值活动的内容；其次对各项价值活动进行价值分析，以发现企业各项活动的内在价值特征；最后对企业的价值活动进行效益分析，以发现企业存在的优势和劣势。

1. 电力行业价值链构成

电力行业价值链如图 5-7 所示，左侧箭头显示的是电力从生产到消费的整个过程，该过程中共涉及五个价值活动，分别为发电、输电、配电、售电和用电。

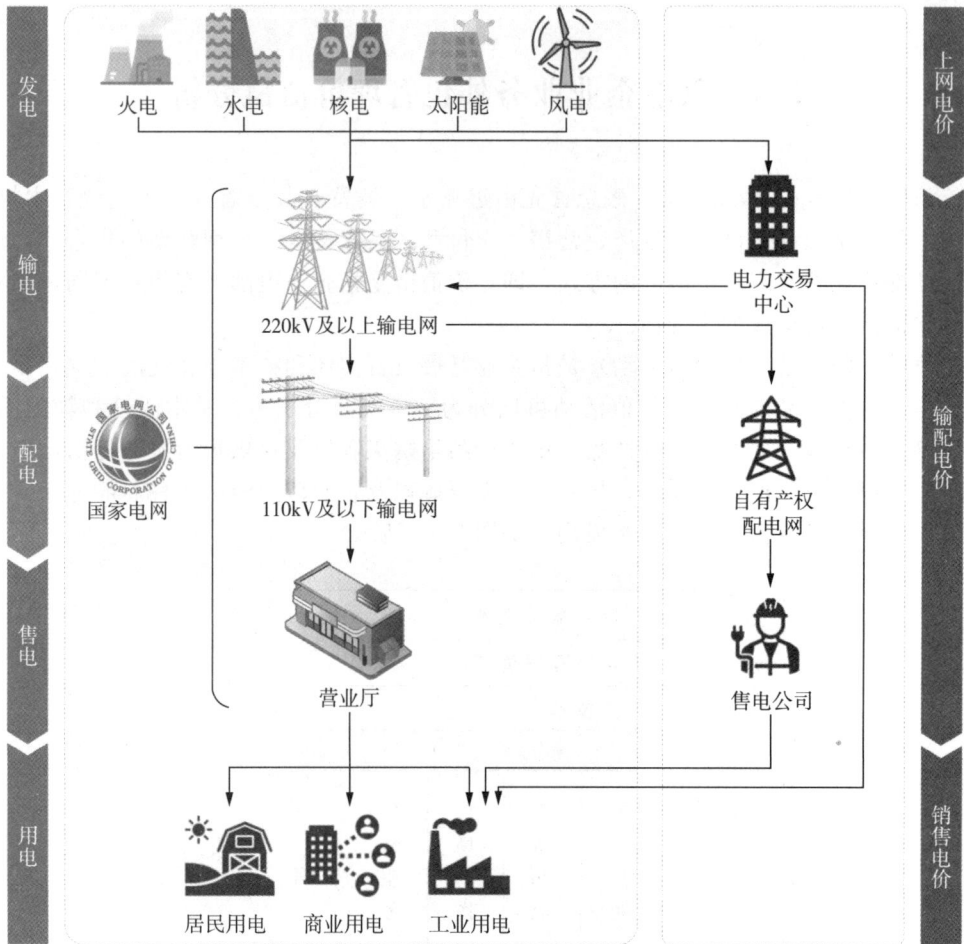

图 5-7 电力行业价值链示意

如图 5-7 所示，右侧箭头显示了电力的增值过程。从发电到用电的过程中，电力价格经历了三次调整，其中：第一次是上网电价，这是电网企业向发电企业购买电的价格；第二次是输配电价，即电力在电网中传输所需要的价格，相当于电的运费；第三次则是销售电价，这就是电力消费者（如普通居民、商业用户、工业用户）购买电的价格。且三种价格之间的关系满足：销售电价＝上网电价＋输配电价＋输配电损耗＋政府性基金。

2.供电企业价值链构成

利用迈克尔·波特提出的价值链分析模型，我们可以将供电企业的业务进行分类。图 5-8 展示了供电企业价值链上的部分活动类型。

不难看出，按照迈克尔·波特的价值链分析框架进行划分，供电企业的基本活动可以分为五个部分，分别为：进货物流，主要涉及主网电力调度、配网电力调度、监控运行值班等业务；生产作业，主要涉及公司发展规划编制、工程建设、物资管理等业务；发货物流，主要涉及调控运行专业业务、计划专业业务、电力监控系统安防等业务；市场销售，主要涉及业扩报装、分布式电源并网、用电检查等业务；售后服务，主要涉及变电运检、

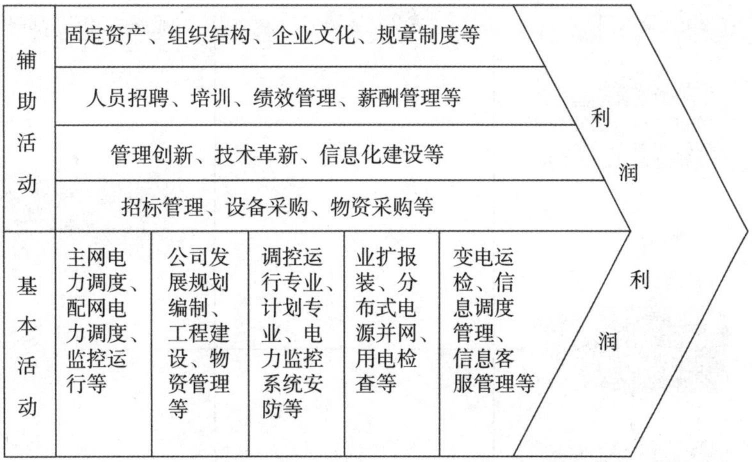

图 5-8　供电企业价值链框架

信息调度管理、信息客服管理等业务。这些业务是供电企业的核心业务，是供电企业核心竞争力的来源，故而不能采用业务外包方式运作。

供电企业的辅助活动可以分为四个部分，分别为：企业基础设施，主要包括固定资产、组织结构、企业文化、规章制度等价值活动；人力资源管理，主要包括人员招聘、培训、绩效管理、薪酬管理等价值活动；技术开发，主要包括管理创新、技术革新、信息化建设等价值活动；采购，主要包括招标管理、设备采购、物资采购等价值活动。这些业务是供电企业的辅助性业务，与生产经营不直接挂钩，对供电企业价值链基本活动具有辅助支持作用。

3. 供电企业业务外包价值链构成

供电企业的业务外包主要涉及四个阶段，分别为需求提出阶段、计划制订阶段、业务外包实施阶段和业务外包收尾阶段。其业务外包流程如图 5-9 所示。

从价值链角度来看，该业务外包流程主要包括：外包需求评估、业务外包计划制订、业务外包方案审核批准、业务外包招标、承包商选择、业务外包合同签订、业务外包实施、业务外包过程控制、项目验收、年度报告编制和审核等价值链活动。

5.4.2　供电企业业务外包的价值分析

前文介绍了供电企业业务外包的价值链构成，分别从电力行业价值链、供电企业价值链以及业务外包管理流程价值链方面，描述了各价值链上的价值活动的具体内容，接下来我们可以进行价值链各项活动的价值分析。

1. 电力行业价值链分析

电力行业的价值链上有五个价值活动，分别为发电、输电、配电、售电和用电。具体而言，电力由发电厂利用火力、水力、核能、太阳能、风力等一次能源生产出来，再到高压输电网、中低压配电网的传输过程，将电能传输到各级售电营业厅或供电企业，最后用于居民生活、工业生产及商业用电，形成了一个完整的消费过程。而伴随着电力的产销过程，电力的价值也历经了从上网电价到输配电价再到销售电价的增值过程。

省公司人资部门	省公司物资部	业务外包需求部门

需求提出阶段

下发需求计划制订通知，确定业务外包范围 → 根据业务需要，制订业务外包计划

计划制订阶段

根据审核标准，对业务外包计划审核评估

确定外包计划实施方案

业务外包实施阶段

根据外包实施方案，组织进行招标工作 → 联合办公室、安检、地调等部门进行承包商选择

签订业务外包合同

组织实施业务外包活动

组织业务外包过程所需物资采购工作

实施业务外包过程控制，对业务外包活动进行定期检查

进行业务外包活动结果验收，结算审计通过后付款

业务外包收尾阶段

审核各单位年度外包总结报告，并存档 ← 编制年度业务外包总结报告

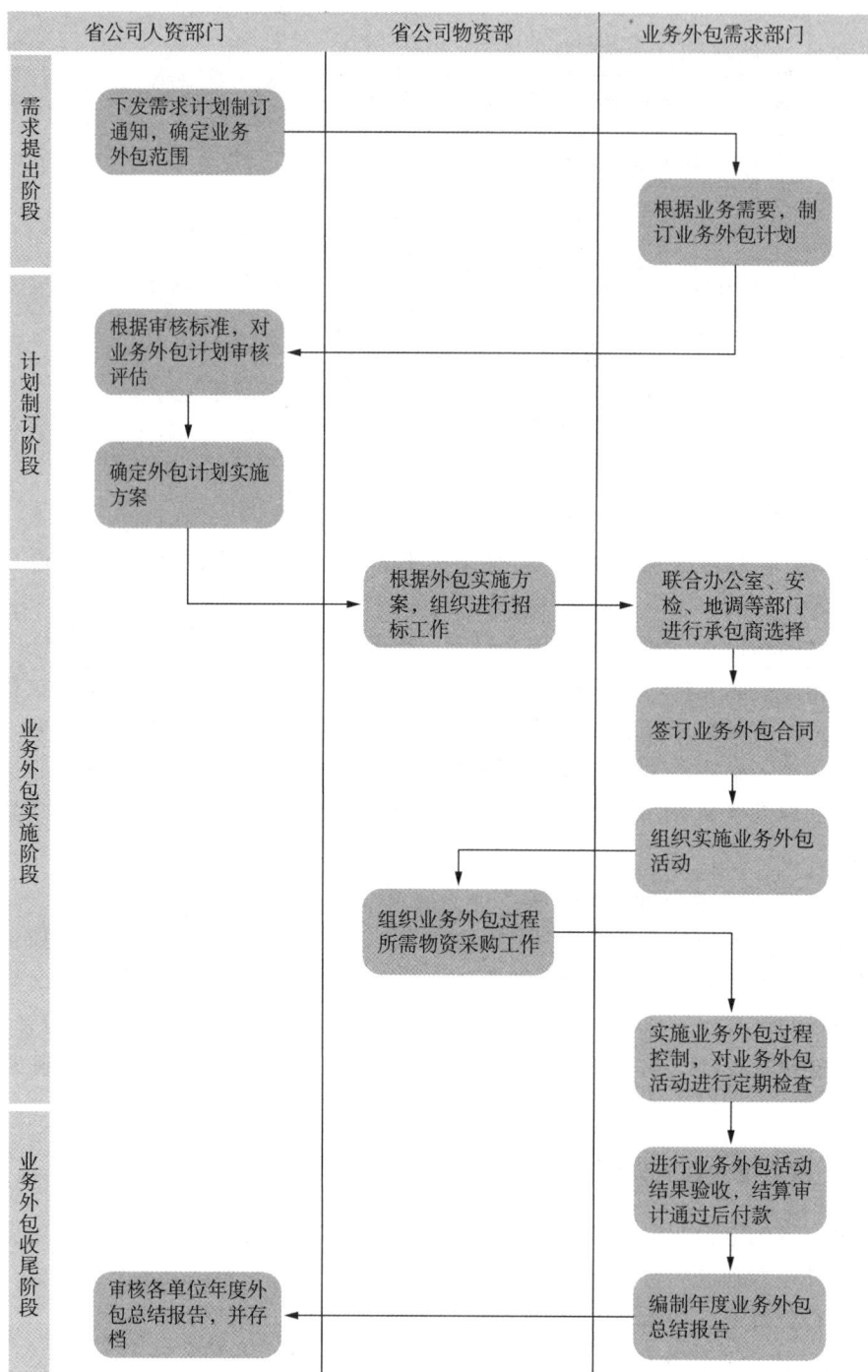

图 5-9　供电企业业务外包管理流程

　　一方面，从价值链上活动各环节来看，电力行业的价值链条较长，价值链上活动之间的联系紧密，从发电端到售电端的各个环节联结了大量供应商和中间商，价值增值较高。以发电端的风电为例，如图 5-10 所示，从上游的增强纤维、树脂、夹层材料、结构胶、

上游

增强纤维
- 玻璃纤维：欧文斯科宁、3B、日本板硝子、中国巨石、九鼎新材、AGY、Johns Manville、PPG工业、泰山玻纤、重庆国际
- 碳纤维：东邦、三菱丽阳、SGL Carbon、中复神鹰、恒神股份、台塑、Cytec Industries Inc、中钢国际、沈阳中恒新材料

树脂：瀚森化工、亨斯曼材料、DSM KON、宏昌电子、苏州圣杰特种材料、陶氏化学、上维企业、巴斯夫、巴陵石化、常熟佳发化学

夹层材料：DIAB、Airex、Gurit Holding AG、天晟新材

结构胶：MPM、陶氏化学、汉高公司、伊利诺伊工具、康达新材

叶片：LM、Enercon、中复连众、时代新材、鑫茂科技、联合动力、Vestas Wind、中航惠腾、南风玻电、上海玻璃钢研究院、明阳风电、中科宇能

中游

轮毂：重庆重齿、吉鑫科技、中国一汽铸造、上海华高孔模、大连重工、江苏国光重机、本溪兴盛铸业、上海长京金属

控制系统：Mita Tekirk、Siemens、惠亚电子、金风科创、许继电气、美国超导、Ingeteam、科诺伟业、和伟时自动化、南瑞电控

风电主机：Vestas Wind、通用电气、华锐风电、东方电气、湘电风能、远景能源、Gamesa、金风科技、联合动力、明阳风电、上海电气、重庆海装

发电机：Vestas Wind、大连天元、东风电机、南汽轮、永济电机、三洲电机、Flender、Suzlon Energy、VEM、株洲电机、兰州电机、淄博牵引

齿轮箱：Flender、汉氏传动、南高齿、大连重工、太原重工、Winergy、通用电气、重庆重齿、二重重装、杭齿前进

下游

塔架：大金重工、泰胜风能、酒钢集团、协和钢构、安德利斯、内蒙一机、吉林天能、华亚钢构、火炬山锅炉、金力风电

风电场运营：国家电网、中广核、中电投、大唐集团、三峡集团、天润投资、国电集团、华能集团、华润集团、中国电建、华电集团

涂料：Mega、Mankiewicz、Bergolin、PPG工业、巴斯夫、湖南湘江涂料、Akzo Nobel、京能恒基、永新管业、中远关西涂料、西北化工、拜耳集团

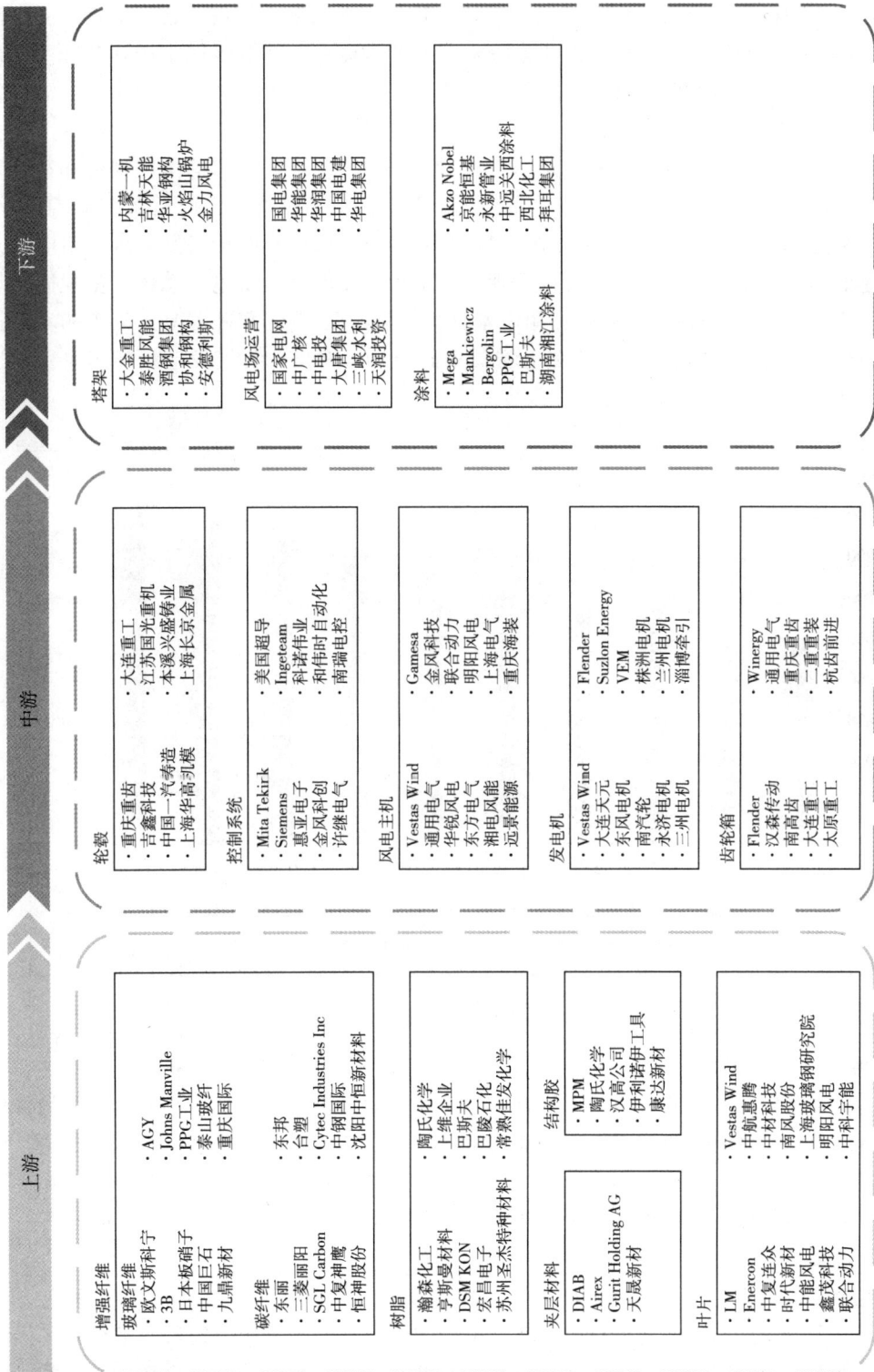

图5-10　风力发电产业链

叶片等供应商；到中游风电设备相关部件的供应商，如轮毂、控制系统、风电主机、发电机、齿轮箱等部件的供应商；再到供应链下游运营相关供应商，如塔架、风电场运营、涂料等供应商。不难看出，仅发电端的供应商数量就非常庞大，涉及不同生产环节和不同部件。而这样一条由风力发电端延长至最终电力用户的消费端的价值链，必然是涉及诸多价值链活动且价值增值高的价值链。

另一方面，从电力行业供给和需求双方来看，据国家统计局发布的国民经济和社会发展统计公报，2021年，我国全口径发电量为85342.5亿千瓦时，同比增长9.7%；我国全社会用电量为83128亿千瓦时，同比增长10.3%。2012—2021年我国发电量、用电量及两者增速如图5-11所示。从图中可以发现，近十年的发电量和用电量总体上呈现同步增长状态（仅2020年受新冠疫情影响，用电量有所下降，但2021年随着复产复工的不断推进，社会用电量有明显增长）。且从图上增长率曲线可以看出，我国发电量和用电量增速总体上有所放缓。

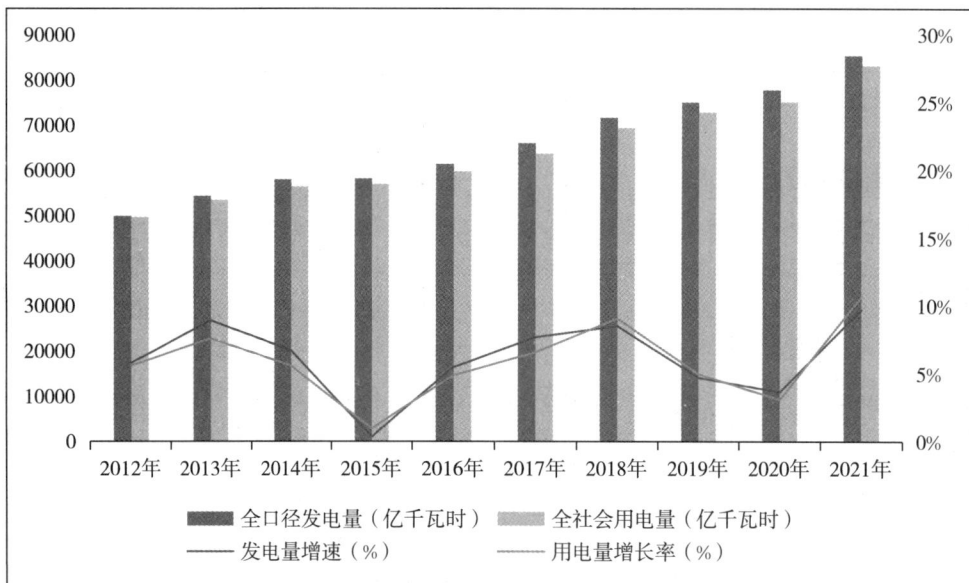

图5-11 2012—2021年我国发电量、用电量及两者增速

2.供电企业价值链分析

前文介绍了供电企业的价值链上的基本活动和辅助活动的内容，结合电力行业的价值链图，可以看出：供电企业位于电力行业的下游，其上游的购电价格由竞价上网确定，而下游销售电价受到政府管控，不能随意变动，所以供电企业的利润空间有限，价格弹性不强。以下从供电企业内部价值链入手，对供电企业价值链上的基本活动进行逐项分析。

（1）进货物流

供电企业的进货主要是电力调度工作，即向发电厂购买电能，主要包括主网电力调度、配网电力调度、监控电网运行等业务。电能的购买对供电企业的经营非常重要，供电企业通过向发电企业购入电能，再通过主配网调度将电力输送给最终用户来赚取利润。由于发电端的竞价上网政策，在不同时段，电力的价格不同，因此供电企业应采取科学的方法，实施分时电价、阶梯电价等政策，来降低自身的购电成本，以实现利润最大化，同时实现用户价值的提高。

（2）生产作业

供电企业的生产作业是价值链的中心环节，主要涉及发展规划编制、工程建设和物资管理等业务内容。这里的发展规划包括主配网的运营发展、市场需求预测、投资计划等工作。在进行生产作业之前，必须先明确企业的未来发展规划，顺应市场需求的变化，及时调整供电企业的运营策略，确保电力调度工作的顺畅实施，在保障居民供电安全的基础上拉伸企业价值空间。工程建设和物资管理这两项业务既是电网运行的保障，也是供电企业的主要投资方向。供电企业应该从投资优化的角度，对工程建设和物资采购等工作进行招标，综合考虑价格和工程质量，以最优价格实现工程建设和物资采购工作起到降本增效的作用。

（3）发货物流

由于电力产品具有同时性和易逝性特点，即产、供、销同时完成且不能大量储存，故而供电企业的发货物流中的价值活动部分和进货物流相重合，即发货物流也包括主网电力调度、配网电力调度业务。除此之外，供电企业的发货物流还涉及调控运行专业、计划专业以及电力系统安防等工作。这些工作是为了配合主配网电力调度工作运行而进行的业务，其中：调控运行专业包括制定有关技术标准、组织专业培训等具体事务，计划专业主要负责制订年度、月度、日前调度计划和调度计划安全校核等具体事务，电力监控系统安防包括电力监控网络安全、配电自动化和负荷控制等具体事务。供电企业应该制订科学的调度计划，合理安排调度任务，同时加强电力监控系统的安全保障措施，确保电力系统安全运行，提高自身经济效益和社会效益。

（4）市场销售

供电企业的营销主要包括业扩报装、分布式电源并网、用电检查等工作。其中，业扩报装工作是电力营销的核心工作，它既是营销工作面向客户的第一个环节，也是加强行风建设、增强服务意识的重要体现，做好业扩报装工作对于电力营销起到至关重要的作用。做好业扩报装工作实际上就是开发新的用电客户、开拓电力市场、寻求新的电量增长点。随着国民经济的发展，各方投资建设的厂矿、工业园、房地产项目越来越多，首先需要考虑的问题之一就是用电问题。从新客户用电需求的明确、供电方案的制订、审查，到供用电项目的设计、施工，都贯穿着供电企业与新客户的沟通，也需要考虑如何结合好供电企业电网发展规划。近几年来电力市场出现了一些超大型企业的投资项目，一般来说这些超大企业作为地方上的用电客户，其潜在的用电需求极大，也是各发电企业直供电争夺的对象，供电企业要做好这类大客户的争取、说服工作，积极开拓用电市场。

（5）售后服务

与一般的实体产品的售后不同，供电企业的售后主要包括变电运检、信息调度管理、信息客服管理等工作。供电企业的售后服务工作是其生产作业的保障，是保持或提高消费者剩余价值的活动。为了适应社会主义市场经济发展、深化电力体制改革的要求，各供电企业提出"强化过程管理，始于客户需求，终于客户满意"，优化企业服务体系内部组织结构和业务流程，增强责任意识，提高服务效率，最大限度方便客户。供电企业要把打造优质服务品牌作为一项重要工作来抓，积极推进供电服务向无障碍、零距离、个性化层次提升，努力构建组织合理、运转高效的"集约化、服务型"服务体系，用标准化、规范化、制度化的诚信服务巩固和开拓电力市场，实现企业和客户双赢。

3. 供电企业业务外包价值链分析

供电企业的业务外包价值链上共有十个价值活动，分别为：外包需求评估、业务外包计划制订、业务外包方案审核批准、业务外包招标、承包商选择、业务外包合同签订、业务外包实施、业务外包过程控制、项目验收、年度报告编制和审核。以下按照业务外包流程的不同阶段，分析供电企业业务外包价值链的各项活动。

（1）需求提出阶段。这个阶段是业务外包的起点，主要解决业务部门的外包需求问题。首先由省公司人资部下发通知，确定业务外包的范围；然后业务外包需求部门提出业务外包需求计划，并交由省公司人资部进行审核。这个阶段的主要价值存在于需求的发掘，供电公司需要在现实业务的基础上，使用科学合理的方法，按照省公司的外包范围要求，对于企业非核心业务进行外包需求分析，制订合理的业务外包计划。

（2）计划制订阶段。这个阶段承接需求提出阶段，主要解决业务外包需求计划制定的问题。首先是省公司人资部根据各供电公司提交的业务外包计划，组织相关专家人员，根据标准对外包计划进行审核评估。等计划审核通过后，省公司人资部进一步确定业务外包计划的实施方案，并交由省公司物资部进行下一步流程。在这个阶段，业务外包的价值来源于省公司对于计划的具体实施方案的制订。

（3）业务外包实施阶段。这个阶段是业务外包流程的核心阶段，主要解决业务外包方案落实的问题。首先，省公司物资部根据省公司人资部交付的外包实施方案，组织各部门进行招标工作。招标活动依照国家有关法律、法规、规章，遵循"公开、公平、公正和诚实信用"的原则。发标、评委会组建、开标、评标、定标等招标过程必须符合国网公司招标、非招标采购活动相关要求，规范开展。随后各供电公司业务外包需求部门联合办公室、安检、地市级电力调度中心等部门综合考虑承包商资质和实际业务需求，择优选择承包商并进行业务外包合同的签订。合同签订之后，业务外包需求部门需要组织实施业务外包活动，明确业务需求和岗位要求，安排承包单位组织专业人员对业务外包人员进行培训和日常管理。对于业务外包过程所需要的物资采购工作，由各需求部门向省公司物资部报送，省公司物资部组织统一采购工作。在业务外包实施过程中，过程控制也必不可少，供电公司业务外包需求部门应密切跟踪外包业务的进展情况，定期进行检查工作，提高业务外包的质量水平。在这个阶段中，主要的价值来源于招标、合同管理和过程控制工作，供电公司应该根据具体业务类型，结合供应商资质和报价，在保证业务外包质量的基础上做到外包成本最小化。确定承包单位后，业务外包需求部门应根据国家和公司的相关规定，与承包单位拟订合同，并注意合同附上安全协议，确保安全生产工作。在外包实施过程中，需求部门应按照专业管理要求和实施标准，紧抓质量工作，定期开展检查，在检查中发现严重问题时，应责令承包单位现场立即停工整顿，限期整改。

（4）业务外包收尾阶段。这个阶段是整个业务外包流程的收尾工作，主要解决业务外包项目竣工验收问题。在业务外包工作结束后，由业务外包需求部门根据相关规范要求，组织专业人员对外包项目进行验收工作，在验收通过后才能进行会计支付流程。年度工作结束时需要对业务外包工作撰写总结报告，并上报省公司人资部进行审核。最后省公司收到各单位年度业务外包总结报告经审核通过后，进行存档操作。在这个阶段中，主要的价值来源于其项目验收工作，业务需求部门应按照合同约定，组织相关人员对业务外包工作进行全面验收，实行闭环管理。验收中发现的缺陷应由承包单位在规定时间内完成整改，并将整改情况书面反馈给基层单位专业管理部门，各专业管理部门根据反馈情况组织复验，直至验收合格。验收不通过不能进行业务评价和费用结算，且业务评价结果与费用结算挂钩。

5.4.3　供电企业业务外包的效益分析

前文从电力行业价值链、供电企业价值链以及供电企业业务外包价值链入手，分析了价值链上各项活动价值来源以及主要增值过程，以下我们继续进行各价值链的效益分析。

1. 电力行业价值链效益分析

由上文分析得知，电力行业的价值链上有五项价值活动，且价值链活动之间联系紧密，而电力从生产到销售过程中经历了电力价值的三次升值，这也是整个电力行业价值的主要来源。以下我们从经济效益和社会效益两个角度入手，继续进行电力行业价值链的效益分析。

（1）经济效益

电力行业价值链是一条由发电、输电、配电、售电和用电等环节组织起来的价值链，价值链上的各环节不仅囊括了众多行业内企业，也对其他行业价值链各环节的价值活动产生深远影响。电力行业的经济效益是整个社会经济效益的晴雨表，其行业自身的发展也对市场上其他行业发展起到基础性支撑作用。根据中电联发布的《中国电力行业年度发展报告 2022》，在电力投资方面，2021 年全年我国主要电力企业合计完成投资 10786 亿元，同比增长 5.9％；在企业发展方面，截至 2021 年年底，两大电网公司资产总额合计 5.75 万亿元，同比增长 7.4％；五人发电集团资产合计 6.5 万亿元，同比增长 8.7％；电力建设企业总营业收入合计 6317.5 亿元，同比增长 9.5％。可以看到，2021 年电力行业的经济效益较好，与 2020 年同期相比均保持增长趋势。

（2）社会效益

电力行业作为社会公共事业的核心成员，其社会效益主要体现在对电力供应可靠性的建设和响应国家节能减排政策，落实"双碳"目标的社会责任履行方面。

在电力供应可靠性建设方面，2021 年，我国发电端水电机组、燃煤机组、燃气轮机组、核电机组的等可用系数均在 90％以上；输变电端十三类输变电设施可用系数保持在 99.4％以上；供电端全国平均供电可靠率达 99.872％。从这些数据可以看出，2021 年全国电力供应可靠性指标继续保持较高水平，电力供应可靠性建设成果不断得到巩固加强。

在"双碳"目标落实方面，截至 2021 年年底，我国全口径非化石能源发电装机容量 11.18 亿千瓦时，占全国发电总装机容量 47.0％，同比增长 13.5％。全国电力行业烟尘、二氧化硫、氮氧化物排放量分别约为 12.3 万吨、54.7 万吨和 86.2 万吨，分别同比降低 20.7％、26.4％和 1.4％。以上数据说明了电力行业落实主体责任，深入践行国家"碳达峰、碳中和"目标，生产消费全过程注重绿色低碳转型，取得不凡成效。

2. 供电企业价值链效益分析

前面我们首先对供电企业的价值链活动进行介绍，然后利用波特的价值链分析框架，对供电企业价值链上的基本活动逐项进行了价值分析。现在我们可以从经济效益和社会效益方面入手，对供电企业的价值链活动进行效益分析。

（1）经济效益

由上节我们可以得知，供电企业的基本活动由电能购买、主配网电力调度、发展规划编制、工程建设、业扩报装、用电检查以及变电运检等核心业务，这些业务涉及供电企业日常运行的基础性、奠基性工作，是企业竞争优势的源头，这些业务是不能通过业务外包来满足运营需求的。对于供电企业的非核心业务，则可以进行业务外包操作，其经济效益一方面来源于业务需求的满足，另一方面来源于人力成本的节约，简单来说，就是起到了降本增效的作用。

以国网安徽阜阳阜南县供电公司为例，其业务外包岗位涉及营销、运检、通信、供电服务指挥中心等四个大类，共13项具体业务类型，见表5-3。

表5-3 国网安徽阜阳阜南县供电公司外包业务清单

大　类	业　务
营销专业业务外包清单	线损指标数据通报
	采集系统异常台区线损日常分析、排查
	智能表设备维护、电能表设备故障排场及维护
	公变采集终端设备维护
	专变终端设备维护（故障排查维护及软件升级）
运检专业业务外包清单	供电可靠性系统维护
	同源系统（PMS2.0）
	生产技改大修成本项目
通信专业业务外包清单	在运的计算机和打印机运维服务
	信息通信服务电话受理
供电服务指挥中心业务外包清单	电力客户用电业务电话咨询
	电力客户多渠道诉求受理
	电力诉求工单派发、督办

数据来源：实地调研结果

通过表5-3可以看出，国网安徽阜阳阜南县供电公司的业务外包范围均在供电企业的核心业务之外，且均属于一些常规事务性业务。通过将这些业务进行外包，既满足了业务需求，保障供电企业的业务正常运转，缓解了结构性缺员问题；又起到了节省成本、拉伸供电企业的利润空间的作用，为供电企业的发展赋能。

（2）社会效益

供电企业作为国家电网公司的一部分，承担着巨大的社会责任，这要求供电企业务必时刻铭记"四个服务"的企业宗旨，将企业责任贯穿于运行始终。通过合理地实施非核心业务外包，供电企业实现了电力供应和稳定就业两方面的社会效益增量。

从电力供应角度来看，电力企业是关系国民经济命脉的公用事业企业，供电企业灵活使用业务外包策略，通过严格招投标管理，将非核心业务外包给更为专业的外部机构运行，有利于保障电力的稳定运行，也为国家经济发展和人民生产生活提供了坚强的电力保障。

从稳定就业角度来看，2020 年我国人口总规模为 14.11 亿人，其中劳动力人口为 8.9 亿人，而其中劳务派遣员工数量达 1929 万人。业务外包机构的蓬勃发展说明了劳动力市场对于业务外包就业方式的认可，尤其是在疫情防控常态化管理的当下，业务外包作为一种就业形式对于稳定就业起到了重要作用。供电公司的业务外包能缓解所在地区的部分就业压力，也是其社会效益的重要体现。

3. 供电企业业务外包价值链效益分析

上文我们分析了供电企业业务外包管理价值链的具体活动构成，然后针对各项活动所在的不同环节，分析了其价值的主要来源以及业务外包的关键点。以下，我们从经济效益和社会效益两方面入手，分析供电企业业务外包管理价值链的效益。

（1）经济效益

业务外包管理流程可以划分为需求提出、计划制订、业务外包实施、业务外包收尾阶段。其中，业务外包实施阶段为整个流程的核心。通过合理的分析需求并实施非核心业务外包，供电企业实现了对人、财、物等企业资源的重新整合和优化，既能缓解核心业务发展和单位编制限额之间的矛盾，使得企业资源进一步聚焦于核心业务；又能提高人员效率，提升经济效益。在业务外包流程管理方面，供电企业应做到合理分析业务需求、精准制订计划、严格过程管理和严抓项目验收等工作的统一，建立规范化的业务外包流程体系，抓好各环节关键业务，打通各部门流程壁垒，在标准化、规范化流程中节约沟通成本，获得经济效益的提升。

（2）社会效益

通过业务外包流程管理的规范化，供电企业的社会效益主要来源于带动行业发展和稳定就业两个方面。

在带动行业发展方面，通过业务外包流程的规范化管理，供电企业为所在电力行业内企业提供了一个业务外包管理的实际案例，不仅为推动电力行业业务外包提供了可以借鉴的解决方案，也为各单位结合具体生产实际推动业务发展贡献了自己的智慧。

在稳定就业方面，供电企业推动业务外包流程的标准化、规范化工作，一方面为当前业务外包市场上各外包机构建立了统一的承包规范，有利于业务外包从业人员技能的标准化和质量提升；另一方面也是对国家稳定就业政策的深度贯彻，凸显了供电企业作为市场主体的责任意识。

第6章
供电企业业务外包管理体系

6.1 业务外包管理分类

6.1.1 分类原则

业务外包管理分类原则有可操作性原则、准确界定原则、以人为本原则、互利共赢原则和注重效益原则（如图 6-1 所示），具体阐述如下：

图 6-1 外包管理的分类原则

1. 可操作性原则

可操作性又叫具体性，是指对策要具体，在现实中要能够付诸实践。那么如何让我们的对策符合可操作性的要求呢？实施业务评价必须坚持切合实际可操作，充分考虑影响业务外包的各种因素，保证评价结果切实可行，避免出现业务评价环节与业务外包实施环节之间相互矛盾、不一致。

可以从以下四个方面进行理解：第一，要有明确的主体，即由哪一个主体实施对策。第二，要有明确的客体，即对策实施的对象是什么。第三，要有明确的内容，即措施如何开展，应当做什么，应以什么样的形式、手段开展。这也是判断对策是否具备可操作性最为重要的依据。第四，要有明确的目的，即对策要达到什么目的或效果。需注意的是并非每条对策都要具备对策主体、客体、目的，但具备这些要素可以大大提高对策的可操作性，从而提升供电企业业务外包管理的准确度。

此外，作为企业的业务外包系统，它既是企业赖以运作的外包系统平台，又是高效的企业管理系统；它既为企业开展活动服务，又为企业提供管理服务。因此，在对供电企业系统进行评价时，应该重点考察其外包服务和管理服务的质量和水平，作为评价供电企业外包系统的基本准则。

2. 准确界定原则

在对外包业务分类之前，准确界定外包管理范畴。供电企业要严格按照《国网安徽省电力有限公司外包负面清单及其辅助性业务清单》《国网安徽省电力有限公司外包限制性业务清单》所列项目开展业务外包工作。按照规定，基建、技改、大修工程以及与工程建设有关的勘察、设计、监理等服务业务，由相关业务部门根据国家规定执行，不纳入公司业务外包管理范畴。餐饮、保洁、后勤、会服等不属于公司经营范畴的各类项目作为外部服务采购，由综合服务中心统一管理，也不纳入公司业务外包管理范畴。

3. 以人为本原则

所有管理流程的落实和管理制度的执行，都离不开人的参与。只有以人为本，提升外包服务人员和外包业务管理人员的综合素质，充分发挥人的主观能动性和积极性，才能落实业务外包管理体系各个环节的要求，最终实现业务外包管理的优化。

4. 互利共赢原则

在制订外包管理优化方案时，必须与外包服务商进行充分沟通，引导外包服务商深入参与，取得外包服务商的充分认可和赞同。从合作双方共同利益最大化的角度出发，综合考虑每项制度和措施对双方合作的影响，从而实现企业和外包服务商的互利共赢。

5. 注重效益原则

实施业务外包要注意考虑外包后的效益问题，通过业务外包合理降低企业的用工成本、管理成本和其他运行成本，不断提高资源利用率，获取比传统用工更高的效益。

6.1.2 分类标准与结果

1. 按内部资源分类

基于外包的内部资源维度来看，可以分为部分外包、选择性外包和完全外包（如图6-2所示），具体阐述如下：

部分外包是指供电企业根据需要将战略咨询、策划、运营、管理、技术、营销六大业务中的其中一部分分别外包给供电企业外包服务商，同时自身经营一部分电力相关业务的模式。如供电企业的人力资源部分外包，企业根据需要将劳资关系、员工聘用、培训和解聘等分别外包给不同的外部供应商。一般来说，部分外包的业务主要是与核心业务无关的辅助性活动，如临时性服务等。相对而言，这种模式比较适合于想独立经营部分供电企业商务业务或者投入成本相对少的企业。

选择性服务外包，一些参与者将其称作"最佳的资源组合"。它是指企业能够选择将资源转给最为有能力和有效率的外包商，达到节约成本并且实现效益最大化的目的。在正常的业务外包法律关系下，作为专业的外包公司，外包商的任务是就外包的工作项目为供电企业提供相对完善、成熟的服务。然而，在实际的运作过程中，外包商自身实力与外包业务、员工规模不匹配。主要表现在以下几方面：外包商管理能力和管理水平普遍严重滞后，许多公司既没有建立起科学的组织架构，同时也缺乏完善的人力资源内部管理体系（招聘、培训、薪酬、绩效等）。外包商管理水平普遍低于供电自身管理水平，不能满足供电企业高效生产的需求，存在管理方式粗放、简单，片面追求经济效益、漠视劳动法律法规等一系列问题。

完全外包模式就是把供电企业战略咨询、策划、运营、管理、技术、电务营销六大业务的所有内容都外包给供电企业商务外包服务商,让其为企业提供一整套完整的合适的供电企业商务解决方案的模式。也就是说,从一开始的战略规划、网站架构到实施时的运营管理、市场营销再到后来的绩效评估都由供电企业商务外包服务商一手经办。一般来说,这种模式比较适合于综合实力比较强大或者投入成本比较高的企业。

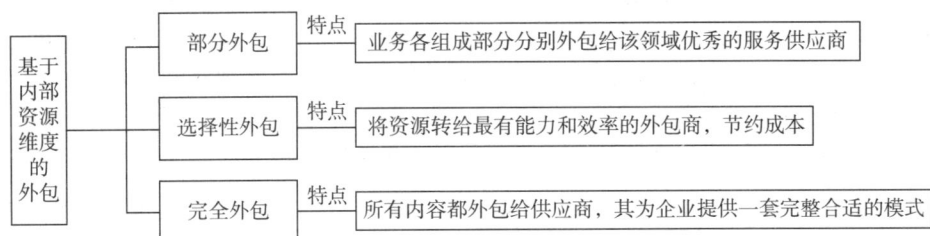

图6-2 基于内部资源维度的外包

2. 按时间分类

基于外包的时间维度来看,可以分为长期外包、中期外包和短期外包(如图6-3所示),具体阐述如下。

长期外包主要考虑三方面的内容:核心竞争力业务、外包的业务边界和与承包商的关系。企业在电力市场环境中能取得并扩大优势的决定性力量是企业的核心竞争力。为了使企业专注于核心竞争力,外包企业的设备维护非核心业务,利用设备维护承包商的专长和优势来提高企业的整体效率和竞争力,是长期外包的主要目的;外包的业务边界要依次确定企业设备维护外包业务的规模以及确保发电生产能力的长期投资规模;再者,就是确定企业与设备维护承包商、设备供应商和备品备件供应商所建立关系的类型,长期外包要求发展与设备维护承包商的关系,从临时性的外包关系发展到战略层次的外包关系。同时,也要看到,长期外包对比短期外包而言,更具风险性,这就要求发包企业更多地从市场信誉和承包商的实力的角度去选择承包商。

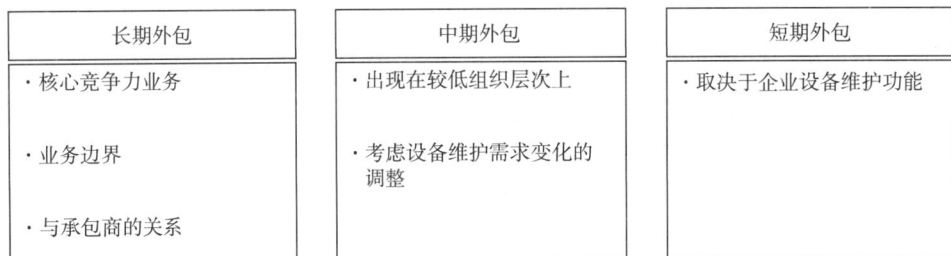

图6-3 基于时间维度的外包分类

中期外包出现在较低的组织层次上,主要考虑中期计划中设备维护需求变化的调整。需求上升时,企业难以满足设备维护的要求,因此,其中部分设备维护业务必须外包;需求下降时,可收回原来的外包业务。应该看到,中期外包的风险介于短期外包和长期外包之间。如果在中期外包过程中,承包商的确给企业带来了预想的外包收益,那么,可以与该承包商续签外包合同;如果在外包过程中,承包商并没有给企业带来预想的外包收益,就可以在外包合同期限完成时,终止外包,从而避免不必要的法律纠纷等问题。

短期外包，更多地取决于目前企业的设备维护能力。如果企业本身的设备维护工作无论是从设备维护的绩效考虑还是从战略重要性考虑都是不错的，只是设备维护能力略显不足，短期外包就是比较好的选择。如果企业本身的设备维护工作不能令人满意，采用短期外包一方面可以考察承包商的设备维护能力，另一方面也可以督促企业本身的设备维护部门改善工作业绩。

3. 按业务类型分类

基于外包的业务类型来看，可以分为核心业务外包和非核心业务外包。核心业务是指企业投入资源最多、企业领导层在平时工作中最为关注、对企业存亡具有关键性作用的业务（如图 6-4 所示）。核心业务同时往往也是企业擅长的、能创造高收益和高附加值、有发展潜力和市场前景的业务活动。

非核心业务包括辅助性业务、外围业务和无关业务。它是围绕着核心业务、在企业发展过程中只起辅助性作用的活动（如图 6-5 所示）。劳务外包集中在与企业核心业务无（弱）关联的低端业务，以及长期稳定的劳动密集型业务。如供电服务业务：营业大厅服务业务、抄表催费业务、话务及工单派发业务、计量辅助类业务（计量装置搬运、零星拆装等）等。上述业务可外包至各人力资源专业服务机构，也可外包至其他专业服务公司，外包至其他专业服务公司的按照专业外包方式管控。

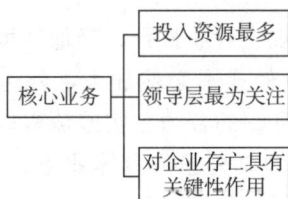

图 6-4　核心业务构成　　　　图 6-5　非核心业务构成

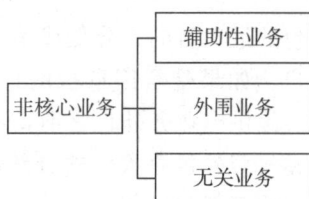

6.1.3　分类方法

供电业务外包管理的分类方法如图 6-6 所示，具体分类方法如下：

1. 更新观念

供电业务外包是企业解决自身供电问题的有效方法，但是它并不能让企业所有的供电问题都得到解决。事实上，供电业务管理也是根据企业实际运营模式在不断改变管理方式，因此，必须从战略的角度看待供电外包，将企业

图 6-6　供电业务外包管理分类方法

资源集中在效率高、效益好、柔性强、有发展前途的供电业务中，最大限度地利用外包商在专业技能上的长处，获得事半功倍的效果。

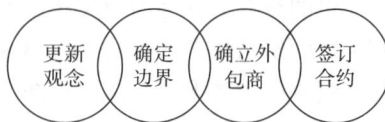

2. 确定边界

确定供电外包的边界就是确定哪些业务可以外包，哪些业务必须自己来做。任何一个企业不论规模大小和实力强弱，都拥有其核心技术和优势资源，任何产品和服务的生产都牵涉到一系列的供电活动，核心职能业务需要其他非核心业务的支持。如果拟外包的职能

对其核心竞争能力、核心控制力起着举足轻重的作用,构成长期战略的一部分,就不宜为了短期目标实施外包策略。因此,企业在实施供电外包策略时,要充分考虑其自身的供电管理能力和可能涉及的商业机密及潜在的风险,合理确定供电外包边界,权衡利弊轻重,保证外包策略的实施不会损害其他部门的利益或影响企业的战略规划。

3. 确立外包商

选择合作伙伴时,重点应考虑战略伙伴的业务能力、发展战略与经营理念,因双方不是简单的买卖关系,而是利益共同体。企业应对外包商进行充分评估,选择业务强项与企业的业务有一定关联,并有足够的能力且愿意解决本企业困难的外包商作为长期外包合作伙伴。

企业在选择外包服务商时应客观考虑以下几个因素:①质量承诺能否满足企业预期要求,是否有能力解决企业的问题。这是挑选外包商的首要因素。例如,国家政策的及时享受往往给企业带来不小的额外效益。②外包服务的专业程度。服务过的企业越多、供电业务管理时间越长、供电业务管理经验越丰富、市场地位及市场成熟度越高的外包商越值得信赖。例如,各行各业的行业条规熟悉程度、"盾牌"的合理运用、行业运作特点给供电企业带来的可能危机防范能力、特殊业务流程优化带来的收益。③企业进行供电外包的一个重要原因是降低成本,在选择外包商时,当其他条件相差无几、资金安全度高时,应该选择报价最低的外包商。

4. 签订合约

供电业务外包的最大目的是降低成本、遵从法规、行业整合、降低环境复杂性和接触新技术及管理门户。如果受信用危机的打击,企业的成本必然加大,外包就没有任何意义,所以企业在实施供电业务外包之前,需制定好详细的合约与实施流程以及严格的管理制度和量化的目标。与外包商签订的合约中不仅要包括外包的具体业务、业务执行流程、价格、期限、双方的责任和义务等问题,还要根据供电外包的特殊性,就某些特殊问题进行详细说明。

首先,企业与外包商必须在合约中明确供电的收益分配和风险承担原则,即选择合适的外包方式,通过与外包商进行充分协商,在外包商的独立程度与企业的控制能力之间建立有利于双方的制衡机制,明确收益分配标准和责任归属、权利与义务,使风险和收益得到理想的平衡。其次,由于供电企业涉及众多的商业机密,因此签订合约时必须在充分了解提供外包的企业为保守商业秘密而采取的措施、处理相关业务人员的职业道德和外包企业内部制定的防范制度的基础上,就供电信息的保密措施签订详细的条款。既要提高效率又要避免商业秘密的泄露是供电业务外包决策的原则,同时还要注意外包的应只是企业供电中相对基础的部分和薄弱的管理部分。最后,合约中应当考虑可能发生的变化并商定一个处理这些变化的程序。

例如,利用 IT 技术实现供电外包的对接。对于国内大多数实施供电业务外包的企业来说,由于企业与外包商之间的供电信息和单证传递的频率较低(基本上一个月两三次),因此多用人工或信件传递的方式,但在路途遥远、信息传递量大而频繁的情况下,人工传递就显得效率低下。因此,在信息技术广泛应用的今天,企业实行供电外包策略,必须以网络信息技术为依托。在网络环境下,企业要保证供电外包策略的有效实施,除了更新经营管理理念,使之与时俱进,还必须更新和升级配套的硬件设备,完善企业内联网,并充分利用企业外联网、国际互联网等信息高速流通渠道。同时,还要提高企业内部供电人员处理信息的技术能力和水平，利用网络平台和信息技术，对供电外包实行全天候监控，并做出及时反应，真正实现企业同外包商的对接。

6.2　外包策略

6.2.1　基于内部资源维度的外包策略

1. 部分外包策略

部分外包的主要业务是与核心业务无关的辅助性活动，如临时性服务等。当企业的业务量突然增大，现有流程和资源不能完全满足业务的快速扩张时，可以通过部分外包，利用外部资源，不仅可以获得规模经济优势，提高工作效率，而且可以尽快解决企业业务活动的弹性需求。

部分外包根据业务职能可以将业务外包划分为生产外包、销售外包、供应外包、人力资源外包、信息技术服务外包，以及研发外包。业务外包理论强调企业专注于自己的核心能力部分，如果某一业务职能不是市场上最有效率的，并且该业务职能又不是企业的核心能力，那么就应该把它外包给外部效率更高的专业人力资源服务商去做。各业务部门应在项目备案前提请党委组织部（人力资源部）对承包单位类型进行审核，以确定是否存在核心业务外包。

根据核心能力观点，企业应集中有限资源强化其核心业务，对于其他非核心职能部门则应该实行外购或外包。最后，根据合作伙伴间的组织形式可以将业务外包给优秀的人力资源服务商，签订契约，由人力资源服务商去配置，可以大大降低厂商和外包供应商的搜索成本，提高交易的效率。

2. 选择性外包策略

外包商单位应该专司其职，全面抓好内部各项管理（生产、安全、人才队伍等）以完成供电业务外包合同中规定的各项服务要求。如果选择一个或者多个外包商的策略，我们可以从外部服务提供商获取选定的业务功能，同时仍由内部提供20%至80%的业务预算。

与完全性的方式相比，选择性服务外包获得预期成本节约的概率更大（85%），而完全性方式的节约概率只有29%，几乎没有外部服务提供商或内部部门拥有极其有效率的能力去完成所有的业务相关活动。在有些情形下，能够将内部资源集中于高价值的工作，证明选择性服务外包的策略是合理的。在大多数完全服务外包的案例中，参与者在实现预期成本节约的同时，会面临下述的一个或多个问题：

（1）合同以外服务的额外费用，或参与者以为系合同以内服务（实际上不是）的额外费用。

（2）客户的隐性成本，如分摊预算中隐含的业务支出，以及服务提供商的隐性成本，如转让软件许可的费用。

（3）不适应技术、市场价格、商业流程及商业方向变化的合约。内部业务部门提供的专属采购一般情况下都是成功的（67%）。然而，在我们的一些案例中，内部业务部门的"垄断"加剧了自满情绪，也给组织的持续改善造成了障碍。对于供应商不能创造合理利润的交易、学习过程又是缓慢而痛苦的客户机构来说，特别是当客户机构不能有效地提出战略、进行配置、签署、监控、管理其交易时，服务外包会是一个具有隐性成本的高风险行为。当然，也会遇到那些说得到、做不到的供应商。

外包商单位需要改变过去"背靠大树好乘凉"、供电"大包大揽"管理模式的影响，改变对供电"等靠要"思维，提高管理积极性、管理能力及管理绩效，强化外包商单位承接的供电生产业务在供电整体生产运营中的优势。基于过去的经验和事实，大约70%的选择性服务外包合约会被认为是相对成功的。

3. 完全外包策略

完全外包，可以增强企业的竞争力，将一些非核心业务外包给相应的专业公司，这样会大量节省企业成本，更加有利于高效管理，使得公司运行更加灵活。

6.2.2 基于时间维度的外包策略

1. 长期外包策略

长期外包基于战略上的考虑，专注核心竞争力，提高设备维护水平，降低成本，分散经营风险。外包合同中规定了应达到的服务水平，但具体做什么和怎么做由承包商控制，这种合同包括激励性和惩罚性条款，弹性较大，双方是基于双赢的战略合作伙伴关系。由于设备维护由承包商管理，有很大的风险性，必须在信息完全对称的情况下，订立风险收益共享的激励性条款和惩罚性条款。选择长期外包承包商主要考虑承包商的资历、信誉等，外包价格已不是主要因素。由于合同时间较长，如果激励性条款合适，承包商愿意加大投资，提高设备服务水平。

2. 中期外包策略

中期外包一般适用于中期资源的缺乏，或者精简供电设备维护部门、提高供电设备维护水平、降低成本。外包合同中规定了应达到的服务水平，但具体做什么和怎么做由承包商控制，这种合同一般包括激励性和惩罚性条款，弹性较大，双方是基于双赢的合作伙伴关系。由于设备维护由承包商管理，有很大的风险性，因而选择中期外包承包商主要考虑承包商的资历、信誉等，外包价格已不是主要因素。

3. 短期外包策略

短期外包一般适用于短期资源的缺乏，这种资源可以是人员、技术、物资，也可以是供电设备维护过程中需要的工具。短期外包合同中规定了外包任务，达到什么样的服务水平，但具体做什么由企业控制，具体怎么做由承包商计划。由于存在协调问题，这种合同有一定弹性，供电企业设备维护由企业与承包商共同管理，有一定的风险性。由于合同时间较短，因此承包商不愿意加大投资，提高设备服务水平。

6.2.3 基于业务类型维度的外包策略

1. 核心业务外包策略

20世纪90年代期间，许多大型企业放弃用来分散风险的多元化策略，专注于发展核心竞争力。换言之，决策者们开始相信，保持最重要的竞争力优势是战略重点（例如：专注于本组织最擅长的事，将其他的事交于服务供应商去做）。有外包商这样描述专注策略："我们见到专注于核心业务的企业获得成功，它们将其他业务外包绝非偶然。它们将非核心业务外包给在该业务领域具有世界一流水平的企业。"关于供电企业外包对核心竞争力的贡献，即使是在同一个企业里，看法也不同。一般来说，高级主管习惯于将整个供电企业外包功能视为非核心活动，而供电企业外包负责人和一些业务部门负责人则认为，某些供电企业外包活动对于业务而言是核心的。

那些对外包极其失望的外包商倾向于将整个供电企业外包部门视为工具，从而采用完全外包策略。然而，发包商认识到，某些供电企业外包功能——如战略计划、业务专门应用、危机系统支撑等——需要详细的业务知识，应该被保留在企业内部，这时，问题就显现了。尽管服务供应商完全有能力提供技术技能，但他们通常缺乏这样的业务知识。

那些对外包非常满意的发包商将供电企业外包服务视为既有核心活动又有非核心活动的组合体。在外包前，发包商评价每一种供电企业外包活动的贡献度，PC 维护、数据中心运营、普通账户软件等非核心活动被外包，而新战略性应用开发这样的核心活动被保留在企业内部。通过这种方式，企业的专注策略成功了，供电企业外包资源专注于关键业务应用。

2. 非核心业务外包策略

各业务部门要严格按照《国网安徽省电力有限公司外包负面清单及其辅助性业务清单》《国网安徽省电力有限公司外包限制性业务清单》，做好专业外包业务审核工作。负面清单业务严禁整体外包，负面清单的辅助性业务根据本单位业务开展实际合理实施非核心业务外包。

在电网发展规划编制方面，可外包的非核心业务有配电网发展技术咨询和课题研究工作，规划编制过程中的通信网络覆盖测算、业务容量测算、仿真、投资估算等。此外企业需要对市场进行预测，包括能源电力发展现状分析及未来预测、中长期电力需求影响因素等政策咨询、技术咨询和课题研究工作；报告编制过程中的算法改进优化、模型计算等。

电网调控方面，通过外包自动化系统等非核心业务，对站段信息进行调试验收，自动化系统及网络运行监视和值班，软硬件设施日常维护保养，厂站自动化信息核对，实现自动化系统和设备检修现场作业，对于故障进行缺陷现场勘察。

运维检修方面，通过外包配网运维指挥，实现工单派发、抢修指挥、异常事项处理、台账管理及数据录入等配网运维指挥辅助业务。

营销服务方面，非核心业务外包有电话客服管理业务、电动汽车及智能用电业务和乡镇供电所业务。其中乡镇业务必须抓牢抓好，因此我们要做好：开展乡镇及农村 10（6）千伏及以下的营销技术工作，开展乡镇及农村 10（6）千伏及以下的营销安全工作，乡镇供电所工作计划编制、执行、总结，乡镇供电所员工考勤工作，乡镇供电所员工绩效考核与兑现，乡镇供电所党支部的党建工作，乡镇供电所其他所务等综合工作。

信息通信方面，其非核心业务外包包括信息调度管理、信息应急管理、信息客服管理、信息设备基础运维、信息技术及监督、通信调度管理、网络和通信安全管理等。各非核心业务外包具体内容如下：

（1）对信息调度管理进行外包时，企业需要做到对信息业务及设备实时监视；调度报表数据统计、汇总、编制等日常辅助工作；辅助开展调度指令编制、执行，辅助开展缺陷处置监管；检修相关资料收集工作，辅助开展系统检修、故障处理的监管；参与资源调配和资料整理收集；参与信息资料收集及整理；运行方式的日常性工作；辅助开展可用容量的监控和调整等。

（2）对通信调度管理进行外包时，供电企业需注意辅助开展通信业务申请受理操作，配合通信调度值班、通信网管的日常监视，协助进行值班记录等；跟踪工作联系单、通信检修票、缺陷单、业务申请单、方式单、风险预警单等工作流程节点；辅助开展通信检修、通信应急处置相关工作；辅助开展资源调配和资料整理收集等。

（3）对通信应急管理进行外包时，企业需要参与通信应急装备维护保养，参与通信应急演练和处置，参与通信应急装备检修并提供应急现场技术支持。

（4）对通信技术及监督进行外包时，企业需要在培训中提供技术培训服务，包括授课、资料、场地等；在督察过程中提供第三方技术支持。

（5）对网络和通信安全管理进行外包时，企业需要辅助开展网络和通信安全专项工作，对网络安全设备、系统的状态进行日常巡检、故障处理，监控日志分析；协助开展网络和通信安全应急演练和处置，提供相关技术支持等。

6.3 业务外包管理制度体系

6.3.1 管理制度梳理

国网安徽省电力有限公司现行的管理体系中，针对外包服务商的管理制度主要有两项，即《国网安徽省电力有限公司业务外包管理暂行办法》（电企工作〔2019〕202号）和《国网安徽省电力有限公司关于进一步加强业务外包管理的指导意见》。

1. 业务外包管理暂行办法

该制度明确了国网安徽省电力有限公司业务外包相关部门的职责划分，规定了业务外包的项目计划流程，并从预算、采购、实施、评价与考核方面对业务外包做出了一些规定和要求。

2. 关于进一步加强业务外包的指导意见

该制度在《国网安徽省电力有限公司业务外包管理暂行办法》（电企工作〔2019〕202号）基础上，补充完善劳务外包管理范围、标准、模板及业务流程，通过建立分类管控、边界清晰的项目化外包管理体系，进一步规范公司系统业务外包管理，不断提高外包项目投入产出效率，实现"控规模、提效率、降风险"的工作目标。

6.3.2 管理制度诊断

上述管理制度针对承包商的选择、评价以及业务实施过程的规定已经进行了大方向的规定，但是一些细节性的设计需要进一步完善。

1. 缺乏外包人才队伍建设制度

外包业务的管理除了需要具有专业技术的员工外，还对其沟通协调技能有很高的要求，因此外包业务的管理人才是需要特别培养的。只有完善外包人才队伍建设制度才能做好业务外包的管理协调以及与企业内部有效地沟通合作，从而提升外包业务的完成效果。

2. 缺乏风险管控制度

《国网安徽省电力有限公司业务外包管理暂行办法》（电企工作〔2019〕202号）中强

调了及时预测和分析合同执行过程中的风险和偏差，提前采取风险预控措施。但具体如何预测、何时预测风险，以及针对预判中的风险如何应对并没有具体的制度规划。

3. 缺乏成本预算管控制度

《国网安徽省电力有限公司业务外包管理暂行办法》（电企工作〔2019〕202 号）中提到外包业务要按照"统一管理、规范流程、节约成本、有序实施、严格考评"的原则开展，但具体如何节约成本，谁来负责谁来执行并无明确规定。

6.3.3　管理制度架构设计

《国网安徽省电力有限公司业务外包管理暂行办法》（电企工作〔2019〕202 号）和《国网安徽省电力有限公司关于进一步加强业务外包管理的指导意见》已经规定了外包业务的实施过程及承包商考评的部分制度，但对企业内业务外包相关工作人员缺乏系统的管理制度规定，因此安徽公司的管理制度架构设计围绕着承包商管理制度、外包项目管理制度以及外包人才队伍建设制度三方面的设计展开，管理制度架构如图 6-7 所示。

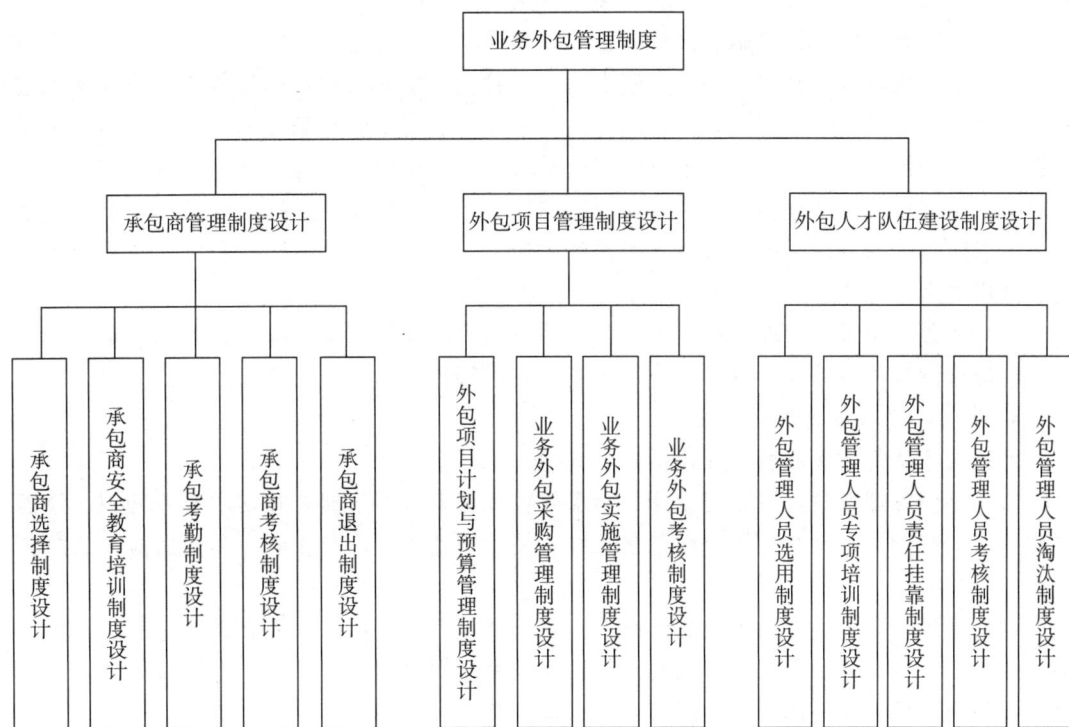

图 6-7　管理制度架构设计

1. 承包商管理制度设计

承包商管理制度设计主要包括以下五项：

（1）承包商选择制度，对承包商的资质能力等作出要求。

（2）承包商安全教育培训制度，电力行业专业性业务是具有一定危险性的，因此业务外包存在一定程度上的安全风险，设计承包商安全教育培训制度能够有效地提前预防安全事故的发生。

（3）承包商考勤制度，因为供电公司的部分专业业务（如电网的检修等）是需要定期进行或者按需及时提供的，承包商是否真正有作为是需要电力公司及时地监控并制定制度进行保障的，因此企业需要对承包商的考勤管理作出要求。

（4）承包商考核制度，建立指标体系对承包商进行全面的考评以确定是否续约。

（5）承包商退出制度，外包关系的建立一般需要一定的时间。

2. 外包项目管理制度设计

外包项目管理制度设计主要包括以下四项：

（1）外包项目计划与预算管理制度设计。业务外包应明确制订计划，统一纳入公司年度预算统筹管理。项目计划与预算管理制度设计应该聚焦于具体哪些部门共同协作进行计划的制订，哪些部分负责监督审核。管理制度设计需要明确职责划分。

（2）业务外包采购管理制度设计。首先，根据业务类型具体采用招标或非招标方式进行外包，应具体设计判断是否招标的流程、标准制度，以及执行招标、非招标采购过程中的管理制度；其次，针对劳务外包和专业外包不同的采购方式进行具体的设计，清晰划分谁采购、谁负责；最后，还要进行承包商准入资质标准的设计。

（3）业务外包实施管理制度设计。首先，合同和协议的管理制度设计，谁制定、谁审核、具体内容规范等。其次，外包实施中的安全管理制度的设计，通过预测在业务实施过程中可能出现的风险，提前做好预案。再次，业务外包质量管理制度的设计，外包业务质量管理应遵循国家、行业、发包单位的相关要求，承包单位对外包合同范围内的实施质量负总责；监理单位应认真履行监理合同规定的职责，对外包业务进行质量控制，但具体在什么节点以及控制方法需要进行预先的设计和规定，在关注质量的同时兼顾业务外包的进度、费用等因素。

（4）业务外包考核制度设计。考核包含单一项目后评估和年度综合评价两个部分，具体内容应该设计质量管理、现场管理、工期及费用管理、资料管理等方面。

3. 外包人才队伍建设制度设计

外包人才队伍建设制度设计包括以下五项：

（1）外包管理人员选用制度设计。要求外包管理人员不仅拥有扎实的专业知识，还需要良好的沟通能力，因此需要全面考察备选人员的管理能力、专业能力和沟通能力后决定是否任用。

（2）外包管理人员专项培训制度设计。在选外包管理人员时，务必遵循先测试、再培训、后考核、再上岗的程序。测试发现其管理能力、沟通能力、专业能力的短板之后，通过企业的内部培训或外部培训，有针对性地提升其外包管理能力。

（3）外包管理人员责任挂靠制度设计。可以指定专门的外包人员专职挂靠承包商，加强与之的协调沟通；同时，可以将专职外包人员的绩效设计为和对应承包商的履职情况相关联，从而起到激励作用。

（4）外包管理人员考核制度设计。对于外包管理人员，除了从其所负责对接的承包商表现的角度进行考核之外，对于其在公司内部的日常工作情况也应该进行适当的约束，如出勤率等，设计好综合的考评指标，以确保其工作效果。

（5）外包管理人员淘汰制度设计。设计淘汰机制用于督促外包管理人员廉洁自律和履职尽责，防止外包人员与服务商相勾结或是工作不到位导致损害公司利益；同时，发现问题后应及时淘汰更换不合格的外包管理人员，以及时止损，让外包业务重新踏上正轨。

4. 管理制度体系设计

基于《国家电网公司供电企业业务外包管理办法》总则中按照"统一管理、规范流程、节约成本、有序实施、严格考评"的原则，业务外包的管理制度体系设计围绕着管理计划、组织、协调、控制、创新的五个模块进行（具体如图 6-8 所示），力求在业务流程、成本管控、考评机制等管理制度方面进行科学的设计，以提升外包业务的实践效果，使得安徽公司真正实现减少用工总量、优化员工队伍结构、提高劳动效率、节约成本的最终目的。

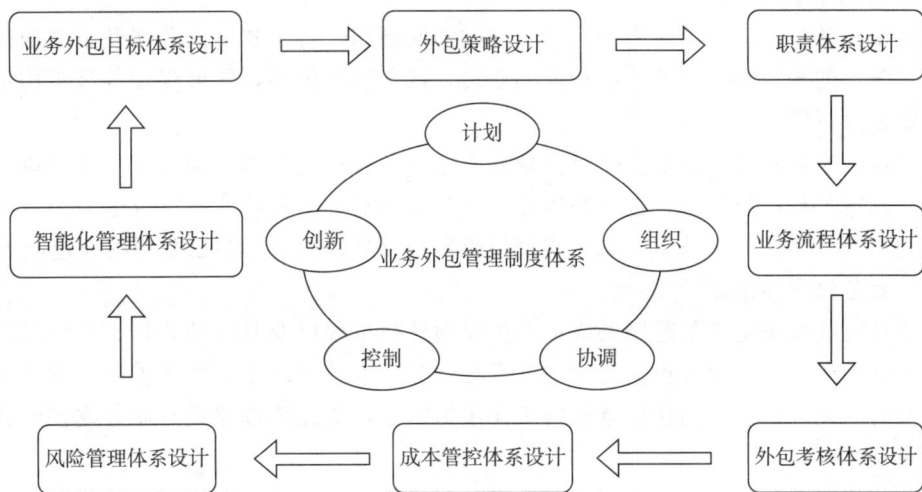

图 6-8　业务外包管理制度体系设计

（1）业务外包目标体系设计

国家电网公司分为国家总部、各省电力公司以及其下属的供电公司和直属单位，业务外包作为供电企业战略规划的一个重要举措，需要明确它在组织各个层级中应该实现怎样的目标。因此，国家电网公司首先规划基于总部层面的战略目标，然后层层分解，最终成为每个员工都可以执行的绩效目标，从而实现电网集团的业务外包战略，具体如图 6-9 所示。

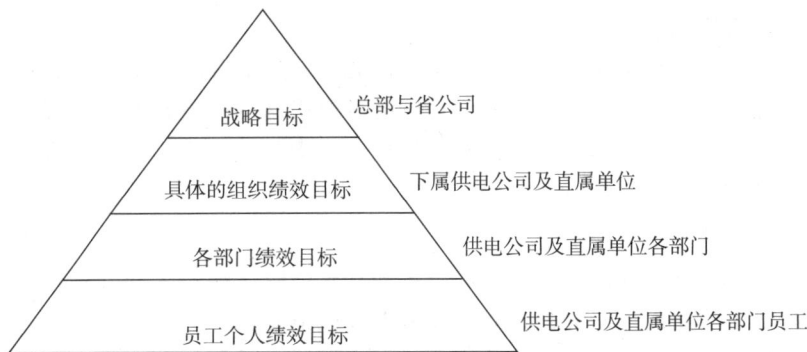

图 6-9　业务外包目标体系设计

（2）外包策略设计

电网企业的业务包含多个方面，哪些业务可以外包、哪些业务坚决不外包等，每种外包业务采取何种方式以及外包市场如何判定都需要外包策略的提前规划。

具体可分为基于内部资源维度的外包策略——部分外包、选择性外包、完全外包，基于时间维度的外包策略——长期外包，中期外包、短期外包以及基于业务类型维度的外包策略——核心业务外包和非核心业务外包。企业应秉持着保留核心竞争力、效益最大化的原则，基于负面外包清单划定业务外包范围，并根据不同业务的特点确定外包的维度和时长，例如通用性强的业务采取中短期外包，专业性强的业务采取长期外包。

（3）职责体系设计

针对业务外包战略，国家电网公司总部的不同部门、各个省电力公司及下属的供电公司、直属单位的相应部门应该承担相应的职责，优化职责体系，能够促使各级机构更为合理、高效地履行职责。

其中，国家电网公司总部主要负责规划整体业务外包的范围，提出业务承包单位的资质要求，制定考核评价办法，进行整体的预算统筹以及综合管理。各省级电力公司则是在总公司的指导下落实外包政策，制定省公司级别的预算以及管理自己公司的外包业务。

（4）业务流程体系设计

业务外包涉及决定外包范围的决策、供应商选择过程以及具体的执行、考核过程。业务流程的设计秉承着以业务价值为导向，满足业务需求，实现工作效率提升、成本降低和风险控制的原则进行，以简化业务部门工作量为中心，关注流程建设对业务改善的必要性和落地可行性。

从公司战略层来说，科学的流程能确保公司战略落地，并有助于打通部门墙，加强横向协作；流程体系建设能够完成最佳做事方式的提炼和固化，提高运营效率，并且能加强公司内控，实行对员工更加公平的考核，并为业务可持续发展打下基础。

（5）外包考核体系设计

除了对承包商的考核之外，电力公司同样应该重视对业务外包管理人员的考核。秉持着精准全面、可行性、按需拓展的原则，对企业内外包内务的相关工作人员考核指标体系、流程、方法进行设计。同时，本着及时反馈的原则，还需设计考核结果的应用方法，从而起到对工作人员的激励作用，提升业务外包的工作绩效。

（6）成本管控体系设计

业务外包措施的初衷就是为了节约成本，因此，做好业务外包的成本管控一定是非常重要的一环。业务外包成本管控体系的设计围绕着组织结构的设计、工作程序的规划以及具体如何管控成本的过程计划展开。同时，要提前考虑相关人力、物力资源的保障，以确保成本管控是切实有效并可持续的。

（7）风险管控体系设计

业务外包的过程中需要防范多种风险，例如安全风险、违约风险等，因此要及时预测和分析合同执行过程中的风险和偏差，提前采取预控措施。

风险管控体系的设计主要分为风险识别、风险评价、风险控制三个方面，从而全面识别决策、签订合同过程中可能出现的风险，通过构建评分表来进行风险等级的评价，最后根据不同的风险等级制定应对策略。

（8）智能化管理体系设计

数字化浪潮下，数据量呈爆炸式增长，云计算、人工智能等技术正在深入各行业中。智能化管理首先能够触发自动数据采集，减少录入环节，为各级业务管理人员提供所需实时生产数据，使得业务流程透明化，能够有效提升相关工作人员的业务执行力。企业通过对业务外包过程进行智能化赋能，能够在特定环节上实现进一步的优化。

业务外包的智能化管理体系设计非一蹴而就。计划首先实施智能化招标、智能化运营两个部分，并通过对智能化管理未来发展趋势的分析，对业务外包智能化方向进行规划。

6.4　职责体系

6.4.1　公司总部职责

关于业务外包工作，国家电网公司总部各专业部门共有职责如下：负责管理本专业业务外包工作；负责明确本专业业务外包范围，提出业务承包单位的资质要求，制定考核评价办法；负责分类审核各省公司本专业定员范围内业务和定员范围外业务，组织审核本专业业务外包计划和预算建议，纳入公司综合计划和全面预算草案；落实"管业务必须管安全、管质量"的原则，负责本专业业务外包安全与质量管理；指导各省公司业务外包工作的组织实施，统计分析计划执行情况，定期开展考核评价。总部各部门具体职责如图 6-10 所示。

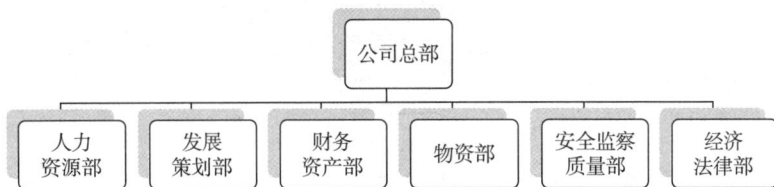

图 6-10　总公司职责体系

1. 人力资源部

（1）牵头公司业务外包管理；

（2）组织制定并完善公司供电企业业务外包管理制度；

（3）负责分类审核各省公司综合计划和预算建议中有关业务外包的内容，提出调整费用额度建议；

（4）负责根据各省公司业务外包情况，调整核定定员。

2. 发展策划部

负责将项目化业务外包内容纳入公司综合计划审批范围统筹管理。

3. 财务资产部

（1）负责将项目化业务外包内容以及非项目化业务外包内容一起纳入公司的年度预算统筹管理；

（2）根据各单位标准成本水平和费用列支渠道综合平衡业务外包支出规模。

4. 物资部

(1) 负责公司业务外包采购管理的检查与指导；

(2) 组织开展业务外包的采购工作。

5. 安全监察质量部

(1) 负责制定业务外包安全与质量监督规定；

(2) 负责指导各省公司业务外包安全与质量监督工作；

(3) 参与业务外包工作考核评价和承包单位的资质审查。

6. 经济法律部

(1) 负责公司业务外包制度、合同文本的法律审核；

(2) 参与业务外包采购项目实施；

(3) 进行业务外包项目合法合规性审核。

6.4.2 省公司的职责

关于业务外包工作，省公司各专业部门共有职责如下：负责落实公司业务外包有关要求，管理省公司本专业业务外包工作；负责分类审核下属单位本专业定员范围内业务和定员范围外业务，组织编制和审核本专业业务外包计划和预算建议，纳入公司综合计划和全面预算草案；负责省公司本专业业务外包安全与质量管理；负责提出业务承包单位资质要求，指导下属单位业务外包工作，开展业务外包考核评价；参与本专业业务承包单位的资质审查。

省公司各部门具体职责如图 6-11 所示。

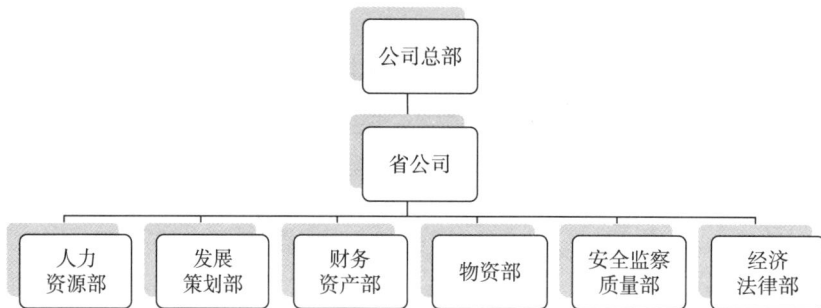

图 6-11　省公司职责体系

1. 人力资源部

(1) 牵头省公司业务外包管理；

(2) 负责审核下属单位综合计划和预算建议中有关业务外包的内容；

(3) 负责根据各专业业务外包情况，调整核定定员。

2. 发展策划部

负责将项目化业务外包内容纳入省公司综合计划统筹管理。

3. 财务资产部

(1) 负责将项目化业务外包内容以及非项目化业务外包内容一起纳入省公司年度预算统筹管理；

(2) 根据所属各单位标准成本水平和费用列支渠道综合平衡业务外包支出规模；

（3）落实公司业务外包预算安排，开展相关资金支付、费用结算等工作。

4．物资部

（1）负责落实公司业务外包采购管理的工作要求；

（2）组织开展省公司业务外包的采购工作。

5．安全监察质量部

（1）负责落实公司关于业务外包安全与质量监督的工作要求；

（2）负责监督检查下属单位业务外包安全和质量工作情况；

（3）参与业务外包工作考核评价和承包单位的资质审查。

6．经济法律部

（1）负责业务外包合同文本的法律审核；

（2）参与业务外包采购项目实施、进行合法合规性审核。

6.4.3　省公司业务支撑和实施机构、地（市）公司、县公司的职责

关于业务外包工作，省公司业务支撑和实施机构、地（市）公司、县公司是业务外包实施的责任主体，负责本单位业务外包具体工作。各专业部门共有职责如下：负责管理本单位本专业业务外包工作；负责分类审核下属单位本专业定员范围内业务和定员范围外业务，组织编制和审核本专业业务外包计划和预算建议，纳入公司综合计划和全面预算草案；负责本单位本专业业务外包工作的实施、安全与质量管理、日常管理和验收，承办与承包单位签订的业务承包合同和安全协议（如需要），监督承包单位落实各项标准、制度和规范；审核本单位本专业业务外包合同、重大业务的外包工作实施方案、承包单位的分包计划及分包申请、外包结算书和结算费用；组织对本单位本专业业务承包单位进行考核评价；参与本单位本专业业务承包单位的资质审查。

省公司业务支撑和实施机构、地（市）公司、县公司各部门具体职责如图 6-12 所示。

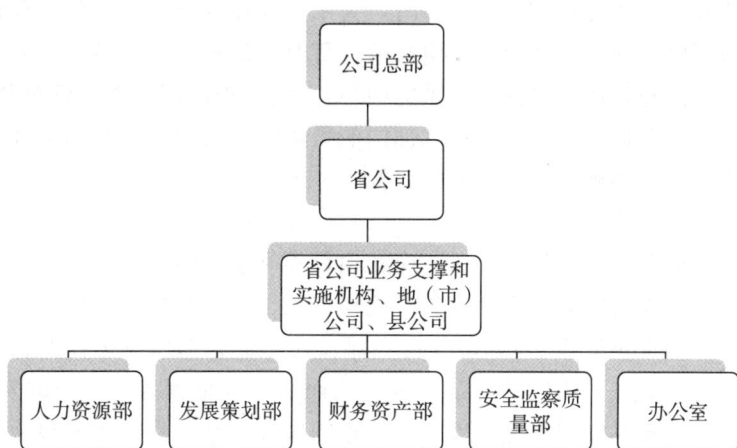

图 6-12　省公司业务支撑和实施机构、地（市）公司、县公司职责体系

1．人力资源部

（1）牵头本单位业务外包管理；

（2）负责审核本单位及下属单位综合计划和预算建议中有关业务外包的内容；

（3）负责根据各专业业务外包情况，调整核定定员。

2. 发展策划部

负责将项目化业务外包内容纳入本单位综合计划统筹管理。

3. 财务资产部

（1）负责将项目化业务外包内容以及非项目化业务外包内容一起纳入本单位年度预算统筹管理；

（2）根据所属各单位标准成本水平和费用列支渠道综合平衡业务外包支出规模；

（3）落实公司业务外包预算安排，开展相关资金支付、费用结算等工作。

4. 安全监察质量部

（1）负责业务外包作业现场安全质量监督；

（2）负责监督承包单位的安全培训，审查与承包单位的安全协议（如有）；

（3）参与业务外包工作的考核评价和承包单位资质审查。

5. 办公室

负责对本单位业务外包相关合同文本进行法律审核。

6.5 流程体系

6.5.1 决策流程

业务外包决策流程规定了供电企业在决定"外包什么、如何外包、何时外包"问题时应遵循的工作流程，具体如图 6-13 所示。

1. 成立业务外包项目领导小组

在供电企业开展非核心业务外包项目时，为了确保业务外包内容的必要性和方向的正确性，成立外包项目领导小组对业务外包决策进行全局的把握和监控。在领导小组中，供电企业负责人亲自挂帅，物资部（物资供应中心）、财务资产部、人力资源部以及运检部、营销部、调控中心、信通公司等专业技术部门的负责人参与组成，共同为外包项目作出战略决策，并制定出项目实施后应该达到的目标。

2. 成立业务外包工作小组

在公司领导层确定业务外包意向后，应在项目领导小组的领导下成立业务外包工作小组，组长为业务外包项目领导小组的成员，这样有利于企业战略目标的实现。小组成员应该由来自物资部（物资供应中心）、财务资产部、人力资源部以及运检部、营销部、调控中心、信通公司等专业技术部门的专家组成，从而清晰地把握各个部门的实际外包需求。业务外包工作小组负责具体的外包业务决策工作的展开，并接受业务外包项目领导小组的监督和指导，具体关系如图 6-14 所示。

3. 业务外包需求分析

首先，根据《国家电网供电企业业务外包管理办法》，供电企业核心业务不得外包，常规业务可根据各单位人力资源实际情况适度开展外包，其他业务宜推进外包。因此外包工作小组基于《国网安徽省电力有限公司业务外包负面清单及辅助性业务清单》，明确坚

```
                        ┌─────────┐
                        │  开始   │
                        └────┬────┘
                             │
                    ┌────────────────┐
                    │成立外包项目    │
                    │领导小组        │
                    └────────┬───────┘
                    ┌────────────────┐
                    │成立外包项目    │
                    │工作小组        │
                    └────────┬───────┘
    ┌────────┐      ┌────────────────┐      ┌────────────┐
    │外包项目│─────▶│进行业务外包    │─────▶│业务外包项目│
    │工作小组│      │需求分析        │      │需求计划书  │
    └────────┘      └────────┬───────┘      └────────────┘
                             │
    ┌────┐        ◇───────────────◇      ┌────────────┐
    │不通│◀───────│  审核外包需求  │◀─────│外包项目    │
    │过  │        ◇───────────────◇      │领导小组    │
    └────┘              │通过              └────────────┘
                    ┌────────────────┐
                    │开展市场调研    │
                    └────────┬───────┘
    ┌──┐           ◇───────────────◇
    │否│◀──────────│外包是否        │
    └──┘           │具备可行性      │
                   ◇───────────────◇
                        │是
                   ┌────────────────┐    ┌────────────┐
                   │确定外包范围    │───▶│外包服务供应商案│
                   └────────┬───────┘    └────────────┘
                   ┌────────────────┐    ┌────────────┐
                   │细化外包任务条目│───▶│外包任务书  │
                   └────────┬───────┘    └────────────┘
    ┌────────┐     ┌────────────────┐    ┌────────────┐
    │人力资源│────▶│进行项目备案    │───▶│外包项目档案│
    │部门    │     └────────┬───────┘    └────────────┘
    └────────┘         ┌─────────┐
                        │  结束   │
                        └─────────┘
```

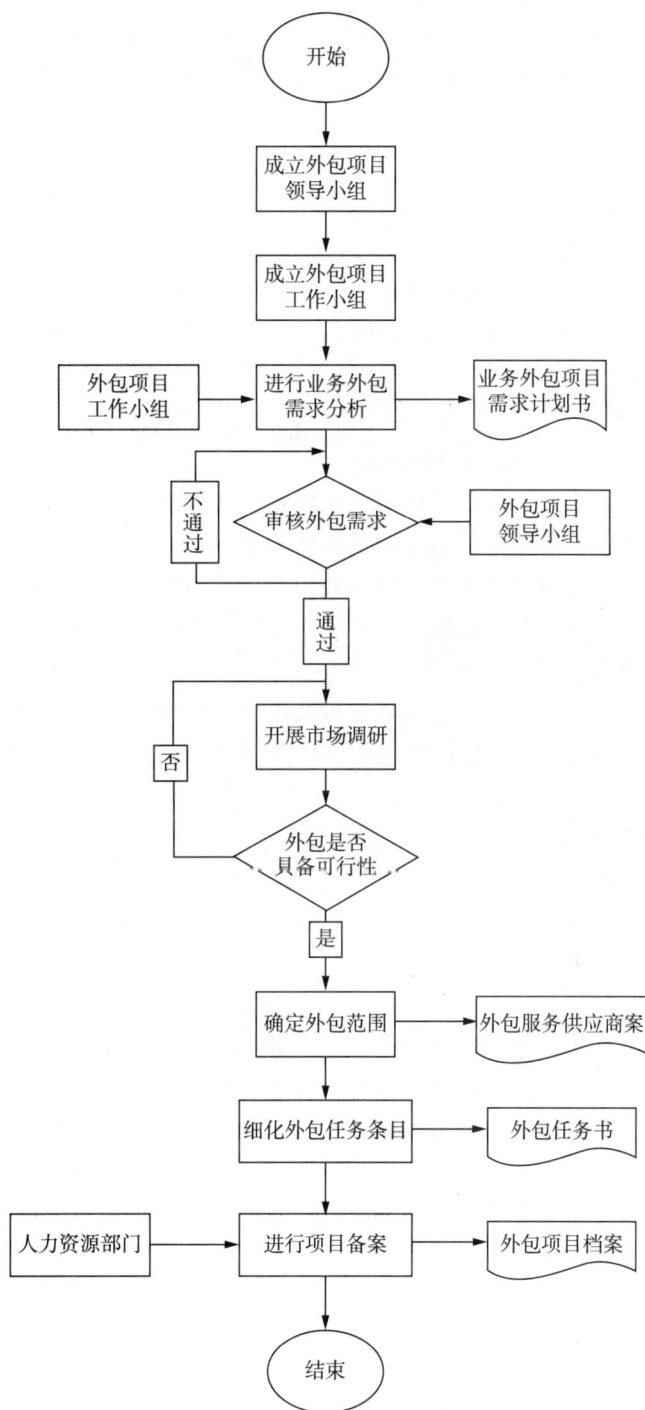

图 6-13　业务外包决策流程

决不可外包任务以及辅助性可外包任务的清单。

其次，业务外包工作小组基于价值链分析，结合"降成本、提效率、增核心竞争力"的目标进行业务外包需求分析，明确哪些非核心业务外包能够顺应公司发展的需求，规避用工风险，并有效提升电力服务水平。最终，业务外包工作小组合作拟定《业务外包项目需求计划书》，明确业务外包的项目名称、需求原因、项目的意义、简要内容及实施方案概要。

最后，外包项目领导小组对《业务外包项目需求计划书》进行审核，尤其对外包需求的必要性进行严格的判断和把控，审核通过后授权外包项目工作小组进行具体的外包工作展开。

4. 开展市场调研

在外包项目需求审核通过后，外包项目工作小组针对非核心业务进行市场调研。主要包括两个方面：一是针对一些传统外包项目，可以对其他企业相关业务外包情况进行对比和借鉴；二是针对一些本行业特殊的外包任务进行外包服务供应商情况的调查，进行外包市场成熟度调研，从而判断在当前的市场环境下此项任务外包是否具备可行性。

5. 确定外包业务范围

业务外包项目工作小组结合外包需求分析及市场调研结果明确外包业务范围，以及外包的目标要求，从而制定外包服务供应商案，为接下来各业务部门执行外包工作指明方向。

6. 细化外包任务条目

在确定需要外包的具体业务后，业务外包工作小组根据外包服务供应商案组织各个部门的专业人员编写外包任务书，对每个外包业务的任务进行细化，具体包含以下几个方面：

（1）公司概况：包括公司规模、业务内容、设备状况等。

（2）外包任务的具体描述：这部分是外包任务书的核心，包括对外包任务的详细及明确的描述、公司和外包工作的接口、工作要求及质量标准等。

（3）奖罚条例：外包任务书要说明将实行的奖惩制度，以明确外包服务供应商的责任和权益。

（4）承包时间：外包任务书应该明确一个外包合同的实施期限，一般来说，通用性的外包项目如劳务外包的合同期可定得短一些，以增强承包商的危机感，而随着外包业务的专业化程度提高，合同期要延长。

（5）结算方式：实报实销。按照承包商申报经公司批准的实际发生的费用支付给外包公司。

（6）报价清单：为各承包商提供了一个统一且明确的报价格式，有利于比价。

7. 进行外包项目备案

在完成了外包业务决策流程后，形成具体的外包决策结果。业务外包项目工作小组应将该决策流程的实施步骤记录及相应的文档内容汇总、总结为每一个外包业务的项目档案。这些档案应逐级上报国家电网总部相应的专业部门，专业部门汇总后应报总部发展

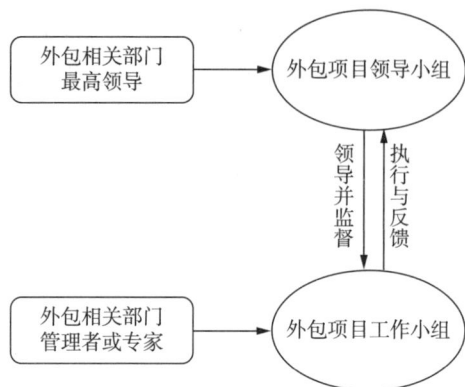

图 6-14 外包项目领导小组与工作小组关系

部、财务部、人资部备案。

6.5.2　选择流程

选择合适的承包商对组织外包活动来说是至关重要的一步，也是最难管理的一步。在承包商的选择上存在很大的主观性，但仍然可以严格地遵循科学的操作流程来减少选择失败带来的风险。具体的承包商选择流程如图 6 - 15 所示。

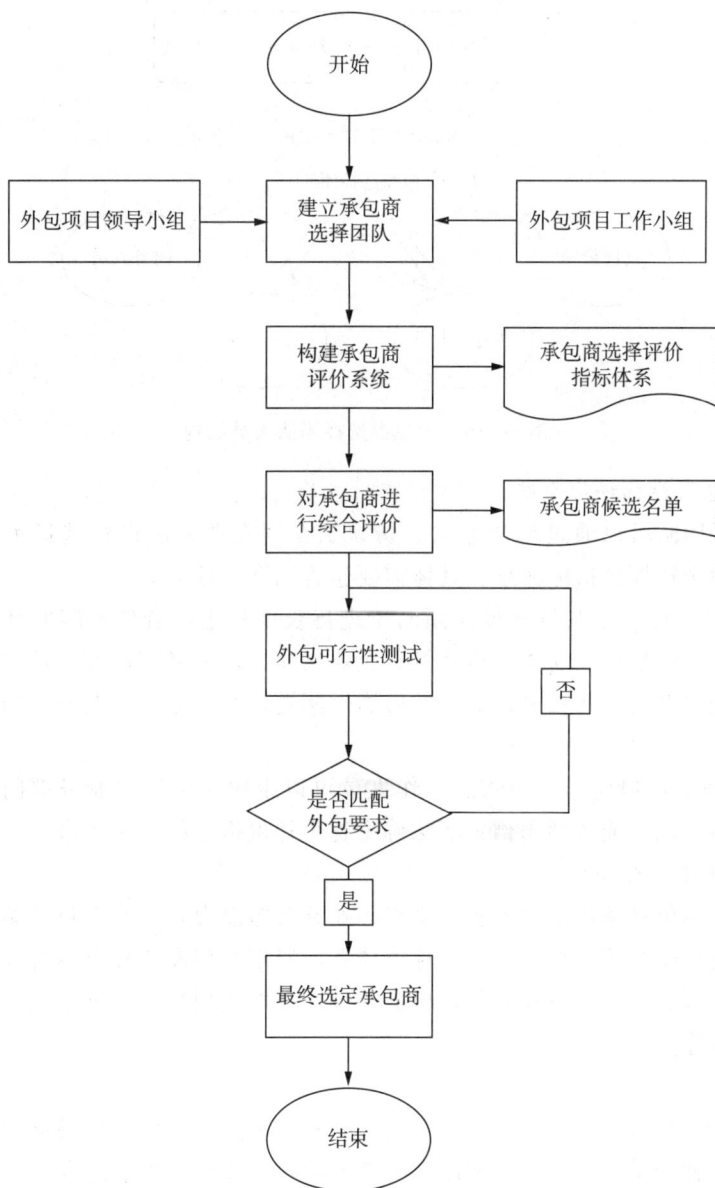

图 6 - 15　承包商选择流程

1. 成立承包商选择团队

承包商选择团队可以从业务外包项目领导小组及工作小组中选拔任命，如图 6 - 16 所示，具体应该由以下四类人员组成：

① 供电企业高层领导，进行整体流程的监督和把控；

② 办公室人员，确保供应商选择流程的合法合规性；

③ 专业部门的技术专家或管理者，能从专业的角度对承包商进行技术层面的考察，判断其是否能符合企业外包的技术标准和需求；

④ 财务资产部人员，对供应商报价进行审核，进行预算把控。

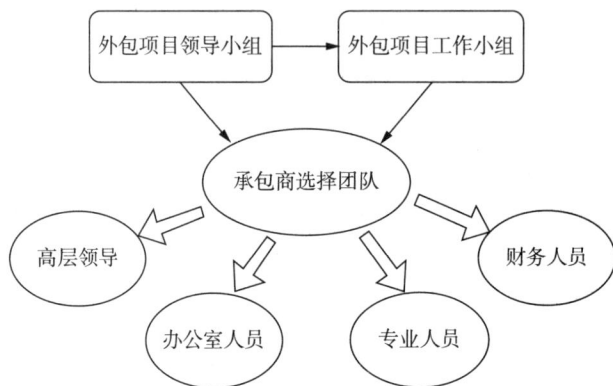

图 6-16　承包商选择团队人员结构

2. 构建承包商指标评价系统

承包商选择团队可以通过德尔菲法、访谈法及问卷调查法进行选择承包商时指标构建，形成承包商选择评价指标体系。具体需要包含以下两项：

① 评价指标。由于企业与承包商倾向于进行长期稳定的合作，因此评价指标不能局限于技术水平，应包括承包商的公司背景、企业文化、财务稳定性等。承包商选择团队的工作人员可以先罗列出一些相关指标，然后通过问卷调查的方法向业务外包的发包部门进行信息的收集，统计出得分最多的指标。

② 指标权重。承包商选择团队的工作人员可以组织各个发包业务部门管理者、专家对指标权重进行访谈，或者利用德尔菲法确定各个评价指标的具体权重。

3. 对承包商进行综合评价

在确保承包单位具备相应的资质、资格和业务实施能力，作业人员具备必要的作业资格后，承包商选择团队依据承包商指标评价体系，对于承包商的标书内容及谈判结果进行综合评判，确定理想的准承包商对象，根据外包业务的通用性和难度等级确定一个或多个准承包商名单排序。

4. 外包可行性测试

为避免合同签订后外包进行不畅甚至合作破裂的风险，建议在最终确定承包商并签订合同前进行可行性测试，具体流程如图 6-17 所示，主要包含以下内容：

图 6-17　外包可行性测试流程

① 来自双方业务外包实施的领导就新工作流程的目标以及组织期望实现的目标进行讨论；

② 拟转交给承包商的员工与新的管理团队见面并收集他们的反馈；

③ 在试运行的过程中确保合同能够解决烦琐和复杂的实际业务转移及管理问题。根据可行性测试结果再次确认电网企业与其承包商的匹配程度，以及合同是否需要更改。

5. 最终选定承包商

根据可行性测试的结果再次确认选择对象的合理性以及合同的可行性后，准备签订合同最终确定承包商。

6.5.3　执行流程

外包业务的执行流程从外包决策开始，在确定了各个具体的外包业务后开启采购流程，具体流程如图 6 - 18 所示。

1. 采购发起

物资部根据国家及公司的规定判断外包项目是否需要公开招标，从而进入不同的采购发起流程：

（1）需要公开招标的项目，根据公司规定开启统一的招标流程，再通过承包商选择流程选择承包商；

（2）除国家以及公司规定应当公开招标的业务项目外，外包业务应根据业务性质，选择合适的非招标采购方式，即竞争性谈判、询价采购、单一来源采购等方式，履行法定采购程序确定承包单位和外包价格。

2. 签订外包合同及安全协议

在选定合作的承包商后，基于典型业务的外包合同模板，发包部门人员及承包商共同讨论、起草、编制和修订业务外包合同，经上级部门及办公室的审议批准后，由采购部门代表公司和被选中的供应商签订合同及相关文件。

3. 实施外包业务

外包服务商签约后，按照规定时间，依据合同要求开展外包服务。外包业务的实施主要包含两层管理内容，具体如图 6 - 19 所示。首先是对实施过程的管理，具体内容包括：

（1）合作组织

发包部门管理人员组织部门专家与承包商服务人员沟通接洽，商议确认外包服务如何提供及工作如何开展的细节。

（2）人员培训

发包部门开展必要的安全教育培训，承包商服务人员按规定参加培训，经安全规定考试合格后，进入相应部门开展作业。

（3）过程控制

在外包项目的执行过程中，发包部门应确定人员对外包服务人员进行日常的管理和考核监督，在发现外包服务人员的违约或违章行为后，向部门领导提出考核意见，经审核同意后，由发包部门从外包服务合同中扣除考核金额或要求承包商限期到公司财务部缴纳罚款。

值得注意的是，外包业务的实施过程会给组织带来较大的变革，因此外包管理人员要有一定的变革管理意识，从而在变动的组织环境中稳定军心。具体应注意以下几点：

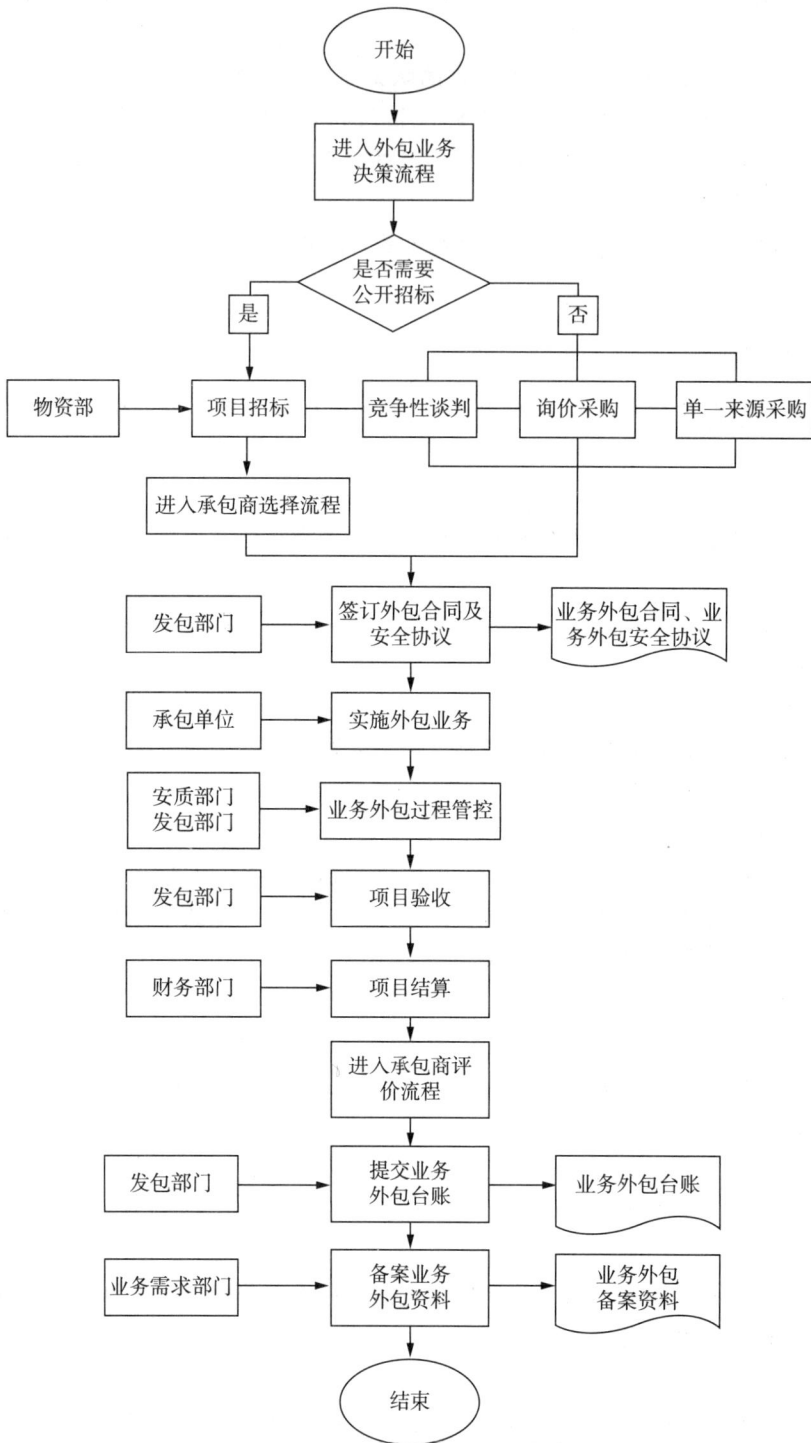

图 6-18 业务外包执行流程

① 领导者应设计令人信服的愿景

一个不言过其实的愿景的确能够促使企业目标和个人努力方向一致。研究表明，对于一个艰巨项目结果的清醒认识能够帮助人们理解流程，培养责任感，从而在困难条件下也能取得较高水平的业绩。因此，在面对企业业务外包的实施所带来的变革时，供电企业的高层管理者及各个部门的管理者应该提前设计一个通俗易懂"故事"，通过讲述让企业员工能够看到或感觉到项目的成果，使他们信服，从而得到鼓舞以刺激行为上的变革。

② 管理者需与员工有效沟通

企业内没有信息的真空，如果管理者没有用审慎的、积极的和有导向性的信息填充空间，那就有可能被员工之间的流言、闲话和胡乱猜测所占据。因此，在组织面对外包实施所带来的不确定性时，员工需要了解周围环境的最新变化，各发包部门的管理者们应该积极组织真诚的沟通，至少要向员工准确真实地传达业务外包的意义，以及企业将计划如何帮助他们度过转化阶段。

③ 失业和工作转换的管理

面对外包业务可能带来的失业或工作转换，发包部门的员工势必有各种不同的反应，管理者必须加以管理。例如组织员工的再培训，从而帮助他们顺利过渡到企业内其他岗位，或者是一些"技术性"裁员；提前退休计划或是提供某些形式的补偿，从而稳定军心。这些举动让受到强烈影响的员工面对未来做好尽可能充分的准备，也让害怕受到影响的员工产生安全感，从而安心工作，不影响工作的绩效表现。

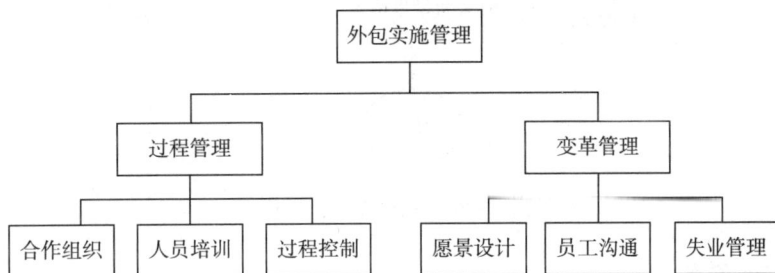

图 6-19　外包实施管理内容

4. 项目验收与结算

各业务部门应制定专业外包项目验收流程和验收标准，建立专业外包项目验收工作机制，引入人资、财务、审计、纪检等综合性职能部门、其他业务部门以及其他单位本专业人员参与验收。建立先验收评价、再财务结算的联动机制，加强各职能部门在外包管理关键节点中对业务部门的协同监督，逐步解决验收流于形式和自由裁量权过大问题。

发包部门在外包业务验收时实行闭环管理，验收中发现的缺陷应由承包商在规定时间内完成整改，监理单位负责督促承包商整改，并将整改情况书面反馈给发包部门，发包部门根据反馈情况组织复验，直至验收合格。

外包业务工作完成后，发包单位应及时组织项目结算，在质保期满并无质量问题后，方可支付质保金。

5. 提交台账、备案资料

在做好承包商评价工作后，业务发包部门应填报业务外包台账，以及汇总业务外包开展流程和承包商评价结果等相关材料送至人力资源管理部门进行备案。

6.5.4　评估与反馈流程

基于系统全面、灵活可操作、科学实用性、可拓展性的承包商评价原则，发包部门应基于国家电网公司提出的承包商考核评价办法，联合财务部门进行外包业务效果考核及费用考核，以促进承包商不断完善相关业务流程，具体如图 6-20 所示。

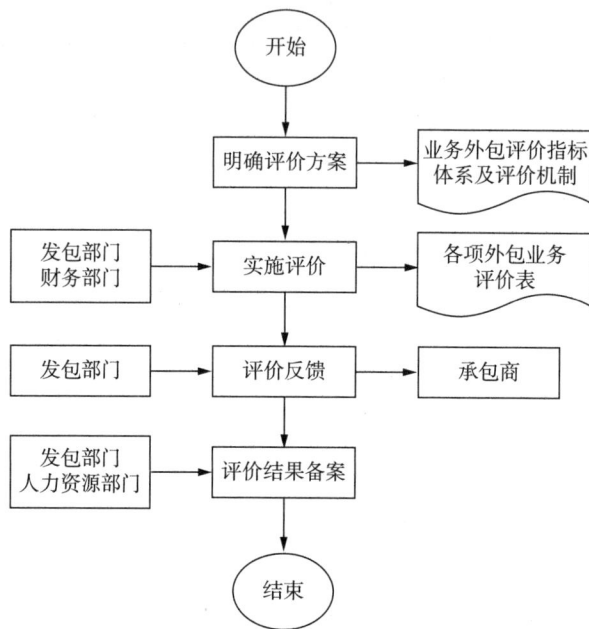

图 6-20　承包商评价流程

1. 明确评价方案

承包商评价方案包含承包商评价指标体系、评价主体及评价机制三个部分，具体见表 6-1。

表 6-1　承包商评价方案

承包商评价指标		评价主体	注意事项
一级指标	二级指标		
服务质量	依据具体业务划分	服务接受人员	以合同中的具体指标为基础结合实际考量，例如质量管理、现场管理、工期等
成本控制	人员工资	财务部门	评价标准不是成本数字，而是承包商所采取的成本控制措施有效性
	办公设备		
	耗费物料		
响应能力	沟通能力	外包业务相关人员	通过软性指标进行评价，可综合多人评价结果考量
	熟练程度		
	应变能力		
	适应程度		

（续表）

承包商评价指标		评价主体	注意事项
一级指标	二级指标		
组织发展	经营现状	外包业务管理人员	着眼于承包商企业内部治理能力及发展潜力
	未来发展		
业务管理	资料整理	外包业务管理人员	关注承包商的业务管理能力
	流程制定		
	成本优化		
人员管理	遵守规章	外包业务管理人员与人力资源部门	关注承包商人员与企业员工共同开展工作的具体状态
	培训效果		
	安全操作		
	场地清洁		
	环境融入		

① 评价指标体系。根据《国家电网供电企业业务外包管理办法》，外包业务的考核和评价包括质量管理、现场管理、工期及费用管理、资料管理等方面。承包商评价指标应包含服务质量、成本控制、响应能力、组织发展、业务管理、人员管理六个一级指标，并在一级指标下衍生出必要的二级指标以实现综合评价。

② 明确评价主体。供应商评价不应该是某个管理者的一言堂，应对不同的指标打分，由直接关联部门的人员进行公正的评价，汇总后得出承包商评价结果。

③ 明确评价机制。

日常考评。承包单位按照外包合同配备相应的管理人员，负责外包用工每月考核、记录等各项管理工作。但发包部门应不定时安排员工进行业务开展的日常检查和监督管理。

季度/年度考评。根据业务外包时长，在合同期满前进行一次承包方承包能力的评价，包括任务的完成进度、政策法规的落实情况、合同履行能力、顾客满意度等，以便及时纠偏，并为合同期满考评提供依据。

合同期满考评。依据评价指标体系，各评价主体进行全面客观且严格的考评，得出的评价结果进入供应商资料库，为是否续签业务外包合同提供依据，并判断业务外包效果是否有助于实现组织发展目标，进而评判供应商选择方法是否需要进一步修订。

2. 实施评价

根据评价方案中所确定的评价指标及主体，有序组织相关人员对承包商进行日常/季度/年度/合同期满评价。可采取单独评分后再集体评分的方法，并组织会议对有异议的评价进行二次探讨，得出最终结果。

3. 评价反馈

供电企业在完成承包商评价后，应将评价结果反馈给承包商管理人员，并根据评价结果确定与承包商合作的下一步措施，并采取相应的奖惩措施。值得注意的是，考虑评价结果不能只考虑总得分，还应考虑各项指标中的一些关键指标，如果这些指标不能满足企业的最低要求，不论整体得分如何，都应采取立即有效的措施。

4. 评价结果备案

各发包部门应整理供应商评价的相关资料及最终结果文件报上级单位的相关部门及人力资源部门进行备案，为是否续约承包商及后期承包单位选择提供参考。

6.6　考核体系

6.6.1　考核原则

1. 整体原则

（1）精准全面

为了考核内容能够真正地反映出业务外包的工作情况，并对其做出客观与公正的评价，企业需要去除驳杂的信息，对各种有关业务外包的信息整合凝练，分层次、科学地建立评价指标及评级程序，对业务外包进行集综合性、针对性、全面性于一体的评价，而不是纠结于无关的信息，使得工作徒劳无功。现今对外包公司的考核体系的相关文献比较丰富，但是对企业自身的业务外包方面的考核文献匮乏，现仅从全面性考虑进行考核体系的搭建，后面再从企业本身的考核经验和具体实施效果的好坏进行删改。

（2）公开透明

考核全过程，应当保持信息的公开化，考核对象有权了解考核内容与考核结果。考核结束后，应将结果公开。

2. 实施原则

（1）可操作性

从考核实施的出发点看，考核体系需要适应各种特殊情况。对于企业来说，宏观上，考核是一个长期进行的过程，需要对相关考核制度定期化更新，这就要求考核方案制订时要保留一定的可操作性；微观上，任何一次考核实施所需的时间、物力、财力要为使用者的客观环境条件所允许。因此，在制订考核方案时，要依据考核目标，合理设计方案，并对考核方案进行可行性分析，判断周围的条件是否支持开展考核工作。

（2）按需拓展

如果说可操作性是针对企业在整体操作考核时需要保持的原则，那么一个考核体系的拓展则是接近业务本身，更加细致入微地进行具有针对性的拓展。考核过程中，不同的业务有着不同的特点，一个体系不可能包含全部指标、在实际运作时，需要针对不同的业务添加不同的指标、添加不同的级别。

（3）反馈三原则

① 及时性。考核是一种优化手段，不是目的，要把考核完成的结果及时反馈。

② 准确性。反馈的信息是基于客观事实的，而不是主观臆断。

③ 适应性。反馈的操作应因地制宜，构建适度的考核反馈机制，对考核形成的过程

进行引导，对考核的最终结果进行控制，保留一定的弹性。如图 6‑21 所示。

6.6.2　指标体系

外包业务的考核，对于企业本身，只是一个业务的单独考核。从这个角度看，外包业务的考核同样适用于供电企业普通业务考核一些惯用的常规指标。但外包业务也有其本身的特殊性，因为本身它还是一种外包制度，需要考虑到外界和企业内部相互的联结程度是否紧密，是否合理规范。从供电企业的角度来说，外部有外包公司、外包业务和考核对象单位三个方

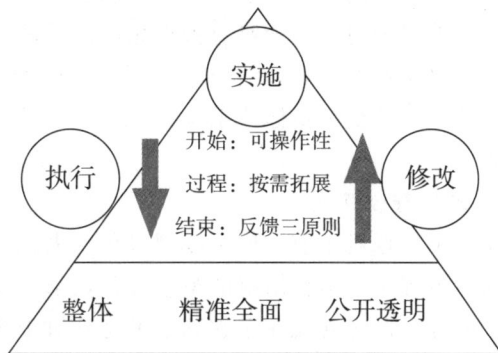

图 6‑21　考核原则关系

面，对于这些方面的考核需要一套更具针对性的考核指标，从不同的角度去观察业务外包这一整体。当然这些指标相互之间不乏相似的部分，虽然所针对的考核目标并不相同，但其依然能为企业提供不同方面能力的评价。

1. 标准规范程度

从供电企业内部建立起完整的管理规范制度，与外界联结的第一步乃至最后一步都是要审视自身的问题，同时也是响应"事前审核备案"的要求。围绕项目建设规范的企业管理体系，进行完整性、规范性以及合理性检验，对相关标准的规范程度和相关流程的规范程度进行考核。

（1）人员方面：从上至下，人员在业务中以职责与职能进行划分，以事分人，将人对事是否匹配的情况作为考核的整体思路。对一个业务的人员职责、人员数量、人员技能分别构造职责分配标准、人员数量标准、技能评级标准，对其全体进行完整性、规范性以及合理性检验。

（2）费用方面：一个工程项目成本费用测算的阶段分别有投资估算、设计概算、施工图预算、工程结算、竣工结算五个方面。对于供电企业的外包业务来说，大部分业务的成本结构不及基建项目的成本结构。考虑全面精准原则，将业务外包相关的成本测算分为业务成本概算、业务成本预算、业务成本结算三个测算阶段，在每个阶段的基础上，对费用分类标准、测算基准标准（测算基数、测算公式）、费用支出标准进行完整性、规范性以及合理性检验。

（3）业务方面：将业务整个过程分为计划、执行、结束三个阶段。

① 计划阶段：对业务的定义、分类、实施原则、实施条件、计划（编制、审核、下达、调整）、采购（编制、审查、过程、要求、合同管理）的规定进行完整性、规范性以及合理性进行检验。

② 执行阶段：对业务的安全、质量、进度、费用的规定进行完整性、规范性以及合理性进行检验。

③ 结束阶段：对业务的验收、考核的规定进行完整性、规范性以及合理性进行检验。

对于供电企业上级单位而言，要考虑到它对下属公司制定的标准是否规范、它对业务

相关制定的标准是否规范、它对外包公司的标准制定是否规范这三个方面的考核；对于下属公司，要考虑到自己对于上级单位制定的三个方面相关标准是否做出了积极的响应与匹配；对于外包公司，是否愿意做出相应的反馈与评价也是对供电企业管理能力考核重要的一项；对于业务本身，绩效的好坏对于标准规范程度这一指标来说也是一种判定条件，除此之外，对于整个指标体系来说，业务产生的绩效都会占据一定比重，也将会影响到所有的指标。

2. 文件符合程度

这一项指标对于前一项标准规范程度来说，二者有相似之处。它们都贯穿于项目实行前、实行过程中、项目结束的整个过程，都涉及是否符合规定方面的考核，但文件符合程度这一部分不同之处就在于它除了考虑到对于文件本身的规范性，还考虑到文件承载着的记录必然有一些实体与之对应。看似是对文件进行考核，实则是将业务考核中有关文件的一部分进行剥离重组，依据这些文件记录进行业务实体符合性审查，也就是实质性响应，接着再以业务实体的完成结果对文件记录进行反馈更改，能够对整个业务执行的过程进行更为细致的深入，使得考核能够更加精准、全面。

文件符合程度包含业务外包项目相关文件的规范程度以及对文件规定的实质性响应。

（1）相关文件的规范程度。在执行文件的实体符合性审查之前，需要对文件本身的规范性进行相应的考核，是业务实体符合性审查的前提。以人员文件、业务文件、费用文件的划分进行相应的考核，其中，考虑到与标准规范程度的考核方式相似，对三个方面的考核采用同样的分类。

（2）以文件记录进行业务实体符合性审查。以人员文件、业务文件、费用文件的划分进行相应考核。

① 人员文件。考虑到人员相关文件的产生主要来源于职责分配，分为决策层、管理层、操作层三个方面，对三个方面的人员在业务实施过程实际的职责分配情况进行符合性审查。

② 业务文件。分为计划、执行、结束三个阶段的文件，对业务实体进行符合性审查。

③ 费用文件。以业务概算、业务预算、业务结算三个部分对费用文件进行划分，以业务结算成本为实体进行符合性审查。

3. 成本费用判断

成本费用是从整个考核体系中单独抽出来的指标。对于这个指标的选取，一方面是考虑到从电网企业的角度考核业务外包管理方面的能力，并不是代表要完全脱离除供电企业以外的所有部分，还需要联系外包业务一些相关的通用指标。另一方面，成本费用能够直截了当地表达一个业务项目的实施效果，其成本控制得如何、所创造营收是多是少、是否造成多余损失、选取的计算基准是否规范等都或多或少地反映了供电企业对于业务外包的管理能力，使其可以成为供电企业考核的重要指标。

4. 业务外包管理成熟度

企业应当定期对于自身的管理能力进行一个综合评价。这项指标是基于企业对于前三项指标的考核综合结果，判断当前企业业务外包管理所处水平，对企业在业务外包管理活动中的计划、流程、组织、制度的管理程度进行评价。

将前四个指标提出来的原因是，第五项指标将会以这四个指标为基础，对上下级之间的响应程度进行考核，其实在每个指标中都或多或少地涉及响应，比如对费用的考核评级需要业务方面的成本数据，这数据和费用的考核之间便是一种对应关系，根据这种对应关系，对双方都会进行对应的响应程度的考核，如图 6 - 22 所示。

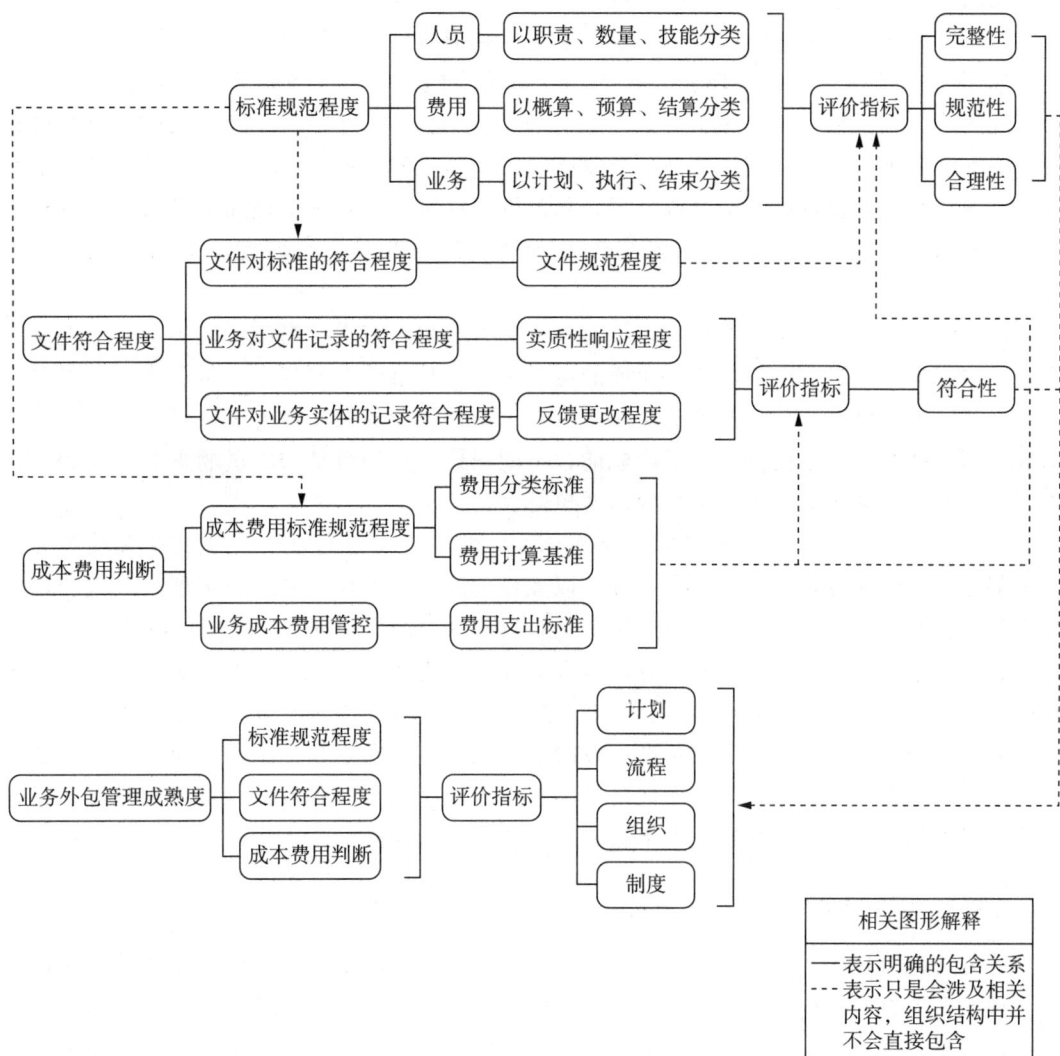

图 6 - 22　前四项考核指标关系

5. 上下级响应程度

（1）以外包业务为纽带，供电企业与下属考核对象单位构成属于内部的上下级关系，供电企业和外包公司形成属于外部的上下级关系。

① 从内部看，由国家或者供电企业本身发布的业务外包政策以及规定对由考核对象单位所要执行的业务外包管理工作的实施之间形成了对应，而为了能够衡量供电企业在业务外包管理层面的上下级交流程度，以上述四个指标为基准对所执行的外包业务进行管理方面的考核，每个指标所得出的考核结果对发布的政策及规定做出了回应，这种从上到下

的对应与从下到上的回应便形成了指标响应的考核模式。

② 从外部看，供电企业主要代表业务外包合同与协议中所规定的条款，与外包公司的外包业务实施形成了对应，为了对供电企业在业务实施方面的上下级交流程度进行衡量，以业务的用工、安全、质量、进度、外包费用等方面的考核结果作为对供电企业合同与协议的回应，构成了业务响应的考核模式。

（2）指标响应和业务响应共同构成了上下级响应程度考核指标。

① 指标响应从内部的管理能力入手。在考核实施中，将企业对业务外包管理方面的相关政策分为定量部分与定性部分，再将标准规范程度、文件符合程度、成本费用判断、管理成熟度分为人员、费用、业务三个方面的内容，然后确定考核的对象，可以是某个县、市供电企业，也可以是某个省公司，从范围、深度、精度三个层面分别对每个指标的人员、费用、业务三个方面的内容与政策所规定的质和量进行匹配，进而形成响应度评价。

例：确定一个供电所为考核对象，对其人员方面的内容进行考核。范围上，供电所管理人员的定员标准以及所规定外包业务的定员标准与政策的人员规定数量、用工种类是否符合；深度上，供电所执行业务的实际人员数量和外包业务的实际人员数量是否符合政策的规定等；精度上，不同部门、不同职能、不同岗位、不同级别的人员职责分工是否符合规定，对人员标准相关的执行进行跟踪考核等。

② 业务响应则从外部的业务实施结果入手，将企业对外包业务实施的相关政策分为定量部分与定性部分，再确定一个业务，以业务的用工、安全、质量、进度、外包费用等方面的内容，从范围、深度、精度的层次上，寻求其与政策的质与量之间的响应程度。

例：一个城区配网设备检修业务外包，对其安全进行考核。范围上，对外包公司安全资质的审查与《国家电网公司供电企业业务外包管理办法》中规定的条款应当符合；深度上，业务实际的实施方案、工艺标准、危险点预控措施等安全和技术交底应当与相应条款规定的标准符合；精度上，对安全风险和工艺要求较高的重要环节的监督力度与规定是否符合，抽查频率是否达到标准。上下级响应考核流程如图 6-23 所示。

6.6.3 考核实施

业务外包管理能力的考核由当前的考核体系得出，供电企业外包业务绩效的考核作为对管理能力考核的一项基础支撑，另一项基础支撑由企业日积月累的经验形成。由于当前考核体系是以相应标准、文件、成本为基础得出管理成熟度、上下级响应程度两项关键指标，整个考核体系亦以这三项为基本，但是在考核时，不得不考虑到标准的繁杂、文件的繁多，即使成本费用方面可以直接使用业务结算的相关材料，整个考核依然显得异常烦琐，因此，在对考核指标进行选择之前，需要选择具体的对象。这里选择了员工、部门、项目、企业四类对象，以他们的视角选择相应的材料，再汇总分别形成文资库（文件、标准等相关具有记录性质的对象）和数据源（能够被量化的对象得出的结果），考核委员会从中抽取相关材料，以考核指标自身相应的分类进行划分，再实施考核，并且从员工、部门、项目、企业所得出的结果应当返回其本身。具体实施目标，考核的效益能够落到实处、落到基层，不然不具有太大的考核价值。所以在选择对象时需要具体、详细，员工具体到可以收集某一类员工，部门可以收集某一个部门，选择的对象之间要具有除了对象名

```
                         ┌─────────────┐
                         │     开始     │
                         └──────┬──────┘
                                │
                   ┌────────────┴───────┐    ┌──────────────┐
                   │   上下级响应程度    │────│   某上级公司   │
                   └────────────┬───────┘    └──────────────┘
                                │
        ┌───────外包公司────◇ 判断考核对象 ◇────下属单位───────┐
        │                      │                                │
        ▼                      │                                ▼
┌──────────────────┐     ◇ 判断规范种类 ◇      ┌──────────────────────┐
│ 上级公司对业务实施 │◀────                   ──▶│ 上级公司对外包管理方面 │
│   方面的规范       │                           │      的规范            │
└───────┬──────────┘                           └──────────┬───────────┘
        │                                                  │
        ▼                                                  ▼
  ┌──────────┐                                       ┌──────────┐
  │ 规范分类 │                                       │ 规范分类 │
  └────┬─────┘                                       └────┬─────┘
   ┌───┴────┐                                         ┌───┴────┐
   ▼        ▼                                         ▼        ▼
┌──────┐ ┌──────┐                                 ┌──────┐ ┌──────┐
│ 定量 │ │ 定性 │                                 │ 定量 │ │ 定性 │
└──────┘ └──────┘                                 └──────┘ └──────┘
   │                                                          │
   ▼                                                          ▼
┌──────────────┐                                    ┌──────────────┐
│ 选择考核业务 │                                    │ 选择考核单位 │
└──────┬───────┘                                    └──────┬───────┘
       │                                                    │
       ▼                                                    ▼
┌────────────────┐        ┌──────────────┐        ┌──────────────┐
│ 选择一个业务指标│        │  质的目标     │        │确定一个管理指标│
└──────┬─────────┘        │  量的目标     │        └──────┬───────┘
       │                  └──────┬───────┘               │
       │                         │                        ▼
       │                         │                   ┌──────┐
       │                         │                   │ 分化 │
       │                         │                   └──┬───┘
       │                         │              ┌───────┼───────┐
       │                         │              ▼       ▼       ▼
       │                         │          ┌──────┐┌──────┐┌──────┐
       │                         │          │ 人员 ││ 费用 ││ 业务 │
       │                         │          └──────┘└──────┘└──────┘
       │                         │                          │
       └─────────────┐          ▼          ┌────────────────┘
                     ▼    ┌──────────────┐  ▼
                  ┌────────────────────────────┐
                  │   目标与指标进行对应          │
                  └──────────────┬─────────────┘
                                 │
                  ┌────────────────────────────┐
                  │(范围、深度、精度)响应度考核  │
                  └──────────────┬─────────────┘
                                 │
  ┌────┐                         ▼
  │ 优 │◀──┐            ◇ 是否匹配 ◇────否──▶┌────────────────┐
  └────┘   │     ┌──是──            │         │对不匹配的项进行统计│
  ┌────┐   ├─────│ 评级 │                     └────────┬───────┘
  │ 良 │◀──┤     └──────┘                              │
  └────┘   │        ▲                                  │
  ┌────┐   │        └──────────────────────────────────┘
  │ 差 │◀──┘
  └────┘
```

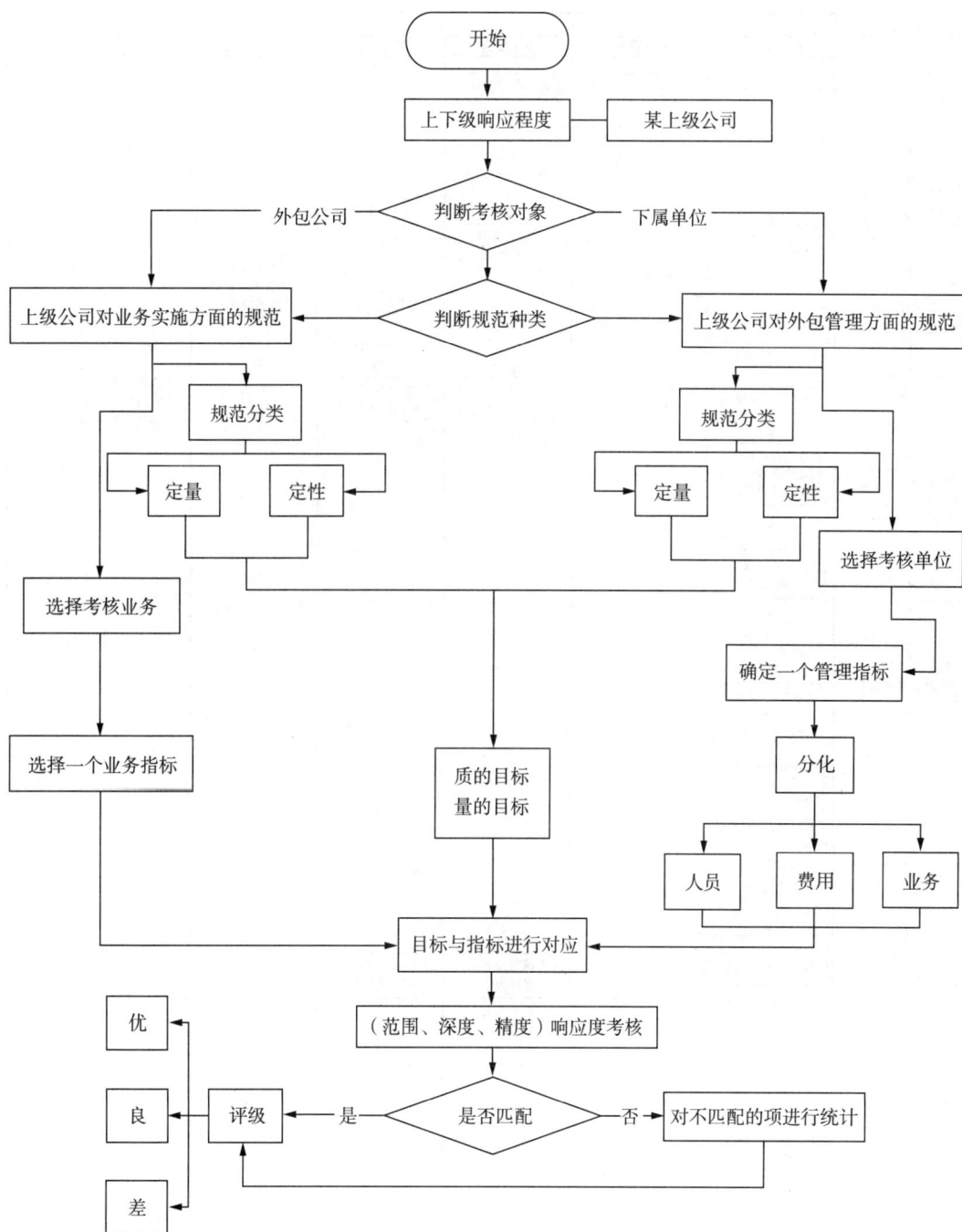

图 6-23　上下级响应考核流程

称以外的共性，得以体现考核的价值。考核实施流程如图 6-24 所示。

1. 确定考核人员

考核委员会独立于每一级和每个部门。从考核委员会本身来说，其负责考核的主干，相应职务应与考核流程一一对应，每个流程都有相应人员负责。从图 6-24 和图 6-25 中

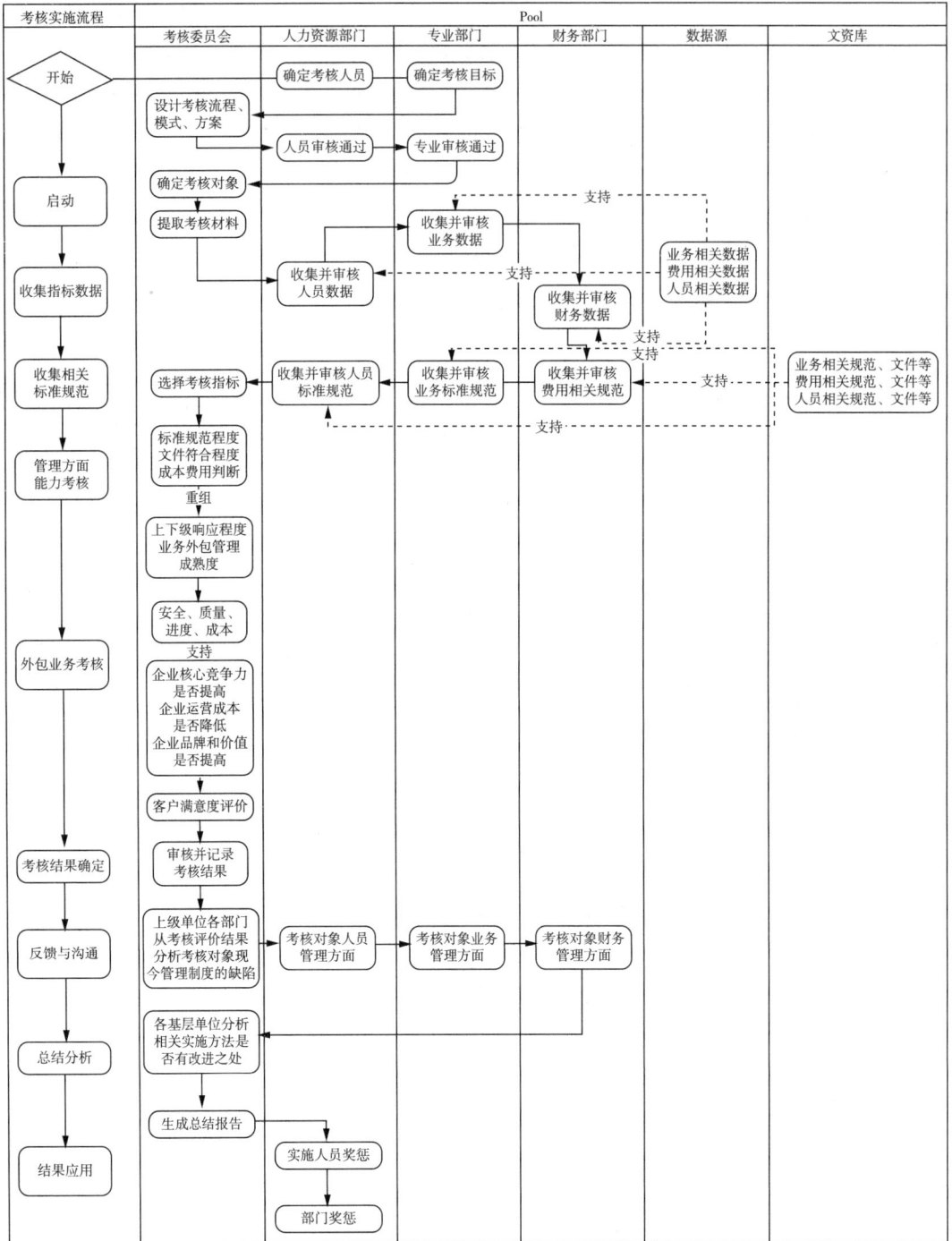

图 6-24 考核实施流程

可以看到，根据考核流程中的总结报告、设计考核体系、资料收集、管理考核、业务考核等内容，分别设立主管人员、设计人员、资料收集人员、管理考核实施人员、业务考核实施人员。

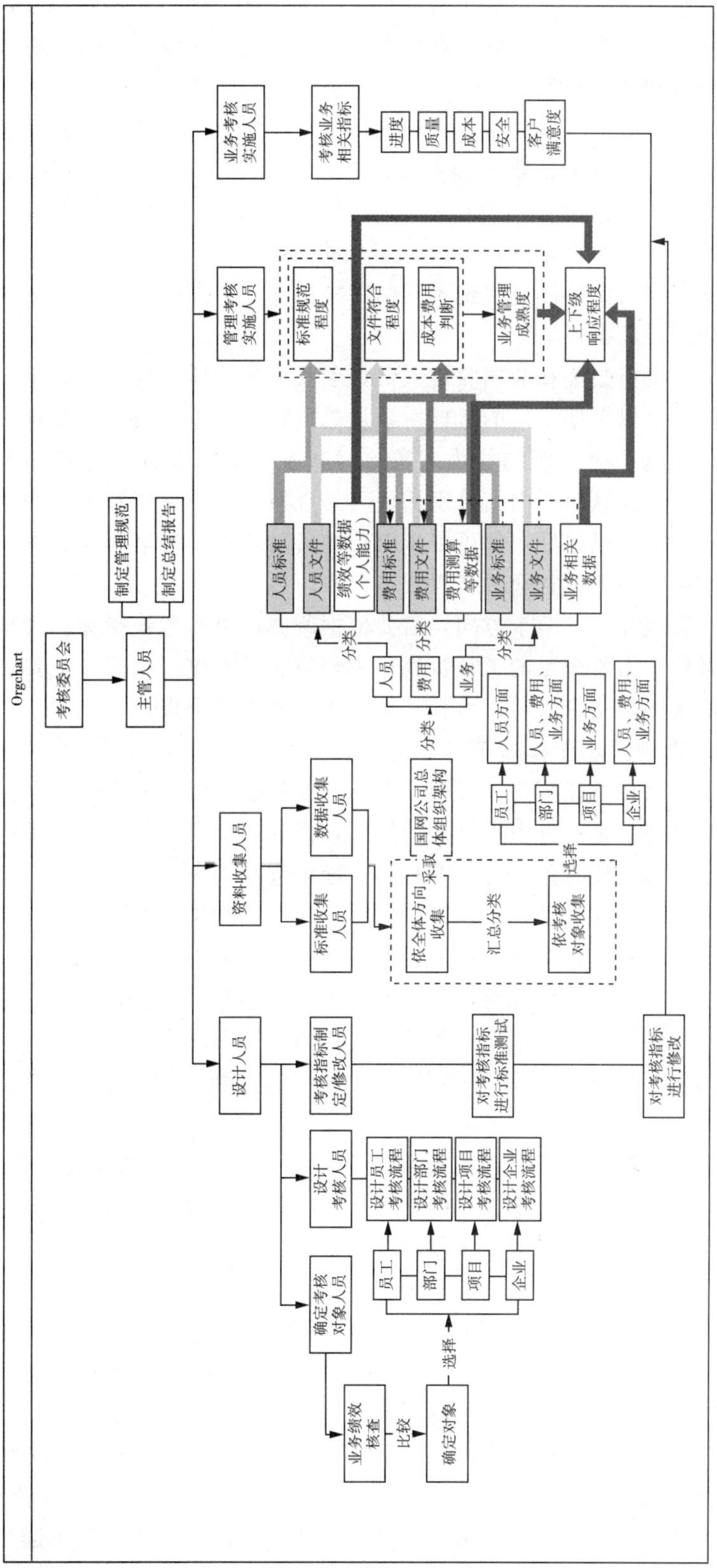

图6-25　考核委员会组织结构

主管人员本身对考核委员会负责，制定相关的考核管理规范、考核原则，监测考核过程，在考核结束时对各项考核结果做出审核并评价总结成相应报告，同时将最终报告汇报给国家电网公司总部和考核对象。

设计人员下面分设确定考核对象人员、设计考核流程人员、考核指标制定/修改人员。确定考核对象的人员，从员工、业务、部门、企业近几年业务外包的绩效考核提取数据，对相关数据进行比较，筛选出考核价值较大的对象；设计考核流程的人员，对员工、部门、业务、企业四个方面的流程进行修改；考核指标制定/修改人员时刻对考核指标进行监控，根据考核的不同对象、环境确定不同的考核指标，并即时进行内容更新，考核结束时要按时提交相应的设计报告。

资料收集人员分资料收集和数据收集人员，宏观上从全体方向进行收集，构成总资料库。在具体考核时，可以根据不同的考核对象从总资料库中进行资料的筛选。从全体方向上进行收集时，以供电企业组织结构为对象，对其各个部门和各级单位都进行人员、业务、费用的资料收集，在纵横方向上分别构成人员资料库、业务资料库、费用资料库，在对具体的考核对象筛选完成之后，便可以从对应的资料总库中搜索相应资料，构成临时考核资料库，考核结束时要提供相应的资料收集报告。

考核实施分为管理和业务两个方向，需要依据所制定出的考核指标和考核流程确定基本考核框架，在考核中需要充足的考核资料作为相应实际支撑。相应人员要在考核中公正地做出评价，并如实上报主管人员，考核结束时提供考核评价报告。

2. 选择考核对象和设计考核流程

考核对象并不是直接选择员工、部门、企业、业务这四者中的某一个。这四个部分连带着考核对象本身都还只是一种虚无缥缈的概念，需要一个实际载体对其进行类似于赋值的操作，而这就是选择考核对象。可以有目的性地去选择某一个实体去对它进行划分，在划分完成之后，考核对象便成为一个实际载体，员工、部门、企业、业务有依据进行划分，成为新的实体。在这里以对基层供电所的考核对象筛选为例。

例：对基层供电所的考核。在对国网阜阳供电公司调研中提及业务外包基层管理混乱，因此，需要格外注意基层供电所业务外包工作的实施情况。

第一阶段，筛选。最开始想到的实体便为基层供电所，则考核对象先记为基层供电所。

第二阶段，当考核对象为基层供电所时，基层供电所的员工可以被划分至员工的模块，其各个部门被划分至部门的模块。以此类推，项目也被划分至项目的模块，但可以看出，企业部分为空，考核对象的第二阶段筛选结束。

第三阶段，需要更加具体，第一层筛选是对员工、部门、项目、企业这四个模块中选择哪个部分进行考核，考虑到需要了解业务外包的管理水平，必须将其他三者中的至少一个模块与项目模块进行考核。因此，可以将考核对象选择为基层供电所员工对项目的考核，结合考核的目标，考核对象变成了基层供电所员工对于项目的管理。第二层筛选，再对该考核对象划分成基础、连接、应用三个部分，至少选择其中一种进行考核，而若选择基础部分，则最终筛选结果为基层供电所员工层面业务外包管理制度的规范程度。另外，在这里，若是选择了部门，就相当于选择了员工；选择了企业，就相当于选择了四者。换句话说，你对部门的管理制度考核，总不能弃员工于不顾，这样考核的结果也不全面。采取这样的方式主要目的是符合精准全面的要求。考核对象的选择如图 6-26 所示。

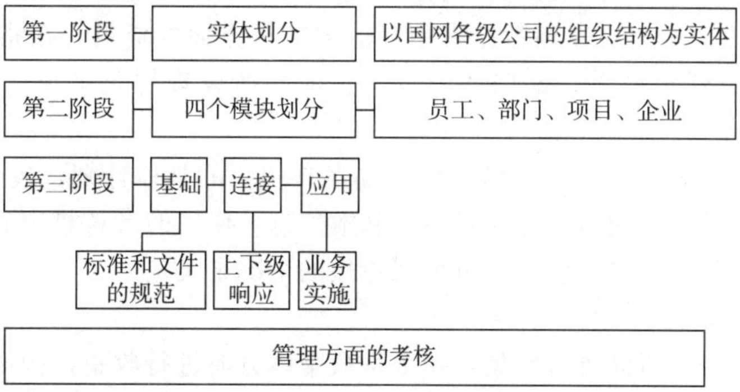

图 6-26　考核对象的选择

3. 选择/修改考核指标的标准

在考核指标实行的过程中，必然会面临许多问题。无论是时间导致指标落后，还是自身的原因使得指标内容与企业、业务的匹配度下降，在筛选指标时，都需要一套标准去筛选考核指标。

（1）考核指标是否缺乏针对性。选择或修改考核指标人员应当依据各部门、各级单位不同的运营管理范围和业务特点确定相应的考核指标，并且形成符合员工、部门等自身的考核指标，因岗、因职能设置指标，并对考核指标分档界定目标值和标准值，标准值作为寻找问题的基础，目标值作为奖励的基础。

（2）考核指标是否未分配到位。同一个指标对于不同的考核对象来说，有时显得过于全面，甚至能联系到考核对象本身无法涉及的领域；有些情况缺斤短两，无法适配。因此，一个指标要做到对考核对象的响应，需要从一个大的指标上进行适当的分解，与考核对象能够匹配。

（3）考核指标是否相关标准不足。由于指标考核标准缺乏明确的定义和定量的数据、数值依据，导致考核指标标准制定时存在不合理、不全面、不客观、不针对的现象。所以，在这种情况下，需要加强指标所对应的资料库的建设和收集相关资料的渠道的建设，让考核做到有章可循。

4. 考核流程的设计

（1）设定考核周期。考核周期的选取对于考核的结果与绩效的评价尤为重要。若是考核过于频繁，会浪费大量精力，影响其他工作的进程；若是考核过于拖沓，亦会使员工懒散。采取月度跟踪分析，季度和年度考核常驻的方式进行，其他考核节点可以根据实际情况酌情选取。

（2）考核人员的确认。对于参与考核相关人员的基本信息及负责内容进行确认。

（3）考核对象与指标的确认。在经过考核指标和对象的选择之后，让考核对象对考核指标进行确认。

（4）考核标准的制定。针对标准规范程度和文件符合程度，文件与标准的数量、种类应该有具体的要求，细节上根据实际情况对于每一项标准的规范性、完整性进行检查，最后二者结合进行综合评价。

（5）计划实施流程。根据选择的考核对象，从文资库和数据库中的人员、费用、业务三个方面中选取相关资料，接着再选择相应的考核指标。比如对于基层供电所员工层面管理能力的考核，从文资库和数据库中筛选出人员方面的资料。在指标选择方面，由于每个指标都考虑到了员工、部门、项目、企业，所以理想化来说，五个指标都可以实行。

（6）制订考核计划书。对于一场考核，应当有相应的具体计划，包含考核起止时间、考核相关人员信息及负责内容、考核对象的基本信息、使用的考核指标的信息、考核的原因、计划实施流程等，内容翔实程度可根据考核的情况来决定。

5. 考核资料的收集

资料主要是从两个方向进行收集：一个是从全体方向进行收集，构成总资料库；另一个是以考核对象收集。在具体考核时，可以根据不同的考核对象从总资料库中进行资料的筛选，形成适用于考核对象的专属资料。

（1）全体方向的收集主要以供电企业组织架构进行资料的分组。首先是以整个企业为主视角，收集汇总关于整个企业的业务绩效；财务数据等等；其次，以各个下属公司为主视角，每个下属公司对自身的经营状况、业务绩效等资料进行收集汇总；再次，以每个下属公司的每个部门为主视角，每个部门对自身的文件和数据进行收集汇总；最后，以部门内的人员为主视角，依据上下级、同级的关系进行相关资料的收集汇总。整体上主要依靠的还是以现有供电企业的数据结构为主，逐步进行优化，形成的最终效果就像一个庞大复杂的树根，其发展的数据广度和数据深度要考虑硬件技术设施的限制。

（2）以考核对象收集，是把供电企业数据按考核对象所在的视角进行资料汇总分类。所有资料按两个角度分类：第一个角度，将整个汇总资料以员工、项目、部门、企业四个模块进行分类，部门的资料就放在部门模块里，部门里再进行专业部门、人资部门等分组；人员的资料就放在人员的模块里，人员里以部门、企业、项目进行分组；项目的资料放入项目的模块中，并按执行主体分为执行人员、执行部门、执行公司；企业相关的资料在放入企业模块中后再进行部门、人员、项目、下属公司的分组，企业部分与原来的企业视角并无太大差别。第二个角度，分为人员、费用、业务三个部分，再细分为标准、文件、相关数据三个子部分。这样的分组主要是为了将考核对象划分得更加清楚，查找起来更加方便。

比如，基层供电所业务外包管理制度的规范程度，按考核对象划分的三阶段进行寻找。从企业视角找到基层供电所的资料，从员工视角找到员工层面相应资料，二者进行汇合，可以得到基层供电所员工层面的所有资料；接着再从第二个角度，从人员角度中得到所有的人员、业务相关的标准资料，与之前得到的资料在此汇合，可以得到基层供电所员工层面业务外包管理制度的规范程度考核所要的所有相关资料。详情如图 6-27 所示。

6. 业务外包管理能力考核

（1）员工方面

以基层供电所员工层面业务外包管理制度的规范为考核对象时，关于人员的资料主要分为个人能力考核和人员管理方面，也就是人员绩效等数据和人员标准文件的关系。因此员工方面的考核将从具体的员工个人能力的考核评价延伸至对于员工管理能力的考核。

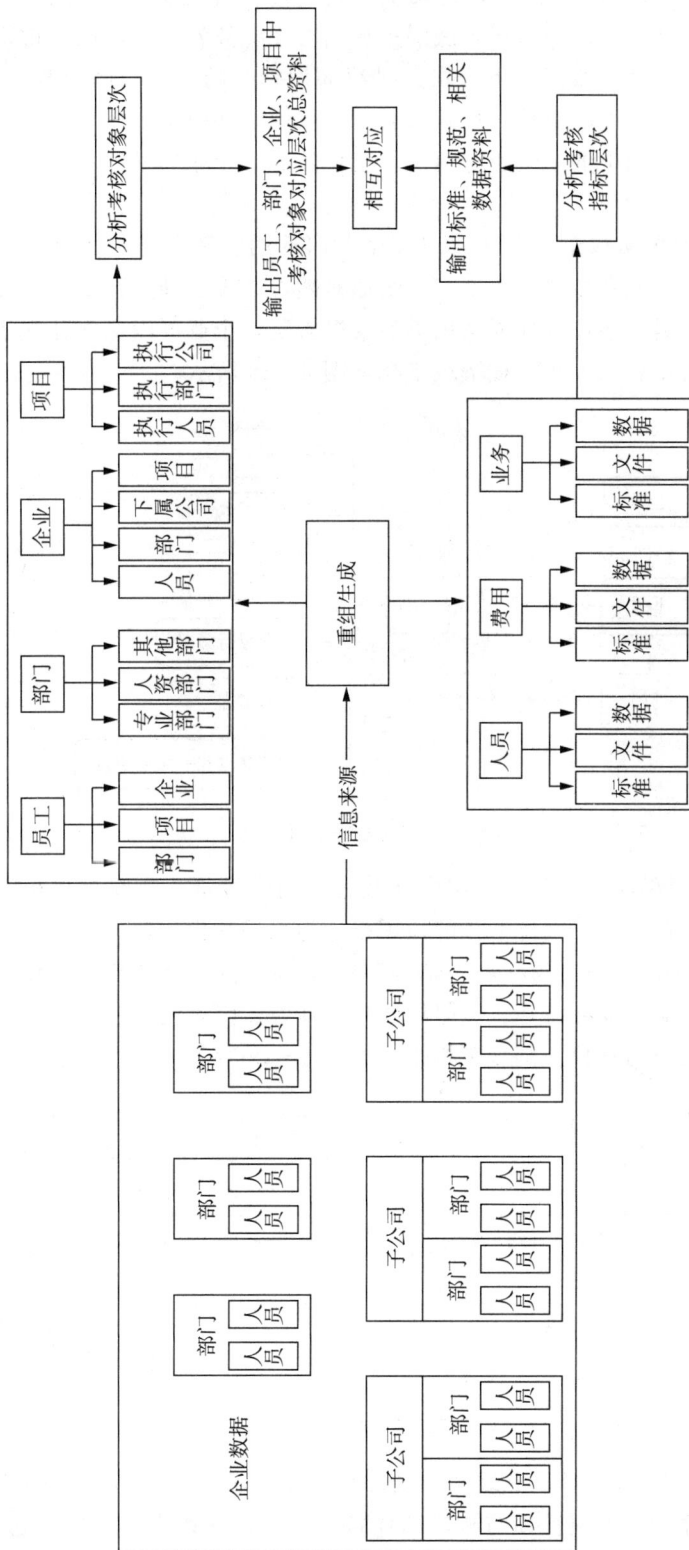

图6-27　考核资料的收集

① 员工个人能力考核。从职位分布关系分析，可以分成上级考核下级、同级考核、下级考核上级，主要从其生活与工作的底层挖掘出对于业务外包管理的关键因素。在上级考核下级的情况中，总体上级对于下级员工进行通用指标的考核，例如考勤、工作礼仪、工作纪律、劳动态度等方面的考核。特殊来看，以不同的部门来考核员工在业务外包方面的表现，对该员工在部门中的职责履行情况、工作技能、专业业务储备知识、对接外包业务完成质量进行考核。

② 在上级对下级的考核中，考核者以及企业内部的管理者应该通过对员工心理状态的把控。多途径缓解绩效考核政治上带来的负面影响，减少心理契约破裂程度，从而降低员工的反生产行为。另外还可以加强考核事后反馈机制，企业可以成立独立于绩效考核者群体的绩效考核监督平台。上级考核下级指标如图 6-28 所示。

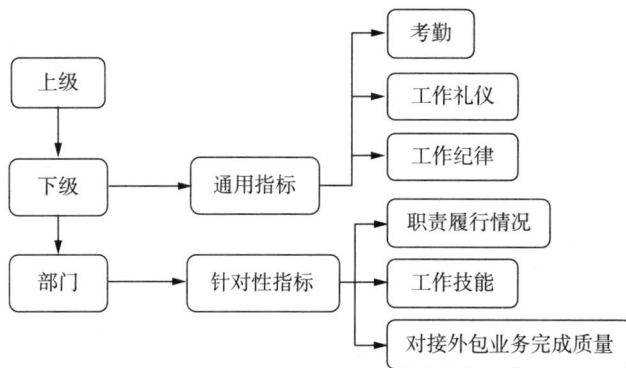

图 6-28　上级考核下级指标

③ 同级考核。同级部门或者在工作中涉及合作的同级员工之间进行相互评价。这里就更偏向于团结协作的考核，因此考核的通用指标为全局意识、协作意识、服务意识，还有比较通用的工作态度、工作纪律等。双方需要对业务本身进行评价：合作的业务有什么做得比较好的地方、合作业务有什么做得比较差的地方、困难的工作、容易的工作，对于对方的业务工作能力进行评价。同级考核指标如图 6-29 所示。

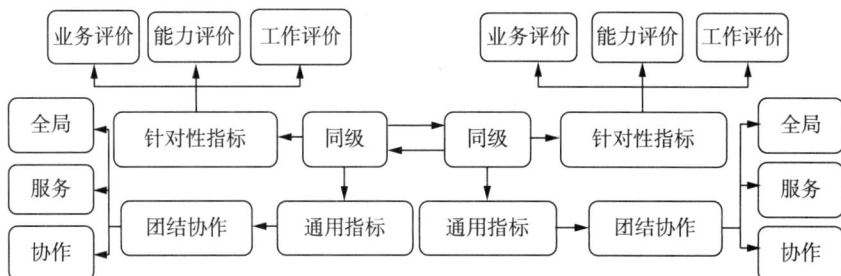

图 6-29　同级考核指标

④ 下级考核上级。员工对于上级领导的评价和下属公司对上级单位的评价都尤为重要，是考核指标体系中上下级反馈与响应的体现。下级亦可评价上级的考勤、工作礼仪、工作纪律、协作精神等。针对外包业务，下级对于上级的管理能力可以从业务完成质量、

业务指导能力、业务实施能力几方面进行评价。这类自下而上的考核，往往受诸多因素影响。上下二者都很容易受到对方的影响，从职位方面，上级容易对下级施压，但若是该项指标占比过大，下级也容易对上级产生限制。最重要的是建立双方之间的信任，否则对于整个考核来说，没有多少借鉴意义。下级考核上级指标如图 6-30 所示。

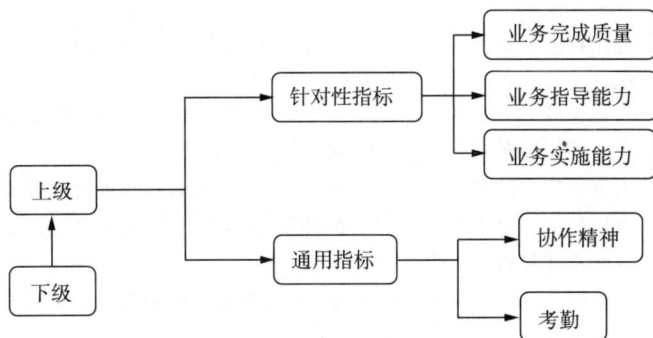

图 6-30 下级考核上级指标

⑤ 人员管理能力考核。从图 6-31 可知，在员工方面的考核计划仅采用人员方面的资料，管理能力考核仅参与标准规范程度和文件符合程度。从人员文资库中获取相应文件与标准，先对文件与标准的数量、种类进行统计，判断是否符合标准数量和种类，再根据指标内容对其规范程度进行判断。

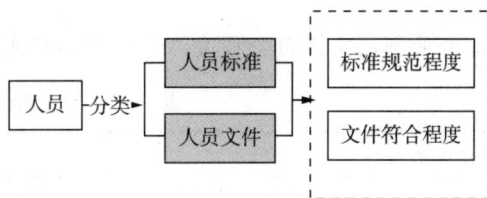

图 6-31 人员管理能力考核

（2）部门方面

部门层次的考核主要是针对每个部门的职责进行考察与核实，在考核之中，由于各个部门各自的角色和相互的联系，难免会出现考核内容的重复，但考虑到考核的全面性和精准性，需要先摒弃部门的角色和联系，再对专业部门、人力资源部门的考核列出思路，做出示例。

① 各专业部门，承担着落实公司业务外包有关要求，管理本专业业务外包工作的相关职责。为了清晰考核的实施过程，便以考核指标为基本对各专业部门所负责的职责进行考核思路的整理。

a. 专业部门标准规范程度（具体内容见表 6-2）

表 6-2 专业部门标准规范考核

职责细分	考核内容
分类审核本专业定员内外业务	人员标准：根据实际情况对进行内外业务划分的审核人员进行标准考核
	内容标准：对业务定员的相关标准进行规范性考核，以此在项目实行尾声或结束阶段对一些下属单位进行考核
	费用标准：对进行该项工作的相关费用要进行统计归类，对其费用计算基准、统计步骤是否规范等进行考核

职责细分	考核内容
编制审核本专业业务外包计划和预算建议	人员标准：对编制方资质要求条例，参与审核的相关专家和技术人员人数规定等进行规范考核
	内容标准：项目实行时或结束阶段对外包计划和预算建议的编制审核的流程进行严格审查
	费用标准：对进行该项职责的相关费用要进行统计归类，对其费用计算基准、统计步骤是否规范等进行考核
本专业业务外包安全与质量管理	人员标准：对于外包公司安全与质量的人员资质的标准规范和人员的安排条例等，都需要对其明确和进行贯穿整个项目的常态化考核
	内容标准：针对外包专业业务安全与质量管理的标准规范需要进行相应考核
	费用标准：对进行该项职责的相关费用要进行统计归类，对其费用计算基准、统计步骤是否规范等进行考核
指导下属单位业务外包工作，开展业务外包考核评价	人员标准：对指导人员和考核人员资质审查的相关规定条例需要标准规范考核
	内容标准：针对指导和考核的相关标准规范程度进行考核
	费用标准：对进行该项职责的相关费用要进行统计归类，对其费用计算基准、统计步骤是否规范等进行考核

b. 专业部门文件符合程度（具体内容见表6-3）

表6-3 专业部门文件符合考核

职责细分	考核内容
分类审核本专业定员内外业务	人员文件：对参与审核的人员实际资质进行核查，是否符合相应的文件规定
	内容文件：对审核出的定员内外业务是否符合定员标准文件中相应的规定进行核查
	费用文件：对该项职责所花费的相关费用进行相应的文件核查
编制审核本专业业务外包计划和预算建议	人员文件：对编制方及参与审核的相关专家和技术人员的资质进行核查，是否符合文件规定
	内容文件：项目实行时或结束阶段对编制审核完成的外包计划和预算建议进行严格核查，是否符合文件规定
	费用文件：对该项职责所花费的相关费用进行相应的文件核查
本专业业务外包安全与质量管理	人员文件：对于承担业务的外包公司安全质量人员的资质进行核查，以及相应的人员安排是否符合规范，例如： 外包公司的安全资质是否符合规范； 外包公司是否设置专人担任安全质量专责； 安排的所有施工人员是否通过资格审查和培训考试发证； 施工人员数量和工种是否与工程规模大小匹配； 现场是否配备足额合格的监理人员等等
	内容文件：针对外包专业业务的安全与质量管理需要进行相应的核查，例如： 对于承担的专业业务的现场危险点是否进行预控； 安全措施是否落实到位； 施工工艺是否规范统一； 是否组织专班编制典型施工工艺图册； 修改设计图纸等方面的管理条例是否规范完整等等
	费用文件：对该项职责所花费的相关费用进行相应的文件核查

（续表）

职责细分	考核内容
指导下属单位 业务外包工作， 开展业务 外包考核评价	人员文件：对指导人员和考核人员的资质进行核查，是否符合文件规范
	内容文件：由于本项目格外关注的基层企业，要求上级部门对于下属单位要有一定程度的指导，要对相关指导文件的数量、下属单位的业务实施结果优良程度进行考核； 下属单位也应对上级部门积极响应，将自己所面临的一些疑难杂症、各种困难尽可能汇报给上级部门，同时也要对其响应程度进行文件核查
	费用文件：对该项职责所花费的相关费用进行相应的文件核查，同时对外包业务评价中的成本费用模块进行核查

c. 专业部门成本费用判断

在进行标准规范程度和文件符合程度的考核后，成本费用也可以作为一个指标对业务外包管理能力进行考核，与上述标准规范程度和文件符合程度中费用不同的是，专业部门的成本费用判断不光包括各部门执行各自职能时产生的费用，还包括外包业务的各项成本费用，在对外包公司的相关考核完成后，将两项合并看作是一项业务外包管理工作产生的成本费用。专业部门成本费用考核流程如图 6-32 所示。

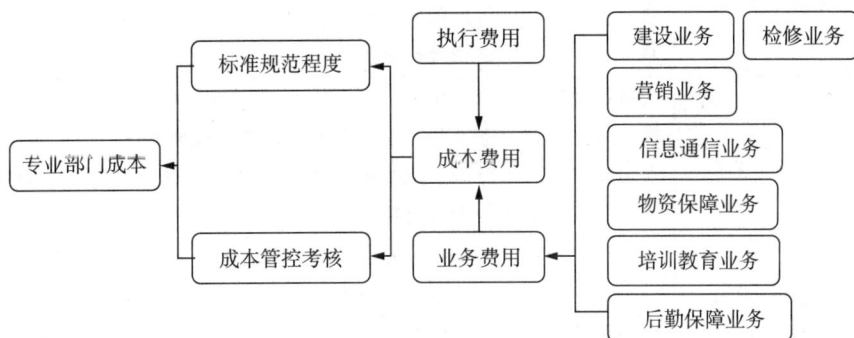

图 6-32　专业部门成本费用考核流程

在考核实施时，专业部门执行其职能时产生的费用在经过前两项指标考核后，将其中的费用标准和费用文件的考核情况作为成本费用判断的一项基准。同时也需要对其成本管控能力进行考核。外包公司执行外包业务时产生的成本费用经过单独考核后的考核结果作为另一项基准，对其标准性和管控能力进行考核，两项基准构成对于专业部门的成本费用判断指标。

d. 专业部门业务外包管理成熟度（具体内容见表 6-4）

业务外包管理成熟度以前三项指标为主要考核基准，对于这三个指标在考核中的比重可以进行适当改变，在管理条例并不怎么完善的前期，标准规范程度所占的比例可以加重，分配 20％～30％ 的比例。剩余的两个指标在考核中都有着举足轻重的地位，可以根据业务特点分配比例，比如在投入成本巨大的业务中，以成本费用为主，而在成本费用不太明显的业务中，可以提高文件符合程度的占比。

表 6-4　专业部门业务外包管理成熟度考核

考核对象	考核依据	考核内容
专业部门 业务外包 管理职责	标准 规范程度	满分 100 分，对执行职能时的标准规范程度进行完整性、规范性、合理性考核，若有缺失、少项或标准设置不合理导致损失等情况则酌情进行扣分
	文件 符合程度	满分 100 分，对执行职能时的文件实质性响应进行完整性、规范性、合理性考核，若有缺失、少项、因标准不合理导致损失等情况则酌情进行扣分
	成本 费用判断	满分 100 分，对专业部门执行职能的成本费用进行标准考核，若有费用基准缺失、少项或标准设置不合理导致损失等情况则酌情进行扣分

② 人力资源部门，以人力为基本元素，与考核中的人员标准和人员文件不同，这里人力的含义偏向于实际对人力的分配工作，该部门从定员标准、人工成本等方面执行相关职能。

a. 人力资源部门标准规范程度（具体内容见表 6-5）

表 6-5　人力资源部门标准规范考核

职责细分	考核内容
外包业务定员标准的制定	人员标准：对定员规定的制定人员进行标准考核 内容标准：对所制定的业务定员标准进行考核 费用标准：对进行该项职责的相关费用要进行统计归类，对其费用计算基准、统计步骤是否规范等进行考核
测算业务外包人工成本	人员标准：对测算外包人工成本的人员进行标准考核 内容标准：对业务外包人工成本的测算进行标准考核 费用标准：对进行该项职责的相关费用要进行统计归类，对其费用计算基准、统计步骤是否规范等进行考核
对各单位、各专业实施全口径人工成本考核	人员标准：对进行单位和专业人工成本的人员进行标准考核 内容标准：对业务外包人工成本的测算进行标准考核 费用标准：对进行该项职责的相关费用要进行统计归类，对其费用计算基准、统计步骤是否规范等进行考核
组织开展业务外包管理工作考核	人员标准：对进行业务外包管理考核的人员进行标准考核 内容标准：对管理工作考核的内容进行标准考核 费用标准：对履行该项职责的相关费用要进行统计归类，对其费用计算基准、统计步骤是否规范等进行考核

b. 人力资源部门文件符合程度（具体内容见表 6-6）

表 6-6　人力资源部门文件符合考核

职责细分	考核内容
外包业务定员标准的制定	人员文件：对参与制定的人员实际资质进行核查，是否符合相应的文件规定 内容文件：对制定出的外包业务定员标准是否符合定员标准文件中相应的规定进行核查 费用文件：对该项职责所花费的相关费用进行相应的文件核查

（续表）

职责细分	考核内容	
测算业务外包人工成本	人员文件：对进行测算人工成本的相关人员资质进行核查，是否符合文件规定	
	内容文件：对测算完成人工成本的相关内容、基准等进行严格核查，是否符合文件规定	
	费用文件：对该项职责所花费的相关费用进行相应的文件核查	
对各单位、各专业实施全口径人工成本考核	人员文件：对进行测算人工成本的相关人员资质进行核查，是否符合文件规定	
	内容文件：对测算完成人工成本的相关内容、基准等进行严格核查，是否符合文件规定	
	费用文件：对该项职责所花费的相关费用进行相应的文件核查	
组织开展业务外包管理工作考核	人员文件：对进行业务外包管理考核的相关人员资质进行核查，是否符合文件规定	
	内容文件：对管理工作考核的相关内容如指标、基准等进行严格核查，是否符合文件规定	
	费用文件：对该项职责所花费的相关费用进行相应的文件核查	

c. 成本费用判断

在业务外包考核内容中，人力资源部门的成本费用主要来自两个部分。第一个部分，从外包业务成本中提取的人力成本，进行标准性和管控能力的考核；第二部分，由于执行相应职能所要花费的执行成本，经过标准与文件符合考核后，可以作为考核的指标，对其进行标准性和管控能力的考核。

人力资源部门成本费用考核流程如图 6-33 所示。

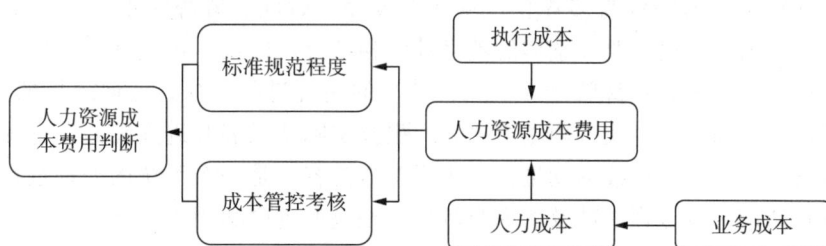

图 6-33　人力资源部门成本费用考核流程

d. 人力资源部门业务外包管理成熟度（具体内容见表 6-7）

表 6-7　人力资源部门业务外包管理成熟度考核

考核对象	考核依据	考核内容
人力资源部门业务外包职责	标准规范程度	满分 100 分，对执行职能时的标准规范程度进行完整性、规范性、合理性考核，若有缺失、少项或标准设置不合理导致损失等情况则酌情进行扣分
	文件符合程度	满分 100 分，对执行职能时的文件实质性响应进行完整性、规范性、合理性考核，若有缺失、少项、因标准不合理导致损失等情况则酌情进行扣分
	成本费用判断	满分 100 分，对人力资源部门执行职能的成本费用进行标准考核，若有费用基准缺失、少项或标准设置不合理导致损失等情况则酌情进行扣分

（3）项目（业务执行）

考虑到对外包业务考核的实施中包含了业务的安全、质量、进度、成本各因素，在此仅对其管理能力考核进行阐述。总体来说，在对相关标准和文件的数量和种类进行审查时，可以按照项目生命周期进行查找，对于必需的文件和标准进行核实。

① 在项目计划阶段，相应的招投标文件、设计文件、业务合同等业务相关规划文件应该按照项目的开始阶段所对应的流程进行数量、种类审查，对计划阶段所应执行的标准进行规范性检验；

② 在项目执行阶段，相关采购文件、定期汇报报告等业务相关文件应该按照项目执行阶段所对应的流程进行数量、种类审查，对检验规范等业务执行阶段所应执行的标准进行规范性检验；

③ 在项目结束阶段，验收报告、质量检测报告等业务相关文件应该按照项目结束阶段所对应的流程进行数量、种类审查，对验收规范等业务结束阶段所应执行的标准进行规范性检验。

7. 外包业务考核的实施

对于供电企业业务外包相关业务的考核，即供电企业对外包公司是否达到所预期效果的评估，同时也是从整个企业的内部变化来衡量业务外包的评价。由于供电企业本身的组织结构比较复杂，进行业务外包的动因并不完全相同，对业务外包能给企业带来的成果的预期也不尽相同，所以从企业内部重新确定了三个方面的评估内容，与管理能力方面的考核指标体系形成呼应，互为支撑。

（1）业务进度

① 进度编制

进度计划编制的内容较为多样化，从活动顺序、时间、资源等都需要系统的计划制订，除了进度计划之外也需要和整体的项目计划相结合，以项目进度计划指导控制项目计划的稳步完成。进度编制本身就是一个项目计划的制订过程，综合之前分析的所有因素，结合具体项目的详细要求以及各项基本要素，根据实际情况展开进度编制。进度编制能制订合理的进度计划，作为后续活动进行的主要参考内容，是一个系统的处理过程。按照这一要求来看，活动进行过程中涉及的内容较多，相应的进度编制也需要进一步完善，确保项目目标的实现。

② 进度管理方法

由于进度计划管理工作有着较强的系统综合性以及较高的技术要求，所以在当前的基建管理工作中，不仅仅采用人工管理的方式，还采取了信息化管理方法，比如挣值法、甘特图以及网络计划技术等方法。

甘特图以及网络计划技术主要用于进度计划管理工作的前期计划制订。除此以外，在进行追踪监测时也常常采用这两种方法。网络计划技术管理是利用制定的网络计划图，通过标注的时间参数清晰地表现出管理工作的流程。将施工顺序作为前提，对不同工作之间的关系加以明确并分析出工作重点，使管理效率得到提高。而甘特图明确顺序的方式主要是通过线状图标注，实际绘制并不复杂，但是比起网络计划图，它不能够对不同工作之间的关系加以明确，也不能标注工作中的重点环节，所以在应用甘特图的过程中应当和其他方法配合使用。

③ 考核办法

考核频率。外包业务大部分属于中小型业务，项目进度考核不宜过于频繁，计划实行周记录、月讲评、年考核的办法。每月通报月计划的执行情况，对周计划完成好的外包公司提出表扬，对完成不好的外包公司进行批评。

（2）业务质量

① 考核依据

设计、监理等单位下发的各类技术要求、设计变更（或补充说明）、监理指令及专业部门下发的各类技术措施、质量管理办法等为依据。

② 考核办法

a. 现场技术质检组每周做好考核，按月汇总进行质量考核，按月结算兑现。

b. 质量管理部门为质量考核归口部门，负责项目所有内部机组及作业队质量考核工作，并建立考核档案。

c. 根据每月考核得分情况来进行经济奖罚。

（3）业务成本

① 考核模式

a. 按照外包公司现行项目成本管理模板和相关管理办法，项目成本管理考核内容与项目成本两级核算相对应，包括二级考核内容：项目财务会计核算考核和项目直接成本核算考核。实施分层管理、逐级考核，各相关业务部门交叉考核、互相督促、闭环监督。

b. 外包公司的项目成本管理全面考核工作由其负总责，国家电网公司总部进行监督或者进行单独考核；各专业部门的项目成本管理考核工作由部门主管领导负责，各部门主任承担具体执行考核责任。

c. 项目财务会计核算考核由外包公司或各级财务部门负责具体执行逐级考核。

d. 项目直接成本核算考核由外包公司相关职能部门负责，除按照本细则要求之外，公司、成员单位相关业务部门要对项目直接成本核算中分管业务的执行情况进行跟踪落实，各相关业务部门可以结合专业内容分别制定补充考核标准和补充细则，制定具体的工作标准和检查细则，按照本细则规定周期，定期督促、检查、考核各施工单位项目直接成本核算和专业工作运转情况。公司所属产品生产、运维业务、无损检测、培训等单位参照项目成本管理考核细则。结合各单位业务特点，制定相应的成本管理考核细则，开展成本管理绩效考核工作。

e. 公司机关考核成员单位项目直接成本核算开展情况，抽查项目部；成员单位考核工程部和纳入核算的全部项目。

f. 项目成本管理考核纳入被考核单位绩效考核之内，实行季度考核和年度考核，考核结果作为被考核单位绩效工资和年终兑现计提依据。

g. 公司对成员单位考核项目成本管理工作采取项目财务会计核算和项目直接成本核算分项评分的办法，按照本细则评分标准分项打分后，以总得分值为权重计算各单位绩效薪酬额和兑现额度。

② 考核内容

考核项目整体经营情况，供电企业、专业部门、财务部门依据项目全面预算和项目经营合同，逐级对项目部经营成果进行绩效考核。主要考核内容有：项目毛利率、项目结算回款率、项目核增核减率、项目单项会计核算执行情况（主要考核项目收入确认、项目成本归集是否执行会计准则、公司管理制度和相关规定）。

（4）业务安全

落实项目管理人员的目标考核制度，目标责任制必须层层分解、层层落实。项目经理接受分项目考核，项目部由项目经理对项目所属管理人员进行考核。

① 考核目的

考核外包公司业务管理人员安全生产责任制的执行情况。督促业务安全生产责任制的贯彻落实，激励项目安全管理机制的正常运行。

② 考核对象

外包公司业务部各级管理人员，即业务经理、技术负责人、工长、安全员、质检员、材料员、机械管理员、班组长等人员。

③ 考核办法

a. 采用评定表打分办法，应得分为 100 分，依据考核项目的完成情况和评分标准打分（详见考核项目部分）。实得分 80 及其以上者为优良，70～80 分为合格，70 分以下为不合格。

b. 考核时间：每月月底进行一次考核。

c. 外包业务经理接受分项目考核，业务经理对项目所属管理人员进行考核。

④ 相关考核项目（以某项检修业务外包为例）

a. 业务经理安全生产责任制的考核项目：

贯彻安全生产制度规程、规定：上级有关的安全生产规程、规定、制度未传达的扣 15 分，未及时传达的扣 10 分。

项目安全技术审查与贯彻：项目的安全技术措施未组织审查的扣 5 分，未呈报批准的扣 4 分，未负责贯彻实施的扣 10 分。

周安全制度的落实：每周未计划、布置安全生产工作的扣 5 分，每周未检查的扣 5 分，每周未总结评比的扣 5 分

周安全专业会议：每周无安全专业会议的扣 10 分，对检查出现的隐患未按"定"原则解决的扣 8 分，未及时解决安全生产中存在问题的扣 15 分，未严格执行"管生产必须同时管安全"原则的扣 15 分。

三级教育、周一教育：未进行职工三级教育的扣 15 分，未进行周一教育的扣 5 分，未进行职工思想教育的扣 5 分，奖惩未兑现的扣 5 分。

工伤事故处理：发生工伤事故未及时上报的扣 10 分，发生事故而未能保护好现场的扣 5 分，未能提出改进措施的扣 10 分，未对责任人提出处理意见的扣 10 分。

隐患整改：未对未能及时整改安检部门提出问题的扣 10 分，安全生产不在受控状态的扣 10 分，不支持安全员工作的扣 5 分。

安全资料的归档：安全资料未及时整理归档的扣 10 分。

b. 对项目工安全生产责任制考核项目：

贯彻安全生产制度规程、规定：上级有关的安全生产规程、规定、制度未落实的扣 15 分，落实不及时的扣 5 分，组织生产违章指挥的扣 15 分。

安全技术交底：未组织实施安全技术措施的扣 10 分，未向班组进行安全交底的扣 10

分，未监督小组实施的扣 5 分。

对施工现场搭设脚手架、龙门架、安全网，安装的电气机械安全保护装置其中一项未进行验收的扣 20 分，验收不合格使用的扣 20 分。

违章处理：发现违章指挥的扣 10 分，不经常检查施工现场安全设施的扣 5 分，发现隐患不及时消除的扣 10 分。

周一教育周六检查班前安全教育：未坚持周一教育的扣 5 分，未进行周六检查的扣 5 分，未坚持新工人教育的扣 20 分，未坚持班组班前安全教育的扣 5 分。

工伤事故处理：工伤事故未及时上报的扣 10 分，现场未能保护好的扣 5 分。

c. 对项目技术（员）负责人安全生产责任制考核项目：

贯彻执行安全生产方针、规定、制度：未能协助项目经理贯彻安全生产方针的扣 20 分，对项目的安全技术负直接责任未执行的扣 20 分。

编制方案与安全技术措施：未组织一般工程施工组织设计编制的扣 10 分，未向项目技术员、工长及有关人员进行书面安全技术交底的扣 10 分，未编制冬雨季安全技术措施的扣 10 分，未组织实施的扣 5 分，未监督检查的扣 5 分。

安全规章制度学习：未能组织职工学习有关安全技术规程、规章制度的扣 5~20 分。

事故调查分析：未参加事故调查分析的扣 10 分，未制定防范措施的扣 20 分。

劳动条件的改善：未组织有关人员研究机具设备、消除粉尘和噪声、改善劳动条件的扣 20 分。

d. 对项目安全员安全生产责任制考核项目：

业务知识：经考试业务知识不合格的扣 20 分，不努力学习业务技术知识的扣 10 分。

贯彻执行安全生产规章制度：未认真贯彻党和国家的安全生产政策、有关条例、各项规章制度的扣 20 分。

监督、指导、检查：未监督实施各项安全措施安全交底扣 10 分，未制止违章指挥和违章作业的扣 10 分，未指导检查班组班前、班后安全活动的扣 10 分，未及时总结、推广、交流安全生产经验的扣 10 分。

安全设施验收：未参加各种安全设施验收工作的扣 15 分。

事故处理：未参与事故调查的扣 10 分，未提出处理意见的扣 15 分。

e. 对项目质检员安全生产责任制考核项目：

贯彻安全生产责任制度：未认真贯彻安全生产责任制度的扣 20 分。

监督验收：对基坑支护、模板工程未进行监督验收的扣 10 分，未对安全装置、现场设备进行验收的扣 10 分。

违章处理：未对违章作业、违章指挥进行制止的扣 15 分。

季节施工：未对冬雨期施工措施进行审查的扣 10 分，未监督实施的扣 10 分。

"四新"应用：未对"四新"监督实施的扣 10 分。

事故处理：未参加安全事故分析、调查、处理的扣 15 分。

f. 对项目材料员安全生产责任制度考核项目：

材料供应：项目安全设施材料未及时供应的扣 20 分。

建立供应商名录：未建立合格供应商名录的扣 15 分。

安全防护用品的保管：未对安全防护用品验收、取证、记录的扣 20 分，未做好验收状态标识的扣 10 分，未储藏保管好安全防护用品的扣 10 分。

材料堆放：未按平面布置图堆放材料的扣 10 分。

安全设施的检查试验：进入现场的脚手架、安全帽等安全设施和配件质量不合格的扣 20 分，未定期检查和试验的扣 10 分，对不合格和破损的未及时更换的扣 10 分。

施工工具：租用周转工具不安全的扣 15 分。

g. 对项目班组长安全生产责任制考核项目：

学习与遵守规章制度、安全操作规程：未严格遵守执行规章制度的扣 10 分。

安全交底：班前不开安全交底会的扣 10 分，安全交底不详细、不全面、不清楚的扣 5 分，违章作业、违章指挥的扣 10 分。

学习安全操作规程、安全制度：未经常组织学习安全规程、规章制度的扣 5 分，新工人入场未进行三级教育的扣 10 分，未严禁违章指挥、违章作业的扣 10 分。

安全检查：班前未对所用具、设备、防护用品及作业环境进行安全检查的扣 5 分，检查后发现问题未处理而继续作业的扣 10 分。

事故隐患：对现场安全隐患不解决的扣 10 分，不申报的扣 5 分。

工伤事故处理：对工伤事故不按规定处理的扣 10 分，工伤事故未组织分析原因、吸取教训的扣 20 分。

奖惩制度：不积极推广改进安全技术经验的扣 5 分，未严厉制止坏人坏事、鼓励优秀的扣 5 分。

（5）客户满意度

① 反馈渠道的建设

供电企业应当重视客户反馈相关的工作，清楚客户反馈的监督与评价作用。因此，供电企业要建设好相关沟通渠道，并保证相关渠道的公平公正透明原则，建设好举报电话、评价邮箱、反馈问卷、评价网页等等反馈的模块，对业务外包的相关工作展开过程监督、结果评价的机制。

除此之外，供电企业还可以加强其他方面的反馈建设，如从基层工作人员、同级部门的相关人员等等，可以根据此前的考核内容部分进行员工方面的反馈渠道建设。

② 客户反馈相关指标的设置

反馈的内容在对企业绩效的角度分析考核已经有涉及，作为评估业务外包绩效的一项重要考核内容，同时也是企业从外界审视自身的重要渠道，因此对反馈的内容要进行系统全面的了解，构建包括业务质量、业务建议、业务投诉等方面的客户满意度指标体系，具体指标设置见表 6-8。

表 6-8　客户反馈满意度指标

指标分类	特性指标	支撑指标
企业形象	企业文化 企业品牌	社会责任感 服务理念 员工形象 服务环境 服务水平

（续表）

指标分类	特性指标	支撑指标
客户期望	产品理想期望 服务理想期望	—
感知价值	电力性价比满意度 电价与其他能源价格 比较满意度	—
质量感知	供电质量	供电可靠率 电压合格率
	电费缴纳	抄表准确度 电费电价透明度
	服务质量	营业厅设施环境满意度 工作人员业务、办事效率满意度 办事流程公开度 工作人员的服务态度满意度 工作人员回复速度
	故障报修	抢修人员到达现场及时率 抢修速度满意度 业扩服务时限达标率 停电通知到户率
	咨询服务	技术咨询服务满意度 网上信息发布满意度
客户抱怨	供电抢修投诉率 投诉回复速度 投诉处理结果满意度	—

（6）业务总评价

① 是否增强了企业的核心竞争力

a. 外包后企业在国际市场占有率是否提高

由于外包公司专业化运作带来的业务服务能力的提升，帮助供电企业抢占市场，企业的市场占有率相比于业务外包前得到提升，该项评估内容可通过供电企业对市场用户量的分析进行定量评估。

b. 外包业务服务质量是否提升

该评估内容用于测度外包后的业务在质量、成本、客户满意度等方面的提升。供电企业可以通过业务的故障率、修复及时率、业务从受理到安装的时限、客户投诉率和客户满意度等多个方面评估内容的升降来定量评估业务外包后企业的服务质量和服务水平是否提升。

c. 技能人员的获取和利用及企业用工风险的降低

企业通过业务外包所获取的为其服务的优秀技能人员，这些技术人员通常是企业业务量急剧变化时急需且急缺的，通过外包方式将业务量变为外包费用，通过外包公司来获取足量和适合的优秀技术人员，增强了企业用工的灵活性。另外，企业通过业务外包而将原有需要承担的用工风险转嫁给业务外包公司承担，企业只需要根据需求对业务完成的质量提出要求而无须考虑用工风险的问题。

d. 资源集中于优势业务增强了企业的竞争力

供电企业将部分业务外包后，会释放一定的资源用于核心业务，包括人力资源、投资成本等等，此部分资源可为企业带来额外的市场竞争能力，该评估内容可以结合市场占有率和服务水平的提升等指标共同进行评估。

e. 技术退化风险是否规避

电力业务快速的技术变革常常使企业业务遭受质量下降、成本上升、市场份额降低等多方面的风险。业务外包后这种风险将部分转嫁给专业程度更高的业务外包公司，而供电企业本身也可节省部分培训费用。

② 是否降低了企业运营成本

a. 业务成本的降低

该评估内容用于测度外包所带来的企业运营成本的降低。供电企业通过比较外包前企业的用工成本、材料成本、管理成本和其他成本与外包后外包费用和因外包而增加的管理成本的差值来进行定量评估，由于业务外包的费用不是一成不变的，在企业对业务外包的管理日趋完善后，企业加强对外包成本控制所引起的成本下降，也可以进行定量评估。

b. 资本使用效率的提升

业务外包带来的业务效率和用户服务质量的提高也有助于企业的资本使用效率提升，可以通过计算产出效率与业务所占用资本的比例来进行评估。

③ 是否提高了企业的品牌和价值

a. 提高品牌价值

供电企业通过业务外包带来的服务质量的提升和服务时限的缩短，会不断提高用户的感知度，提高企业自身的品牌形象。供电企业可以通过对用户满意度的暗查、暗访以及企业内部服务管理系统中客户满意度的相关指标来进行评价。

b. 提高市场定价能力

企业通过获取外包公司提供的优质服务，并提高其产品知名度而增强了产品的市场定价能力。

6.6.4　考核结果与应用

从被划分实体的视角，分别从员工、部门、项目上展开对考核的结果列举与应用，其中员工将和部门以业务外包个人能力与相关专业知识为主要考核指标，项目则是从业务执行的过程，从计划的设置、执行的监督到结束的实质进行考核结果的统计。

1. 员工层面

（1）考核结果

① 基本能力考核结果

从供电企业的组织结构分别从每个结构的上级到下级进行员工层面的考核结果统计。

a. 职责履行情况

人力资源部门的员工是否贯彻执行国家电网公司、省公司有关人力资源规划编制的要求，组织编制、审核、发布人力资源规划，是否贯彻执行了国家电网公司、省公司机构编制管理的有关规定，组织制定本单位机构编制管理办法，建立相应的管理体系。

安全监察部门的员工是否组织贯彻执行党和国家的方针、政策和颁布的法律、法规，落实上级和公司发布的标准和现行规章制度文件。

运维检修部门的员工是否贯彻落实国家和上级有关电力生产方面的政策以及上级下达的文件规定、技术标准和管理制度，检查、督促、指导检修公司各生产工区、生产技术管理工作。

b. 工作技能

人力资源部门员工相关人员管理技能的成熟度。人员信息的处理调控能力，比如人事档案管理、绩效管理；对于人员的调用能力，保证业务不会有太大的缺口；人力资源相关事项的处理能力以及培训管理和薪酬管理等。

运维检修等专业部门员工专业业务的处理能力。即对于某一项业务处理的能力如何，运检部门的员工对于输电、变电、配电运检的相关业务处理能力如何。

c. 专业业务储备知识

人力资源部门员工是否熟练掌握人力资源有关本专业的管理理论与实务知识，是否熟悉国家和电力系统有关组织机构管理的政策规定，是否熟悉供电企业安全生产、经营管理的特点，是否了解供电企业各相关专业的工作和流程，是否了解现代企业人力资源管理的前沿知识。

专业部门中，营销部门员工熟悉本专业范围内的相关政策、法律、法规，具备电力生产、经营相关专业技能和实践经验，具有国家和电力行业要求的职业资格。运检部门员工是否熟悉国家和电力行业相关政策、法律、法规，熟悉电网运行、检修生产管理业务知识，是否掌握电力生产、电力企业管理业务有关的专业技术理论知识。

② 管理能力考核结果

a. 个人能力评价

从每个部门的上下级、同级、自我评价进行总结，无论是对领导还是对下级员工都进行完整的管理能力描述。对一个领导可以先对其综合素质进行评价，基于基本能力的考核结果，对于业务外包相关的针对指标，得出职责履行情况、工作技能等的综合评价。

b. 整体评价

对于一个部门的评价，需要考虑到员工的基本素质考核结果、基本能力考核结果、对于业务外包的管理能力考核结果，基于标准符合程度、文件规范程度、成本费用判断的指标结果进行部门方面的整体评价。

（2）考核应用

① 查缺补漏

a. 针对专业技能和知识的缺口，进行培训

主要针对专业部门的人员，除基本的业务知识外，基于相关考核指标结果，对其相关业务外包知识的掌握程度和熟练度进行一个评判，在此基础上，对其缺口进行补充。

b. 针对人员管理方面的缺口，进行弥补或加强

考核结束之后，对于某一项业务的人员因素能够进行更为细致的调整。在整个考核体系的加持下，可以将视角精确到某一个业务的政策，或者是某一个人对于政策的实行程度如何，可以更为清晰地观测到相关人员对于业务外包的实行程度，然后对其相关缺陷进行

警告或者惩罚。

② 激励惩罚

a. 职责履行不到位，进行惩罚

从业务外包的视角来看，供电公司的所有部门都是一个业务的管理者，但是对于管理范围、管理职能的划分依然有所不同，对于相关职责履行不到位的管理者，根据具体实行情况，进行扣除薪酬、奖金等惩罚，若能够超额完成相关管理任务，则可给予奖励。

b. 相关业务外包质量不达标，进行惩罚

对于质量的监控尤为重要，对于质量监控不到位的管理者，根据具体实行情况，进行扣除薪酬、奖金等惩罚。

2. 项目层面

（1）考核结果

① 计划

相应的招投标文件、设计文件、业务合同等业务相关规划文件应该按照项目的开始阶段所对应的流程进行数量、种类审查，检查对计划阶段所应执行的标准等的规范性如何。

② 执行

相关采购文件、定期汇报报告等业务相关文件应该按照项目执行阶段所对应的流程进行数量、种类审查，检查对检验规范等业务执行阶段所应执行的标准等的规范性如何。

③ 结束

验收报告、质量检测报告等业务相关文件应该按照项目结束阶段所对应的流程进行数量、种类审查，检查对验收规范等业务结束阶段所应执行的标准等的规范性如何。

（2）考核应用

① 标准、文件等的缺失，并对其业务进行统计

基于考核结果，对于相应阶段的标准规范程度、文件符合程度等进行评价，筛选出缺失或不合标准的文件，对其涉及的业务进行统计，并与相关部门进行核实后登记在案。

② 质量不合格的业务统计

质量的判断可以基于文件中所规定的相关业务指标，在文件合理的情况下，对有明显质量不合格或者不符合文件规定的业务进行统计，并将其登记在案。

③ 成本费用的管控，对超标的业务进行统计

成本费用基于费用的计算基准，计算基准也由相关文件最终确定。在确保文件合理的情形下，对项目的预算、结算等阶段相关费用指标进行动态的监控，在计算基准无变化的情况下，对费用过多的业务，或者超出费用限额过多的业务进行统计，并登记在案。

6.7 成本管控体系

6.7.1 组织机构

业务外包成本控制目标是力求构建出一套合理的成本控制体系，以帮助国家电网公司实现业务外包投入与产出间的平衡，促进产能间的良性互动。企业通过对外包过程中的经

济行为进行计划、组织、领导和控制，最大限度发挥其经济效益。为确保业务外包成本控制的有效开展，构建人员组织构架如下：

1. 领导小组

领导小组的组长及副组长由公司领导层担任。领导小组成员由成本管控所涉及的业务主管部门主要负责人组成。

关于业务外包成本控制，领导小组主要职责有：

① 全面负责业务外包各项工作，安排各部门的分工与协作，决策外包行为。

② 组织制定与公司不同发展阶段所赋予业务外包相适宜的各项成本管理制度，并督促其执行。

③ 配合资金计划、经济预算、评估外包合同及费用等。

④ 带头业务外包项目发展计划的制订，指导并审核各外包业务的成本测算。

⑤ 指导并督促业务外包组严格按制度与计划实施，确保外包过程中的经济行为合理合规及结果受控。

⑥ 建立健全公司业务外包全过程目标成本控制体系，指导并督促各阶段目标成本的编制、实施及后评估。

⑦ 审核（或审批）业务外包成本各类文件、记录。

⑧ 组织进行经济分析工作，积累完整的各项经济分析资料。

⑨ 负责业务外包成本管控工作的评价总结、绩效考核与团队建设。

2. 项目组

项目组由领导小组下设，项目组负责人由财务资产部主任兼任，负责落实领导小组交办的工作任务，制订总体工作方案，组织项目牵头部门分别制订具体方案；督导检查，协调解决工作中出现的困难和问题，对重大问题提出处理意见后报领导小组决策。

关于业务外包成本控制，项目组主要职责有：

① 全面负责业务外包各项工作，安排员工的分工与协作。

② 组织制定组内各项成本管理制度，并督促其执行。

③ 配合业务外包各部门之间的分工协作。

④ 负责外包公司名册的建立、更新、增删及外包公司资料的管理工作。

⑤ 参与业务外包计划的制订，负责编制业务外包成本预算。

⑥ 审核（或审批）业务外包各部门的成本核算文件、记录。

⑦ 组织进行业务外包经济分析工作，积累完整的经济分析资料。

⑧ 负责对项目组成本管控工作的评价总结、绩效考核与团队建设。

6.7.2　程序

伴随着企业业务规模的扩大，国家电网公司必然需要越来越多具备高专业水准和职业素养的优秀外包人才，业务外包成本日趋上升已成必然之势。成本控制就是通过一定的管理方法，对业务外包项目的确认、招标、执行、保障过程中的成本进行控制的过程，是成本会计的运用。其根本目标在于用较少的投入尽可能给企业带来较高的经济效益，提高管理效率，寻找业务外包投入产出之间的平衡点。同时，业务外包成本控制也是业务外包管理领域的一部分。此外，管理活动强调系统性，所以业务外包成本控制也应遵循业务外包管理体系，并依据业务外包管理方法合理、系统地展开。工作程序如图6-34所示。

1. 成立成本管控小组

成本管控小组的成立是形成完善管理体系的第一步。在业务外包领导小组的带领下，财务资产部主要负责各类外包业务费用总额管理，监控外包费用使用情况，定期进行汇总分析，配合人力资源部进行外包费用及外包人工成本核查与检查。要想保证外包角色的合理性，财务部门就应该推动业务部门在进行业务外包的选择中，对企业的运营状况和财务情况进行综合考虑，并且根据企业以及外部条件的变化进行实时的调整。此外，在企业的年度预算配置工作进行中，财务部门应该与物资部门、人力资源部门共同对业务部门在外包方面的预算进行严格的审核，保证预算的合理性。最后，财务部门应该对外包业务合同的签订、承包商对合同的执行以及后期的外包业务评价进行有效的监督、评价，使财务部门的职能得到充分发挥。

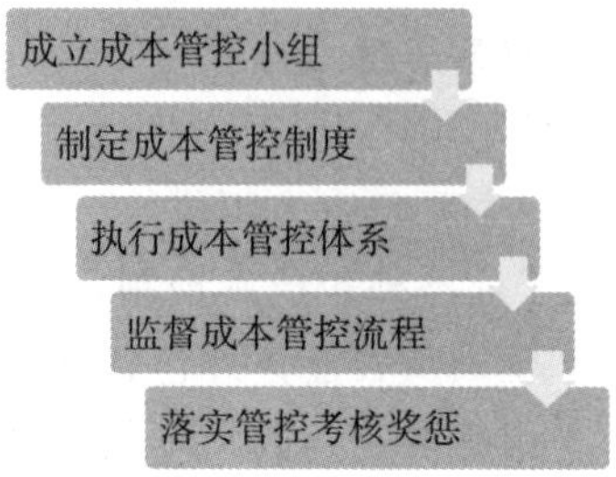

图 6-34 成本管控工作程序

2. 制定成本管控制度

制定成本管控制度是成本管控的有效保障。保证管控体系的良性运行，一定要有一套成本管理制度作支撑。财务部门应建立并实施一套严格有效的外包业务执行的内部成本控制制度，对各种人员成本和费用进行控制及监督，建立约束机制，使得企业各项成本处于受控状态，从而保证成本的有效控制。

3. 执行成本管控体系

执行外包业务成本管控体系是控制成本的重要一环。业务外包成本控制程序的主要内容是对外包项目在确认、招标、执行、保障的全过程中所支出的成本费用进行控制，一般包含定量控制和定性控制。不论是定量控制还是定性控制，都是为了实现业务外包成本控制的目标，也就是使业务外包的投入最大化地促进企业提高经济效益。结合国家电网实际情况，构建一套定量控制与定性控制相结合的业务外包成本控制体系，以帮助企业获得最大效益。

4. 监督成本管控流程

监督成本管控流程是保障有效成本控制的基础性工作。企业的成本管控可以说是无处不在，业务外包的每个环节、每个岗位、每个员工都有一定的成本节约空间。企业所有业务外包管理人员都是成本管理的主体，都应该是主动推行者。业务外包领导班子需要带头进行成本监督，对照已经建立的成本预算，实行监督控制。此外，要树立起员工的成本意识，建立起降低成本的主动性，才能使降低成本的各项具体措施、方法和要求顺利地得到贯彻执行和应用。企业所有外包相关部门都要主动进行成本管理，要将成本管理融入企业生产外包的全过程，引导各外包部门重视成本管理和控制。

5. 落实管控考核奖惩

在外包业务完善的考核机制基础上，企业要建立绩效考评体系，根据外包各部门成本管控指标的难易程度确定考核权重，实行考核奖惩。每月初财务报表出来后，逐一对照指标实施月度考核，每年底根据全年完成情况再与年绩效收入挂钩，超支的按比例扣减，节约的按节约值的比例给予奖励。形成"谁负责、谁控制，谁节约、谁受奖，谁超支、谁受罚"的考评制度，使每个员工有压力感，形成人人关心成本、全员控制成本的局面。

综上所述，一个完整的成本管控体系中，经过组织、制度、体系、反馈形成封闭循环，各项成本处于全程受控状态，每日、每月、每年周而复始地继续这种良性循环，企业成本可控水平得到提高，业务外包成本控制效果明显，企业的盈利能力不断攀升。

6.7.3　过程

为实现供电企业的成本管控目标，现将业务外包成本进行分类。结合定性与定量成本控制手段，得出业务外包成本管控体系模型，如图 6-35 所示，并根据此成本管控体系模型，将成本管控过程分为控制方法与执行流程两部分。

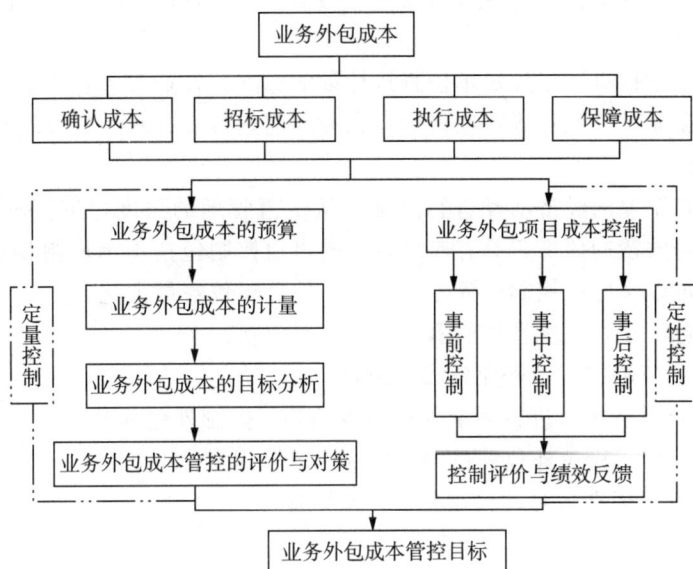

图 6-35　成本管控体系模型

1. 成本控制方法

（1）定量控制

定量控制，主要涉及业务外包成本各项目的计量和成本控制效果的分析。在掌握相关数据和财务指标的前提下，对各业务外包成本项目进行定量分析，并对业务外包成本整体控制进行综合评价，并在此基础上建立相应的定量管控体系。

① 预算控制法

预算控制是企业根据预算规定的收入与支出标准检查和监督各个部门的生产经营活动的控制。其作用是保证各种活动或各个部门在充分达成既定目标、实现利润的过程中对经营资源的利用，使费用支出受到严格有效的约束。预算内容包括收入预算、支出预算、现金预算、资金支出预算和生产负债预算等方面。针对业务外包项目，企业可采取预算控制法控制外包成本，包括外包项目预算、员工薪酬预算、外包管理预算等。制定合理的成本预算是定量控制的第一步，外包业务管理人员将获得评价的标准与考核的依据，以便于更好地控制外包成本预算。

② 目标成本法

目标成本是指企业在一定时期内为保证目标利润实现，并作为"合成"中心目标而设定的一种预计成本，它是成本预测与目标管理方法相结合的产物。在这里引用"合成"概念，意在说明预算要经多部门、众多员工的追求。目标成本是将成本水平控制作为工作的目标，目标成本的表现形式很多，如计划成本、标准成本或定额成本等，一般情况下此分类要比实际成本更加合理和科学。

企业的成本管理目标要以适合企业发展要求的管控理念为指导，必须在对企业成本管理的对象、内容、方法进行全方位分析的基础上建立起完整的成本管控体系，成本管控体系是指在成本方面的指挥和控制、组织，以建立有条理、低成本、高效率的成本费用控制体系，逐渐形成成本控制工作管理常态机制，做到事事有人管，人人有专责。目标成本法不仅要求外包业务的成本符合企业效益要求，还要满足企业的战略发展要求。

（2）定性控制

定性控制标准是指难以用计量单位直接计量的标准。在业务外包的成本管控中，定性控制的重点是根据业务外包各成本项目中存在的问题进行有针对性的控制和改善。

① 事前控制

事前控制是在企业的经济活动进行之前，从价值管理的角度，进行不同方案的选择、可行性研究以及对效益的评价。具有典型意义的事前控制包括预测控制和预算控制。通过事前控制，企业可以很好地控制业务外包成本，使外包效益最大化。

针对业务外包活动，成本管控的事前控制主要包括：

a. 明确外包业务范围，做好业务成本预算；

b. 在外包项目进行中，进行后期外包成本预测，控制外包规模；

c. 完善外包流程，避免外包项目中的可预测风险因素；

d. 制定外包费用标准，对外包业务进行预算管理。

② 事中控制

事中控制是指风险管理人员对事前控制环节形成的风险相关事项进行实时监控。换言之，事中控制可以通过对事前识别到的关键环节与关键事项设定相应的监控机制，一旦相关指标异常或触发监控报警规则，则代表风险的出现，此时企业的风险管理系统就会引发报警并实施风险应对。

针对业务外包活动，成本管控的事中控制主要包括：

a. 对正在进行中的外包项目展开费用统计，结合预算控制成本；

b. 分析外包项目成本支出，实时监控资金运行；

c. 建立外包工作台账。

③ 事后控制

管理工作的事后控制环节，是对事前控制和事中控制的结果进行汇总、分析和评价。开展完善切实的事后控制，是提升风险管理工作效率效果、形成风险管理闭环的必要环节。

针对业务外包活动，成本管控的事后控制主要包括：

a. 细化专业外包验收标准，根据外包具体情况改进标准；

b. 建立外包供应商评价体系，对外包单位进行考核；

　　c. 对外包业务质量进行评价，整改不足；

　　d. 完善外包供应商信息系统。

　　2. 成本控制执行流程

　　供电企业针对业务外包项目的成本管理业务流程如图 6-36 所示，主要将此业务分为三个阶段：第一阶段是按照计划执行业务外包项目；第二阶段是应对业务外包活动中不可预知风险，制定改进措施，纠正计划；第三阶段是依据合理计划流程执行至项目结算。以上说明了供电企业成本管控的基本业务流程，总体概括了供电企业成本管控流程中的工作内容。那么，如何组织业务外包项目成本控制的具体实施，如何保证成本控制的质量和效率，对达到预期的目标至关重要。在管理学的控制职能中，控制分为三个步骤，即制定控制标准、计算实际执行结果与控制标准的差异额、采取措施逐渐消除差异。大多数成本控制运用的正是这种反馈控制的方法。根据成本控制的程序并结合成本控制的特点和基本内容，形成供电企业业务外包成本控制的程序，如图 6-37 所示。

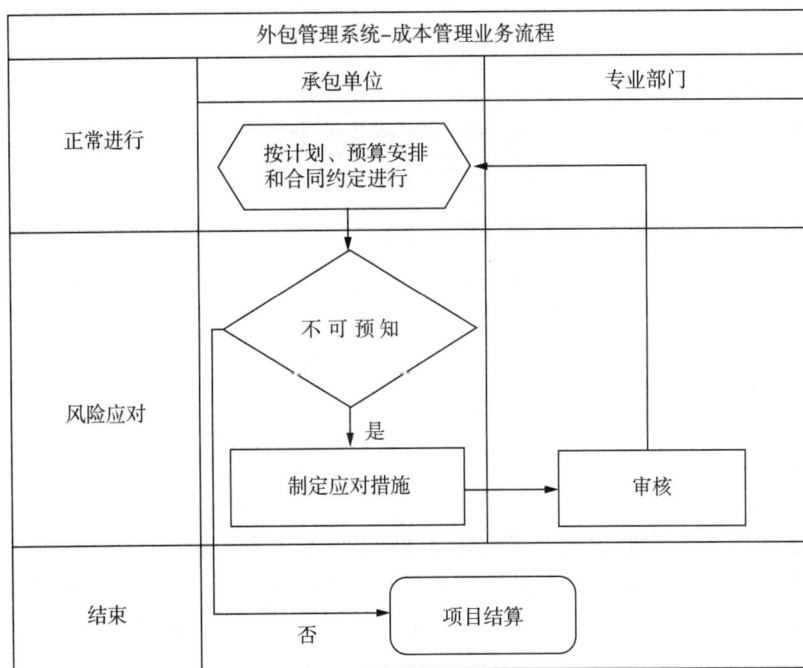

图 6-36　业务外包成本管理业务流程

　　（1）制定成本控制标准

　　制定成本控制标准是实施成本控制的基础和前提条件，没有标准也就无所谓控制。标准的制定，要本着先进合理、切实可行、科学严谨等原则。标准可分为最优标准和现实标准两类。最优标准是指在正常生产条件下所应达到的标准，它可以作为企业最终追求的目标。但是，企业在业务活动中经常受到来自内部和外部因素的干扰，使得正常的业务条件受到破坏，很难达到最优标准的水平。因此，需要根据企业的现实条件制定出现实标准。现实标准综合考虑了企业现实业务条件和可能产生的干扰因素。最优标准与现实标准是相互联系的，最优标准作为企业的奋斗目标，现实标准作为企业成本控制的控制目标。达到

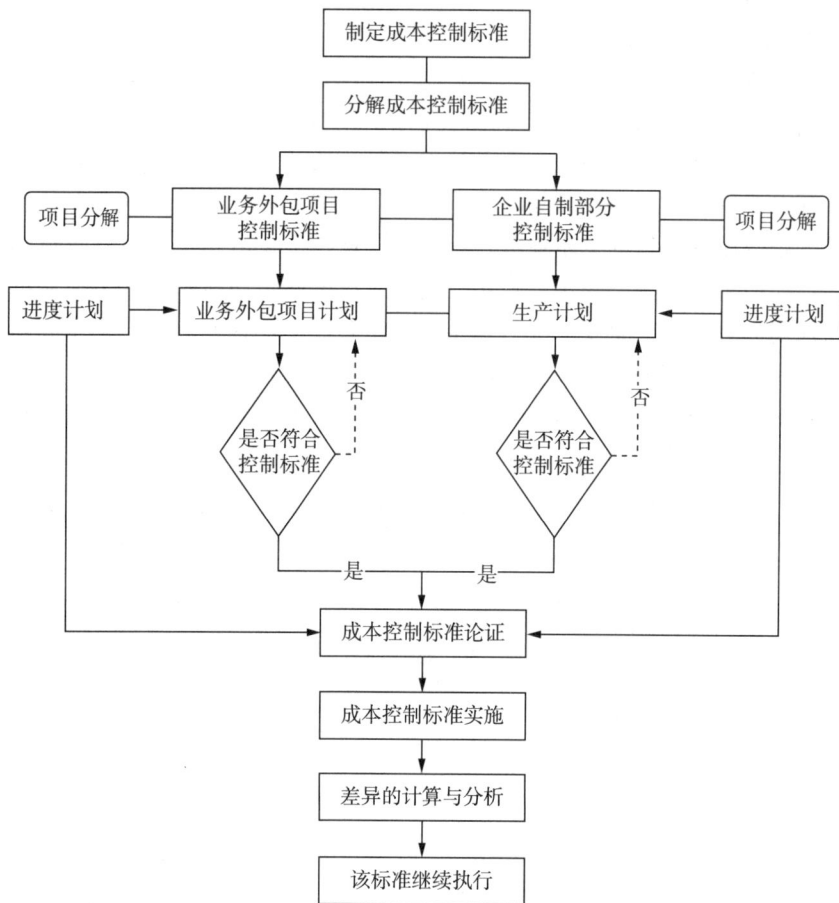

图 6-37 业务外包成本管控执行流程

现实标准后应创造条件逐步达到最优标准。这样既解决了因标准制定得不符合企业的实际情况而产生差异数额较大的情况，也能促使各责任单位努力创造条件，接近或达到最优标准。成本控制活动贯穿于企业经济活动的全过程。在经济活动的每个阶段，每项因素都必须制定相应的标准，形成一个成本控制的标准体系。

在这个标准体系里，既有总括性的标准指标，也有在该项总指标下的分指标。从国家电网公司总部来看，有计划达到各项总的控制目标，但这些总的控制目标要由各责任部门来实现，必须把它层层分解，落实到各责任部门。有了各责任部门的控制目标，便于考核各责任部门控制目标的执行情况。制定成本控制标准的对象也依其具体情况而有所不同。成本控制标准按一定期间的总额可分为固定标准和弹性标准。对一些总量指标如成本总额等，可采用固定标准，而对于诸如业务量、人工费用、材料消耗等，则可采用弹性指标，使其能在一定范围内随着外界条件的改变作出相应的调整，以利于更好地完成成本控制的任务。

（2）成本控制标准合理性论证

成本控制标准确定后，该标准是否合理，能否对它进行考核以及整个成本控制体系中标准有无遗漏等都需要论证。要组织有关部门和人员对控制标准进行详细论证，以使控制标准更加科学合理并具有可考核性。同时，要论证各责任部门的各项控制标准能否保证企业总控制目标的实现。例如，成本指标分解到各种外包业务或责任部门后，需要测算其能否达到企业总的控制水平，若高于该控制目标，就需要对分解的指标进行修订，反复测算，直到能保证实现总控制目标为止。成本控制标准论证是否准确，是各控制部门能否完成控制任务的前提条件。如果成本控制标准论证不充分，就会使得成本控制标准失真，不能真正起到成本控制的作用。成本控制部门在进行成本控制标准的论证时，应采用比较先进、科学的方法进行，使成本控制标准更加科学和可靠。

（3）制定实施控制标准的措施

标准制定后，就应采取适当的措施保证其实现。成本控制的措施应切实可行，每个环节、每个步骤都应有相应的措施来保证目标的实现。成本控制的标准制定出来后，应将其进行分解，落实到具体的责任单位和人员。成本控制的目的是要控制成本费用的实际发生额，最好使其出现有利差异。由于成本控制标准的实施工作是需要经过一定的努力才能够完成的，所以，要想达到成本控制标准的目标，是需要采取一定措施的。每个部门、每位职工，都应根据本单位或个人成本控制的任务，制定出相应的措施方案，以保证成本控制任务的完成。各单位或个人制定的成本控制的措施方案，应具有较强的可操作性，根据方案规定的具体措施，才能在实际工作中使用，并且取得一定的效果。

（4）成本控制标准的实施

成本控制标准的实施是保证成本控制质量、达到预期的控制目标的关键阶段。要依据供电企业在业务外包环节中所制定的各项成本控制措施和成本控制方法，对企业的经济活动进行控制，并采取适当的方法收集各种信息资料，对其进行加工整理，形成系统的成本控制资料。在实施成本控制时，一般是在业务运作活动中进行的，即所谓的事中成本控制，这就为实施成本控制带来了一定的难度。业务运作进行过程中有许多不确定的因素，有时，这些因素可能对成本控制产生有利的影响，也可能产生不利的影响。如何有效地化解不利因素的影响，充分利用有利因素，使这两方面的影响因素都有利于有效地进行成本控制，从而实现成本控制的目标。这是进行成本控制时的一种理想的方式，如何将这种理想方式转化为现实，需要成本控制人员和各个部门及全体职工的共同努力。非常明确的一点是，成本控制的实施阶段，主要就是对业务外包活动过程当中发生的经济业务进行控制，事中控制取得的效果是非常明显的，而不是事后控制。

在成本控制的实施过程中，企业的成本管理部门应经常地深入成本控制的实际中，进行调查研究，指导成本控制的实施，提出存在的问题。对于各部门之间出现的矛盾，应进行协调，使成本控制能达到预期的目标。

（5）差异的计算和分析

通过将成本控制实际资料和成本标准相对比，可确定实际脱离标准的差异额，并且要对差异产生的原因进行分析。在一般情况下，差异产生的原因很多，需要进行综合、全面的分析。特别是涉及不同部门之间的业务关系。有时，一种差异可能是由几个部门的工作所引起来的，不便于归属责任。差异的计算方法，也直接影响到差异额的大小。这就为企业成本管理部门进行差异原因的分析带来了一定困难。所以，在进行差异计算和产生差异的原因分析时，应特别注意协调各方面的关系，找出问题的症结所在，提出真实可靠、各方面都能认可的原因。

（6）差异的消除

对于成本控制中产生的差异，除了要分析产生差异的原因及其归属的责任部门外，还要提出具体的改进措施并反馈到经济活动中，以便及时消除差异，使企业实现既定的目标，这也是反馈控制的关键环节。提出的各项改进措施应切实可行，并具体落实到各责任单位和生产阶段，逐渐地消除差异。这样的过程可能不止一次，要经过几次反复，使改进措施不断完善，才能最终消除差异。当然，若是标准制定得不合理，则应考虑对控制标准进行修订。成本控制差异的消除不是一朝一夕就能完成的，因为差异产生的原因比较复杂，有的可能是成本控制标准制定得不合理造成的。在这些不利因素中，如果要想通过一个成本控制的过程就将其全部消除是不现实的，它需要一个比较长的时间或几个成本控制才能完成。因此，对于成本控制产生的不利差异不能予以消除，则应查明原因。它可能是控制标准制定得不合理、消除差异的措施不合适、差异产生的原因分析得不够准确等，应查明原因予以解决。

6.7.4 资源

资源是指凡是能被人所利用的物质。管理和控制成本的过程当然也会发生成本，运行一个行之有效的成本管理体系也要投入必要的资源，用较小的成本代价来替换较大的成本代价，以获取更大的利益。这就是成本的换取性。供电企业应识别和保证成本管理体系所需的资源条件，用较小的必要的管理成本来替换较大的不合理成本。对于企业的业务外包来说，有利的资源是实施成本控制的重要保障。比如信息系统的运用、人员的培训、奖惩和激励机制的实施等基础条件。

1. ERP 系统的运用

ERP 的中文名称是企业资源计划系统，它是指在信息技术基础上，以系统化的管理思想，为企业决策层及员工提供决策运行手段的管理平台，ERP 软件是企业进行业务外包成本管理的理想工具。ERP 系统主要包括销售管理、库存管理、生产管理、财务管理、人力资源管理等功能，可以帮助企业在业务外包过程中实现一体化管理，针对企业业务外包特殊需求还可以有针对性做个性化定制开发，功能强大、容易操作。如果国网公司能够使用 ERP 系统进行业务外包成本管控，消除企业信息孤岛，加速业务外包过程中各部门以及承包企业之间的信息传递，可以减少业务外包过程中发生的许多间接成本，组织协调生产过程费用等等。因此，供电企业在以成本管控制度为指导的前提下能对业务外包过程发生的人力成本、物力成本以及资金流向实施严格的管控，有助于构建健康可持续的业务外包成本管控体系，间接强化供电企业的核心业务，提高企业的核心竞争力。

2. 信息系统的运用

企业的信息化就是利用先进的管理理念和计算机技术的结合，有效地收集和处理与经营管理相关的信息，综合企业流程再造，实现效益最大化目标的过程。现代科学技术的发展，为供电企业业务外包成本管理信息的处理提供了现代化的工具。将计算机技术应用于业务外包成本控制，可大大提高业务外包项目的质量。如公司局域网和 LOTUS、EXCEL 等电子表格软件有强大的表格处理、数据库管理与统计图表处理功能，是办公自动化的常用软件。它们不用编程，灵活方便，使用成本低、效率高，利用这些软件可以方便快捷地辅助业务外包成本管理人员对项目成本进行预测、决策，并可对成本控制过程实施监控分析，做到及时监督、控制成本。

3. 人员的培训

供电企业的任何业务活动都是靠人来完成的。不管你制定什么样的制度还是流程，最终都是通过每个员工的不断努力来实施的。因此，如果要加强企业业务外包成本控制，必须重视人员的培训。由于我国目前还有不少的企业领导人和相关管理人员不懂业务外包成本的控制管理，因而对他们进行的设计、制订的计划、拟定的流程、采取的措施将对业务外包成本起什么作用、有多大的影响，一般心中无数。因此，加强业务外包成本管理，首要的工作在于提高广大职工对成本管理的认识，增强成本观念，强化技术与经济结合、生产与管理并重的原则，向全体职工进行成本意识的宣传教育，培养全员成本意识，变少数人的成本管理为全员的参与管理。供电企业应该高度关切成本专业人才的培养和使用，采取措施，积极举办各种类型的成本管理培训班，借以提高成本方面的专业知识，从技术经济领域开辟降低成本的广阔途径。在供电企业内部形成职工的民主和自主管理意识，提高公司管理者和会计人员的职业道德素养。作为公司管理者以及为管理者提供信息服务、参与经营决策的会计人员，要在实现最大效益的同时尽到自己的责任，一方面是增强法治意识，一方面是增强道德自律意识，增强道德责任心和责任感，保持职业良知，实现企业经济目标和人的道德水准的双重提升。

4. 奖惩和激励机制的实施

在日常成本管理中，积极运用心理学、社会学、社会心理学、组织行为学的研究成果，努力在职工行为规范中引入一种内在约束与奖惩激励机制，也不失为一种成本管控的资源。这种机制强调的是人性的自我激励，不需要任何外在因素的约束。改变企业常用的靠惩罚、奖励实施外在约束与激励的机制，实现自主管理，既是一种代价最低的成本管理方式，也是降低企业成本的有效管理方式。

（1）建立完善自我监督和互相监督的产品成本检查评价体系

在新的成本控制流程执行后，企业要建立完善的自我监督和互相监督的产品成本检查评价体系，对成本控制的效果进行检查评价；同时，在生产工人和成本控制比较关键的管理人员中形成一种良性的成本控制竞争氛围，每一个生产员工都成为一个产品成本控制单元，每一个成本控制单元都有成本控制监督机制，部门内部人员之间、部门与部门之间能够形成定期自我检查成本控制情况的氛围，在成本控制过程中做到互相学习成本控制方法、自我监督和互相监督成本控制效果，减少生产工序中的不合理浪费，消除管理工作中的无效铺张浪费，每一个人都成为成本控制的基础单元，在整个组织中起到基础性的作用，形成公司的产品成本控制效果。要定期进行部门内部人员的产品成本控制效果评价，定期对产品成本控制效果进行阶段性总结，提出上一阶段存在的问题，分析原因，解决问题；对下一阶段提出新的目标到期后评价，形成不断完善提高的成本检查评价体系。

（2）实施对业务外包成本控制实施效果的评价

为实现业务外包成本控制，要以利润战略目标为导向、年度成本目标为控制目标，以滚动执行不断改进为控制手段，全面业务外包成本控制管理从事前、事中、事后几个阶段严密控制国网公司的各级财务指标，从根本上保证供电企业的效益和管理质量，较好地实现业务外包成本控制的职能。

第 7 章
供电企业业务外包管理风险分析

7.1　概　述

7.1.1　风险概念

1. 风险

风险是指某种特定的危险事件（事故或意外）发生的可能性与其产生的后果的组合。风险最鲜明的特点是不确定性，即发生概率的不确定性和造成后果的不确定性。

2. 业务外包风险

业务外包风险主要源于业务外包活动的不确定性，主要体现在外包商或委托企业并不能及时准确地预测和控制风险的发生以及损失的大小，特别是业务外包过程中的委托代理问题，作为代理人的外包商可能出于自身利益，不能按照符合委托企业利益的方式进行业务服务活动，使业务外包的最终结果与期望达到的目标不一致，从而给委托企业带来损失[91]。

3. 风险矩阵

风险矩阵（Risk Matrix Method，RMM）是一种经典的风险管理方法，具有可行性强、辨识度高等特征，被广泛运用于风险管理之中[92]。风险矩阵，即在识别风险的基础上，将风险概率和风险后果综合评估，进而明确风险等级，提出风险防控措施。风险矩阵的应用主要有三个步骤：第一步是风险识别，即对尚未发生的、客观存在的各类风险进行系统的分析和归纳，风险识别是风险评价的前提与基础，未准确、全面地识别风险就不能客观、充分地进行风险评价；第二步是风险评价，即通过定性和定量等技术手段评价风险发生可能性和严重性，对损失频率和损失程度做出估计，确定风险指标值，进而与风险标准进行比较，确定风险等级，明确风险是否可以接受，风险矩阵主要应用于评价环节；第三步是风险控制，即风险评价的最终目的，在明确风险评价等级的基础上，对所有风险采取分类式、差异化的防控措施，力争做到风险不发生或风险发生造成的损失最小化。

7.1.2　风险管理理论

风险管理，即对可能产生的各类风险进行识别，在进行了科学而客观的分析与量化后，采取有效的方法对风险进行控制，降低风险的危害，是一个循环的过程。风险识别，是运用各种系统的、有效的方式对项目所面临的潜在的可能性进行综合的分析；风险评价，主要量化和评价风险发生的频率以及风险发生的重要性；风险防范是制订风险的应对计划并对风险进行有效的控制[93]。以上三步不断循环，方能对风险进行有效的管理。企业如何在充满着风险的环境下，完全识别出对自己可能造成影响的所有因素，并对其中的不利因素加以管理和控制，以保证项目能够持续稳定地运行，对企业来说具有重要的意义[94]。

风险管理本质上是在降低风险的收益与提高运营的成本这两者之间进行权衡的过程。良好的风险管理，可以帮助企业降低决策失误的概率，应对市场的不确定性因素。风险管理过程，是一个循环的过程，需要不断运用各种系统的、有效的方式对项目所面临的潜在的可能性进行综合的分析后，对于风险发生的频率以及风险发生的重要性进行科学分析，制订风险的应对计划，并对风险进行有效的控制[95]。

对于企业业务外包过程而言，首先必须对外包相关的风险进行识别，界定外包过程中哪些风险可能会对企业产生影响，然后量化这些外包风险的程度和危害[96]。不仅如此，实施外包的企业应当采用积极的措施来抵御外包风险，学会规避和降低风险发生的概率，在保持企业战略目标不变的情况下，改变目标实施方案的运作手段和路径，来降低已识别的某些风险的频率和危害性。企业有必要制订切实可行的外包风险应急方案，来应对企业可能面临的风险。

7.1.3 业务外包风险国内外研究现状

在业务外包的风险分析方面，Elock（2019）提出部分企业管理者在进行业务外包活动以后，对成本的变动情况没有进行有效的监管，最终造成业务外包活动没有为自身成本控制带来帮助[18]。企业进行业务外包活动的目的是把精力集中到核心业务中去，最终目的是降低企业产品的单位成本。如果企业管理者对于业务外包活动的成本监测工作开展不充分，当外包业务的成本增长时，企业业务外包活动的收益就必然会有所下降。而且一般情况下在进行业务外包活动以后，企业各个部门的工作人员往往需要承担额外的工作来与外包团队进行沟通，由此保证外包业务信息的对称性，如果此时业务外包成本增长，那么业务外包活动的收益就难以得到保证。

在业务外包的风险控制方面，Julie Yu 和 Chih Liu（2016）提出客户和供应商看待风险的见解可以用来帮助双方确定如何合作以成功实现外包[97]。成功的风险管理是成功实施业务外包的关键。但是，企业往往仅从客户或供应商的单一角度考虑风险管理问题，仅考虑一方观点而忽略另一方认为很关键的风险。因此综合双方对业务外包中存在风险的看法有助于成功实现外包。

Saleh Fahed Alkhatib（2015）提出数据信息技术的有效应用也是降低业务外包风险的重要途径。在数据信息技术迅速发展的基础上，借助数据管理平台能够保持对于业务工作的实时监管，同时根据企业经营发展的实际情况及生产过程中的信息变化，也能够判断出现阶段业务管理工作中是否存在问题[98]。所以企业应该结合业务外包管理工作的具体情况，有针对性地构建业务外包管理信息平台，保持对于业务外包信息的持续关注。

Naomi Wangari（2014）提出在进行业务外包管理工作的过程中，公司应该加强对于风险的实时监控，通过构建有效的风险管理制度来形成对业务外包管理活动的有效约束[99]。公司进行业务外包管理并不意味着失去了对外包业务管理工作的主动权，公司应该通过内部控制、制度优化与完善等方式保持对于外包业务管理活动的持续监管，用科学的风险管理制度与体系形成对外包业务风险的有效管控。

余平（2021）提出风险控制的策略：重视采购过程中的风险环节管理和控制，落实合同审签程序，完善外包业务管理制度和工作流程，充分利用信息化手段，提升外包业务管理水平[100]。

因此，在进行业务外包活动前，公司应该进行科学的需求调研分析工作。由于业务外包活动对于整个公司生产经营环节产生的影响都是非常明显的，通过全面的需求调研分析能够了解到不同部门对于现阶段业务外包管理工作的具体需求，这有助于需求分析工作的合理开展。同时在进行风险控制工作的过程中，应该结合业务活动开展的现实情况来有针对性地制定风险预案，当业务活动出现风险时，及时根据预案中的内容来进行风险控制。

7.2　供电企业业务外包风险管理

7.2.1　供电企业业务外包风险管理含义

供电企业业务外包风险管理是指在供电企业业务外包过程中，针对可能发生的潜在风险，利用风险管理技术实施相应的管理和控制的过程。在供电企业业务外包中，供电企业通过建立风险管理组织，首先对业务外包过程中的风险进行识别，然后对业务外包过程中的风险进行分类，并评价风险发生的可能性大小以及由此导致的损失严重性大小，最后制定业务外包风险的控制策略，防范供电企业业务外包环节风险的产生，降低风险带来的损失，实现风险管理的有效性。简单来说，即以最小的成本保证供电企业业务外包的最大安全。供电企业业务外包风险涉及两个比较重要的方面：一是业务外包过程的风险，即业务外包中遇到的信息不对称问题产生的逆向选择与道德风险等；二是供电企业业务本身的风险，这是由供电企业业务的特性所决定的。因此，业务外包过程的风险是供电企业业务外包风险管理中直接面对并须控制的风险，但供电企业业务本身的特点将会影响业务的外包风险，进而影响供电企业业务外包的风险管理过程。

7.2.2　供电企业业务外包风险管理特点

1. 投资规模大、周期长导致供电企业业务外包风险管理整体难度较大

供电企业业务的投资规模比一般的项目要大出很多，投资周期相对也较长，因此业务外包过程也会持续较长时间，这就整体提高了风险管理的难度。另外，供电企业业务的运行稳定性很难保证，因而经常发生延长工期、修改初始计划等问题，这些不仅进一步延长了业务的投资周期，更给风险管理带来了极大的挑战。

2. 业务的阶段性和全局性导致供电企业业务外包风险管理的复杂多样性

业务外包具有阶段性，而且每一阶段面临的风险不尽相同，因而使风险管理的重点及具体内容也产生较大差异。另外，在业务外包执行阶段，供电企业业务建设本身也具有多阶段性的特点，在业务建设及运行的不同阶段，业务的风险类型变化很大。而全局性是指供电企业业务的一些因素贯穿于整个业务外包及运行过程，特别是人员、资金、技术、环境、法律以及政策等因素，这些因素引发的风险也遍布于业务发起到竣工的各个阶段并相

互关联，例如业务遇到技术性问题，不仅会造成业务停工，延长工期，反而有可能对以后的运营产生较大的不确定性。这些风险使供电企业业务外包风险管理更加复杂化，因此，对风险的识别、评价以及控制不仅需要综合考虑这些因素的影响，也应该重视时间维度上风险的变化。

3. 业务繁多，要求较高素质的专业型人才和综合型人才

供电企业的业务涉及范围比一般项目更加广泛，包括工程设备设计与生产、工程施工、运营管理等方面，每一个方面还存在更多的业务细分。这些繁杂的业务要求供电企业招聘专业型人才，以实现对具体业务的风险识别、评价，以期对外包项目得到有效控制，降低信息不对称问题，减少道德风险行为的发生。同时，供电企业更需要选择素质较高的综合型管理人才。一方面在专业型人才对各类业务做出有效的风险识别、评价的基础上，综合评价业务的内部风险，以及业务所面临的技术、环境、政策等外部风险，以较低成本选择优质的外包商，实现业务外包决策阶段风险管理的有效性；另一方面，对业务外包执行过程的风险，特别是道德风险行为，管理人员需要综合考虑各方面因素，通过激励、约束、监督等机制进行合理的契约设计，做好风险管理工作。

4. 外包商的多类型与多质性增大了外包风险识别和控制难度

供电企业业务外包的外包商不仅类型较多，而且质量差异较大，这是因为供电企业业务本身技术综合性较强，涵盖业务范围很广。其中，工程建设公司、设备供应商、监理公司、咨询公司等服务水平参差不齐，例如外包结算一般是外包商竣工并且经供电企业验收合格后进行，同时这个操作过程必须通过各方的审核，才能结算费用。但是实际的业务外包中，违规现象频发，特别是成本控制不足导致超出预算，而不得不拖欠费用，造成各承包单位之间合作难以进行，给供电企业业务方面带来极大的风险。

5. 业务工作的高技术性使供电企业业务外包道德风险加大

供电企业业务不仅规模大、周期长，业务本身的风险也是极大的，且复杂多变，是一个不确定因素、随机因素以及未知因素综合影响的复杂系统。不确定风险主要体现在技术密集、自然条件影响大、对政策法规敏感性强等特点。这些因素往往是难以评价甚至是不可控的，这就极大地增加了供电企业业务外包在执行阶段控制策略的不确定性，一旦遇到此类风险的发生，很可能造成整个业务外包过程的失败，损失巨大。

这些未知的风险给业务外包风险管理增加的难度是客观必然的，但是更大的风险来源于更多的主观性风险，即道德风险。由于供电企业业务技术涉及范围非常广泛，且水平较高，外包商可能出于自身利益不愿进行技术性改进，从而损害了供电企业的利益。而风险管理对这类道德风险的控制力很弱，同时这类问题极大地增加了风险控制的难度，管理者只能通过一些激励手段降低此类风险发生的可能性，并由此付出高额的成本。

7.3　供电企业业务外包风险识别

业务外包风险识别是业务外包风险评价分析与控制工作的基础[101]，我们运用文献梳理法和行业专家调查法对供电企业业务外包风险识别展开了研究，即在梳理业务外包的共同风险和供电企业业务外包的行业风险的基础上，与供电企业业务外包的研究学者、供电

企业组建的专业从业者共同研讨，得出供电企业业务外包可能面临风险的一致结论。经过研究，供电企业业务外包可能面临决策风险、合同法律风险、过程管理风险和用工风险等，每类风险均包括若干个具体风险，具体见表7-1。

7.3.1　决策风险

任何一种决策，都是由供电企业或者外包商及其员工在一定环境下、按照一定程序做出的。每一个决策不仅仅是一个客观过程，还涉及大量的个人的情感以及价值判断等主观因素。因此，导致业务外包决策风险的因素有客观方面的因素，也有主观方面的因素。客观因素如信息不充分不可预知的因素发生、决策机制不健全等；主观因素如决策者的能力不足、价值观不正确，受情绪、成见影响导致判断失误。通过对供电企业业务外包资料的整理，我们概括出以下几项决策方面的风险：合规风险、逆向选择风险、转包风险、决策风险、内部员工风险，具体见表7-1。

7.3.2　合同法律风险

通过实地调研，我们收集了供电企业业务外包的相关资料，然后对供电企业现有涉及业务外包的合同管理、外包项目人员监管等方面的规定进行全面梳理，可以概括有关合同法律方面的风险有需求企业合同风险、信息不对称风险、供应商合同风险、政策法律风险与合谋风险，具体见表7-1。

表7-1　供电企业业务外包风险描述

风险类型		风险描述
决策风险	合规风险 R_1	实际业务与《国网安徽省电力有限公司业务外包管理暂行办法》中规定的业务难以实现精准对应，部分业务无清晰规定能否外包所产生的风险
	逆向选择风险 R_2	外包商提供不准确或虚假的信息导致供电企业误选不合自身情况的外包商
	转包风险 R_3	外包商不符合供电企业的要求而出现分包或层层转包的风险
	决策风险 R_4	核心业务和非核心业务处理不当带来的决策风险，如重大安全隐患、核心技术流失等风险
	内部员工风险 R_5	项目计划实施过程中，由于外包决策的影响，外包工作责任人未能履责尽职，出现外包不规范或有损企业整体利益的风险
合同法律风险	需求企业合同风险 R_6	无法完全预测到未来合同执行时可能出现的所有情况及解决办法的风险
	信息不对称风险 R_7	供电企业由于外包业务信息不对称导致合同签订不规范的风险
	供应商合同风险 R_8	外包商在履行合同约定时无法达到条款要求导致供电企业产生相应经济损失的风险
	政策法律风险 R_9	合同签订双方法务能力不足、审核不严，导致合同不符合法律和相关行政法规的风险
	合谋风险 R_{10}	业务承包单位与供电企业员工合谋导致出现重大廉洁、经济损失的法律风险

（续表）

风险类型		风险描述
过程管理风险	额外成本风险 R_{11}	除了完成业务所需的经济成本外，可能需要支付如外包商风险成本、监督管理成本、违约成本、验收成本等额外成本的风险
	管理流程风险 R_{12}	现有业务外包管理仅限于业务部门内部，相关专业部门没有进入管理流程，对业务外包缺乏监督与审核，不能实现闭环管理导致的风险
	道德风险 R_{13}	外包商利用其拥有的信息优势提供非达标产品或服务，致使供电企业蒙受损失的风险
	信息泄露风险 R_{14}	外包后供电企业内部核心业务有关的重要数据信息被泄露以及盗用的风险
	服务失败风险 R_{15}	由于不确定性，外包商提供的服务没能达到供电企业可接受的最低标准，给供电企业造成经济损失的风险
	跨文化沟通风险 R_{16}	文化背景的差异使双方存在沟通困难或理解偏差而影响业务外包顺利进行的风险
	管理职责风险 R_{17}	受限于相关规定，供电企业难以履行管理职责，而外包商管理能力不足引起的风险
	员工认知风险 R_{18}	供电企业员工对外包模式的认知存在问题影响外包成效无法达到预定目标
	创新风险 R_{19}	过度依赖外包商使部分业务失去创新动力，业务能力停滞不前，而外包商此时可能会变成新的竞争对手，进而对企业的竞争地位造成威胁
	议价风险 R_{20}	同一单位的外包业务由单一供应商承揽，供应商缺乏竞争，失去议价能力风险
	服务内容风险 R_{21}	外包商服务内容与法律规定要求不相符，产生的安全、经济等风险
	经营风险 R_{22}	供电企业管理不严，供应商冒用供电企业身份从事经营活动，产生的供电企业名誉损失及其他连带责任等法律风险
	费用来源风险 R_{23}	业务外包的费用来源无明确规定，各单位费用来源渠道不一导致的风险
	验收风险 R_{24}	外包业务验收评价机制不健全，合同约定的工作质量、技术要求不清晰，仅凭合同决算费用导致出现有损企业利益的风险
	费用核算风险 R_{25}	供电企业外包业务缺乏价格费用核算标准，导致同类业务外包费用出现较大差异的风险
用工风险	超定员风险 R_{26}	超定员使用业务外包用工，供电企业自有用工劳动效率持续下降的风险
	员工外包风险 R_{27}	业务外包员工离职率或流动性过高，外包单位频繁更换用工导致工作质量难以达到合同约定的风险
	假外包真派遣风险 R_{28}	形式上签订的是外包合同但实际上是派遣，劳动者仍然由供电企业直接进行管理，出现"假外包、真派遣"的风险
	薪酬社保缴纳风险 R_{29}	外包用工薪酬社保未按国家规定缴纳，与供电企业存在业务合同关系连带出现的用工风险
	劳动关系风险 R_{30}	供电企业内部管理机制不健全，长期使用外包用工产生的劳动关系纠纷或诉讼的风险

7.3.3　过程管理风险

业务外包管理运作过程中，可能会因信息不对称、管理不善、判断失误等影响供电企业业务外包过程管理的水平。这种过程管理风险具体体现在构成业务外包过程管理体系的每个细节上，业务外包过程管理的关键点在于规范业务外包管理职责及权限，明确各个环节的职责。从供电企业业务外包项目招标、签约、合同履行、实施过程、监管到成果验收、费用结算的每个步骤，都要确保严格按照业务外包的方式管理。经文献整理和实地调研可以概括出过程管理方面的风险具体有：额外成本风险、管理流程风险、道德风险、信息泄露风险、服务失败风险、跨文化沟通风险、管理职责风险、员工认知风险、创新风险、议价风险、服务内容风险、经营风险、费用来源风险、验收风险、费用核算风险等十几类，具体见表7-1。

7.3.4　用工风险

劳务派遣是指有经营资质的劳务派遣企业与接受劳务派遣的用工企业签署派遣协议，明确由派遣企业委派与其具有合法劳动关系的劳动者至用工企业进行具体工作的用工形式。劳务外包是指由企业将部分非核心业务安排具体的外包服务企业，由其自行安排相关的人力，根据外包协议完成相应职能工作的用工形式，类似于承揽合同。但在实际运用中，这两种用工形式仍存在一定的用工风险。根据《中华人民共和国劳动合同法》及《劳务派遣暂行规定》等相关规定，劳务派遣劳动者享有同工同酬、职业培训、参加工会、权利救济等权利，相应的用工企业负有用工比例限制、用工管理及考核、连带赔偿责任、设备场地提供义务及可能面临行政处罚风险。劳务外包在不违反劳动法及劳动合同法等法律法规禁止性规定的情况下，劳动者薪酬、考核由外包公司自行商定，与用工企业无关联。在供电企业业务外包中，根据文献搜集和专家调查总结出了超定员风险、员工外包风险、假外包真派遣风险、薪酬社保缴纳风险和劳动关系风险几类，具体见表7-1。

7.4　供电企业业务外包风险评价

问卷调查法是风险评价调查较常用、较成熟的方法。采用问卷调查法对供电企业业务外包风险评价进行调查。基于供电企业业务外包风险识别，回答了"评价什么风险"的问题；基于供电企业业务外包风险评价设计，回答了"怎样评价风险"的问题。以此为基础，设计了供电企业业务外包风险调查问卷，问卷主要内容是运用李克特五点量表评价供电企业业务外包各项风险的发生可能性和严重性。

7.4.1　风险发生可能性等级设计

风险发生可能性是指被调查者认为风险发生的概率大小。这里采用李克特五点量表对供电企业业务外包风险发生可能性划分等级并赋予分值，分为基本不可能、概率较小、较可能、可能性大、极为可能五个等级，依次对应赋予1、2、3、4、5分的分值，具体见表 7 - 2。

表 7 - 2　供电企业业务外包风险发生可能性标准

风险发生可能性 P	代　码	分　值
基本不可能	Pa	1
可能性较小	Pb	2
较可能	Pc	3
可能性大	Pd	4
极为可能	Pe	5

供电企业业务外包风险发生可能性矩阵为：

$$P_r = \begin{vmatrix} P_{a_n} \times 1/N \\ P_{b_n} \times 2/N \\ P_{c_n} \times 3/N \\ P_{d_n} \times 4/N \\ P_{e_n} \times 5/N \end{vmatrix}$$

其中，P_r 代表风险 r 的发生可能性，P_{a_n}，…，P_{e_n} 代表选择相应风险发生可能性的样本数，N 代表样本总数。

风险发生可能性得分即为风险发生可能性各项的总和，计算公式为：

$$P_r = \sum (P_{a_n} \times 1 + P_{b_n} \times 2 + P_{c_n} \times 3 + P_{d_n} \times 4 + P_{e_n} \times 5)/N \tag{1}$$

7.4.2　风险发生严重性等级设计

风险发生严重性是被调查者认为风险造成的严重程度。这里采用李克特五点量表对供电企业业务外包风险发生严重性划分等级并赋予分值，分为基本无影响、影响较小、一般、严重、极为严重五个等级，同样依次对应赋予 1、2、3、4、5 分的分值，具体见表 7 - 3。

表 7 - 3　供电企业业务外包风险发生严重性标准

风险发生严重性 S	代　码	分　值
基本无影响	Sa	1
影响较小	Sb	2
一般	Sc	3
严重	Sd	4
极为严重	Se	5

供电企业业务外包风险发生严重性矩阵为：

$$S_r = \begin{vmatrix} S_{a_n} \times 1/N \\ S_{b_n} \times 2/N \\ S_{c_n} \times 3/N \\ S_{d_n} \times 4/N \\ S_{e_n} \times 5/N \end{vmatrix}$$

其中，S_r 代表风险 r 的发生严重性，S_{a_n}，…，S_{e_n} 代表选择相应风险发生严重性的样本数，N 代表样本总数。

风险发生严重性得分即为风险发生严重性各项的总和，计算公式为：

$$S_r = \sum (S_{a_n} \times 1 + S_{b_n} \times 2 + S_{c_n} \times 3 + S_{d_n} \times 4 + S_{e_n} \times 5)/N \tag{2}$$

7.4.3 风险评价结果分析

以安徽公司下属的市、县供电公司为调查对象，对参与供电企业业务外包的相关专业从业者发放调查问卷，由上述人员对供电企业业务外包风险发生可能性（P）以及风险发生严重性（S）进行评分，最终收集实际有效问卷 35 份，进而完成对问卷的信度和效度分析，最后对评价结果进行详细分析，见表 7 - 4。

1. 信度和效度分析

表 7 - 4 Cronbach 信度分析

项　　数	样本量	Cronbach α 系数
60	35	0.974

从表 7 - 4 可知：信度系数值为 0.974，大于 0.9，因而说明研究数据信度质量很高，可用于进一步分析。

表 7 - 5 KMO 和 Bartlett 的效度检验

KMO 值		0.813
Bartlett 球形度检验	近似卡方	17713.289
	df	2775
	p 值	0.000

使用 KMO 和 Bartlett 检验进行效度验证，从表 7 - 5 可以看出：KMO 值为 0.813，KMO 值大于 0.8，研究数据非常适合提取信息，从侧面反映出效度很好，可以进一步分析。

2. 风险矩阵分析

将供电企业业务外包风险发生可能性得分划分为 0—1（含）、1—2（含）、2—3（含）、3—4（含）、4—5（含）五个等级，风险发生严重性得分划分为 0—1（含）、1—2（含）、2—3（含）、3—4（含）、4—5（含）五个等级，基于不同等级的可能性得分和严重性得分，构建见表 7-6 的供电企业业务外包风险矩阵。

表 7-6　供电企业业务外包风险矩阵

严重性＼可能性	0—1（含）	1—2（含）	2—3（含）	3—4（含）	4—5（含）
0—1（含）	L	L	L	L	M
1—2（含）	L	L	M	M	M
2—3（含）	L	M	M	M	H
3—4（含）	L	M	M	H	H
4—5（含）	M	M	H	H	H

见表 7-6，供电企业业务外包风险等级分为三个级别，分别运用英文首字母的 L、M、H 表示。等级越低，表示风险越可以接受，只需对风险进行管理审视；等级越高，表示风险越不可以接受，越要采取有效措施，防范并消除风险。

根据供电企业业务外包的风险评价矩阵，通过分析得出：供电企业业务外包风险整体处于 H 等级风险和 M 等级风险两个等级中，具体见表 7-7。其中，内部员工风险R_5、信息泄露风险R_{14}、服务失败风险R_{15}、创新风险R_{19}、验收风险R_{24}、费用核算风险R_{25}、员工外包风险R_{27}、假外包真派遣风险R_{28}为 H 等级风险，需要供电企业重点关注；合规风险R_1、逆向选择风险R_2、转包风险R_3、决策风险R_4、需求企业合同风险R_6、信息不对称风险R_7、供应商合同风险R_8、政策法律风险R_9、合谋风险R_{10}、额外成本风险R_{11}、管理流程风险R_{12}、道德风险R_{13}、跨义化沟通风险R_{16}、管理职责风险R_{17}、员工认知风险R_{18}、议价风险R_{20}、服务内容风险R_{21}、经营风险R_{22}、费用来源风险R_{23}、超定员风险R_{26}、薪酬社保缴纳风险R_{29}、劳动关系风险R_{30}为 M 等级风险，仍然需要供电企业给予关注，进行风险管理。

表 7-7　供电企业业务外包风险等级

风险因素	可能性得分	严重性得分	风险等级
R_1	3.06	2.86	M
R_2	2.97	3.37	M
R_3	2.94	3.26	M
R_4	2.94	3.26	M
R_5	3.14	3.26	H
R_6	2.86	2.80	M
R_7	2.66	2.71	M
R_8	2.94	2.91	M
R_9	2.66	2.71	M

（续表）

风险因素	可能性得分	严重性得分	风险等级
R_{10}	2.63	2.97	M
R_{11}	2.80	2.83	M
R_{12}	2.94	3.00	M
R_{13}	2.86	3.09	M
R_{14}	3.23	3.43	H
R_{15}	3.14	3.06	H
R_{16}	2.63	2.74	M
R_{17}	3.00	3.06	M
R_{18}	2.71	2.80	M
R_{19}	3.29	3.26	H
R_{20}	2.94	2.94	M
R_{21}	2.66	2.77	M
R_{22}	2.80	3.06	M
R_{23}	2.94	2.97	M
R_{24}	3.23	3.17	H
R_{25}	3.11	3.09	H
R_{26}	2.97	3.06	M
R_{27}	3.17	3.09	H
R_{28}	3.26	3.17	H
R_{29}	2.89	2.89	M
R_{30}	2.83	2.86	M

3. 风险可能性和严重性分析

整个调查共收集专家填写有效问卷 35 份，对有效问卷展开统计分析，计算供电企业业务外包风险发生可能性得分和严重性得分。如图 7-1 所示，风险发生可能性得分在 3—4（含）和 2—3（含）两个等级。其中，可能性得分处于 3—4（含）等级的风险从高到低依次是：R_{19}、R_{28}、R_{14}、R_{24}、R_{27}、R_5、R_{15}、R_{25}、R_1，可能性得分处于 2—3（含）等级的风险从高到低依次是：R_{17}、R_2、R_{26}、R_3、R_4、R_8、R_{12}、R_{20}、R_{23}、R_{29}、R_6、R_{13}、R_{30}、R_{11}、R_{22}、R_{18}、R_7、R_9、R_{21}、R_{10}、R_{16}。如图 7-2 所示，风险发生严重性得分在 3—4（含）和 2—3（含）两个等级。严重性得分处于 3—4（含）等级的风险从高到低依次是：R_{14}、R_2、R_3、R_4、R_5、R_{19}、R_{24}、R_{28}、R_{13}、R_{25}、R_{27}、R_{15}、R_{17}、R_{22}、R_{26}，严重性得分处于 2—3（含）等级的风险从高到低依次是：R_{12}、R_{10}、R_{23}、R_{20}、R_8、R_{29}、R_1、R_{30}、R_{11}、R_6、R_{18}、R_{21}、R_{16}、R_7、R_9。

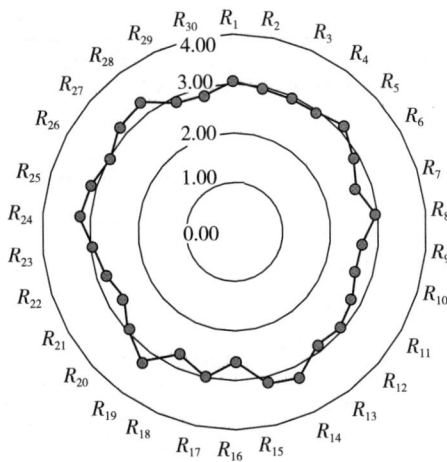

图 7-1　风险发生可能性雷达

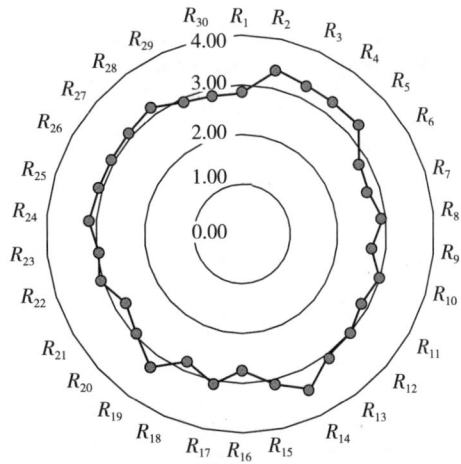

图 7-2　风险发生严重性雷达

7.4.4　ABC 分类法进一步分析

根据供电企业业务外包关于各风险因素发生可能性以及严重性的计算结果，进一步将供电企业业务外包中出现的各风险进行了类别划分，主要包括高风险即 A 类风险、中风险即 B 类风险以及低风险即 C 类风险三种。累计比率在 0%～60% 之间的，为 A 类风险；累计比率在 60%～85% 之间的，为 B 类风险；累计比率在 85%～100% 之间的，为 C 类风险。等级越低，表示风险越可以接受，只需对风险进行管理审视；等级越高，表示风险越不可以接受，越要采取有效措施，防范并消除风险。基于不同等级的风险发生可能性得分和风险发生严重性得分，构建如表 7-8 所列的供电企业业务外包风险评价结果。

表 7-8　供电企业业务外包风险评价结果

风险类别	风险因素	风险综合得分	权重（%）	累计权重（%）
高风险（A）	R_{14}	6.66	3.73	3.73
	R_{19}	6.54	3.66	7.39
	R_{28}	6.43	3.60	10.99
	R_5	6.40	3.58	14.57
	R_{24}	6.40	3.58	18.15
	R_2	6.34	3.55	21.71
	R_{27}	6.26	3.50	25.21
	R_3	6.20	3.47	28.68
	R_4	6.20	3.47	32.15
	R_{25}	6.20	3.47	35.62
	R_{15}	6.20	3.47	39.09
	R_{17}	6.06	3.39	42.48
	R_{26}	6.03	3.37	45.86
	R_{12}	5.94	3.33	49.18
	R_{13}	5.94	3.33	52.51
	R_1	5.91	3.31	55.82
	R_{23}	5.91	3.31	59.13

风险类别	风险因素	风险综合得分	权重（%）	累计权重（%）
中风险（B）	R_{20}	5.89	3.29	62.43
	R_8	5.86	3.28	65.71
	R_{22}	5.86	3.28	68.99
	R_{29}	5.77	3.23	72.22
	R_{30}	5.69	3.18	75.40
	R_6	5.66	3.17	78.57
	R_{11}	5.63	3.15	81.72
	R_{10}	5.60	3.13	84.85
低风险（C）	R_{18}	5.51	3.09	87.94
	R_{21}	5.43	3.04	90.98
	R_7	5.37	3.01	93.99
	R_9	5.37	3.01	96.99
	R_{16}	5.37	3.01	100.00

基于供电企业业务外包风险发生可能性得分和风险发生严重性得分，通过分析得出：供电企业业务外包风险整体处于 A 类风险和 B 类风险两个等级中，具体见表 7-8。

1. A 类风险

合规风险R_1、逆向选择风险R_2、转包风险R_3、决策风险R_4、内部员工风险R_5、管理流程风险R_{12}、道德风险R_{13}、信息泄露风险R_{14}、服务失败风险R_{15}、管理职责风险R_{17}、创新风险R_{19}、费用来源风险R_{23}、验收风险R_{24}、费用核算风险R_{25}、超定员风险R_{26}、员工外包风险R_{27}、假外包真派遣风险R_{28}共 17 项风险。其中，除合规风险R_1、内部员工风险R_5、信息泄露风险R_{14}、服务失败风险R_{15}、创新风险R_{19}、验收风险R_{24}、费用核算风险R_{25}、员工外包风险R_{27}、假外包真派遣风险R_{28}处于 3—4（含）等级，其余风险发生可能性均处于 2—3（含）等级；除合规风险R_1、管理流程风险R_{12}、费用来源风险R_{23}处于 2—3（含）等级，其余风险发生严重性均处于 3—4（含）等级。由此可知，内部员工风险R_5、信息泄露风险R_{14}、服务失败风险R_{15}、创新风险R_{19}、验收风险R_{24}、费用核算风险R_{25}、员工外包风险R_{27}、假外包真派遣风险R_{28}这 8 项风险发生的可能性和严重性均处于 3—4（含）等级，所以这些风险不可以接受，尤其需要采取有效措施，防范并消除风险。

2. B 类风险

需求企业合同风险R_6、供应商合同风险R_8、合谋风险R_{10}、额外成本风险R_{11}、议价风险R_{20}、经营风险R_{22}、薪酬社保缴纳风险R_{29}、劳动关系风险R_{30}共 8 项风险。其中，上述风险发生可能性均处于 2—3（含）等级；除经营风险R_{22}处于 3—4（含）等级，其余风险发生严重性均处于 2—3（含）等级。由此可知，在 B 类风险中，尤其需要关注经营风险R_{22}，应该加强对该类风险进行防范，而对其余 7 项 B 类风险应该进行适当的关注。

3. C 类风险

信息不对称风险R_7、政策法律风险R_9、跨文化沟通风险R_{16}、员工认知风险R_{18}、服务内容风险R_{21}共五项风险。上述风险发生可能性和严重性均处于 2—3（含）等级。由此可知，这五项风险发生的可能性和严重性相对来说并不高，因此仅需要稍微关注，而且对于供电公司可以承受损失的风险，可以有选择积极地承担风险。

7.5　供电企业业务外包风险控制

随着供电企业业务外包的不断发展，业务外包已经成为当前供电企业重要的管理模式之一，而且其具有较强的带动效应。因此，供电企业业务外包风险通常发生概率较大、影响程度较深，不仅会对供电企业产生直接的影响，同时还会通过供电企业对整个电力行业产生影响，进而阻碍电力行业的进一步发展。基于以上关于供电企业业务外包风险评价分析结果，并通过对风险因素进行等级划分，进而为供电企业业务外包提出相应的控制风险对策，为各市、县供电公司更好地开展业务外包提供借鉴。

供电企业业务外包的风险控制措施分为四种：风险规避、风险转移、风险减轻、风险接受。其中风险规避是指更改以前的风险规避计划，更有效地消除、控制风险的发生。风险是时时刻刻存在的，不可能完全消除，但通过一系列的风险规避措施，如加强沟通、表明需求等方式，可以使风险发生的概率降低[102]。风险转移是指采取适当的措施，将风险转移给第三方，风险转移的作用是转移风险的责任，而没有达到消除风险的作用。风险减轻是对于某一种具体风险而言，具体问题具体分析，对某一风险采取有针对性的措施，使该风险发生的概率降低或将风险发生的损失降至可以接受的范围之内。风险接受是指供电公司选择承担风险带来的后果，这是因为供电公司可以承受该风险带来的损失，因此选择积极的承担。风险应对策略见表 7-9。

表 7-9　风险应对策略

策　略	主要对策
风险规避	终止带来风险的活动
	立法：根据立法要求，去除可能带来风险的活动
	成本：投入较大的成本等，尤其是风险水平高但该项经营活动与企业发展相关
	替代：采用替代的流程、操作方式、设备、仪器及材料等，去除可能带来风险的活动
风险转移	采取行动减少风险发生的可能性或严重性或两者兼具
	保险：借保险的形式将某些活动的风险转移给他方
	合同：通过合同的方式，将相关活动交由第三方完成
	分担（合资、结盟、合作）
	分散化或调期
风险减轻	采取行动减少风险发生的可能性或严重性
	主动采取高效的处理措施，将风险水平限制在可以接受的范围
	技术管控：运用科学的工艺、方法等，控制其中可能带来风险的活动
	行政管控：在管控中通过规章制度、工作计划、工作准入及培训等

（续表）

策　略	主要对策
风险接受	风险处于企业的承受范围之内，可无须采取进一步控制措施
	设定损失目标和容忍水平
	设定并监控关键风险指标
	制订恢复计划
	准备补救措施
	事先筹措资金

7.5.1　重点关注的高风险（A类）应对策略

A类高风险发生的概率是可以通过相应的措施来控制的，但有些风险无法从根源上消除。因此根据各项高风险的特点，应对措施一般采用风险规避、风险转移和风险减轻。

1. 加强供电企业外包制度建设

针对供电企业业务外包中发生的合规风险R_1，供电企业需要加强外包制度建设。现有的供电企业外包制度落后于外包业务的实际发展，不能对外包业务提供切实有效的指导。供电企业应在总公司层面全面梳理现有外包政策、外包业务管理、外包风险管理等相关的制度，并在此基础之上，综合考虑本供电企业业务发展战略、外包业务的定位和全面风险管理等因素，重新制定明晰的外包政策，重新制定或修订相关制度，例如及时更新允许外包项目目录，以适应供电企业业务外包长远发展的需要。

2. 构建外包商资质和能力评价体系

针对供电企业业务外包中发生的逆向选择风险R_2、转包风险R_3、管理职责风险R_{17}、员工外包风险R_{27}，供电企业需要构建外包商资质和能力评价体系。供电企业在外包商选择阶段应建立一个科学合理的、有针对性的评价外包商资质和能力的指标和评价标准。首先，供电企业应该组成外包商评估专家组，针对每个外包业务品种建立外包商评价指标，应当包括外包商的声誉、资本、服务能力、技术水平、对电力行业的熟悉程度、同类外包案例实施经验以及外部机构对外包商服务质量评价等影响外包业务的重要因素。其次，供电企业专家小组针对上述每个评价指标进行量化分析，建立科学的评价标准。在评价过程中对每个评价指标进行打分，最终得出整体的风险得分。比如技术水平，按相关科技认证、技术人员数量和学历的不同进行打分；同类外包案例实施经验，根据外包业务项目数量进行打分。根据我国法律的规定，承接检修施工业务需具备承装电力设施许可证，承担物业服务业务需具备物业服务业企业资质证书，承接餐饮服务业务需具备餐饮服务许可证。另外，外包商员工离职率或流动性过高，外包单位频繁更换用工，说明该外包商的资质和能力也欠缺，由此导致工作质量难以达到合同约定。一旦在资质和能力评价中发现外包商不具备相应的资质和能力，供电企业可以立即淘汰该外包商，规避逆向选择风险、转包风险、管理职责风险和员工外包风险等。

3. 降低外包商集中度

针对供电企业业务外包中发生的信息泄露风险R_{14}、服务失败风险R_{15}，供电企业需要降低外包商集中度。供电企业在进行业务外包项目时应选取多个外包商共同运营，与具备不同专长的多个外包商建立外包关系。这一方面能促进竞争，供电企业可以获得由多外包商各自优势带来的益处；另一方面避免单一外包商一家独大，一旦该外包商撤离，造成外包业务中断的风险。最重要的是，多个外包商共同运营可以分割外包业务，从而降低了各外包商获取完整知识与技能的可能性，确保供电企业核心技能不泄露。尤其对于与供电企业核心能力接近的外包业务更应保持谨慎态度，供电企业一旦形成对外包商较强的依赖性，而外包商却将一些从供电企业获取的核心技能转移给供电企业的竞争对手，或是外包商自己成为供电企业的竞争对手时，都会使供电企业丧失竞争优势。

4. 建立和健全供电企业内决策制度和决策监察制度

针对供电企业业务外包中发生的决策风险R_4、创新风险R_{19}、超定员风险R_{26}，供电企业需要建立和健全供电企业内决策制度和决策监察制度。关于业务和人员方面重大的决策，需要在全方面地考虑后方能决定。供电企业的管理层制定业务外包管理决策，尤其是重大的决策前，必须进行充分的沟通和全方位的考虑。《国家电网公司外包管理办法》规定，"根据业务性质的不同，供电企业业务分为核心业务、常规业务和其他业务，核心业务不得外包，常规业务可根据各单位人力资源实际情况适度开展外包，其他业务宜推进外包"。其中，后勤保障类业务中，车辆调拨等业务为业务分类中的核心业务；物资保障类业务中，物资出入库、盘点以及工程余料、废旧物资的移交均属于核心业务。若出现将核心业务外包的，则可能导致供电企业长久依赖外包商，引发管理风险。与此同时，供电企业内部应建立主要的问题改善对策机制，相关的供电企业管理人员在发现外包商有相关的问题时，可以直接采用供电企业管理层授权或者说允许的措施和手段，向外包商提出指摘，要求外包商在规定的时间内进行整改，以便于及时纠正外包商的不当行为或偏差行为。

5. 加强供电企业员工培训

针对供电企业业务外包中发生的决策风险R_4、内部员工风险R_5、创新风险R_{19}，供电企业需要加强供电企业员工培训。分岗位有针对性地加强企业员工培训，提高相关员工的风险意识和职业技能，风险意识应当深深地印刻在公司全员的脑海中以及实际的工作中，公司应定期组织相关的培训，提高全员的风险意识和风险防范技能，提高公司员工的风险管理参与度。一是对于管理层，要增强其决策能力、思维能力以及风险意识，以规避决策风险；二是加强风险管理小组和相关专业员工业务外包相应知识的学习，提高专业技能，确保其有足够的知识和能力能够胜任相应的工作；三是加强供电企业内部员工的培训，提升员工的创新意识，激发员工的创新热情，帮助供电企业主动跳出业务外包的"舒适圈"，避免过度依赖外包商，失去创新动力。可以在相关行业内寻找成功实施业务外包管理的企业，并将这些企业成功实施外包的案例作为典范，减少决策过程中的盲目性。亦可以通过聘请业务外包顾问，培训决策和实施业务外包的员工，从而提高相关岗位员工的专业水平和经验。

6. 合理配置相关部门人力资源

针对供电企业业务外包中发生的决策风险R_4、管理流程风险R_{12}、超定员风险R_{26}，供电企业需要合理配置相关部门的人力资源。供电企业要充分认识到人力资源在外包实施中的重要作用。首先针对决策风险，要成立由对外包业务非常熟悉的专业人员、财务人员、法律人员以及有关专家顾问组成的有效的外包管理机构,准确识别企业核心能力,做好外包决策与外包实施过程的监督管理。业务外包管理层不应该单纯地由在单位的职位高低来判断组成,业务外包的管理层应该由熟悉外包业务的专业管理者组成,管理层团队应包括诸如法律人员、财务人员、技术专家以及实施顾问等与外包相关但具有不同专业知识背景的人员,利用知识的互补性更加全面、更加准确做出决策,制订业务外包方案,评估业务外包风险。其次针对超定员风险R_{26},充分立足于供电企业总体和外包业务发展实际,综合评估外包商员工专业能力和技能水平,以此来预测业务用工数量,合理配置人力资源,有效解决人员冗余、用工劳动效率持续下降等问题。另外,针对管理流程风险,做好外包中的人员重新配置工作,确保将原从事外包业务的素质较高的人员和拥有企业所需技能的人员留在企业。这既便于外包商更快、更深入地了解企业及外包服务要求,又能使企业不至于丧失相关的技能和创新能力。

7. 制定外包商绩效考核制度以及奖惩和激励机制

针对供电企业业务外包中发生的道德风险R_{13}、转包风险R_3、信息泄露风险R_{14}、服务失败风险R_{15},供电企业需要制定明确的、可量化的考核标准来考核外包商,并建立针对于外包商的有效的奖惩和激励机制。供电企业应该在业务外包实施过程中持续对外包商进行考核,针对每个外包业务品种,建立科学的、有针对性的外包业务 KPI 考核指标。首先,可以从服务质量、技术水平、内部安全控制、应急预案演练情况等方面进行履约情况考核。其次,可以从服务提供商的经营状况、财务状况、关键人员变动、外包成本以及发展趋势等方面进行综合考核,及时识别外包业务风险并采取相应的管控措施。同时,也应该根据外包实施过程中发现的问题持续调整完善外包服务 KPI 考核指标。供电企业和外包商并不完全对立,两者其实是利益共同体。如果两者能够相辅相成、实现双赢,就能保障双方长久而稳定的互利关系和合作关系。对于外包商,不仅有惩罚,也应当有激励。外包商如果能够保质保量地完成供电企业安排的任务和工作,应当按合同约定进行奖励。如外包商能够充分发挥主观能动性,利用自身的专业技能和能力进一步改善流程和提高工作效率,应当给予嘉奖。如外包商在与供电企业签订完业务外包合同之后,将外包项目进行分包或层层转包;或者外包商故意泄露供电企业的重要资料和信息,将一些从供电企业获取的核心技能转移给供电企业的竞争对手,或是外包商自己成为供电企业的竞争对手时,必须予以惩罚。因此,外包商提供的服务,应当与结算方式挂钩,并且制定明确的分层级、可量化的考核标准来考核外包商的实际工作,奖惩分明有助于激励外包商更好地提供服务。虽然加入这些措施会增加供电企业支付给外包商的佣金,但这样能大大降低信息被窃取的概率以及提高外包商的业务外包服务质量。

8. 规范业务外包合同

针对供电企业业务外包中发生的费用来源风险R_{23}、费用核算风险R_{25}、假外包真派遣风险R_{28},供电企业需要规范业务外包合同。根据上文风险评价结果得出,多项风险均是由于在外包商选择阶段的合同条款不完整导致的。而且外包合同是开展外包业务的基础,签订一个可操作性强、尽可能完备的合同是双方合作的良好开端。供电企业应建立全面的外包合同框架,涵盖外包服务边界、外包服务费用核算及来源、外包服务流程、服务质量说明与度量、赔偿责任与争端处理程序、终止合同权利以及信息安全管控约束等内容。外包合同框架应包含表 7-10 所列的几方面内容。

表 7 - 10　业务外包合同框架

涵盖方面	合同内容
(1) 明确的服务边界和灵活的外包合同	供电企业应针对每项外包业务，清晰地界定外包服务范围，确保外包商明确知晓自己的职责。同时，外包服务合同应具备充分的弹性，以允许在技术能力和操作流程等方面进行优化改革
(2) 清晰的外包服务费用核算及来源	供电企业应在合同中明确说明每项外包业务的费用核算及来源，各业务单位费用来源渠道明确
(3) 详细的外包服务流程	供电企业应在与外包商的充分沟通下，约定外包服务的具体业务流程，以保证外包商在外包执行过程中的行为规范
(4) 合理的服务质量说明和度量	供电企业应建立详细的外包服务质量标准，用服务质量标准来衡量外包商在外包业务中的业务表现
(5) 明确赔偿责任与争端处理程序	供电企业应制定外包商未能按约定提供服务的惩罚条款，同时为了迅速解决争端，以及在争端出现时保证外包业务的持续运行，合同中还应包括解决争端的处理程序
(6) 终止合同的权利	供电企业必须在合同中明确终止合同的权利，包括服务质量多次未达到供电企业标准，外包商不能对供电企业重点项目提供支持，外包服务成本明显增加，外包商破产或经营出现重大问题等情况，供电企业有权终止合同。同时，供电企业必须在合同中要求外包商在终止合同的情况下及时提供其数据资源和其他资源，并补偿供电企业更换外包商的相关费用
(7) 信息安全管控约束条款	供电企业应针对每个外包业务建立详细的信息安全管理要求和技术要求，在外包合同中增加相应的补充条款

　　通过建立完善的合同框架，供电企业可以减少在签署外包合同时发生合同条款不完整问题，可以避免外包业务因合同条款不完整，导致外包业务发生问题而没有对应的合同条款进行约束，无法进行法律追责的情况。

　　9. 建立和完善业务外包验收评价机制

　　针对供电企业业务外包中发生的验收风险R_{24}，供电企业需要建立和完善业务外包验收评价机制。首先，根据各类业务与核心主业供电、维修电缆的关联度、对外包业务的控制程度以及外部电力市场成熟度等标准，对工作质量、技术要求做出明确规定，合理确定业务外包验收标准。其次，让供电企业内部总会计师、企业分管审计工作的负责人或者独立的外部第三方专业人员参与业务外包验收环节当中，对业务外包的经济效益做出合理评价。最后，供电企业应当规定外包商最低的服务水平要求，以便在验收结果未能满足标准而实施补救措施。

7.5.2　高度关注的中风险（B 类）应对策略

　　B 类中风险发生的概率虽然不如 A 类风险发生的概率高，但 B 类风险所带来的损失也是需要供电企业进行密切的关注。因此根据各项中风险的特点，应对措施一般采用风险转移和风险减轻。

1．建立业务外包动态监督系统

针对供电企业业务外包中发生的需求企业合同风险R_6、供应商合同风险R_8、合谋风险R_{10}、经营风险R_{22}、薪酬社保缴纳风险R_{29}、劳动关系风险R_{30}，供电企业需要建立业务外包动态监督系统。企业对外包商的监督是指在业务外包合作的过程中，通过对外包商运作的动态监督，防范供电企业业务外包中的合同法律风险、过程管理风险和用工风险。一方面使外包商能够按照合同的要求完成外包任务，避免因许多不确定因素导致外包商不能完成业务外包服务，例如员工与外包商合谋出现受贿和舞弊行为或者外包商冒用供电企业身份从事经营活动而产生的供电企业名誉损失及其他连带责任风险等，监督的目的是约束外包商遵守合同要求，不违规操作，保证外包活动顺利进行。另一方面从防范劳务派遣及事实劳动关系风险角度出发，供电企业应加强对外包单位的引导和监督，促使其成为真正合法合规的项目承包商。严格要求外包单位按照劳动法律法规规定与员工签订权利义务明确的劳动合同，按照规定进行考核及薪酬统计发放，外包用工薪酬社保按国家规定缴纳，按照要求发放劳保用品、防务用品或提供劳动保护，及时妥善处置工伤、劳动纠纷等事件。

2．制定成本控制标准

针对供电企业业务外包中发生的额外成本风险R_{11}，供电企业需要制定成本控制标准。制定成本控制标准是实施成本控制的基础和前提条件，没有标准也就无所谓控制。标准的制定，要本着先进合理、切实可行、科学严谨等原则。但是，企业在生产经营中经常受到来自内部和外部因素的干扰，使正常的生产条件受到破坏，很难达到最优标准的水平。因此，首先需要根据企业的现实条件制定出现实标准，现实标准综合考虑了企业现实生产条件和可能产生的干扰。制定出成本控制的标准后，再进一步将其进行分解，落实到具体的责任单位和人员。成本控制的目的是要控制成本费用的实际发生额，防止除了完成业务所需的经济成本外，可能需要支付如外包商风险成本、监督管理成本、违约成本、验收成本等额外成本。

3．分散业务外包合同

针对供电企业业务外包中发生的议价风险R_{20}，供电企业需要分散业务外包合同。供电企业可就同一外包业务与多个外包商签订均等量的业务外包合同，这样可以降低外包商锁定的可能性。分散业务外包合同，既可利用存在于多个外包商之间的竞争来实现对外包商监督控制的加强，避免了供电企业信息泄露的风险；又使供电企业通过选择多个外包商，提高在业务外包关系中讨价还价的能力，避免了外包业务由单一外包商承揽，而外包商缺乏竞争，使得供电企业失去议价能力的风险。

7.5.3 不可忽视的低风险（C类）应对策略

C类低风险发生的概率较低，且风险发生所带来的损失也较低，但供电企业仍然不能忽视该类风险。因此根据各项低风险的特点，应对措施一般采用风险减轻和风险接受。

1．建立风险救济机制

针对供电企业业务外包中发生的政策法律风险R_9，供电企业需要建立风险救济机制。为及时、妥善处置合同不符合法律和相关行政法规的政策法律风险，供电企业应建立业务外包风险救济机制。该机制立足于早发现、早解决，充分利用业务外包风险管控体系形成的工作成果（制度、合同、表单等），以调解、和解为优先救济手段，辅之以仲裁、诉讼，确保实现处置纠纷、保障企业权益、维护和谐稳定的业务外包关系的目标。

2. 制定业务外包手册

针对供电企业业务外包中发生的员工认知风险R_{18}，供电企业需要制定业务外包手册。业务外包领域及其风险防控手册主要规定了供电企业业务外包方面的规定和各环节可能存在的风险以及应对措施。业务外包手册形成后分发给各岗位人员，用以指导公司业务外包管理工作，确保一线风险得以管控。在实际经营中，需要一线员工根据自身职责了解业务外包手册中的知识，并在实际业务外包活动中以其中的建议为基础加以应对。在应对过程中形成的经验可进一步完善风险应对措施，最终形成更为完善的业务外包手册。

3. 实行跨文化管理

针对供电企业业务外包中发生的跨文化沟通风险R_{16}，供电企业需要实行业务外包跨文化管理。外包涉及不同企业甚至是不同国家和地区的企业之间的资源整合，往往由于文化差异导致整合效果不好。实施跨文化管理应强调以下几个方面：第一，注重形成目标一致的团队文化。这种文化是利用并行工程技术，充分考虑局部利益与整体利益的关系，并在实施过程中随时协调和沟通，达到局部利益与整体利益的一致。第二，建立相互信任关系。通过充分的相互沟通与理解，消除习惯性的防卫行为，建立真诚互信的关系，加强各方的合作与协调。第三，促进信息化和知识化。信息化是指企业利用信息网络了解合作伙伴和其他企业的要求，提高外包成效。知识化是指通过双向式学习与知识交流，消除因知识层次相差太大产生的交流障碍，也便于在各自领域中发挥知识结构优势，进行创造性活动。

4. 完善紧急风险管理体系

针对供电企业业务外包中发生的信息不对称风险R_7、服务内容风险R_{21}，供电企业需要完善紧急风险管理体系。根据前文可知，导致业务外包不能达到预期目的的原因有很多，其中一些可以通过提前布置防止其发生，但是也有很多风险是突然发生的、无法预料的，影响后果也难以评估，无法提前应对，此时供电企业应该就可能发生的突发事件做好紧急应对方案，避免最坏的可能。紧急风险管理程序如图 7-3 所示。

（1）完善紧急风险管理

首先，建立供电企业突发事件应急处置领导小组，明确小组成员的职责、权利和义务。其次，细化突发事件类型，按照影响范围和严重程度，对突发事件进行分级。最后，制定详细的突发事件应急预案。同时，供电企业还应该建立突发事件的报告程序，加强各部门之间的配合。

图 7-3　紧急风险管理程序

（2）提高应急预案的可操作性

应急预案是应急管理体系的重要载体，是应急准备的一项重要工作内容。为成功处置突发事件，供电企业应提高应急预案的针对性和可操作性。采用"情景、后果、任务"方法制定外包突发事件应急预案，首先，确定每一个"情景"产生的各种可能后果；然后，把所有"情景"可能导致的"后果"分析出来并进行归纳后，再按照对应"后果"所采取的行动逐项分配"任务"。

（3）确保应急演练落实到位

应急预案制定后，要通过实践来检验应急预案是否具有可操作性。供电企业定期组织外包商进行外包业务突发事件应急演练，提高外包商对应急预案的掌握熟悉程度，以免发生突发事件，应急预案无法顺利实施。

第 8 章
供电企业业务外包数字化管理

8.1　企业业务外包数字化

8.1.1　企业业务外包数字化的内涵

业务外包是公司日常业务中不可或缺的一环，能够帮助公司降低运营成本、提高运营效率并充分发挥企业核心竞争力，但是随着业务的发展，企业业务规模逐步扩大，复杂程度也逐步上升，如不加以调整，会出现如利润下降、失败风险增加等问题。

根据国务院发展研究中心的定义，数字化是指利用新一代信息技术，构建数据的采集、传输、存储、处理和反馈的闭环，打通不同层级与不同行业间的数据壁垒，提高行业整体的运行效率，构建全新的数字经济体系。智能化是指事物在网络、大数据、物联网和人工智能等技术的支持下，所具有的能动地满足人的各种需求的属性。

将数字化、智能化技术作为生产要素应用于企业运营的各个环节，使传统外包业务向数字化、智能化转变，智能化水平的提高，是外包业务能够自感知、自分析，提升企业运营效率。数字化、智能化技术能够提高企业数据收集能力，为企业提供更有效的信息检索和数据处理方式，这有助于比以往更快地利用现有信息产生新知识和新的计算方案，加速知识重组过程，从而加快企业内部的知识创造，提高企业的技术创新能力。

8.1.2　企业业务外包数字化的优点

使用专业的外包管理系统的最大好处在于第三方厂商的专业性，同时专业平台有助于推动和贯彻企业运营和管理原则，提供更高的准确性，与外包服务供应商之间保持独立性，以及通过分析业务中的变化来改进企业外包管理的管理实践；另外，还有助于企业遵守相关的管理标准和行业规范。

简单来说，企业业务外包数字化的优点主要有以下几点：

（1）在服务提供商的绩效和合同条款中建立起联系，并通过服务或合同条款的调整来实现业务需求的变化；

（2）对雇员或客户的服务问题及时做出反应；

（3）管理分散的系统、雇员和业务过程之间的工作流程，集成内部和外部系统和过程；

（4）实现过程的透明化，在适当的时间获取正确的数据；

（5）保证数据和分析的准确性，与外包供应商之间保持独立性；

（6）对关键的成功因素进行监控以及外包成本与提供服务质量的评估；

（7）推动和贯彻企业外包业务的运营管理的指导方针；

（8）促进企业的变革，有助于达成最佳的管理实践；

（9）确保符合相关行业标准，规范化外包业务的管理；

（10）对不同领域提供深入的专业支持。

不同的业务外包管理系统具有不同的功能集合，对同一业务支持的深度不同，采用专业的外包管理平台工具或软件系统可以帮助管理者在一个更高的层次上以及更广的范围来审视其外包的业务过程。以往的系统仅关注于技术问题，而现在的系统或工具可以管理专业系统之外的活动。例如，当一个错误的汇款过程发生时，管理系统可以在客户知道之前就检测并及时修正这类错误。

当然，任何一个外包管理系统都不可能提供所有的外包管理业务活动，尤其是企业的某些个性化的特殊需求。从目前的业务外包管理平台来看，由于在某些方面缺乏必要的功能，这些平台工具有时难以在管理者之间及时传递正确且无冗余的信息，或者通过对所有软件系统、业务过程和人的有效集成来实现共同的业务目标，也难以为管理者展现一个更大的管理事业，使用户不能有效实现业务活动之间的数据转换等工作。例如，某个关于服务供应商是否满足所要求的绩效水平的报告，只有在与合同建立起联系，或者能够对他们的能力进行诸如节约成本等特定效果的有效测量时，此报告才更具有实际的意义。

8.1.3 企业业务外包数字化的方式

目前，还没有一个公认的最佳的业务外包管理平台，企业在进行自己的业务外包项目管理时，需要根据自身实际情况，利用各种软件工具来实现自己的外包业务管理。具体来说，企业业务外包管理数字化的方式有以下几种：

1. 企业现有其他管理软件

企业可利用自己的 ERP、工作流、项目管理等软件来完成部分的外包业务，借助手工或其他方式来实现另外的业务活动，以及在这些不同系统之间的业务协同的操作。这种方式的好处是，企业可以利用现有的数字化投资来支持有限的外包业务，其不足在于难以在不同系统中实现信息的交互操作以及信息的一致性和及时性。

2. 使用客户或者服务提供商的外包管理平台

有时，外包合同和协议中会指定使用某一款外包管理平台。这种方式通常是作为一个受限的用户为对方提供关于外包项目的阶段性数据，以及进行外包业务的沟通协作。这种方式的优点在于可以与外包客户或服务提供商之间进行及时的信息沟通。但是如果企业同时设计多个不同要求的外包用户时，显然会增加管理的成本。

3. 企业购买第三方的外包管理平台

由于外包业务发展十分迅速，市场上出现很多专业的外包管理平台，这些外包管理系统可以为企业提供大多数核心的外包业务管理。本章的第三节介绍了国内的业务外包管理平台服务商，可以为企业选择第三方外包管理平台提供参考。

4. 企业自行开发业务外包管理平台

实际中很多企业倾向于自己开发业务外包管理平台以符合现有的业务流程。由于自身能力的限制，这种定制的软件工具往往在扩展性、行业标准的支持性等方面都比较差，难以满足以后外包业务规模所带来的复杂性。并且，由于这种量身定制的软件系统常常在业务流程优化重构与迁就实际用户的业务习惯之间做出平衡，来减少软件系统的实施阻力。因此，这种来自企业内部的软件系统通常不利于自身外包业务流程的优化和变革。本章的第四节在 EquaTerra 提出的外包管理框架的基础上，结合供电企业业务需求，提出了供电企业业务外包管理平台的功能框架，可为供电企业自研外包系统提供参考。

8.1.4　企业业务外包智能化

1. 传统数字化技术的潜在问题

一般而言，企业人力资源管理信息化的早期发展基本经历过以下两个阶段：

第一个阶段主要是对以记录人力数据为主的人力资源信息系统进行升级。早期，大多数企业的人力资源从业者要依靠 Excel 开展工作，尤其是共享服务中心的人力专员经常被称作"表哥""表姐"，他们每天通过表格管理薪资、考勤、花名册等。随后，这些线下的工作逐渐被移到线上，企业在不同阶段基于不同的需求，采购或开发出各类单机人力资源管理软件，如考勤系统、档案管理系统。从线下转变到线上的主要目标是降低错误率，关注系统数据质量。这些软件通常是独立的用户交互端、管理模块、报表模块和数据库，彼此之间信息和数据基本不能共享。

第二个阶段主要是将企业原有的各系统进行整合，树立协同工作的观念，打通业务流程和实现数据端到端，实现真正的闭环管理和有效协同，通过更多的自动化工具以支持前线人力资源的工作，如薪酬类、档案类工作。人们一般把这个阶段称为 E－HR 阶段。这个阶段关注流程与执行，将人力专员操作的流程服务延伸至终端，建立架构清晰的服务标准流程，简化终端人员的操作，通过更多的自动化来提升工作效率。

不少企业正处在共享服务转型的初级阶段，共享服务平台的搭建相对滞后，员工还没有从事务性工作中解脱出来。同时，原有系统的体验度低、应用程度低、割裂度高，这也是企业普遍存在的核心问题。比如，一些公司的系统友好性弱，用户体验差，即使是简单的简历查询也需要不断切换页面。一些公司的系统支持性弱，很多统计数据无法从系统得出，有大量的工作要在线下完成。人力专员每天不得不面对大量不同形式的数据和报告。在缺乏自动化技术的情况下，效率和人力仍然是企业管理者头疼的问题。聚焦到业务外包管理平台，它在运行中常遇到以下问题：

（1）数据处理量巨大且复杂。业务外包管理平台与整个企业的所有员工，涉及大量重复性工作和数据工作。例如，在每个薪资结算周期，业务外包管理平台必须收集、整理和汇总各业务系统中与薪资结算相关的各种数据，包括社保公积金费用、考勤数据、加班数据、销售业绩数据等。如果再考虑到业务分布在各地的情况，工作量则更显巨大。

（2）手工处理业务需要时间和精力。从不同的业务系统下载各种数据表单后，需要进行大量的手工排序和合并工作，要按照一定的要求将数据表单拆分成不同格式的文件，然后将其导入业务外包管理平台进行当月薪资计算。这种操作不仅费时费力，而且在数据排序和粘贴过程中容易出错，因此对业务外包管理平台关注的服务准确性产生较大的负面影响。

（3）员工满意度下降。一些基础事务性工作需要考虑及时性，例如工资和社会保障管理，在工资和社会保障的每个计算周期中，业务外包管理平台的所有员工都被派去处理这项工作，没有时间处理其他工作。因此，员工满意度一直在下降。

（4）员工流动性高。由于有大量的数据表单要处理、导入和导出，机械性工作不断重复进行，导致业务外包管理平台的员工流动性高，而人力资源服务具有较强的专业性，这些使得企业招聘和培训的成本进一步增加，加大了业务外包管理平台内部人员的工作任务量，影响了工作任务完成的质量、及时性，进而也会影响他们的职业体验和企业内部客户的服务体验。

随着科技的发展，为了更好地满足业务外包人员的特殊需求，越来越多的公司将众多新技术运用于业务外包管理中。例如，在百度公司，外包员工的入职流程通过各技术的结合实现了自动化，从原本需要半天到一天才能完成缩短至不到一个小时，候选人与反馈系统、入职系统打通，实现了端到端的自动化，新外包员工的体验感得到极大提升。

对于企业来说，在业务外包管理中运用智能技术，能极大加快业务速度、提升公司运营效率。本节后面两部分，分别介绍了智能技术与移动技术在业务外包中的应用。

2. 智能技术在业务外包中的应用

智能技术的发展和加持导致人力资源领域正在发生翻天覆地的变化。十年前，许多公司的业务外包管理平台依赖传统的信息技术手段。如今，技术发展日新月异，业务外包管理平台对智能技术的应用已成为常态。智能技术的发展进程涵盖了从流程改进策略到包含认知元素的复杂技术等众多方面，正在从机器人流程自动化（Robotic Process Automation，RPA）向智能自动化（Intelligent Automation，IA）以及人工智能（Artificial Intelligent，AI）持续演进（图8-1列出了智能技术的发展进程）。人工智能涵盖机器学习和认知计算等多个领域，是计算机科学的一个分支，旨在使用计算机模拟智能行为。目前，人工智能已成功应用到视觉感知、自然语言处理（NLP）、语音识别、语音到文本转换、语言翻译、语调分析等领域。

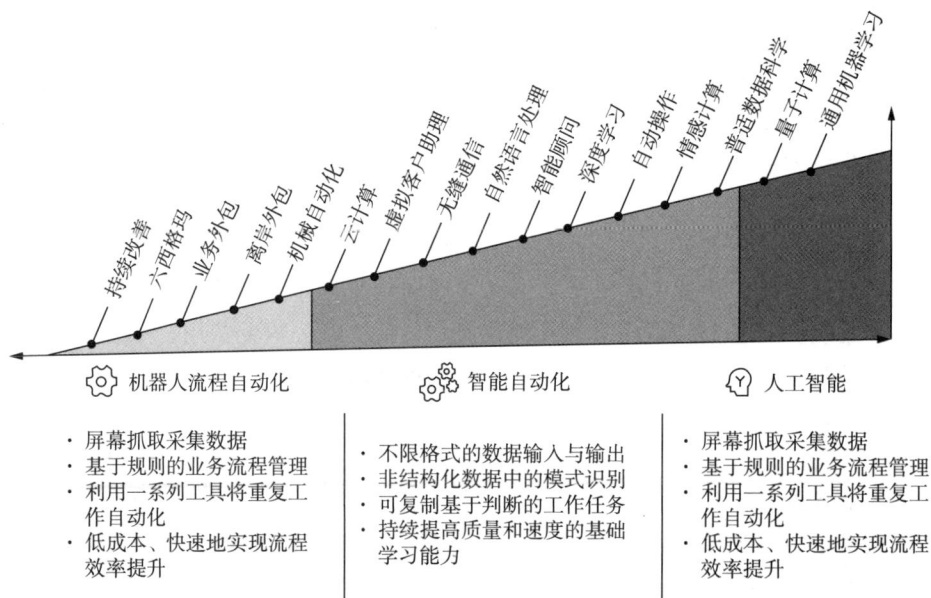

图8-1 智能技术的发展进程

机器人流程自动化、人工智能等技术纷纷在业务外包管理平台中得到应用，颠覆性的趋势（如云技术、分析技术和数字体验）也成为企业信息技术战略的组成部分。例如，在业务外包管理平台领域应用广泛的智能终端一体机，提供了便捷高效的查询、打印、证件获取、文件签署等功能，节省了大量人力物力。同时值得关注的是，智能机器人的应用领域越来越广泛，如聊天机器人、招聘机器人等。聊天机器人在员工咨询领域开辟了一片天地，招聘机器人在招聘领域释放人力、提升候选者体验方面发挥了越来越多的作用。

3. 移动技术在业务外包中的应用

移动技术被广泛应用于人力资源管理的各个方面。例如，在员工学习与发展领域，移动技术可以有效地支持员工学习，让员工与专家进行有效互动，从而促进员工顺利完成培训课程；在人才招聘方面，移动技术可以有效促进招聘团队成员之间的合作，加快招聘流程；在绩效管理方面，移动技术有利于简化绩效信息的收集工作，从而可以更方便和更频繁地向员工提供绩效反馈信息。此外，利用移动技术还可以向员工推送与人力资源相关的、涉及个人发展机遇和目标进展情况的个性化信息。移动技术的应用促成了移动化人力资源管理服务系统，该系统具备以下和一般系统不同的特征：

（1）实时处理，高效协作。移动化人力资源管理服务系统不受时间、地域、空间的限制，聚合了即时通信、组织社交、协同办公、客户关系管理、人力资源管理等多种办公需求，对终端要求低，能够实现组织内外资源的整合，满足用户碎片化办公的需求。移动服务的新型协作方式给员工带来了高效沟通以及团队协作。

（2）扩大工作边界。移动终端和移动通信网络日益优化，很多以前需在电脑上处理的工作都可以通过移动办公的手机终端完成。移动化人力资源管理服务系统的新式工作空间给员工带来了多种应用程序、大量第三方接口和移动互联。与工作相关的应用程序可帮助用户更好地管理日常工作，用户可以在一个平台上完成沟通、协作、流程审批等多个动作，节省了工作时间，打破了工作的物理空间局限，随时随地都可以处理工作事宜。同时，针对不同行业领域的业务需求，可以对移动服务进行专业的定制开发，灵活多变地根据自身需求自由设计一站式移动服务功能。

（3）促进信息共享。为打破信息共享阻碍，移动化人力资源管理服务系统对与系统相关的信息通过各相关系统进行整合与集成，不再受传统模式中每一阶层的条框限制。各个管理层次和管理职能之间能够通过一站式移动服务完成信息的直接传递，直接跨阶层进行信息交流和处理。在信息交流和处理的过程中，对每一阶层都是开放式的，原有的沟通障碍已经透明化。与人力资源管理相关的信息沟通模式不再是各阶层、各职能部门的封闭式模式，而是实现了信息全员共享。

8.2　供电企业业务外包数字化的需求分析

8.2.1　系统需求

1. 高效的协作

由于外包项目涉及多个可能跨越不同地理位置的不同软件系统、管理过程以及干系人之间的信息共享和流程协作，所以企业传统的信息管理系统难以满足外包业务所产生的新需求。

2. 标准化的业务流程

如何有效地跟踪外部服务的质量？

如何评估外包项目的绩效？

3. 灵活的应对策略

如何有效地沟通需求的变化？

如何协调不同外包服务商之间的进度？

8.2.2 功能需求

1. 外包成本管理

不仅需要数据和信息，而且还需要实时的知识和可操作性强的业务策略来管理外包中的成本以及与服务提供商的关系。

2. 服务商关系管理

不仅需要数据和信息，而且还需要实时的知识和可操作性强的业务策略来管理外包中的成本以及与服务提供商的关系。

3. 灵活的薪酬核算模型

为了减轻企业的税务压力，节省人力成本，企业在雇用全职员工外，还雇用兼职人员，补充在用工高峰期一些岗位的空缺。这增加了薪酬核算工作复杂度，因而人力资源部门人员需要人力资源系统、更灵活的薪酬核算模型，以满足国家对企业发薪合规性的要求。

所有这些问题都使情况变得复杂。为了应对外部业务的复杂性，管理者需要相应的业务外包管理系统的支持。

8.3 供电企业业务外包数字化供给分析

8.3.1 供给厂商能力分析

对于搭建外包管理系统的相关单位，无论是供电企业还是第三方单位，都需要具备以下能力：

（1）对于供电企业的业务场景、用工需求、岗位职责、各地税务政策以及企业所在的行业特点有深入理解；

（2）协助企业搭建符合政府合规性要求的业务外包管理系统，搭建外包人员薪酬核算模型。同时，系统应具有灵活性，使系统能够适应企业的发展与组织的调整；

（3）有人力资源的积累，可以通过 SaaS 平台帮助企业做灵活用工的对接；

（4）具备 PaaS 平台、实施能力及定制开发能力，能应对企业不断变化的业务诉求；

（5）具有完整的售前、售后团队，具备全周期的服务能力。

8.3.2　国内厂商

1. 瑞福云科

瑞福云科人力资源外包企业数字化服务平台，致力于赋能中国 HRO 企业数字化转型升级，帮助 HRO 企业提升管理效能和市场竞争力。HROsys 是瑞福云科旗下核心 SaaS 软件服务平台，专注于 HRO 企业的数字化运营管理效能提升。

瑞福云科人力资源外包企业数字化服务平台主要支持劳动关系类业务外包管理（劳务派遣、岗位外包、业务外包等）、企业社保代理、薪酬核算与发放、商保管理等业务模式，实现了账务的应收应付和实收实付管理，提供组织及用户权限配置、流程审批、运营报表、待办、通知提醒、预警等基础技术功能，满足了 HRO 企业的主要业务运营管理。

2. 51 社保

51 社保成立于 2014 年，是技术驱动服务商，以 101HR 科技平台为基础，构建覆盖全国城市的全直营客户支持网络，为企业提供一站式人力资源互联网共享服务。51 社保已在全国设立超过 130 家直营分公司，为 36000$^+$ 企业客户、700$^+$ 上市企业提供降本增效、控制用工风险和提高员工福利等方面的直营服务。

在业务外包方面，51 社保推出了一种新型外包派遣一体化解决方案：PEO 专业雇主服务，将管理服务的理念应用到人力资源，以雇员为中心提供全生命的专业服务，提升雇员体验，推动企业发展。提供社会保险服务、住房公积金服务、薪资代发服务、劳动关系管理、政策指导咨询、系统平台管理等服务。

其产品也充分体现了智能技术在外包管理中的应用，如利用云存储技术进行员工信息自主采集、电子合同的签署等，利用大数据技术进行薪酬自动核算、一键上保险等，这些都能大大提升企业外包管理的效率。

3. 盖雅工场

盖雅工场是中国人力资源管理和劳动力管理软件及应用服务行业公认的领导者，盖雅工场采用独有的"一站式"基础人力资源事务处理解决方案和领先的"人力资源管理＋劳动力管理"应用软件，并融入了在不断为客户提供一流服务过程中形成的与众不同的企业文化。盖雅工场关注人力资源的发展，拥有一批极富潜力、训练有素的员工，为客户提供涵盖整个应用服务生命周期的服务，主要业务包括人力资源和劳动力管理软件及应用服务、考勤和工时管理数据采集设备、个性化薪资袋打印设备及印刷服务，以及人力资源和劳动力管理咨询服务和解决方案服务。

在业务外包领域，盖雅自研的米立伙伴零工平台，建立了真实的零工业务场景、真实的零工管理和费用结算的一体化零工管理平台，力图实现服务专业化、平台一体化、管理智能化、场景真实化。零工平台着眼于搭建全流程灵活用工服务体系，涵盖了从用工需求产生到需求与人员匹配到评估与激励再到报酬发放的外包管理全流程。

8.3.3　国外厂商

1. Apptio：ServiceFlow

Apptio 是一家总部位于美国华盛顿州贝尔维尤市的公司，成立于 2007 年，致力于开发技术业务管理（TBM）与软件即服务（SaaS）应用程序。Apptio 企业应用程序旨在评估和传达 IT 服务的成本，用于规划、预算和预测；Apptio 的服务为管理者提供了管理工具，管理各部门的工作记录、程序开发、网络安全等内容。

ServiceFlow 是 Apptio 的一款为客户提供外包业务过程管理相关服务的产品，原是人力资源规划公司 Digital Fuel 的第一款产品，2018 年，Digital Fuel 被 Apptio 收购，ServiceFlow 也一起并入了 Apptio 旗下。ServiceFlow 为客户提供：①客户需求和质量管理等业务信息类的服务；②零代码开发 SLAs 的检测；③管理收益、损失和贷款以及内部账务；④管理多个外包业务和供应商。

2. Enlighta：Deliver，Govern

Enlighta 提供外包供应商的管理，以及针对外包的交付管理。其致力于实现企业有效的全球服务管理，外包服务是企业关注的核心。Enlighta 的两个初级产品 Deliver 和 Govern，是客户管理跨越多个服务提供商的不同外包服务，并提供一个平台以支持业务流程外包和 IT 服务管理。Enlighta 的 Deliver 产品提供服务交付管理、内容服务、金融以及合同管理。它还可以实现完整的 IT 服务价值链，支持企业用户和分布在全球各地的服务团队，以及境外的外包利益干系人。Enlighta 的 Govern 产品提供外包管理服务，包括在多个外包服务提供商之间的 SLAs 的检测和履约、审计服务、跟踪例外情况、纠纷解决等。

8.3.4 IBM Rational 业务外包管理平台

IBM Rational 软件开发平台，其全称为 IBM Rational SDP（Software Development Platform），是 IBM 公司针对软件开发而推出的一整套解决方案。企业通过这一平台可以更加有效地管理软件外包项目，使软件外包项目可以有序进行，在保证软件质量的前提下确保项目的按时安成，并且控制开发成本。本节将对 Rational 软件项目外包管理平台的解决方案、核心技术及产品进行详尽的介绍。

IBM Rational 为企业软件项目外包管理提供了全面的支持，主要包括以下五个解决方案。①企业级项目管理平台 Rational Portfolio Manager：综合管理企业内部的所有外包项目及项目组合；②项目需求管理：在项目启动阶段明确软件需求，提高需求质量；③开发过程监控：在软件开发过程中监控项目过程，控制项目风险；④软件验收管理：建立验收标准，在软件验收阶段保证开发商所交付的软件质量；⑤软件维护开发：建立变更管理流程，在后续维护阶段全方位管理软件变更。

IBM Rational 软件项目外包管理解决方案为企业有效管理软件外包项目提供了一个全方位的方法和工具平台，如图 8-2 所示。

1. 企业级项目管理

在企业信息化建设的过程中，每年都可能有很多个 IT 项目要上马和实施，作为企业信息化的管理人员，必须实时监控众多 IT 项目的进展情况、保证项目进度；协调不同项目之间的资源（人员、设备、场地等）配置；控制 IT 项目投资成本，使 IT 投资更好地为业务发展服务。项目组合管理是有关协调 IT 项目、投资和优先级的任务。它包括规划和管理独立的项目和项目组合，以满足企业目标。IBM Rational Portfolio Managr 用于实现从机会识别与优先级确定直到项目执行和结束的项目组合生命周期过程的自动化，从而实现企业的外包业务策略。其作用如下：

```
┌─────────────────────────────────────────────────────────┐
│             IBM Rational 软件项目外包管理解决方案             │
└─────────────────────────────────────────────────────────┘
┌──────────────────────────────┐  ┌──────────────────────────────┐
│ 项目需求管理解决方案              │  │ 软件验收管理解决方案             │
│   ——明确软件需求，提高需求质量    │  │   ——建立验收标准，保证软件质量    │
│ ·需求管理工具 Requisite Pro     │  │ ·可靠性测试工具 Purify Plus     │
│ ·可视化建模工具 Rose/RSM        │  │ ·自动化回归测试工具 Functional Tester │
│ ·需求变更管理工具 Clear Quest    │  │ ·自动化性能测试工具 Performance Tester │
│ ·文档自动生成工具 So DA         │  │ ·缺陷跟踪及变更管理工具 Clear Quest │
│                               │  │ ·文档自动生成工具 So DA         │
└──────────────────────────────┘  └──────────────────────────────┘
```

项目启动	软件开发	软件验收	后续维护

企业级项目管理平台　Rational Portfolio Manager

```
┌──────────────────────────────┐  ┌──────────────────────────────┐
│ 开发过程监控解决方案              │  │ 软件维护开发解决方案             │
│   ——监控项目过程，控制项目风险    │  │   ——建立变更管理流程，全方位的管理 │
│ ·需求管理工具 Requist Pro       │  │ ·缺陷跟踪及变更管理工具 Clear Quest │
│ ·系统构建工具 Rose/XDE/RSA/RAD  │  │ ·配置管理工具 Clear Case        │
│ ·配置管理工具 Clear Case        │  │ ·系统构建工具 Rose/XDE/RSA/RAD  │
│ ·变更管理工具 Clear Quest       │  │ ·自动化回归测试工具 Functional Tester │
│                               │  │ ·自动化性能测试工具 Performance Tester │
└──────────────────────────────┘  └──────────────────────────────┘
```

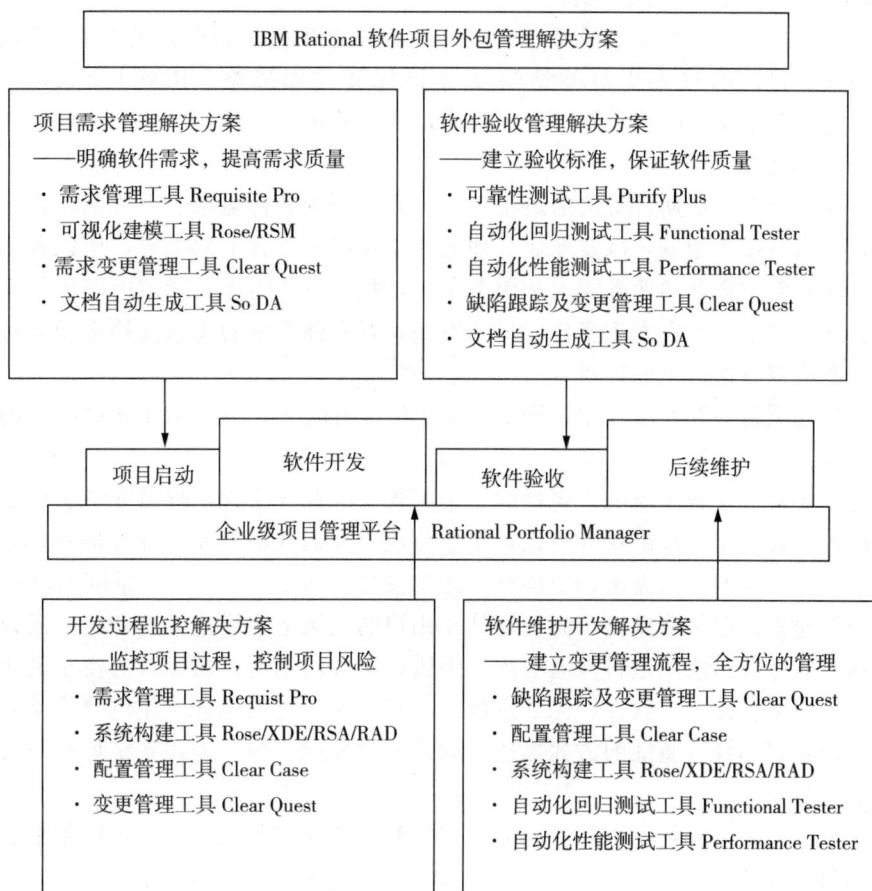

图 8-2　IBM Rational 软件项目外包管理解决方案

（1）让产品组合投资与业务目标保持一致；

（2）获得实时可见性，快速做出明智的决策；

（3）利用内置的模型和工作流实施 IT 管理流程；

（4）加强管理团队和交付团队之间的协作；

（5）实施最佳实践并自动化产品组合过程；

（6）监视和控制跨产品组合的风险、问题和财务情况：

（7）管理技能库和平衡资源需求；

（8）获得跨 IT 和开发项目的全方位视图。

IBM Rational Portfolio Manager 可以通过三个组件获得，因此用户可以选择最适合环境的许可证配置。

Rational Portfolio Manager 的实现通常使用下面三个组件的组合：

对于高级经理、IT 计划和项目经理，Rational Portfolio Manager 提供了完备的项目组合管理和能力规划。

对于项目团队，Rational Portfolio Manager Console 用于跟踪和管理项目活动。

对于那些需要跟踪他们的时间的专业人员，Rational Portfolio Manager Time and

Expense 支持简单的捕获和报告功能。

　　企业级的项目管理不仅仅是管理单个项目，而是管理整个企业内的所有 IT 项目，并且使企业在 IT 方面的投入更好地适应业务目标和发展战略。IBM Rational Portfolio Manager 作为一个企业级的项目管理平台为软件项目外包管理提供了一个基础平台。

　　2. 项目需求管理

　　在软件项目开发的早期，解决的最主要问题就是明确软件需求。一方面，由于外包中的双方具有不同的业务领域，以及专业、地域和文化以及语言上的差异，所以现实中承包商往往很难理解发包企业的业务需求和服务条款，加上业务需求会随着时间的推移而发生变化，造成软件需求一直在发生变化；另一方面，开发商提供的需求文档也很难被业务部门所理解，造成双方沟通上的障碍。

　　在软件外包项目的开发过程中，Rational 平台采用以下方法来保证软件需求的开发并提高需求质量：

　　（1）业务建模：业务建模的主要目的是了解现有的业务流程，理清业务实体之间的关系，从而保证开发商完全理解业务流程；用业务建模架起现实世界与计算机系统之间的桥梁，有效的业务建模可以为需求的正确性、无二意性、易于理解等质量维度提供保证。

　　（2）用例建模：用例建模技术完全是站在用户的立场上来描述系统功能，所以它可以作为开发商和业务部门之间进行沟通的统一手段；有效的用例建模可以为需求的全部质量维度（正确性、完备性、一致性、无二意性、易于理解）提供保证。用例建模从目标系统的外部以一种可观测和可验证的方式描述目标系统的预期行为，描述系统如何与最终用户或其他系统进行交互。

　　（3）用户界面原型：辅助以用户界面原型等其他的需求开发技术，可以帮助我们及早收集业务部门的反馈。

　　（4）需求研讨会：定期与业务部门之间召开软件需求研讨会，向业务部门解释软件是如何实现业务流程的，保证开发商对于业务需求理解的正确性。

　　（5）建立需求的可追踪性：某个软件需求可能也与多个业务需求关联，有效管理业务需求和软件需求之间的追踪关系可以确保所有的业务需求都被软件需求所覆盖。要求开发商提交业务需求和软件需求之间的追踪报告，以确保需求的完备性。

　　3. 开发过程监控

　　在传统的软件外包项目开发中，从需求分析开始到承包商交付最终软件系统，仅经过一次验收，很多问题要到最后的验收阶段才会暴露出来。由于外包项目开发过程不透明，企业很难监控开发的进展情况，从而难以控制项目的进度，经常导致项目延期、成本超支和低的客户满意度。

　　Rational 平台采用迭代化开发策略，在项目的开发过程中设置多个里程碑，在每个里程碑处设有检验点，从而实现多次检验来避免传统开发过程存在的上述问题。这些里程碑可以参考 Rational 的统一开发流程（RUP，Rational Unified Process）中的 4 阶段模型（启动、精化、构建、移交）来设置；发包方可以要求开发商采用迭代化软件开发，这样每一个迭代的结束都是一个技术上的检验点。这种迭代化开发可以有效地控制项目风险，并通过迭代及时收集用户（业务部门）的反馈，对每一个迭代的结果进行检查，保证软件质量和项目开发进度。最简单的过程监控可以在架构设计里程碑处（精化阶段结束）设置中期检验点，要求开发商按要求提交中期交付系统原型，对原型系统进行中期验收，主要考察系统功能、性能指标等，并确认系统是否能在生产环境中正常工作，同时该原型也有助于收集业务部门的反馈意见。

另外，RUP 还建议软件系统基于组件来进行架构，以增强软件灵活性，提高软件重用率，缩短增加新业务需求或产品缺陷修复的周期。例如，采用 EJB、COM＋、WebService、SOA 等方式来开发软件系统。

4. 软件系统验收

当软件外包项目开发完成之后，企业就要对开发商所提交的交付系统进行验收，验收主要包括验证和确认两部分。

（1）持续质量验证：主要是全面持续地对软件质量进行验证，包括评估系统在功能上是否和需求定义相一致，确保软件满足业务部门的需要以及检验系统在技术上是否达到一定的质量标准（可靠性、性能等）。

（2）全面确认：主要是评估系统是否真正满足了生产环境和业务运作的需要，这需要将系统部署到实际生产环境中去进行检验，并需要业务部门的参与。

任何一个企业都需要确定全面的软件验收标准，在定义需求和评估软件质量时，都需要从功能、易用性、可靠性、性能和可支持性等多个维度来全面考虑，使用可以验证的质量标准并尽量使用量化的质量指标。另外，要注意的是除了验收软件系统本身，还应对系统开发过程中所有的中间工作产品如需求文档、设计模型、测试计划/报告等进行验收，RUP 为这些工件提供了详尽的模板和质量要求。

5. 项目后续维护开发

在系统安装运行之后，项目团队面临的挑战在于如何快速响应业务部门的各种变更请求，一方面，随着业务的变化业务部门会提出很多新的业务需求；另一方面在使用中发现的软件缺陷需要得到迅速修正。对于开发团队来说，他们需要同时维护多个软件版本，如不同地区的特殊业务要求系统有多个版本，不同的运行平台也要求系统支持多个运行版本，这些复杂的版本管理需求往往导致软件版本管理上的错误。Rational 平台的全面变更管理主要指软件开发过程以及运行维护过程中出现的各类影响软件发生变化的因素的管理，具体包括缺陷、需求变更、新需求、设计变更、新设计以及文档变更等。所以要加强开发厂商和用户的沟通，供项目管理人员随时掌握项目最新进展状态，实现软件开发的量化管理。

同时，也要做好软件的统一集中的版本控制，做好软件发布管理，避免版本错误以及重复开发。

8.4 供电企业业务外包管理平台框架结构

8.4.1 外包管理框架

EquaTerra 提出的外包管理框架（OMF，Outsourcing Management Framework），从一个较高的层次来描述外包管理中的活动及其关系，基本上涵盖了通常的外包业务活动。

具体包括服务质量管理、问题管理、变更管理、商务管理、履约管理、沟通管理六个方面。其中，服务质量管理包括服务绩效管理、干系人满意度管理、服务知识共享，根本原因分析；问题管理包括逐步升级的问题管理、关键问题管理、应急与风险管理；变更管理包括战略变革管理、项目批准及启动、项目集管理/演化、需求与消费管理；商务管理包括合同变化管理、票据验证与支付管理、服务成本分配管理、财务利润跟踪和控制、财务业绩报告、基准比对、资产管理；履约管理包括条款履约、内部及外部审计、安全与保障、数据保密、其他客户原则和程序、业务持续性；沟通管理包括客户关系管理、管理报告、业务需求识别与沟通、合作沟通管理、关系评估、第三方参与者支持沟通。

外包管理框架的每个方面都包含了若干的策略和实施活动，企业通过对人员、方法和技术的有机组合来有效改善企业的外包业务管理。本节在设计供电企业业务外包管理系统功能框架时，以该框架并结合第六章管理体系中梳理的供电企业业务流程来开展设计。如图 8 - 3 所示。

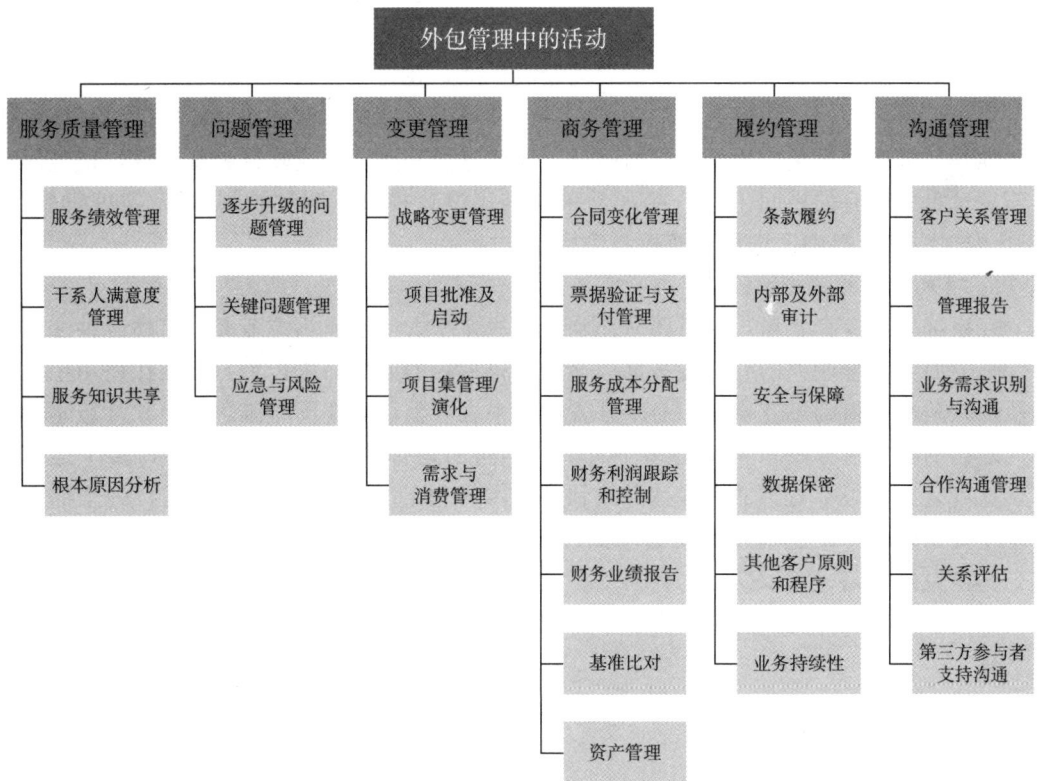

图 8 - 3　外包管理框架

8.4.2　搭建供电企业业务外包管理平台的影响因素

供电企业在自主开发业务外包管理平台时，除了关注自身内部的资源外，还需要关注平台的实施时间和花费成本等因素。

1. 企业需求

在对供电企业的业务流程梳理中，我们发现供电企业对业务外包管理平台工具最核心的要求有：

  (1) 价格，包括咨询、产品以及所需的软硬件成本；

  (2) 易用性及扩展性；

  (3) 信息及业务数据的及时性；

  (4) 支持企业决策的能力。

  对供电企业适合的业务外包管理平台工具应该至少符合上述这些要求，而不是关注那些包含很多吸引用户眼球的新技术或昂贵的却不必要的附加功能。

  2. 成本构成

  由于供电企业对业务外包的管理还稍有不足，缺乏有技能的员工、软件工具的超支等因素是企业外包管理费用高的主要原因。有调查表明，通常企业外包管理的成本可以分为 3 个部分：

  人员成本，约占总成本的 40%；软件工具成本，约占总成本的 30%；外部服务和支持成本，约占总成本的 30%。见表 8-1。

表 8-1　企业外包管理的成本

成　本	总成本占比（%）
人员成本	40
软件工具成本	30
外部服务和支持成本	30

  在计算成本时，供电企业还需要注意，有些成本是隐含的，即有些支持外包业务的功能可以由供电公司内部的现有软件系统提供，或者以工具的开发、配置和变更等不同形式存在。

  3. ROI 分析

  供电公司在业务外包管理平台的决策时，需要进行业务外包管理平台的 ROI（Return On Investment）分析，通常设计多个相互依赖因素仔细权衡，在对业务外包管理平台进行 ROI 评估时，可以借助对一些关键问题的回答来支持自己的决策，见表 8-2。

表 8-2　企业外包管理关键问题

问　题
如何及在何处来实现外包管理架构中所描述的业务？
如何进行平台的配置以支持最终经验目标的实现？
平台都有哪些特点和优势？
如何开展对用户使用平台的培训，需要哪些支持？
平台支持哪些行业标准及规章？
用户的界面是什么样子的？
平台如何保证数据的完整性、准确性和透明度？
平台的实施和使用的易用性？

(续表)

问 题
平台如何满足企业变革管理的需求？
平台如何实现与其他应用系统的集成？
如何使用业务数据和商务智能来支持和跟踪业务流程？

8.4.3 供电企业业务外包管理平台概述

1. 供电企业业务外包管理平台功能框架

图 8-4 展示了供电企业业务外包管理平台的功能框架，分为员工端与管理端。

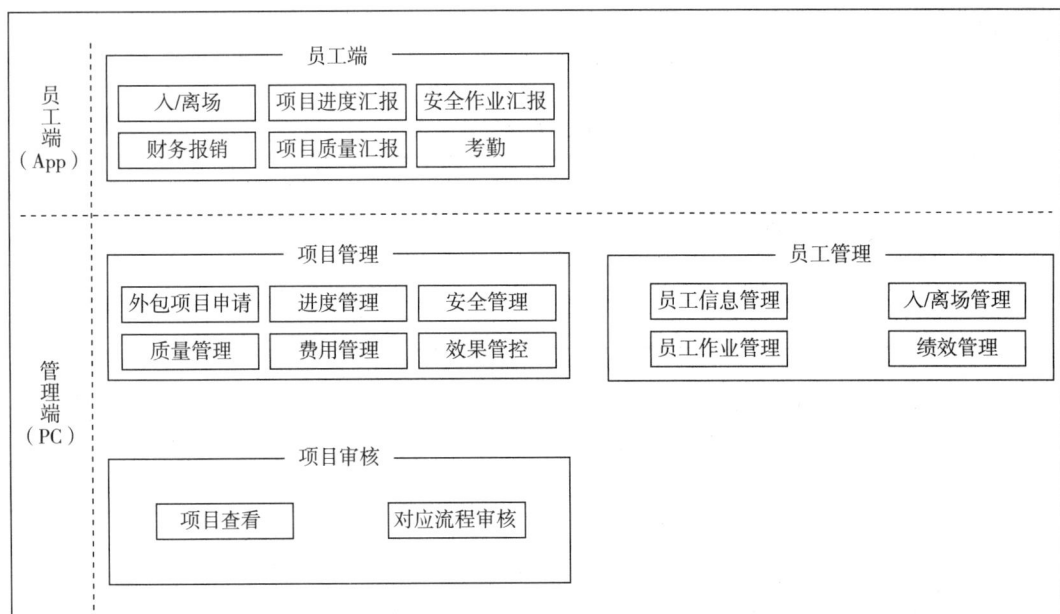

图 8-4 供电企业业务外包管理平台功能框架

对于员工来说，员工希望在入职与离职时，能够较为方便地办理手续，因此需要入/离场模块；在日常工作中，需要汇报项目进度与安全作业，因此需要项目进度汇报模块、安全作业汇报模块、考勤模块；如果产生了费用，还需要财务报销模块；在项目完成后，还需要项目质量汇报模块。

对于项目管理者来说，外包项目立项时，需要外包项目申请模块，项目进行时需要进度管理模块、安全管理模块、质量管理模块、费用管理模块；在项目完成后，还需要进行验收，需要效果管控模块。

对于外包员工管理者来说，需要了解员工的个人信息，因此需要员工信息管理模块；当有新的外包员工加入或有老员工退出时，应增加或删除员工信息，因此需要入/离场管理模块；在日常工作中，需要了解员工进度，需要员工作业管理模块；在员工绩效评定时，还需要绩效管理模块。

对于相关参与者来说，有相关流程需要他们审核时，需要流程审核模块；另外，如需查看项目情况，还需要项目查看模块。

2. 平台运作流程

（1）进度管理

进度管理是在外包项目进行过程中，对各阶段进展进行记录与控制的流程，是一个需要外包员工、专业部门、承包单位共同参与的工作过程。由承包单位在管理端上传进度计划，专业部门在管理端审核后，外包员工正式执行，在执行过程中，需要员工在员工端上传当前进度。在项目进行过程中，如果遇到不可抗力因素，则由承包单位重新制订计划并上传至管理端，专业部门在审核后，由外包员工继续执行，直到项目结束。项目结束时，员工、专业部门、承包单位共同进行项目验收结算。进度管理业务流程如图8-5所示。

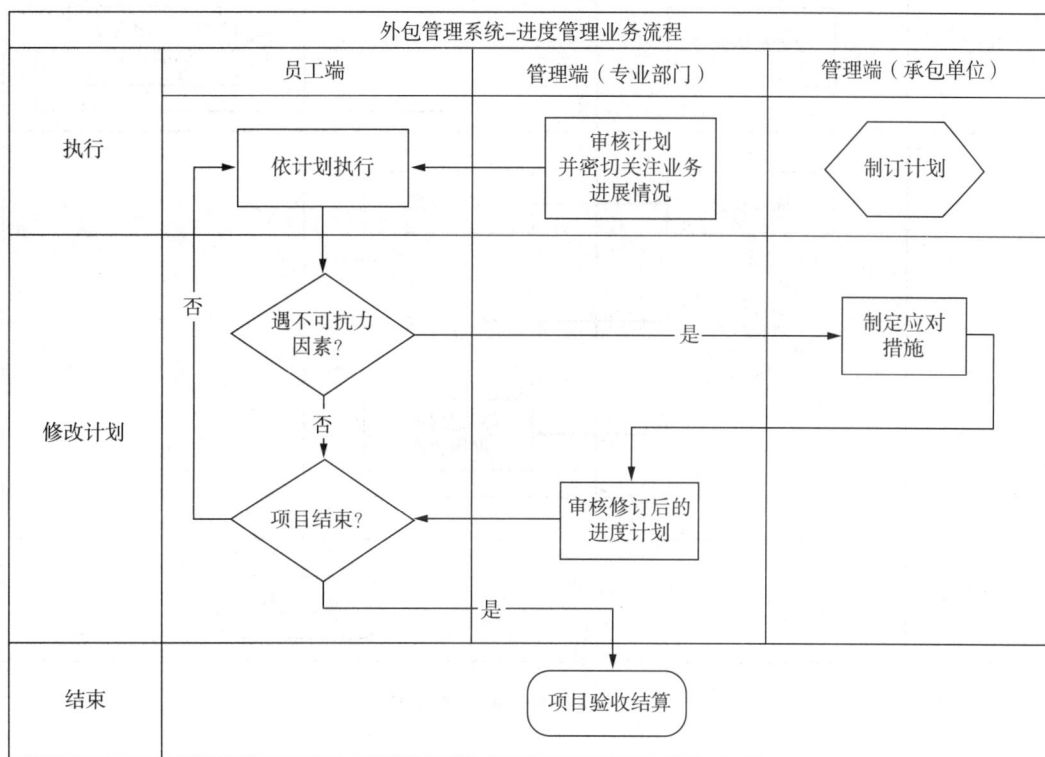

图 8-5　进度管理业务流程

（2）安全管理

各级发包单位应通过资质审查、合同约束、教育培训、动态评价等机制，做好承包单位的安全监督。在此过程中，需要专业部门、承包单位、外包员工三个主体在开工前、执行过程中、结束后相互配合，才能做好安全管理。承包单位应在管理端提交安全和技术交底书，专业部门在管理端严格审查实施方案、工艺标准、危险点预控措施，员工则应严格按照安全标准施工，并在员工端做好记录。项目结束后，承包单位在管理端交付成果，专业部门在管理端验收成果，并检查是否存在问题，如果存在问题，则承包单位整改，待整改完毕后，由专业部门检查，通过后，进入项目结算流程。具体如图8-6所示。

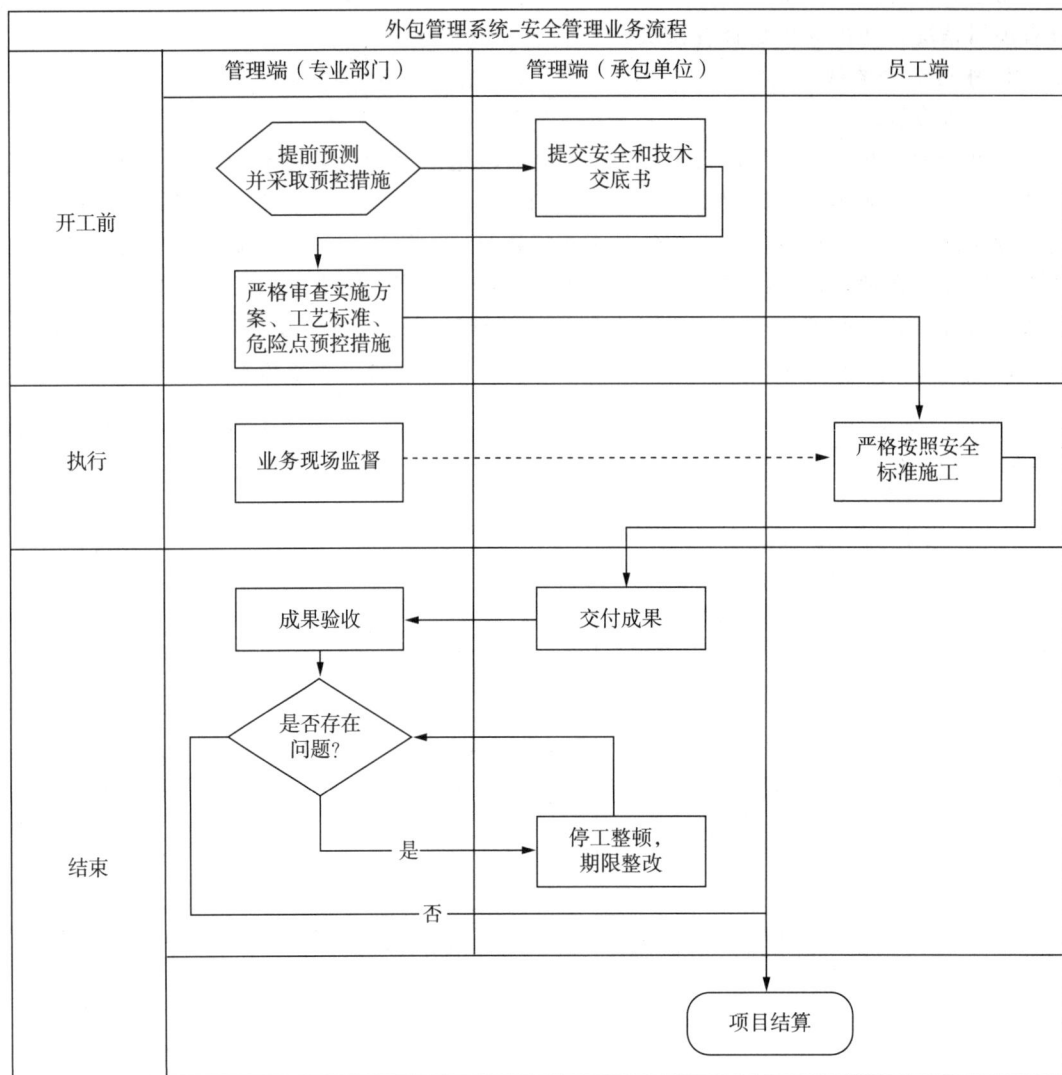

图 8-6 安全管理业务流程

（3）质量管理

外包业务质量管理应遵循国家、行业、发包单位的相关要求，承包单位对外包合同范围内的实施质量负总责，监理单位应认真履行监理合同规定的职责，对外包业务进行质量控制。在这个过程中，承包单位应在管理端中提交详细的质量控制措施，专业部门在管理端中进行审核，若发现存在缺陷，则应在管理端中打回，承包单位在整改后应上传系统。在此过程中，专业单位应注意督促承包单位进行整改，流程结束后，承包单位与专业单位共同进行项目结算。如图 8-7 所示。

（4）费用管理

外包业务的费用发生应严格按照计划、预算安排和合同约定进行。如遇不可抗力因素，承包单位应及时制订应对措施，并与修订后的费用预算一并报发包单位审核。承包单位应在管理端提交计划、预算等内容，在项目过程中，如遇不可抗力因素，则应重新制定

计划，并上传管理端，由专业部门在管理端审核后，承包单位再按照计划进行。如图 8-8
所示。

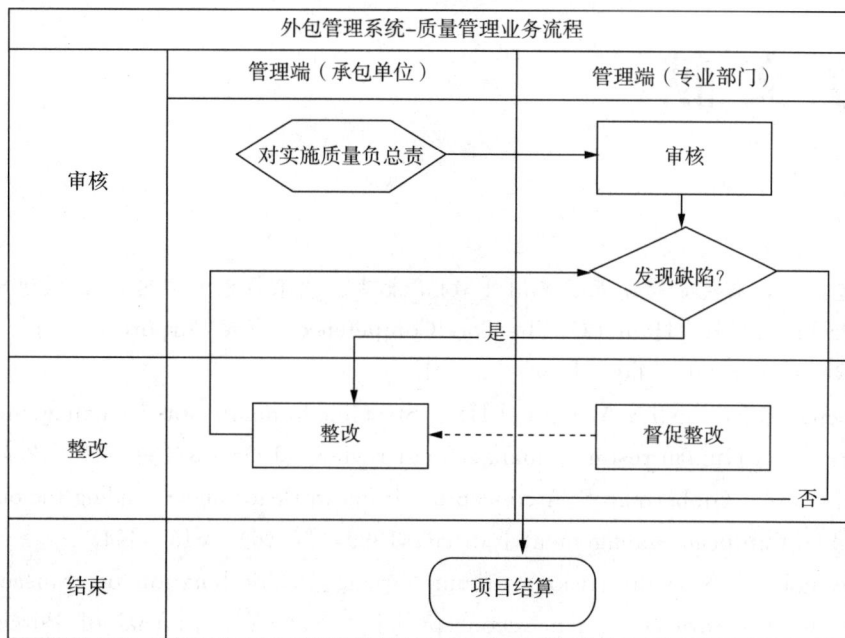

图 8-7 质量管理业务流程

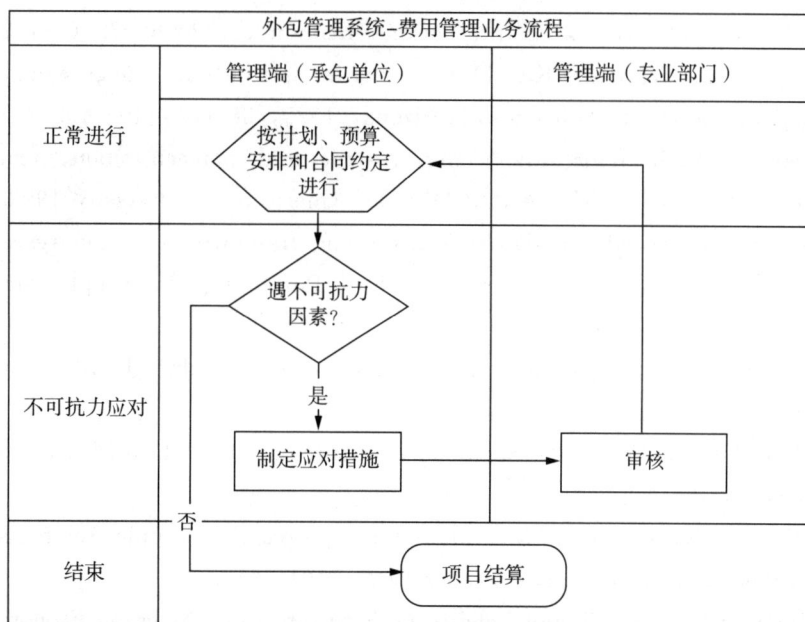

图 8-8 费用管理业务流程

参 考 文 献

［1］包红霞，秦英. 物流管理基础［M］. 北京：北京师范大学出版社，2008.

［2］Prahalad C K，Hamel G. The Core Compefence of the Corporofion［J］. Harvard Business Review，1990，May—June：79-91.

［3］Lepak D P，Snell S A. Virtual HR：Strategic human resource management in the 21stcentury［J］. Human resource management review，1998，8（3）：215-234.

［4］ViningA，Globerman S. A conceptual framework for understanding the outsourcing decision［J］. European Management Journal，1999，17（6）：645-654.

［5］Arnold U. New dimensions of outsourcing：a combination of transaction cost economics and the core competenciesconcept［J］. European Journal of Purchasing & Supply Management，2000，6（1）：23-29.

［6］Glass A J，Saggi K. Innovation and wage effects of internationaloutsourcing［J］. European economic review，2001，45（1）：67-86.

［7］Grossman G M，Szeidl A，Helpman E. Optimal Integration Strategies for the Multinational Firm［J］. Journal of International Economics，2006，70（1）：216-238.

［8］Johnson J C，Schneider K C. Outsourcing in distribution：the growth in importance of transportationbrokers［J］. Business Horizons，1995，38（6）：40-49.

［9］Greaver M F. Strategic outsourcing：a structured approach to outsourcing decisions and initiatives［M］. New York：AMACOM Div American Mgmt Assn，1999.

［10］Momme J，Hvolby H H. An outsourcing framework：action research in the heavy industry sector［J］. European Journal of Purchasing & Supply Management，2002，8（4）：185-196.

［11］Venkatesan R. Strategic sourcing：To make or not tomake［J］. Harvard Business Review，1992，70（6）：98-107.

［12］Quinn J B，Hilmer F G. Strategic Outsourcing［J］. Sloan Management Review，1994，35（4）：43-55.

［13］Olsen R F，Ellram L M. A portfolio approach to supplierrelationships［J］. Industrial marketing management，1997，26（2）：101-113.

［14］McLaren J. "Globalization" and verticalstructure［J］. American Economic Review，2000，90（5）：1239-1254.

［15］Singh S. How market orientation and outsourcing create capability and impact businessperformance [J] . Thunderbird International Business Review, 2009, 51 (5): 457 - 471.

[16] Refslund B. The outsourcing challenge: organizing workers across fragmented production networks [J] . European Planning Studies, 2016, 24 (5): 1034 - 1036.

[17] Asmussen J N, Kristensen J, Waehrens B V. Outsourcing of production: the valuation of volume flexibiltiy in decision - making [J] . LogForum, 2018, 14 (1): 73 - 83.

[18] Elock Son C, Müller J, Djuatio E. Logistic outsourcing risks management and performance under the mediation of customer service in agribusiness [J] . Supply Chain Forum, 2019, 20 (2): 1 - 19.

[19] Cross J. IT outsourcing: British Petroleum's competitiveapproach [J] . Harvard Business Review, 1995, 73 (3): 94 - 102.

[20] Nelson P, Richmond W, Seidmann A. Two dimensions of softwareacquisition [J] . Communications of the ACM, 1996, 39 (7): 29 - 35.

[21] Earl M J. The risks of outsourcingIT [J] . Sloan Management Review, 1996, 37 (3): 26 - 33.

[22] Lacity M C, Willcocks L P, Feeny D F. The Value of Selective IT Sourcing [J] . MIT Sloan Management Review, 1996, 37 (3): 13.

[23] Lacity M C, Willcocks L. Global information technology outsourcing: In search of businessadvantage [M] . Quebec: John Wiley & Sons, Inc. , 2000.

[24] Aubert B A, Patry M, Rivard S. Assessing the risk of IT outsourcing [C] // Proceedings of the Thirty - First Hawaii International Conference on System Sciences. IEEE, 1998 (6): 685 - 692.

[25] Aubert B. A Resource - Based Analysis of ITSourcing [J] . DATA BASE for Advances in Information Systems, 2001, 33 (2): 29 - 40.

[26] Aubert B A, Patry M, Rivard S, et al. IT outsourcing risk management at British Petroleum [C] //Proceedings of the 34th Annual Hawaii International Conference on System Sciences. IEEE, 2001: 10.

[27] Bahli B. An assessment of information technology outsourcing risks [D]. Universite de Montreal (Canada), 2002.

[28] Benton W C, Krajewski L. Vendor performance and alternative manufacturing-environments [J] . Decision Sciences, 1990, 21 (2): 403 - 415.

[29] Gupta R S. Risk management and intellectual property protection inoutsourcing [J] . Global Business Review, 2018, 19 (2): 393 - 406.

[30] Baxendale S J. Outsourcing opportunities for small businesses: A quantitativeanalysis [J] . Business Horizons, 2004, 47 (1): 51 - 51.

[31] Kenyon G N, Meixell M J, Westfall P H. Production outsourcing and operational performance: An empirical study using secondarydata [J] . International Journal of Production Economics, 2016 (171): 336 - 349.

［32］Zarzycka E，Dobroszek J，Lepisto L，et al. Coexistence of innovation and standardization：evidence from the lean environment of business process outsourcing ［J］. Journal of Management Control，2019（30）：251－286.

［33］卢锋. 当代服务外包的经济学观察：产品内分工的分析视角［J］. 世界经济，2007，30（8）：22－35.

［34］吕巍，郑勇强. 外包战略：企业获得竞争优势的新途径［J］. 经济理论与经济管理，2001（8）：56－59.

［35］李威松，王淑云. 基于交易费用与核心能力相融合的外包研究［J］. 北京航空航天大学学报（社会科学版），2004（1）：39－44.

［36］徐姝. 企业业务外包绩效影响因素分析［J］. 技术经济，2006（4）：97－98.

［37］朱四明，朱晓明. 服务外包风险动因分析与对策研究［J］. 价格理论与实践，2011（5）：87－88.

［38］李华焰，马士华. 供应链企业外包战略选择模型研究［J］. 决策借鉴，2001（4）：12－16.

［39］张建华，梅胜，张格. 交易成本：外包现象的一个解释视角［J］. 商业研究，2005（7）：17－21.

［40］李晋，崔南方. 制造业企业战略外包的决策模型［J］. 科技进步与对策，2005（12）：95－97.

［41］孙大鹏，苏敬勤. 资源外包战略决策模型研究［J］. 科学学研究，2006（2）：222－226.

［42］李雷鸣，陈俊芳. 理解企业外包决策的一个概念框架［J］. 中国工业经济，2004（4）：94－99.

［43］钱碧波，潘晓弘，程耀东. 敏捷虚拟企业合作伙伴选择评价体系研究［J］. 中国机械工程，2000，11（4）：5.

［44］马丽娟. 基于供应链管理的供应商选择问题初探［J］. 工业工程与管理，2002，7（6）：23－25.

［45］仲维清，侯强. 供应商评价指标体系与评价模型研究［J］. 数量经济技术经济研究，2003，20（3）：93－97.

［46］王旭坪，陈傲. 基于电子商务的供应商评价与优化［J］. 管理科学，2004，17（4）：49－53.

［47］孙静春，苏秦，王刊良. 供应商组构过程的多准则特征与多目标特征［J］. 管理工程学报，2002，16（1）：59－61＋2.

［48］袁宇，关涛，闫相斌，等. 基于混合VIKOR方法的供应商选择决策模型［J］. 控制与决策，2014，29（3）：551－560.

［49］吴阳，姚建明，仝嫦哲. 国有企业的供应商优选决策研究——兼顾政策性负担与经济性目标［J］. 运筹与管理，2021，30（1）：63－70.

［50］Kalleberg A L，Reskin B F，Hudson K. Bad jobs in America：Standard and nonstandard employment relations and job quality in the United States［J］. American sociological review，2000：256－78.

[51] Coyle J J, Bardi E J, Langley C J. The management of business logistics: a supply chain perspective [M]. Chula Vista: South – Western College Pub, 2002.

[52] Lu T C, Chen Y T, Ko P C I, et al. The demand for prehospital advanced life support and the appropriateness of dispatch in Taipei [J]. Resuscitation, 2006, 71 (2): 171 – 179.

[53] Thommes K, Weiland K. Explanatory factors for firms' use of temporary agency work in Germany [J]. European Management Journal, 2010, 28 (1): 55 – 67.

[54] Mobley N. What you need to know now about outsourcing HRfunctions [J]. HR Focus, 2000, 77 (10): 7 – 10.

[55] Storrie, D. Temporary agency work – Sweden [R]. Ireland: Eurofound, 2012.

[56] Torres – Machí C, Carrión A, Yepes V, et al. Employability of graduate students in construction management [J]. Journal of Professional Issues in Engineering Education and Practice, 2013, 139 (2): 163 – 170.

[57] So J. Exploring the plight of dispatch workers in China and how to improve their conditions: A preliminarystudy [J]. WorkingUSA, 2014, 17 (4): 531 – 552.

[58] Hopkins B, Dawson C, Veliziotis M. Absence management of migrant agency workers in the food manufacturing sector [J]. The International Journal of Human Resource Management, 2016, 27 (10): 1082 – 1100.

[59] Benassi C, Vlandas T. Union inclusiveness and temporary agency workers: The role of power resources and union ideology [J]. European journal of industrial relations, 2016, 22 (1): 5 – 22.

[60] Cho S, Choi Y. Convergent or divergent? The hidden dynamics of institutional changes in the labor markets and social welfare systems in South Korea andJapan [J]. Politics & Policy, 2017, 45 (4): 594 – 625.

[61] Casilli A A. Global digital culture | Digital labor studies go global: Toward a digital decolonial turn [J]. International Journal of Communication, 2017 (11): 21.

[62] Goldschmidt D, Schmieder J F. The rise of domestic outsourcing and the evolution of the German wage structure [J]. The Quarterly Journal of Economics, 2017, 132 (3): 1165 – 1217.

[63] Cuciurean-Zapan M, Hammel V. Designing Good Jobs: Participatory Ethnography and Prototyping in Service-Oriented Work Ecosystems [C] //Ethnographic Praxis in Industry Conference Proceedings. 2019, 2019 (1): 514 – 532.

[64] 周春梅. 构建和谐劳动关系的困境与对策 [J]. 南京社会科学, 2011 (6): 85 – 92.

[65] 王丽平, 何非, 时博. 劳务派遣: 给予战略选择、制度构型和资源整合的研究 [M]. 北京: 经济管理出版社, 2012.

[66] 谢玉华, 肖巧玲, Anita Chan, 等. 劳务派遣工和正式工员工—组织关系的比较研究——来自汽车企业一线员工的数据 [J]. 经济社会体制比较, 2013, (05): 183 – 192.

[67] 左春玲. 劳务派遣下的劳动关系 [M]. 北京: 知识产权出版社, 2014.

[68] 孙蕾扬. 困境与规范——我国劳务派遣用工中的存在问题与对策分析 [J]. 中

国人力资源开发，2016（12）：86 - 91.

　　[69] 马红光. 企业劳务派遣同工同酬影响因素研究回顾与展望 [J]. 技术经济与管理研究，2017（10）：62 - 66.

　　[70] Prahalad C K，Hamel G. The core competence of the corporation [J]. International Library of Critical Writings in Economics，2003（163）：210 - 222.

　　[71] Yang CC. The integrated model of core competence and core capability [J]. Total Quality Management & Business Excellence，2015，26（1 - 2）：173 - 189.

　　[72] Le H. Literature review on diversification strategy，enterprise core competence andenterprise performance [J]. American journal of industrial and business management，2019，9（1）：91 - 108.

　　[73] 刘世锦，杨建龙. 核心竞争力：企业重组中的一个新概念 [J]. 中国工业经济，1999（2）：64 - 69.

　　[74] 秦德智，秦超，蒋成程. 企业文化软实力与核心竞争力研究 [J]. 科技进步与对策，2013，30（14）：95 - 98.

　　[75] 马浩. 战略管理学50年：发展脉络与主导范式 [J]. 外国经济与管理，2017，39（7）：15 - 32.

　　[76] Coase R H. The nature of the firm：Influence [J]. The Journal of Law，Economics，and Organization，1988，4（1）：33 - 47.

　　[77] Williamson O E. Transaction - cost economics：the governance of contractualrelations [J]. The journal of Law and Economics，1979，22（2）：233 - 261.

　　[78] Cao Z，Lumineau F. Revisiting the interplay between contractual and relational governance：A qualitative and meta - analytic investigation [J]. Journal of operations management，2015（33）：15 - 42.

　　[79] Sarkis J，Zhu Q，Lai K. An organizational theoretic review of green supply chain management literature [J]. International journal of production economics，2011，130（1）：1 - 15.

　　[80] Williamson O E. The economic institutions of capitalism. Firms，markets，relationalcontracting [M]. Berlin：Springer，2007.

　　[81] 张金隆，丛国栋，陈涛. 基于交易成本理论的 IT 外包风险控制策略研究综述 [J]. 管理学报，2009，6（01）：126 - 134.

　　[82] 陈启泷，狄为. 基于交易成本理论的组织间信任与承诺对财务绩效影响研究 [J]. 财会通讯，2015（12）：81 - 85.

　　[83] Coase R H. The Nature of the Firm [J]. Economica，1937，4（16）：386 - 405.

　　[84] 大卫·李嘉图. 政治经济学及赋税原理 [M]. 周洁，译. 北京：华夏出版社，2013.

　　[85] 亚当·斯密. 国富论 [M]. 凡禹，译. 上海：立信会计出版社，2012.

　　[86] 霍景东，夏杰长. 动态比较优势与服务外包发展战略 [J]. 经济与管理，2010，24（11）：18 - 22.

　　[87] Redding S. Dynamic comparative advantage and the welfare effects oftrade

[J]．Oxford economic papers，1999，51（1）：15-39.

[88]霍光．服务外包的前因及其与企业绩效关系研究［D］．沈阳：辽宁大学，2014.

[89]陈宝云，柯华．近代中国电业发展的比较优势分析［J］．江西社会科学，2014，34（5）：124-129.

[90]陈国权．供应链管理［J］．中国软科学，1999（10）：101-104.

[91]代建生．多任务业务外包的激励契约［J］．管理科学学报，2016，19（7）：24-36.

[92]麻雅静，武刚，方德英．基于因子分析与风险矩阵的IT外包风险评价［J］．计算机工程，2013，39（9）：281-284＋288.

[93]卢宇，何有世．业务外包分阶段风险因素识别与风险规避研究［J］．科技进步与对策，2017，34（5）：20-24.

[94]宁靓，赵立波．基于模糊综合评价法的公共服务外包风险因素研究［J］．行政论坛，2016，23（4）：36-41.

[95]呼桂霞．集团公司财务外包风险的评价与控制——基于失效模式与效果分析法［J］．财会通讯，2020，（6）：128-131＋135.

[96]崔宏．关于税收大数据赋能风险管理的思考［J］．税务研究，2022（7）：131-136.

[97]Liu J Y C，Yuliani A R. Differences between clients' and vendors' perceptions of IT outsourcing risks：Project partnering as the mitigation approach［J］．Project Management Journal，2016，47（1）：45-58.

[98]Al-Khatib S F S. Strategic Logistics Outsourcing：Integrated Models for Evaluating and Selecting Logistics Service Providers（LSPs）Upstream/Downstream Supply Chain Comparison［D］．Liverpool John Moores University，2015.

[99]Mwai N W，Kiplang'at J，Gichoya D. Application of resource dependency theory and transaction cost theory in analysing outsourcing information communication services decisions：A case of selected public university libraries in Kenya［J］．The Electronic Library，2014，32（6）：786-805.

[100]余平，祝芳芳，戴智敏．公立医院后勤外包风险控制策略研究——从医院内部审计的角度［J］．卫生经济研究，2021，38（9）：77-79.

[101]吴国新，李竹宁，李元旭．IT提供商执行外包业务过程中的风险识别与度量［J］．系统管理学报，2015，24（5）：682-689.

[102]赵凯，王砚书，张春林．内部审计业务外包的风险分析与建议［J］．财务与会计，2019（17）：75-76.

附　　录

附录一
承包商资质要求

一、承包单位基本业务资质要求

承包单位必须具备《国家建筑业企业资质管理规定》（建设部令第159号）、《工程监理企业资质管理规定》（建设部令第158号）、《承装（修、试）电力设施许可证管理办法》（电监会令第6号）等国家有关主管部门颁发的满足所承包（监理）工程专业和规模施工要求的资质、资格和施工能力。

各类生产业务要求的基本资质要求如下：

（一）变电生产业务

变电设备运维、检修、试验、抢修外包项目的承包单位应具备相应电压等级的承装（修、试）电力设施许可证、相应制造资质。

（二）输配电生产业务

1. 输电线路（电缆）运维、检修、试验、抢修外包项目的承包单位应具备相应电压等级的承装（修、试）电力设施许可证。项目包含杆塔基础和电缆沟土建工程的承包单位还应具有房屋建筑工程施工总承包资质或者电力施工总承包资质。

2. 配电线路（电缆）运维、检修、试验、抢修外包项目的承包单位应具备相应电压等级的承装（修、试）电力设施许可证。项目包含杆塔基础和电缆沟土建工程的承包单位还应具有房屋建筑工程施工总承包资质或者电力施工总承包资质。

（三）土建生产业务

1. 地基处理项目的承包单位应具备地基与基础工程专业承包企业三级及以上资质或房屋建筑工程施工总承包三级及以上资质。

2. 土石方工程项目的承包单位应具备土石方工程专业承包企业三级及以上资质或房屋建筑工程施工承包企业三级及以上资质。

3. 生产房屋整体修缮项目（包含地基与基础工程，土石方工程，结构工程，屋面工程以及内、外部的装修装饰工程，上下水、供暖、电器、卫生洁具、通风、照明、消防、防雷等安装工程）的承包单位必须具备房屋建筑工程施工总承包资质；房屋内外装饰装修专项工程的承包单位应具备建筑装修装饰工程专业承包资质；房屋修缮工程涉及加固的承包单位还必需具备同类型的特种专业工程专业承包资质。

（四）其他生产类业务

1. 变电设备构支架、线路杆塔防腐项目的承包单位应具备防腐工程承包企业三级及以上的资质。

2. 通信光缆维修的承包单位应具备电信工程专业承包企业三级及以上资质，ADSS 光缆施工还需要具备电力承装修资质。

3. 变电附属设备，自动化、调度、通信、信息、负控等专业设备，工器具、仪器仪表、五防装置、各类监测监控系统维修的承包单位宜由原制造厂商或专业技术厂家、公司承包。

4. 输、变、配电附属设施维修项目的承包单位应由土建三级及以上资质或相应专业技术维修施工企业承包。

（五）监理单位业务资质要求

1. 承担 500kV 及以上输变电外包业务的监理单位应具备甲级资质；

2. 承担 220kV 及以下输变配电外包业务的监理单位应具备乙级及以上资质；

3. 承担房屋建筑和市政公用外包业务的监理单位应具备丙级及以上资质。

（六）设计单位业务资质要求

1. 承担 500kV 及以上输变电外包业务的设计单位应具备甲级资质；

2. 承担 220kV 输变配电外包业务的设计单位应具备乙级及以上资质；

3. 承担 110kV 及以下输变配电外包业务的设计单位应具备丙级及以上资质；

4. 承担房屋建筑和市政公用外包业务的设计单位应具备丙级及以上资质。

二、承包单位基本安全资质要求

（一）承接 220kV 及以上外包业务的承包单位应通过相应的安全、质量和环境体系认证。

（二）承接 110kV 及以下外包业务的承包单位应建立相应的安全、质量和环境管控体系。

（三）承包单位应具备安全生产条件，取得安全生产许可证。

（四）承包单位应设有日常的安全、质量管理部门，并有相关的管理制度和流程，定期开展安全生产知识培训。

（五）承包单位相关专业技术人员和检修、试验人员应具备入网工作的安全资质，接受发包单位安全监察部门组织的入网前培训及考试。

（六）承包单位应保证施工安全的安全防护设施、用具的配备，劳保用品的发放，现场人员的定期体检以及人身意外保险投保等符合相关规定。

（七）近三年内所承包的工程未发生较大人身伤亡事故和重大质量事故，近一年内未发生人身死亡事故和质量事故。

三、承包单位基本管理评价要求

（一）管理评价内容

业务外包管理评价包括质量管理、现场管理、工期及费用管理、资料管理四个部分。

1. 质量管理主要包括验收、投运、缺陷等方面。

2. 现场管理主要包括作业文本、现场文明生产、监督管理、缺陷等方面。

3. 工期及费用管理主要包括工期、费用等方面。

4. 资料管理主要包括及时、完整等方面。

（二）管理评价评分构成

业务外包管理评价评分采用百分制。质量管理、现场管理、工期及费用管理、资料管理的得分分别按 40%、40%、10%、10% 分值比例构成。具体评分要求如下：

项　目	内　容	评价标准	标准分
质量	验收	不发生设备检修结束后由于检修质量造成的非一次性验收通过事件。	10
	投运	不发生设备检修结束后由于检修质量造成的非一次性加运成功事件。	10
	缺陷	不发生检修结束后遗留有缺陷的情况	20
作业现场	作业文本	安全措施、组织措施、技术措施齐全、完整	7
		工作票符合相关规定和现场工作要求	7
		作业指导书（作业卡、工序质量控制卡）满足设备工艺质量的要求	10
	"三齐"	检修现场拆下的零部件排放整齐，工器具摆放整齐，材料、备件堆放整齐	3
	"三不乱"	检修现场电源电线不乱拉，管路不乱位，杂物不乱丢。	3
	现场文明	现场整洁，无油迹和烟头；作业现场做到工完、料净、场地清	3
	监督管理	作业区域应按要求设置临时围栏及安全警示标牌	3
	劳保用品	服从监管部门或发包单位的监督和管理	2
		现场工作人员配备必要的安全防护用品	2
工期及费用	工期	工期满足合同要求，不发生延期事件	5
	费用	实际发生费用满足合同要求，不发生超费用事件	5
资料	及时	及时移交检修资料	5
	完整	所移交的检修资料齐全、完整	5

（三）管理评价方式

1. 业务外包管理评价分为单一项目评价、年度综合评价两种方式。单一项目评价是指对承包单位所完成的一个单独的检修项目的评价。年度综合评价是指对承包单位在年度内所完成的所有检修项目的评价；

2. 年度综合评价得分为年度内该承包单位各单一项目评价平均得分减去加扣分。当年由于检修质量原因造成的重复性检修 1 次扣 15 分，检修质量原因造成的一般缺陷数每个扣 2.5 分；

3. 根据对承包单位的年度综合评价得分情况分为优、良、一般三个等级，对应的分值分别为 90 分及以上、75～89 分、75 分以下。得分为优的承包单位可列入国网和省级合格业务承包单位清单，得分为良及以上的承包单位可列入发包单位合格业务承包单位清单；

4. 年度内发生人身伤亡事故、由于检修工作引发的电网事故、由于检修工作引发的设备损坏或设备事故、人身、电网、设备等安全、质量事故的迟报、漏报、瞒报的事件，直接中止评价。

四、承包单位基本企业资质要求

（1）具有有效的法人资格的营业执照。

（2）具有有效的法定代表人证明或法定代表人授权委托书。

（3）具有符合要求的注册资金证明。

（4）具有符合要求的银行资信证明。

（5）具有有效的税务登记证明。

（6）具有有效的三个会计年度内经会计师事务所审计的资产负债表、利润表、现金流量表及审计报告。

五、承包单位基本企业信誉要求

（一）业绩条件：在本区域内有一定承包业绩。

（二）承包单位应具有良好的财务状况和商业信誉，未处于被责令停业、投标资格被取消或者财产被接管、冻结和破产状态，未涉及重大诉讼。

（三）承包单位未被认定有拖欠劳务工资、不正当竞争、欺诈、商业贿赂等不良行为。

（四）承包单位未被列入地方及公司系统禁止业务往来的单位名单，未发生不良履约行为。

附录二
部分业务外包与劳务派遣相关文件参考

（一）中华人民共和国劳动合同法（节录）

（二）劳务派遣暂行规定（节录）

（三）劳务派遣行政许可实施办法

（四）关于进一步明确全面推开营改增试点有关劳务派遣服务、收费公路通行费抵扣等政策的通知（节选）

（五）上海人力资源和社会保障局、上海高院关于劳务派遣适用法律若干问题的会议纪要

（六）安徽省人力资源与社会保障厅关于做好劳务派遣行政许可工作的通知

（七）合肥市人力资源和社会保障局关于做好劳务派遣行政许可工作的补充通知

（八）合肥市人力资源和社会保障局关于做好《劳务派遣暂行规定》贯彻实施工作的通知

（九）朝阳区人力资源和社会保障局关于疫情防控期间劳务派遣、特殊工时行政审批业务网上办理的通知

（十）北京市人力资源和社会保障局关于进一步明确劳务派遣机构和人力资源服务机构防疫责任要求的紧急通知

（十一）关于印发《长三角地区劳务派遣合规用工指引》的通知

（一）
中华人民共和国劳动合同法（节录）

（2007 年 6 月 29 日第十届全国人民代表大会常务委员会第二十八次会议通过，根据 2012 年 12 月 28 日第十一届全国人民代表大会常务委员会第三十次会议《关于修改〈中华人民共和国劳动合同法〉的决定》修正）

第五章　特别规定
第二节　劳务派遣
第五十七条　【劳务派遣单位的设立】
经营劳务派遣业务应当具备下列条件：
（一）注册资本不得少于人民币二百万元；
（二）有与开展业务相适应的固定的经营场所和设施；
（三）有符合法律、行政法规规定的劳务派遣管理制度；
（四）法律、行政法规规定的其他条件。
经营劳务派遣业务，应当向劳动行政部门依法申请行政许可；经许可的，依法办理相应的公司登记。未经许可，任何单位和个人不得经营劳务派遣业务。
第五十八条　【劳务派遣单位、用工单位及劳动者的权利义务】
劳务派遣单位是本法所称用人单位，应当履行用人单位对劳动者的义务。劳务派遣单位与被派遣劳动者订立的劳动合同，除应当载明本法第十七条规定的事项外，还应当载明被派遣劳动者的用工单位以及派遣期限、工作岗位等情况。
劳务派遣单位应当与被派遣劳动者订立二年以上的固定期限劳动合同，按月支付劳动报酬；被派遣劳动者在无工作期间，劳务派遣单位应当按照所在地人民政府规定的最低工资标准，向其按月支付报酬。
第五十九条　【劳务派遣协议】
劳务派遣单位派遣劳动者应当与接受以劳务派遣形式用工的单位（以下称用工单位）订立劳务派遣协议。劳务派遣协议应当约定派遣岗位和人员数量、派遣期限、劳动报酬和社会保险费的数额与支付方式以及违反协议的责任。
用工单位应当根据工作岗位的实际需要与劳务派遣单位确定派遣期限，不得将连续用工期限分割订立数个短期劳务派遣协议。
第六十条　【劳务派遣单位的告知义务】
劳务派遣单位应当将劳务派遣协议的内容告知被派遣劳动者。
劳务派遣单位不得克扣用工单位按照劳务派遣协议支付给被派遣劳动者的劳动报酬。
劳务派遣单位和用工单位不得向被派遣劳动者收取费用。
第六十一条　【跨地区派遣劳动者的劳动报酬、劳动条件】
劳务派遣单位跨地区派遣劳动者的，被派遣劳动者享有的劳动报酬和劳动条件，按照用工单位所在地的标准执行。
第六十二条　【用工单位的义务】
用工单位应当履行下列义务：

（一）执行国家劳动标准，提供相应的劳动条件和劳动保护；

（二）告知被派遣劳动者的工作要求和劳动报酬；

（三）支付加班费、绩效奖金，提供与工作岗位相关的福利待遇；

（四）对在岗被派遣劳动者进行工作岗位所必需的培训；

（五）连续用工的，实行正常的工资调整机制。

用工单位不得将被派遣劳动者再派遣到其他用人单位。

第六十三条　【被派遣劳动者同工同酬】

被派遣劳动者享有与用工单位的劳动者同工同酬的权利。用工单位应当按照同工同酬原则，对被派遣劳动者与本单位同类岗位的劳动者实行相同的劳动报酬分配办法。用工单位无同类岗位劳动者的，参照用工单位所在地相同或者相近岗位劳动者的劳动报酬确定。

劳务派遣单位与被派遣劳动者订立的劳动合同和与用工单位订立的劳务派遣协议，载明或者约定的向被派遣劳动者支付的劳动报酬应当符合前款规定。

第六十四条　【被派遣劳动者参加或者组织工会】

被派遣劳动者有权在劳务派遣单位或者用工单位依法参加或者组织工会，维护自身的合法权益。

第六十五条　【劳务派遣中解除劳动合同】

被派遣劳动者可以依照本法第三十六条、第三十八条的规定与劳务派遣单位解除劳动合同。

被派遣劳动者有本法第三十九条和第四十条第一项、第二项规定情形的，用工单位可以将劳动者退回劳务派遣单位，劳务派遣单位依照本法有关规定，可以与劳动者解除劳动合同。

第六十六条　【劳务派遣的适用岗位】

劳动合同用工是我国的企业基本用工形式。劳务派遣用工是补充形式，只能在临时性、辅助性或者替代性的工作岗位上实施。

前款规定的临时性工作岗位是指存续时间不超过六个月的岗位；辅助性工作岗位是指为主营业务岗位提供服务的非主营业务岗位；替代性工作岗位是指用工单位的劳动者因脱产学习、休假等原因无法工作的一定期间内，可以由其他劳动者替代工作的岗位。

用工单位应当严格控制劳务派遣用工数量，不得超过其用工总量的一定比例，具体比例由国务院劳动行政部门规定。

第六十七条　【用人单位不得自设劳务派遣单位】

用人单位不得设立劳务派遣单位向本单位或者所属单位派遣劳动者。

（二）

劳务派遣暂行规定（节录）

（2014 年 1 月 24 日人力资源和社会保障部令第 22 号公布，自 2014 年 3 月 1 日起施行）

第一章　总则

第一条

为规范劳务派遣，维护劳动者的合法权益，促进劳动关系和谐稳定，依据《中华人民共和国劳动合同法》（以下简称劳动合同法）和《中华人民共和国劳动合同法实施条例》（以下简称劳动合同法实施条例）等法律、行政法规，制定本规定。

第二条

劳务派遣单位经营劳务派遣业务，企业（以下称用工单位）使用被派遣劳动者，适用本规定。

依法成立的会计师事务所、律师事务所等合伙组织和基金会以及民办非企业单位等组织使用被派遣劳动者，依照本规定执行。

第二章　用工范围和用工比例

第三条

用工单位只能在临时性、辅助性或者替代性的工作岗位上使用被派遣劳动者。

前款规定的临时性工作岗位是指存续时间不超过 6 个月的岗位；辅助性工作岗位是指为主营业务岗位提供服务的非主营业务岗位；替代性工作岗位是指用工单位的劳动者因脱产学习、休假等原因无法工作的一定期间内，可以由其他劳动者替代工作的岗位。

用工单位决定使用被派遣劳动者的辅助性岗位，应当经职工代表大会或者全体职工讨论，提出方案和意见，与工会或者职工代表平等协商确定，并在用工单位内公示。

第四条

用工单位应当严格控制劳务派遣用工数量，使用的被派遣劳动者数量不得超过其用工总量的 10%。

前款所称用工总量是指用工单位订立劳动合同人数与使用的被派遣劳动者人数之和。

计算劳务派遣用工比例的用工单位是指依照劳动合同法和劳动合同法实施条例可以与劳动者订立劳动合同的用人单位。

第三章　劳动合同、劳务派遣协议的订立和履行

第五条

劳务派遣单位应当依法与被派遣劳动者订立 2 年以上的固定期限书面劳动合同。

第六条

劳务派遣单位可以依法与被派遣劳动者约定试用期。劳务派遣单位与同一被派遣劳动者只能约定一次试用期。

第七条

劳务派遣协议应当载明下列内容：

（一）派遣的工作岗位名称和岗位性质；

（二）工作地点；

（三）派遣人员数量和派遣期限；

（四）按照同工同酬原则确定的劳动报酬数额和支付方式；

（五）社会保险费的数额和支付方式；

（六）工作时间和休息休假事项；

（七）被派遣劳动者工伤、生育或者患病期间的相关待遇；

（八）劳动安全卫生以及培训事项；

（九）经济补偿等费用；

（十）劳务派遣协议期限；

（十一）劳务派遣服务费的支付方式和标准；

（十二）违反劳务派遣协议的责任；

（十三）法律、法规、规章规定应当纳入劳务派遣协议的其他事项。

第八条

劳务派遣单位应当对被派遣劳动者履行下列义务：

（一）如实告知被派遣劳动者劳动合同法第八条规定的事项、应遵守的规章制度以及劳务派遣协议的内容；

（二）建立培训制度，对被派遣劳动者进行上岗知识、安全教育培训；

（三）按照国家规定和劳务派遣协议约定，依法支付被派遣劳动者的劳动报酬和相关待遇；

（四）按照国家规定和劳务派遣协议约定，依法为被派遣劳动者缴纳社会保险费，并办理社会保险相关手续；

（五）督促用工单位依法为被派遣劳动者提供劳动保护和劳动安全卫生条件；

（六）依法出具解除或者终止劳动合同的证明；

（七）协助处理被派遣劳动者与用工单位的纠纷；

（八）法律、法规和规章规定的其他事项。

第九条

用工单位应当按照劳动合同法第六十二条规定，向被派遣劳动者提供与工作岗位相关的福利待遇，不得歧视被派遣劳动者。

第十条

被派遣劳动者在用工单位因工作遭受事故伤害的，劳务派遣单位应当依法申请工伤认定，用工单位应当协助工伤认定的调查核实工作。劳务派遣单位承担工伤保险责任，但可以与用工单位约定补偿办法。

被派遣劳动者在申请进行职业病诊断、鉴定时，用工单位应当负责处理职业病诊断、鉴定事宜，并如实提供职业病诊断、鉴定所需的劳动者职业史和职业危害接触史、工作场所职业病危害因素检测结果等资料，劳务派遣单位应当提供被派遣劳动者职业病诊断、鉴定所需的其他材料。

第十一条

劳务派遣单位行政许可有效期未延续或者《劳务派遣经营许可证》被撤销、吊销的，已经与被派遣劳动者依法订立的劳动合同应当履行至期限届满。双方经协商一致，可以解除劳动合同。

第十二条

有下列情形之一的，用工单位可以将被派遣劳动者退回劳务派遣单位：

（一）用工单位有劳动合同法第四十条第三项、第四十一条规定情形的；

（二）用工单位被依法宣告破产、吊销营业执照、责令关闭、撤销、决定提前解散或者经营期限届满不再继续经营的；

（三）劳务派遣协议期满终止的。

被派遣劳动者退回后在无工作期间，劳务派遣单位应当按照不低于所在地人民政府规定的最低工资标准，向其按月支付报酬。

第十三条

被派遣劳动者有劳动合同法第四十二条规定情形的，在派遣期限届满前，用工单位不得依据本规定第十二条第一款第一项规定将被派遣劳动者退回劳务派遣单位；派遣期限届满的，应当延续至相应情形消失时方可退回。

（三）

劳务派遣行政许可实施办法

（2013 年 6 月 20 日人力资源和社会保障部令第 19 号公布，自 2013 年 7 月 1 日起施行）

第一章　总则

第一条

为了规范劳务派遣，根据《中华人民共和国劳动合同法》《中华人民共和国行政许可法》等法律，制定本办法。

第二条

劳务派遣行政许可的申请受理、审查批准以及相关的监督检查等，适用本办法。

第三条

人力资源社会保障部负责对全国的劳务派遣行政许可工作进行监督指导。

县级以上地方人力资源社会保障行政部门按照省、自治区、直辖市人力资源社会保障行政部门确定的许可管辖分工，负责实施本行政区域内劳务派遣行政许可工作以及相关的监督检查。

第四条

人力资源社会保障行政部门实施劳务派遣行政许可，应当遵循权责统一、公开公正、优质高效的原则。

第五条

人力资源社会保障行政部门应当在本行政机关办公场所、网站上公布劳务派遣行政许可的依据、程序、期限、条件和需要提交的全部材料目录以及监督电话，并在本行政机关网站和至少一种全地区性报纸上向社会公布获得许可的劳务派遣单位名单及其许可变更、延续、撤销、吊销、注销等情况。

第二章　劳务派遣行政许可

第六条

经营劳务派遣业务，应当向所在地有许可管辖权的人力资源社会保障行政部门（以下称许可机关）依法申请行政许可。

未经许可，任何单位和个人不得经营劳务派遣业务。

第七条

申请经营劳务派遣业务应当具备下列条件：

（一）注册资本不得少于人民币 200 万元；

（二）有与开展业务相适应的固定的经营场所和设施；

（三）有符合法律、行政法规规定的劳务派遣管理制度；

（四）法律、行政法规规定的其他条件。

第八条

申请经营劳务派遣业务的，申请人应当向许可机关提交下列材料：

（一）劳务派遣经营许可申请书；

（二）营业执照或者《企业名称预先核准通知书》；

（三）公司章程以及验资机构出具的验资报告或者财务审计报告；

（四）经营场所的使用证明以及与开展业务相适应的办公设施设备、信息管理系统等清单；

（五）法定代表人的身份证明；

（六）劳务派遣管理制度，包括劳动合同、劳动报酬、社会保险、工作时间、休息休假、劳动纪律等与劳动者切身利益相关的规章制度文本，拟与用工单位签订的劳务派遣协议样本。

第九条

许可机关收到申请材料后，应当根据下列情况分别作出处理：

（一）申请材料存在可以当场更正的错误的，应当允许申请人当场更正；

（二）申请材料不齐全或者不符合法定形式的，应当当场或者在 5 个工作日内一次告知申请人需要补正的全部内容，逾期不告知的，自收到申请材料之日起即为受理；

（三）申请材料齐全、符合法定形式，或者申请人按照要求提交了全部补正申请材料的，应当受理行政许可申请。

第十条

许可机关对申请人提出的申请决定受理的，应当出具《受理决定书》；决定不予受理的，应当出具《不予受理决定书》，说明不予受理的理由，并告知申请人享有依法申请行政复议或者提起行政诉讼的权利。

第十一条

许可机关决定受理申请的，应当对申请人提交的申请材料进行审查。根据法定条件和程序，需要对申请材料的实质内容进行核实的，许可机关应当指派 2 名以上工作人员进行核查。

第十二条

许可机关应当自受理之日起 20 个工作日内作出是否准予行政许可的决定。20 个工作日内不能作出决定的，经本行政机关负责人批准，可以延长 10 个工作日，并应当将延长期限的理由告知申请人。

第十三条

申请人的申请符合法定条件的，许可机关应当依法作出准予行政许可的书面决定，并自作出决定之日起 5 个工作日内通知申请人领取《劳务派遣经营许可证》。

申请人的申请不符合法定条件的，许可机关应当依法作出不予行政许可的书面决定，说明不予行政许可的理由，并告知申请人享有依法申请行政复议或者提起行政诉讼的权利。

第十四条

《劳务派遣经营许可证》应当载明单位名称、住所、法定代表人、注册资本、许可经营事项、有效期限、编号、发证机关以及发证日期等事项。《劳务派遣经营许可证》分为正本、副本。正本、副本具有同等法律效力。

《劳务派遣经营许可证》有效期为 3 年。

《劳务派遣经营许可证》由人力资源社会保障部统一制定样式，由各省、自治区、直辖市人力资源社会保障行政部门负责印制、免费发放和管理。

第十五条

劳务派遣单位取得《劳务派遣经营许可证》后，应当妥善保管，不得涂改、倒卖、出租、出借或者以其他形式非法转让。

第十六条

劳务派遣单位名称、住所、法定代表人或者注册资本等改变的，应当向许可机关提出变更申请。符合法定条件的，许可机关应当自收到变更申请之日起 10 个工作日内依法办理变更手续，并换发新的《劳务派遣经营许可证》或者在原《劳务派遣经营许可证》上予以注明；不符合法定条件的，许可机关应当自收到变更申请之日起 10 个工作日内作出不予变更的书面决定，并说明理由。

第十七条

劳务派遣单位分立、合并后继续存续，其名称、住所、法定代表人或者注册资本等改变的，应当按照本办法第十六条规定执行。

劳务派遣单位分立、合并后设立新公司的，应当按照本办法重新申请劳务派遣行政许可。

第十八条

劳务派遣单位需要延续行政许可有效期的，应当在有效期届满 60 日前向许可机关提出延续行政许可的书面申请，并提交 3 年以来的基本经营情况；劳务派遣单位逾期提出延续行政许可的书面申请的，按照新申请经营劳务派遣行政许可办理。

第十九条

许可机关应当根据劳务派遣单位的延续申请，在该行政许可有效期届满前作出是否准予延续的决定；逾期未作决定的，视为准予延续。

准予延续行政许可的，应当换发新的《劳务派遣经营许可证》。

第二十条

劳务派遣单位有下列情形之一的，许可机关应当自收到延续申请之日起 10 个工作日内作出不予延续书面决定，并说明理由：

（一）逾期不提交劳务派遣经营情况报告或者提交虚假劳务派遣经营情况报告，经责令改正，拒不改正的；

（二）违反劳动保障法律法规，在一个行政许可期限内受到 2 次以上行政处罚的。

第二十一条

劳务派遣单位设立子公司经营劳务派遣业务的，应当由子公司向所在地许可机关申请行政许可；劳务派遣单位设立分公司经营劳务派遣业务的，应当书面报告许可机关，并由分公司向所在地人力资源社会保障行政部门备案。

第三章　监督检查

第二十二条

劳务派遣单位应当于每年 3 月 31 日前向许可机关提交上一年度劳务派遣经营情况报告，如实报告下列事项：

（一）经营情况以及上年度财务审计报告；

（二）被派遣劳动者人数以及订立劳动合同、参加工会的情况；

（三）向被派遣劳动者支付劳动报酬的情况；

（四）被派遣劳动者参加社会保险、缴纳社会保险费的情况；

（五）被派遣劳动者派往的用工单位、派遣数量、派遣期限、用工岗位的情况；

（六）与用工单位订立的劳务派遣协议情况以及用工单位履行法定义务的情况；

（七）设立子公司、分公司等情况。

劳务派遣单位设立的子公司或者分公司，应当向办理许可或者备案手续的人力资源社会保障行政部门提交上一年度劳务派遣经营情况报告。

第二十三条

许可机关应当对劳务派遣单位提交的年度经营情况报告进行核验，依法对劳务派遣单位进行监督，并将核验结果和监督情况载入企业信用记录。

第二十四条

有下列情形之一的，许可机关或者其上级行政机关，可以撤销劳务派遣行政许可：

（一）许可机关工作人员滥用职权、玩忽职守，给不符合条件的申请人发放《劳务派遣经营许可证》的；

（二）超越法定职权发放《劳务派遣经营许可证》的；

（三）违反法定程序发放《劳务派遣经营许可证》的；

（四）依法可以撤销行政许可的其他情形。

第二十五条

申请人隐瞒真实情况或者提交虚假材料申请行政许可的，许可机关不予受理、不予行政许可。

劳务派遣单位以欺骗、贿赂等不正当手段和隐瞒真实情况或者提交虚假材料取得行政许可的，许可机关应当予以撤销。被撤销行政许可的劳务派遣单位在 1 年内不得再次申请劳务派遣行政许可。

第二十六条

有下列情形之一的，许可机关应当依法办理劳务派遣行政许可注销手续：

（一）《劳务派遣经营许可证》有效期届满，劳务派遣单位未申请延续的，或者延续申请未被批准的；

（二）劳务派遣单位依法终止的；

（三）劳务派遣行政许可依法被撤销，或者《劳务派遣经营许可证》依法被吊销的；

（四）法律、法规规定的应当注销行政许可的其他情形。

第二十七条

劳务派遣单位向许可机关申请注销劳务派遣行政许可的，应当提交已经依法处理与被派遣劳动者的劳动关系及其社会保险权益等材料，许可机关应当在核实有关情况后办理注销手续。

第二十八条

当事人对许可机关作出的有关劳务派遣行政许可的行政决定不服的，可以依法申请行政复议或者提起行政诉讼。

第二十九条

任何组织和个人有权对实施劳务派遣行政许可中的违法违规行为进行举报，人力资源社会保障行政部门应当及时核实、处理。

第四章　法律责任

第三十条

人力资源社会保障行政部门有下列情形之一的，由其上级行政机关或者监察机关责令改正，对直接负责的主管人员和其他直接责任人员依法给予处分；构成犯罪的，依法追究刑事责任：

（一）向不符合法定条件的申请人发放《劳务派遣经营许可证》，或者超越法定职权发放《劳务派遣经营许可证》的；

（二）对符合法定条件的申请人不予行政许可或者不在法定期限内作出准予行政许可决定的；

（三）在办理行政许可、实施监督检查工作中，玩忽职守、徇私舞弊，索取或者收受他人财物或者谋取其他利益的；

（四）不依法履行监督职责或者监督不力，造成严重后果的。

许可机关违法实施行政许可，给当事人的合法权益造成损害的，应当依照国家赔偿法的规定给予赔偿。

第三十一条

任何单位和个人违反《中华人民共和国劳动合同法》的规定，未经许可，擅自经营劳务派遣业务的，由人力资源社会保障行政部门责令停止违法行为，没收违法所得，并处违法所得1倍以上5倍以下的罚款；没有违法所得的，可以处5万元以下的罚款。

第三十二条

劳务派遣单位违反《中华人民共和国劳动合同法》有关劳务派遣规定的，由人力资源社会保障行政部门责令限期改正；逾期不改正的，以每人5000元以上1万元以下的标准处以罚款，并吊销其《劳务派遣经营许可证》。

第三十三条

劳务派遣单位有下列情形之一的，由人力资源社会保障行政部门处1万元以下的罚款；情节严重的，处1万元以上3万元以下的罚款：

（一）涂改、倒卖、出租、出借《劳务派遣经营许可证》，或者以其他形式非法转让《劳务派遣经营许可证》的；

（二）隐瞒真实情况或者提交虚假材料取得劳务派遣行政许可的；

（三）以欺骗、贿赂等不正当手段取得劳务派遣行政许可的。

第五章　附则

第三十四条

劳务派遣单位在2012年12月28日至2013年6月30日之间订立的劳动合同和劳务派遣协议，2013年7月1日后应当按照《全国人大常委会关于修改〈中华人民共和国劳动合同法〉的决定》执行。

本办法施行前经营劳务派遣业务的单位，应当按照本办法取得劳务派遣行政许可后，方可经营新的劳务派遣业务；本办法施行后未取得劳务派遣行政许可的，不得经营新的劳务派遣业务。

第三十五条

本办法自2013年7月1日起施行。

(四)
关于进一步明确全面推开营改增试点有关劳务派遣服务、收费公路通行费抵扣等政策的通知（节选）

财税〔2016〕47号

各省、自治区、直辖市、计划单列市财政厅（局）、国家税务局、地方税务局，新疆生产建设兵团财务局：

经研究，现将营改增试点期间劳务派遣服务等政策补充通知如下：

一、劳务派遣服务政策

一般纳税人提供劳务派遣服务，可以按照《财政部　国家税务总局关于全面推开营业税改征增值税试点的通知》（财税〔2016〕36号）的有关规定，以取得的全部价款和价外费用为销售额，按照一般计税方法计算缴纳增值税；也可以选择差额纳税，以取得的全部价款和价外费用，扣除代用工单位支付给劳务派遣员工的工资、福利和为其办理社会保险及住房公积金后的余额为销售额，按照简易计税方法依5%的征收率计算缴纳增值税。

小规模纳税人提供劳务派遣服务，可以按照《财政部　国家税务总局关于全面推开营业税改征增值税试点的通知》（财税〔2016〕36号）的有关规定，以取得的全部价款和价外费用为销售额，按照简易计税方法依3%的征收率计算缴纳增值税；也可以选择差额纳税，以取得的全部价款和价外费用，扣除代用工单位支付给劳务派遣员工的工资、福利和为其办理社会保险及住房公积金后的余额为销售额，按照简易计税方法依5%的征收率计算缴纳增值税。

选择差额纳税的纳税人，向用工单位收取用于支付给劳务派遣员工工资、福利和为其办理社会保险及住房公积金的费用，不得开具增值税专用发票，可以开具普通发票。

劳务派遣服务，是指劳务派遣公司为了满足用工单位对于各类灵活用工的需求，将员工派遣至用工单位，接受用工单位管理并为其工作的服务。

三、其他政策

（一）纳税人提供人力资源外包服务，按照经纪代理服务缴纳增值税，其销售额不包括受客户单位委托代为向客户单位员工发放的工资和代理缴纳的社会保险、住房公积金。向委托方收取并代为发放的工资和代理缴纳的社会保险、住房公积金，不得开具增值税专用发票，可以开具普通发票。

一般纳税人提供人力资源外包服务，可以选择适用简易计税方法，按照5%的征收率计算缴纳增值税。

四、本通知规定的内容，除另有规定执行时间外，自2016年5月1日起执行。

（五）
上海人力资源和社会保障局、上海高院关于劳务派遣适用法律
若干问题的会议纪要

　　根据《中华人民共和国劳动合同法》（以下简称《劳动合同法》）、全国人大常委会
《关于修改〈中华人民共和国劳动合同法〉的决定》（以下简称《修改决定》）、《中华人民
共和国劳动争议调解仲裁法》（以下简称《调解仲裁法》）、人力资源和社会保障部《劳务
派遣暂行规定》（以下简称《派遣规定》）等有关法律规范，对劳务派遣适用法律的若干问
题提出以下意见：
　　一、关于行政许可的过渡期问题
　　根据《修改决定》规定，对该决定施行前经营劳务派遣业务的单位依法取得行政许可
给予一年过渡期，过渡期满后未取得行政许可的，不得经营新的派遣业务。因此，在2013
年7月1日至2014年6月30日期间，《修改决定》施行前已经从事派遣业务的单位未取
得行政许可仍从事派遣业务的，所订立的劳动合同和派遣协议可继续履行至期限届满。
　　二、关于行政许可被撤销、吊销、未延续的处理问题
　　因不符合行政许可条件，劳务派遣单位的《劳务派遣经营许可证》有效期满未延续或
者被撤销、吊销的，原已依法订立的劳动合同和派遣协议可继续履行至派遣期限届满。
　　三、关于未经许可擅自经营派遣业务的处理问题
　　未经许可的单位擅自经营派遣业务的，派遣协议被判定无效之前三方已经履行的权利
义务可依照原协议和实际履行的内容确定。
　　用人单位依照《劳动合同法》第四十条第三项规定解除劳动合同，劳动者要求支付经
济补偿的，应予支持。
　　四、关于违反法律规定派遣的问题
　　《修改决定》、《派遣规定》关于"三性"岗位、派遣用工比例的规定均是以派遣单位
或用工单位为义务主体的管理性规定，仅违反上述管理性规定的，不影响派遣协议和劳动
合同的效力。派遣单位、用工单位违反上述管理性规定的，由人力资源社会保障行政部门
责令其限期整改。
　　当事人以确认某具体岗位是否属于"三性"岗位或者用工单位是否超出法定比例用工
而发生的争议，不属于《调解仲裁法》规定的劳动争议案件受理范围，劳动争议处理机构
不予受理。当事人要求确认劳动合同或派遣协议无效或者劳动者要求确认与用工单位存在
劳动关系的，缺乏法律依据，不予支持。
　　五、关于同工同酬争议的问题
　　用工单位未按照《修改决定》的规定执行，仍对劳动合同制员工和派遣员工实行不同
的劳动报酬分配办法，派遣员工要求用工单位按照《修改决定》的规定执行相同的劳动报
酬分配办法的，由人力资源社会保障行政部门督促用工单位依法整改。但是，当事人之间
发生《调解仲裁法》规定范围内的劳动报酬争议，劳动争议处理机构应当依法处理。
　　六、关于劳务派遣退回情形的问题
　　《派遣规定》第十二条对退回情形作了部分列举式规定，属于提示性条款，实践中，

还存在法律规定的退回情形、派遣单位主动撤回劳动者、协商一致退回等情况。因此，依据以下情形之一的，也可退回劳动者：

（一）《劳动合同法》第六十五条第二款规定的情形；

（二）《劳动合同法》第四十四条第（一）、（二）项规定的情形；

（三）《劳动合同法实施条例》第二十一条规定的情形；

（四）派遣期限届满的；

（五）劳务派遣协议解除的；

（六）三方事前约定或者事后达成合意的；

（七）用工单位不履行义务，派遣单位主动撤回劳动者的；

（八）依据《派遣规定》第十六条规定，派遣单位在办理注销登记手续前，用工单位与派遣单位协商后退回的；

（九）违反法律规定派遣进行整改的；

（十）其他依据法律规定确需退回的。

七、关于退回后重新派遣争议的处理问题

劳动者退回派遣单位后，因重新派遣发生争议的，按以下办法处理：

劳动者被用工单位按照《派遣规定》第十二条规定情形退回的，派遣单位和用工单位应当按照《派遣规定》第十三条、第十五条、第十七条、第二十四条规定执行。

依据本纪要第六条情形，劳动者被退回，派遣单位依据劳动合同约定等对劳动者进行合理重新派遣而劳动者不同意的，派遣单位可按规章制度、劳动纪律或者劳动合同等相关规定处理，双方当事人由此发生争议的，劳动争议处理机构应当依法处理。

派遣单位依照《劳动合同法》第四十条第三项规定与不接受重新派遣的劳动者解除劳动合同，劳动者要求派遣单位支付经济补偿的，应予支持。

八、关于退回依据不足争议的处理问题

劳动者被退回依据不足，且派遣单位未在合理期限内（一般为一个月）进行合理重新派遣的，劳动者参照《劳动合同法》第三十八条规定解除劳动合同并要求支付经济补偿的，劳动争议处理机构应予支持。

九、关于劳务派遣三方当事人权利义务纠纷的处理问题

劳务派遣涉及派遣单位、用工单位、劳动者三方当事人，派遣单位和用工单位对劳动者分别承担义务。劳动者与派遣单位或者用工单位发生劳动争议的，劳动争议处理机构应当按照《调解仲裁法》的规定，将派遣单位和用工单位作为共同当事人，并根据《劳动合同法》等相关法律规定分别确定派遣单位和用工单位的法律责任。用工单位给劳动者造成损害的，派遣单位与用工单位承担连带赔偿责任。

十、关于《修改决定》施行前订立的劳动合同和派遣协议的履行问题

《修改决定》公布后至施行前的期间内已经依法订立的劳动合同和派遣协议的履行问题，法律未作规定。根据"法无特别规定，不溯及既往；法有特别规定，可溯及既往"的原则，以及《修改决定》对其公布前已经依法订立的劳动合同和派遣协议的处理原则，《修改决定》施行前已经依法订立的劳动合同和派遣协议可继续履行至期限届满，但是不符合《修改决定》关于同工同酬规定的内容，应当依照《修改决定》进行调整。

十一、关于派遣用工与人力资源服务外包的区分问题

人力资源服务外包属于市场转型中出现的新情况，派遣用工转为人力资源服务外包过程中涉及法律关系变化、管理权调整等，比较复杂。案件处理中涉及派遣用工与人力资源服务外包的区分问题时，要结合规章制度的适用、用人单位所行使指挥管理权的强弱程度等因素综合作出判断。发包单位基于消防、安全生产、产品服务质量、工作场所秩序等方面管理需要而对承包单位的劳动者行使部分指挥管理权的，劳动争议处理机构要根据案件事实谨慎处理，不可简单判定法律关系已发生改变。

在人力资源服务外包中，发包单位和承包单位可通过协议方式合理确定具体的管理界限。在外包协议未被判定为无效的情况下，发包单位对承包单位的劳动者部分越权指挥且未对法律关系改变起决定性作用的，应当进行整改；劳动者以此为由要求按劳务派遣处理或确认与发包单位存在劳动关系的，缺乏法律依据，不予支持。

上海市人力资源和社会保障局
上海市高级人民法院
2014 年 12 月 31 日

（六）
安徽省人力资源和社会保障厅关于做好劳务派遣行政许可工作的通知
（皖人社发〔2013〕33号）

各市、省直管县人力资源和社会保障局：

为贯彻落实《全国人民代表大会常务委员会关于修改〈中华人民共和国劳动合同法〉的决定》和人力资源社会保障部《劳务派遣行政许可实施办法》（第19号令），规范我省劳务派遣行政许可工作，现就有关事宜通知如下：

一、自2013年7月1日起，经营劳务派遣业务，应当向所在地设区的市人力资源和社会保障部门依法申请行政许可。各市人力资源社会保障部门作出许可决定的，应当颁发《劳务派遣经营许可证》，《劳务派遣经营许可证》由省人力资源社会保障部门统一印制，由实施许可的人力资源社会保障部门免费发放。许可证编号格式是：各地行政区划代码＋年份＋本年度4位顺序号（示例：合肥市：34010020130001号）。

二、各市人力资源社会保障部门要高度重视劳务派遣行政许可工作，按照《劳务派遣行政许可实施办法》（人力资源和社会保障部令第19号）和《人力资源社会保障部办公厅关于做好劳务派遣行政许可工作的通知》（人社厅发〔2013〕66号）要求，明确工作机构，配备工作人员，落实工作责任，完善工作流程，依法做好劳务派遣行政许可工作。要加强对已取得行政许可的劳务派遣单位的监督管理，建立台账，并做好有关统计上报工作。

三、各市人力资源社会保障部门要按照《劳务派遣行政许可实施办法》规定，督促劳务派遣单位于每年3月31日前如实提交上一年度劳务派遣经营情况报告。各市要将本地区劳务派遣有关情况形成书面报告，于每年4月10日前报送省厅劳动关系处。

各市人力资源社会保障部门于2014年1月15日前，将本地区贯彻实施情况书面报劳动关系处，行政许可工作中遇到的重大问题及时报告。

联系人：王　进

联系电话：0551－62663149（兼传真）

电子信箱：wangjin@ah.hrss.gov.cn

2013年7月4日

（七）

合肥市人力资源和社会保障局关于做好劳务派遣行政许可工作的补充通知

(合人社秘〔2013〕350号)

各县（市）人力资源和社会保障局：

《合肥市劳务派遣行政许可工作办法（试行）》（以下简称试行办法）已正式实施，为进一步提高工作效率，方便企业办事，经研究，对试行办法有关内容补充通知如下：

一、经营地在县（市）的申请劳务派遣许可单位，由所在地县（市）人力资源和社会保障局确定的相关部门负责受理、核查，并在《劳务派遣行政许可审批表》（见附件）上的初审情况和核查意见栏上签名并加盖局公章后，报市局行政审批处驻市政务服务中心窗口核发劳务派遣经营许可证。

二、经营地在县（市）的申请劳务派遣经营变更、延续的，程序同申请行政许可。

三、取得劳务派遣经营许可的外地公司在合肥行政区域内设立分公司的，应当到市人力资源和社会保障局备案。

四、经营地在县（市）的准予劳务派遣行政许可单位，以及经营地在县（市）的已备案的劳务派遣单位分公司，市局将提供全部档案材料复印件由其所在县（市）局留存备查，县（市）局应协助做好监督管理工作。

附件：劳务派遣行政许可审批表

合肥市人力资源和社会保障局

2013年9月23日

附件：

劳务派遣行政许可审批表

（编号：　　　　）

单位名称			
受理时间		受理决定书文号	
初 审 情 况	1. 营业执照注册号或者《企业名称预先核准通知书》编号：　　　　　　。 2. 注册资本：　　　　　　万元。 3. 经营场所址：　　　　　　。 4. 办公设施况：　　　　　　。 5. 劳务派遣管理制度况：　　　　　　。 6. 其他： 初审人： 日　　期：		
核查意见	核查人： 日　　期：		
审定意见	签名： 日期：		
注：该单位劳务派遣经营许可证编号： 许可经营事项： 有效期限：　　　　　　　　　　　　　　　　发证日期：			

年　月　日

（八）

合肥市人力资源和社会保障局关于做好《劳务派遣暂行规定》贯彻实施工作的通知

（合人社秘〔2014〕71 号）

各县（市）、区（开发区）人力资源和社会保障（人事劳动）局，各劳务派遣单位、劳务派遣用工单位：

根据人社部、省人社厅《关于做好劳务派遣暂行规定贯彻实施工作的通知》（人社厅发〔2014〕13 号、皖人社秘〔2014〕61 号）要求，现就我市贯彻实施《劳务派遣暂行规定》工作有关事项通知如下：

一、开展学习培训和宣传引导工作

《劳务派遣暂行规定》是人社部贯彻落实新修订的劳动合同法、增强法律规定的操作性制定的重要部颁规章，对于进一步规范劳务派遣、维护被派遣劳动者合法权益、促进劳动关系和谐稳定具有重要意义。各地、各有关单位要结合新修订劳动合同法和劳务派遣行政许可实施办法，通过举办培训班、研讨会、报告会等多种方式，组织干部职工对暂行规定开展有针对性的学习培训，正确理解劳务派遣法规政策，准确把握精神实质和主要内容，提高业务能力和管理水平。要充分利用网站媒体、厂报厂刊及印发宣传资料等多种形式，广泛宣传暂行规定的内容，重点宣传解读拟使用被派遣劳动者的辅助性岗位确定程序、用工比例及其过渡期、劳务派遣单位和用工单位的义务、跨地区劳务派遣的社会保险以及法律责任等规定，为贯彻实施暂行规定创造良好舆论氛围。本局将分类分批组织举办劳务派遣政策业务培训，同时主动联合国资委、工会、企联、工商联等部门组织开展相关政策培训和宣传，增强各方遵守法律法规和规章的自觉性。

二、扎实做好劳务派遣用工范围和用工比例的清查工作

做好劳务派遣用工范围和用工比例的清查是贯彻实施《劳务派遣暂行规定》的重要基础工作，各地要抓紧对辖区内的用工单位基本情况进一步开展摸底调查，全面掌握各用工单位在暂行规定施行前使用被派遣劳动者的数量及其比例情况，建立健全管理台账。属于《劳务派遣暂行规定》适用范围的使用被派遣劳动者的企业，以及依法成立的会计师事务所、律师事务所等合伙组织、基金会以及民办非企业单位等组织使用被派遣劳动者，应于3月底前做好使用劳务派遣工统计和用工比例的自查工作，并按属地管理的原则将自查情况报告所在地人力资源社会保障主管部门。各用工单位应严格执行"只能在临时性、辅助性或者替代性的工作岗位上使用被派遣劳动者"的规定，规范辅助性岗位的决定程序，对违反规定的用工行为，应采取有效措施，依法加以纠正或规范。（附：劳务派遣用工情况汇总表和劳务派遣用工单位自查表）

三、认真做好超比例使用劳务派遣用工单位的调整用工方案制定和备案工作

各地要认真落实暂行规定关于劳务派遣用工比例的要求，督促本地区各类用工单位严格在规定比例内使用被派遣劳动者。各用工单位务必于3月底前完成摸底登记，已超比例的不得招用新的劳务派遣工。3月底前未上报且存在违反规定行为的，一经查实，将严格按规定处理。对劳务派遣用工数量超过用工总量10%以上、短期内达到规定比例要求存在困难的用工单位，各地要指导督促其尽快根据生产经营实际制定实施调整用工方案，在两

年内逐步降至规定比例。对用工单位将劳务派遣用工转为直接用工的，要指导其与劳务派遣单位协商处理好被派遣劳动者的原有劳动关系问题，依法与劳动者订立劳动合同；对用工单位通过业务外包、承揽等方式减少劳务派遣用工的，要指导其依照有关法律和政策规范发包等活动，依法做好已使用被派遣劳动者的劳动关系转移接续工作，防止出现"假外包，真派遣"等问题损害被派遣劳动者的合法权益。用工单位制定的调整用工方案报当地人力资源社会保障行政部门备案。

四、加强劳务派遣和用工行为的规范管理

劳务派遣管理部门要建立劳务派遣单位、劳务派遣用工单位管理台账，全面掌握劳务派遣单位、用工单位招录、使用派遣劳动者的数量、岗位及其比例情况，实施劳务派遣单位年度经营情况报告，严格核验报告事项，建立企业信用记录，依法加强管理监督。要指导和督促劳务派遣单位完善劳务派遣管理制度，建立劳动合同管理台账，规范劳动合同的订立、变更、解除和终止行为，按照规定和劳务派遣协议约定履行合同义务。指导督促用工单位严格在"三性"岗位使用被派遣劳动者，对被派遣劳动者与本单位同类岗位的劳动者实行相同的劳动报酬分配办法，落实平等享受社会保险和相关福利待遇的权利。劳务派遣单位应当在服务场所明示营业执照、劳务派遣经营许可证，要建立健全劳动合同管理台账，依法规范劳动合同的订立、变更、解除和终止行为，按照规定和劳务派遣协议约定履行合同义务，严格执行试用期规定，做好相关经济补偿的支付工作，落实被派遣劳动者工伤认定和职业病诊断、鉴定中的相关责任。用工单位应建立健全符合新修订劳动合同法和暂行规定要求的岗位管理、劳动报酬、保险福利等规章制度，督促其严格在"三性"岗位使用被派遣劳动者，对被派遣劳动者与本单位同类岗位的劳动者实行相同的劳动报酬分配办法，落实被派遣劳动者平等享受社会保险和相关福利待遇的权利。

五、认真做好跨地区劳务派遣社会保险工作

各地要指导开展跨地区派遣业务但未在用工单位所在地设立分支机构的劳务派遣单位按照暂行规定要求，与用工单位通过劳务派遣协议明确约定社会保险参保缴费相关事宜。社会保险经办机构要研究制定相应办法，为用工单位代劳务派遣单位为被派遣劳动者办理参保缴费手续畅通渠道，提供有针对性的服务。对已在劳务派遣单位所在地参保或委托用工单位所在地其他单位办理参保的，劳务派遣单位应当与用工单位协商处理好代为办理参保手续的交接工作，社会保险经办机构要认真做好被派遣劳动者的社会保险转移接续和权益记录。要按规定支付相应的社会保险待遇，确保劳动者的社会保险权益落到实处。

六、加强对劳务派遣的专项执法检查和劳动争议处理

各地劳动保障监察机构要将劳务派遣情况作为监察执法的重点，适时组织开展专项检查，严肃查处劳务派遣单位和用工单位违反新修订劳动合同法和暂行规定的行为，切实维护被派遣劳动者的合法权益。对用工单位以承揽、外包等名义，按劳务派遣用工形式使用劳动者的，要按规定坚决予以纠正。市局将于7月份开展劳务派遣专项执法检查。各地劳动争议调解仲裁机构要对劳务派遣领域可能出现的劳动争议加强预判，对发生涉及劳务派遣的争议，要及时受理，依据新修订的劳动合同法和暂行规定公正及时处理，切实维护当事人的合法权益。

七、确保暂行规定施行平稳有序取得实效

各地要切实加强对贯彻实施暂行规定的组织领导，增强工作预见性，及时掌握并研究解决暂行规定施行中出现的新情况、新问题。要加强舆情监测研判，对社会关注的热点问题及时作出正面回应，必要时可采取专家权威解读等方式进行释疑解惑。要增强大局意识，统筹规范用工单位退工行为和劳务派遣单位解除劳动合同行为，避免出现大规模退工或裁减人员，确保过渡期内用工调整平稳有序进行。要提高服务意识，转变工作作风，增强工作的主动性和针对性，对需要帮助的企业提供切实有效的服务。

（九）

朝阳区人力资源和社会保障局关于做好疫情防控期间稳定劳动关系工作的相关通知

各街道办事处、地区办事处（乡政府），各相关单位：

当前，新型冠状病毒感染肺炎疫情防控正处于关键阶段，为贯彻落实北京市委、市政府关于新型冠状病毒感染肺炎疫情防控工作要求，积极发挥广大企业和职工在疫情防控中的重要作用，全力支持企业复工复产，稳定劳动关系，动员广大职工凝心聚力共克时艰，现就进一步做好疫情防控期间稳定劳动关系工作的相关问题，通知如下：

一、疫情防控期间的劳动用工

（一）保障必需行业开复工。

针对本市行政区域内疫情防控必需（药品、防护用品以及医疗器械生产、运输、销售等行业）、保障城市运行必需（供水、供电、油气、通讯、市政、市内公共交通等行业）、群众生活必需（超市卖场、食品生产和供应、物流配送、物业等行业）、重点项目建设施工以及其他涉及重要国计民生的相关企业应当安排职工正常到单位上班并对其加强体温检测和健康防护，做到防护工作全员覆盖。

针对无正当理由、未按时返岗的职工，企业应及时宣讲疫情防控政策要求，劝导职工及时返岗。对劝导无效或拒不返岗的职工，企业可以依据劳动保障法律法规及企业规章制度对其处理。

（二）鼓励企业灵活安排工作时间。

在疫情防控期间，为减少人员聚集，鼓励实施灵活用工措施，与职工协商采取错时上下班、弹性上下班等方式灵活安排工作时间。对因受疫情影响职工不能按期到岗或企业不能开工生产的，有条件的企业可安排职工通过电话、网络等灵活的工作方式在家上班完成工作任务；对不具备远程办公条件的企业，与职工协商优先使用带薪年休假、企业自设福利等各类假期。在兼顾企业和劳动者双方合法权益的基础上，尽可能减少受疫情影响带来的损失。

二、疫情防控期间的工资待遇

（一）隔离期间的工资待遇。

对因依法被隔离导致不能提供正常劳动的职工，企业应按正常劳动支付其工资；隔离期结束后，对仍需停止工作进行治疗的职工，按医疗期有关规定支付工资。

（二）未返岗期间的工资待遇。

在受疫情影响的延迟复工或未返岗期间，对用完各类休假仍不能提供正常劳动的职工，企业参照国家关于停工、停产期间工资支付相关规定与职工协商，在一个工资支付周期内的按照劳动合同规定的标准支付工资；超过一个工资支付周期的按有关规定发放生活费。

（三）春节延期工资待遇。

对在春节假期延长期间（2020年1月31日—2020年2月9日）因疫情防控不能休假的职工，先安排补休，对不能安排补休的，依法支付加班工资。

（四）协商工资待遇。

对受疫情影响导致企业生产经营困难的，企业可以通过民主协商程序与职工协商，调整工资薪酬待遇。

三、多措并举全面援企、助企

（一）申领援企、惠企补贴。

对受疫情影响不裁员或少裁员的中小微企业，可依据相关政策申领稳岗补贴；对受疫情影响的企业，在确保防疫安全情况下，在停工期、恢复期组织职工参加各类线上或线下职业培训的，可按规定申领培训补贴。

（二）适当延迟缴纳社保费用期限。

按照全市统一部署，将 2020 年 1 月、2 月应缴社会保险费征收期延长至 3 月底，对于旅游、住宿、餐饮、会展、商贸流通、交通运输、教育培训、文艺演出、影视剧院、冰雪体育等受影响较大的行业企业，经相关行业主管部门确认，可将疫情影响期间应缴社会保险费征收期延长至 7 月底。延迟缴费期间，不收取滞纳金，不影响正常享受各项社会保险待遇，不影响个人权益记录。

（三）鼓励企业不裁员、少裁员。

在疫情防控期间，企业不得解除受相关措施影响不能提供正常劳动职工的劳动合同或退回被派遣劳动者。确因实际经营严重困难的，企业可制定裁员方案，依法履行相关程序。在疫情防控期间，必须事前向区人力社保局报告，妥善处理劳动关系，维护企业正常生产经营秩序。

四、统筹各方力量加大服务力度

（一）劳务派遣、特殊工时行政审批网上办理。

疫情防控期间，劳务派遣、特殊工时行政审批业务实现网上办理。企业只需将提交的纸质材料按照材料清单制作成 PDF 格式电子版材料，发送至业务受理邮箱；申请单位在收到"电子材料审核合格"的邮件后，将纸质材料按照材料清单顺序整理封装好，寄递至朝阳区人力资源和社会保障局，以减少公共场所交叉感染。

（二）主动化解劳动关系矛盾。

企业应建立健全内部劳资矛盾预防协商解决机制，提升企业自身源头化解劳动争议能力，把风险隐患化解在萌芽状态，避免出现劳动争议。确有必要进入仲裁程序的，因疫情防控原因，当事人、代理人无法参加仲裁审理的，可依法申请延期；因受疫情影响造成当事人无法在仲裁时效期间申请劳动人事争议仲裁的，仲裁时效中止。

（十）

北京市人力资源和社会保障局关于进一步明确劳务派遣机构
和人力资源服务机构防疫责任要求的紧急通知

京人社市场字〔2020〕25 号

各区人力资源和社会保障局，北京经济技术开发区社会事业局、综合执法局，各劳务派遣机构、人力资源服务机构：

当前疫情防控到了最吃劲的关键阶段。劳务派遣机构和人力资源服务机构为我市各类用人单位输送了大量劳动者。做好这些劳动者防疫工作是疫情防控的重要环节。各劳务派遣机构和人力资源服务机构务必压实责任，毫不懈怠抓紧抓实抓细疫情防控工作，严防出现盲区死角。现就有关要求紧急通知如下：

1. 各劳务派遣机构和人力资源服务机构要坚决落实对本单位和派遣外包员工疫情防控的主体责任，执行最严格的岗位责任制，机构一把手是第一责任人，各层级都要有专人负责，必须为提供派遣和外包服务的每家用人单位配备一名疫情防控安全员，确保责任落实到具体岗位、具体人。

2. 各劳务派遣机构和人力资源服务机构要严格按照"外防输入、内防扩散"的要求，加强用工安全源头管控。在向用人单位派遣、外包和推荐人员前，为其建立电子健康档案，逐一登记基本信息并进行防疫排查，排查内容包括身体状况、是否有武汉接触史和密切接触史、是否在自隔离期间有过感冒发烧不适症状等。排查中发现发热、乏力、干咳等症状的，须立即报告属地社区（村），并协助其到就近的医疗机构发热门诊就诊。没有健康信息、未过隔离期或有不适症状的人员不得输送给用人单位。目前在湖北的员工不得返京，其他地区返京人员严格落实居家或集中医学观察 14 天措施。

3. 各劳务派遣机构和人力资源服务机构必须要求疫情防控安全员会同用人单位每天对派遣外包人员进行体温检测，记录在电子健康档案；督促到岗派遣外包人员按要求佩戴口罩，做好个人防护，一旦发现有发热、乏力、干咳等症状人员，立即报告并协助其到就近的医疗机构发热门诊就诊，劳务派遣机构和人力资源服务机构要将相关情况及时报送属地社区（村）和区人力资源社会保障部门。

4. 各劳务派遣机构和人力资源服务机构必须要求疫情防控安全员督促指导用人单位落实各项防控措施，配备必要的体温检测设备和防疫防护用品，降低人员住宿和办公密度，每人办公占有面积不少于 2.5 平方米，集体宿舍原则上每间不超过 6 人，人均居住面积不少于 4 平方米，原则上不安排在地下空间居住。实施分散就餐，按照疾病预防控制机构有关要求对公共部位、公共接触物品、重点区域进行每日清洁消毒。用人单位不配合落实防疫措施的，要及时向属地社区（村）和区人力资源社会保障部门报告。

5. 各劳务派遣机构和人力资源服务机构必须要求疫情防控安全员建立与派遣外包单位所在社区（村）和属地卫生健康部门畅通的联络机制，疫情有关情况要第一时间向社区（村）和属地卫生健康部门报告，积极配合相关部门做好防控工作，同时向区人力资源社会保障部门报告。

6. 各区人力资源社会保障部门要坚决落实行业主责，按照"谁审批、谁监管"的要求，积极协调城管执法等部门，加大对劳务派遣机构和人力资源服务机构疫情防控督促检查力度，对存在问题的立查立改，不留隐患。市人力资源社会保障局将及时约谈出现问题多、整改落实不到位的机构，必要时进行媒体曝光。近期还将通过电话沟通等方式了解机构在疫情防控和用工服务方面的具体情况。

北京市人力资源和社会保障局

2020 年 2 月 27 日

（十一）

关于印发《长三角地区劳务派遣合规用工指引》的通知

各设区市、县（市、区）人力资源和社会保障局：

根据《中华人民共和国劳动合同法》《中华人民共和国劳动合同法实施条例》《劳务派遣暂行规定》《劳务派遣行政许可实施办法》等有关规定，我们制定了《长三角地区劳务派遣合规用工指引》，旨在提示用工单位和劳务派遣单位在劳务派遣用工过程中应注意的事项和可能出现的法律风险，供参考使用。

各地要加大《长三角地区劳务派遣合规用工指引》宣传力度，创新方法，柔性引导，依法规范，推进劳务派遣用工合法合规、有序健康发展。

附件：长三角地区劳务派遣合规用工指引

江苏省人力资源和社会保障厅　　上海市人力资源和社会保障局
浙江省人力资源和社会保障厅　　安徽省人力资源和社会保障厅

2022 年 7 月 18 日

长三角地区劳务派遣合规用工指引

为进一步规范劳务派遣用工行为，引导用工单位依法依规使用被派遣劳动者、劳务派遣单位依法依规开展劳务派遣经营活动，推进劳务派遣市场有序健康发展，维护被派遣劳动者合法权益，促进劳动关系和谐稳定，根据《中华人民共和国劳动合同法》《中华人民共和国劳动合同法实施条例》《劳务派遣暂行规定》《劳务派遣行政许可实施办法》等有关规定，结合长三角地区实际，制定劳务派遣合规用工指引，供用工单位和劳务派遣单位参考。

一、用工单位

（一）劳务派遣岗位使用范围

劳动合同用工是我国企业的基本用工形式。劳务派遣用工是补充形式，只能在临时性、辅助性或者替代性的工作岗位上使用。临时性工作岗位是指存续时间不超过六个月的岗位；辅助性工作岗位是指为主营业务岗位提供服务的非主营业务岗位；替代性工作岗位是指用工单位的劳动者因脱产学习、休假等原因无法工作的一定期间内，可以由其他劳动者替代工作的岗位。因此，用工单位在使用被派遣劳动者的时候，只能在上述"三性"岗位使用，不能扩大使用范围。

重点提示：

1. 关于辅助性岗位的界定，用工单位对本单位的辅助性岗位界定需履行一定的民主程序，主要包括：第一步，用工单位决定使用被派遣劳动者的辅助性岗位，制定辅助性岗位目录清单，提交职工代表大会或者全体职工讨论，提出方案和意见。第二步，与工会或者职工代表平等协商，确定辅助性岗位。第三步，在本单位内公示。辅助性岗位的确定属于涉及劳动者切身利益的重大事项，如未履行相应的民主程序，一旦发生争议，用工单位将承担不利的法律风险。

2. 根据有关规范劳务派遣用工管理的相关政策规定，对事关国家和人民生命财产的重点行业及涉密、核心技术等岗位，用工单位要按照要求采用直接用工方式，直接与从业人员签订劳动合同，不得使用劳务派遣，如专职消防员等安全生产岗位，煤矿、非煤矿山井下岗位，化工生产岗位等。

3. 用工单位违反"三性"岗位规定使用被派遣劳动者，依权限由人力资源和社会保障行政部门或综合行政执法部门依法依规处理；给被派遣劳动者造成损害的，依法承担赔偿责任。用工单位违反规定使用被派遣劳动者的，可能会存在用工单位承担对被派遣劳动者相关法律责任的风险。

（二）劳务派遣用工比例

用工单位应当严格控制劳务派遣用工数量，使用的被派遣劳动者数量不得超过其用工总量的10％。这里所称用工总量是指用工单位订立劳动合同人数与使用的被派遣劳动者人数之和。

重点提示：

1. 计算劳务派遣用工比例的用工单位是指依照劳动合同法和劳动合同法实施条例，可以与劳动者订立劳动合同的用人单位。比如集团公司应按照所属的企业单独核算用工比例，不可以整个集团公司打包核算。

2. 企业将其业务发包给其他单位，但承包单位的劳动者在企业的生产经营场所使用企业的设施设备、按照企业的安排提供劳动，或者以企业的名义提供劳动，以及其他名为劳务外包实为劳务派遣的，其劳动者的人数纳入本企业的用工比例计算。

（三）正确区分劳务派遣和劳务外包

劳务派遣是指企业（劳务派遣单位）以经营方式将招用的劳动者派遣至用工单位，由用工单位直接对劳动者的劳动过程进行管理的一种用工形式。主要特征：由劳务派遣单位招用劳动者，并与被派遣劳动者建立劳动关系，签订劳动合同；用工单位使用被派遣劳动者，但与被派遣劳动者不建立劳动关系，不直接签订劳动合同；被派遣劳动者的劳动过程受用工单位的指挥管理。

劳务外包是指用人单位（发包单位）将业务发包给承包单位，由承包单位自行安排人员按照用人单位（发包单位）要求完成相应的业务或工作内容的用工形式。主要特征：发包单位与承包单位基于外包合同形成民事上的契约关系；发包单位和承包单位约定将发包单位一定工作交付给承包单位完成，由发包单位支付承包单位一定的费用；承包单位与所雇用的劳动者建立劳动关系并对劳动者进行管理和支配；发包单位不能直接管理与支配承包单位的劳动者。

劳务派遣与劳务外包的主要区别：

1. 主体方面：经营劳务派遣业务需要一定的资质，应取得《劳务派遣经营许可证》后方可经营劳务派遣业务；在劳务外包关系中，外包的项目不涉及国家规定的特许内容，无需办理行政许可，没有特别的资质要求。

2. 岗位要求方面：劳务派遣用工只能在临时性、辅助性或者替代性岗位上实施；劳务外包对岗位没有特殊限定和要求。

3. 法律关系方面：劳务派遣涉及三方关系，劳务派遣单位与用工单位之间的劳务派遣合同关系，劳务派遣单位与被派遣劳动者之间的劳动合同关系，用工单位与被派遣劳动者之间的实际用工关系；劳务外包涉及两方关系，发包单位与承包单位之间的合同关系，承包单位与劳动者的劳动合同关系。

4. 支配与管理方面：用工单位直接对被派遣劳动者日常劳动进行指挥管理，被派遣劳动者受用工单位的规章制度管理；劳务外包的发包单位不参与对劳动者指挥管理，由承包单位直接对劳动者进行指挥管理。

5. 工作成果衡量标准方面：在劳务派遣中，用工单位根据劳务派遣单位派遣的劳动者数量、工作内容和时间等与被派遣劳动者直接相关的要素，向劳务派遣单位支付服务费；在劳务外包关系中，发包单位根据外包业务的完成情况向承包单位支付外包费用，与承包单位使用的劳动者数量、工作时间等没有直接关系。

6. 法律适用方面：劳务派遣主要适用《中华人民共和国劳动合同法》《劳务派遣行政许可实施办法》《劳务派遣暂行规定》；劳务外包主要适用《中华人民共和国民法典》。

重点提示：

1. 用工单位在劳务外包时，应注意劳务外包与劳务派遣的区别，避免出现名为劳务外包实为劳务派遣的情形。比如企业将其业务发包给其他单位，但承包单位的劳动者接受企业的指挥管理、按照企业的安排提供劳动，或者以企业的名义提供劳动等，可能会被认定为劳务派遣而非劳务外包。

2. 发包单位应履行相关社会责任，选择具备合法经营资质、信誉良好的外包单位，并督促外包单位落实劳动者权益保障责任，严格执行劳动保障法律法规，依法依规用工，与建立劳动关系的劳动者签订劳动合同，参加社会保险，缴纳社会保险费。

3. 外包单位违规用工，损害劳动者权益的，根据发包单位与外包单位之间具体法律关系，依法确定两个单位应当承担的法律责任。

（四）劳务派遣单位的选择

劳动合同法第五十七条明确，经营劳务派遣业务，应当向劳动行政部门依法申请行政许可；经许可的，依法办理相应的公司登记。未经许可，任何单位和个人不得经营劳务派遣业务。因此，用工单位在选择合作的劳务派遣单位时，应首先查看其是否依法取得《劳务派遣经营许可证》，其次应关注劳务派遣单位管理是否规范，是否有与开展业务相适应的固定的经营场所、办公设施、符合法律规定的劳务派遣管理制度等。

重点提示：

1. 如果用工单位与从未取得《劳务派遣经营许可证》的单位合作，签订《劳务派遣协议》，则会导致用工单位可能被认定与被派遣劳动者存在劳动关系的法律风险。

2. 用工单位如果管理不规范，使用的被派遣劳动者未与劳务派遣单位签订劳动合同，则可能会导致用工单位被认定与被派遣劳动者存在劳动关系的法律风险。根据劳动合同法有关规定，用人单位在招用劳动者后，应当自用工之日起一个月内与劳动者签订书面劳动合同；自用工之日起超过一个月不满一年未与劳动者订立书面劳动合同的，应当向劳动者每月支付二倍的工资并与劳动者补订书面劳动合同；满一年未与劳动者订立书面劳动合同的，视同双方已订立无固定期限劳动合同。

（五）《劳务派遣协议》的签订

用工单位与劳务派遣单位谈妥劳务派遣业务后，应当签订《劳务派遣协议》，对双方合作事宜进行约定。双方签订的《劳务派遣协议》应当至少载明下列内容：1. 派遣的工作岗位名称和岗位性质；2. 工作地点；3. 派遣人员数量和派遣期限；4. 按照同工同酬原则确定的劳动报酬数额和支付方式；5. 社会保险费的数额和支付方式；6. 工作时间和休息休假事项；7. 被派遣劳动者工伤、生育或者患病期间的相关待遇；8. 劳动安全卫生以及培训事项；9. 经济补偿等费用；10. 劳务派遣协议期限；11. 劳务派遣服务费的支付方式和标准；12. 违反劳务派遣协议的责任；13. 法律、法规、规章规定应当纳入劳务派遣协议的其他事项。

重点提示：

1. 用工单位与劳务派遣单位在签订《劳务派遣协议》时，应尽量就有关内容作出明确详细的约定，防止在履约过程中因约定不明而产生纠纷，如关于稳岗返还等补助资金分配方式，工资支付，当劳务派遣单位未按照协议约定支付工资情况下的违约责任、因此产生争议情况下的赔偿责任及用工单位承担连带责任下的追偿权利等。

2. 用工单位要督促劳务派遣单位及时与被派遣劳动者订立、续订劳动合同，避免未及时订立、续订劳动合同而发生劳动争议。

（六）用工单位对被派遣劳动者应当履行的义务

1. 劳动报酬和福利待遇方面：①告知被派遣劳动者的工作要求和劳动报酬；②支付加班费、绩效奖金，提供与工作岗位相关的福利待遇，不得歧视被派遣劳动者；③连续用工的，实行正常的工资调整机制；④使用的被派遣劳动者属跨地区派遣的，应保障被派遣劳动者按照用工单位所在地的标准执行相应劳动报酬和劳动条件；⑤保障被派遣劳动者享有与用工单位的劳动者同工同酬的权利，如果用工单位无同类岗位劳动者的，参照用工单位所在地相同或者相近岗位劳动者的劳动报酬确定。

2. 社会保险方面：①使用的被派遣劳动者属跨地区派遣的，督促劳务派遣单位在用工所在地为被派遣劳动者参加社会保险，缴纳社会保险费。劳务派遣单位未在用工单位所在地设立分支机构的，由用工单位代劳务派遣单位为被派遣劳动者办理参保手续，缴纳社会保险费；②被派遣劳动者在用工单位因工作遭受事故伤害的，用工单位应当协助做好工伤认定的调查核实工作；③被派遣劳动者在申请进行职业病诊断、鉴定时，用工单位应当负责处理职业病诊断、鉴定事宜，并如实提供职业病诊断、鉴定所需的劳动者职业史和职业危害接触史、工作场所职业危害因素检测结果等资料。

3. 劳动条件、培训和损害赔偿等方面：①执行国家劳动标准，提供相应的劳动条件和劳动保护；②对在岗被派遣劳动者进行工作岗位所必需的培训；③用工单位不得将被派遣劳动者再派遣到其他用人单位；④保障被派遣劳动者选择在用工单位依法参加或者组织工会的权利；⑤用工单位违反有关劳务派遣的规定，给被派遣劳动者造成损害的，劳务派遣单位与用工单位承担连带赔偿责任。

重点提示：

1. 用工单位应当按照同工同酬原则，对被派遣劳动者与本单位同类岗位的劳动者实行相同的劳动报酬分配办法。

2. 用工单位不得向被派遣劳动者收取费用，不得扣押被派遣劳动者的居民身份证和其他证件，不得要求被派遣劳动者提供担保等。

3. 用工单位在开展集体协商时，建议主动听取被派遣劳动者的意见，可以与被派遣劳动者就同工同酬、劳动标准、加班费、绩效奖金和工作岗位有关的福利待遇、岗位培训、工资调整机制等开展协商。

4. 用工单位要督促劳务派遣单位在用工所在地为被派遣劳动者参加社会保险，被派遣劳动者按照国家规定享受社会保险待遇。劳务派遣单位未在用工所在地参保，用工单位未履行督促义务，或劳务派遣单位不具备在用工单位所在地为被派遣劳动者办理参保手续条件，用工单位未代劳务派遣单位为被派遣劳动者办理参保手续、缴纳社会保险费，导致被派遣劳动者无法享受社会保险待遇的，劳务派遣单位与用工单位可能承担连带责任。

（七）用工单位可以退回被派遣劳动者的情形

1. 因被派遣劳动者的原因导致退回：①被派遣劳动者在试用期间被证明不符合录用条件的；②被派遣劳动者严重违反用工单位的规章制度的；③被派遣劳动者严重失职，营私舞弊，给用工单位造成重大损害的；④被派遣劳动者同时与其他用人单位建立劳动关系，对完成本单位的工作任务造成严重影响，或者经用工单位提出，拒不改正的；⑤被派遣劳动者以欺诈、胁迫的手段或者乘人之危，使对方在违背真实意思的情况下订立或者变更劳动合同，致使劳动合同无效的；⑥被派遣劳动者被依法追究刑事责任的；⑦被派遣劳动者患病或者非因工负伤，在规定的医疗期满后不能从事原工作，也不能从事由用工单位另行安排的工作的；⑧被派遣劳动者不能胜任工作，经过培训或者调整工作岗位，仍不能胜任工作的。

2. 因用工单位的原因导致退回：①劳务派遣协议订立时所依据的客观情况发生重大变化，致使劳动合同无法履行，经协商，未能就变更劳动合同内容达成协议的；②用工单位依照企业破产法规定进行重整的；③用工单位生产经营发生严重困难的；④用工单位转产、重大技术革新或者经营方式调整，经变更劳动合同后，仍需裁减人员的；⑤用工单位其他因劳务派遣协议订立时所依据的客观经济情况发生重大变化，致使劳动合同无法履行的；⑥用工单位被依法宣告破产、吊销营业执照、责令关闭、撤销、决定提前解散或者经营期限届满不再继续经营的。

3. 因派遣协议期满退回：劳务派遣协议期满终止的。

重点提示：

劳动合同法和劳务派遣暂行规定已列举了用工单位可退回被派遣劳动者的情形。因此，不建议用工单位和劳务派遣单位在上述可退回情形之外再约定其他退回情形，否则由此产生争议诉诸法律，可能会得不到劳动人事争议仲裁机构和人民法院的支持。

（八）用工单位不得退回被派遣劳动者的情形

劳务派遣暂行规定明确，被派遣劳动者有下列情形之一的，在派遣期限届满前，用工单位不得按照上述第（七）条第 2 款第①～⑤项情形将被派遣劳动者退回劳务派遣单位：1. 从事接触职业病危害作业的劳动者未进行离岗前职业健康检查，或者疑似职业病病人在诊断或者医疗观察期间的；2. 在本单位患职业病或者因工负伤并被确认丧失或者部分丧失劳动能力的；3. 患病或者非因工负伤，在规定的医疗期内的；4. 女职工在孕期、产期、哺乳期的；5. 在单位连续工作满十五年，且距法定退休年龄不足五年的；6. 法律、行政法规规定的其他情形。

重点提示：

1. 派遣期限届满的，上述六种情形应当延续至相应的情形消失时方可退回。

2. 用工单位不得以劳务派遣单位未依法取得《劳务派遣经营许可证》、劳务派遣用工超过本单位用工 10% 的比例上限、超出"三性"岗位范围用工等为由，将被派遣劳动者退回至劳务派遣单位。

3. 用工单位违法退回的，由人力资源和社会保障行政部门责令限期改正；逾期不改正的，以每人五千元以上一万元以下的标准处以罚款；给被派遣劳动者造成损害的，与劳务派遣单位承担连带赔偿责任。

（九）法律、法规、规章等对用工单位的其他限制性规定

1. 用工单位应当根据工作岗位的实际需要与劳务派遣单位确定派遣期限，不得将连续用工期限分割订立数个短期劳务派遣协议。

2. 用工单位不得设立劳务派遣单位向本单位或者所属单位派遣劳动者。

重点提示：

用工单位或者其所属单位出资或者合伙设立的劳务派遣单位，向本单位或者所属单位派遣劳动者的，属于本条第 2 项不得设立劳务派遣单位向本单位或者所属单位派遣劳动者的情形。

二、劳务派遣单位

（十）劳务派遣单位经营劳务派遣业务应首先取得《劳务派遣经营许可证》

劳动合同法明确，未经许可，任何单位和个人不得经营劳务派遣业务。

重点提示：

1. 未经许可，擅自经营劳务派遣业务的，由人力资源和社会保障行政部门责令停止违法行为，没收违法所得，并处违法所得一倍以上五倍以下的罚款；没有违法所得的，可以处以五万元以下罚款。

2. 劳务派遣单位取得《劳务派遣经营许可证》后，应当妥善保管，不得涂改、倒卖、出租、出借或者以其他形式非法转让，否则将会被处以一万元以下罚款，情节严重的，处以一万元以上三万元以下罚款。

（十一）申请经营劳务派遣业务应当具备的条件

申请经营劳务派遣业务，应当具备以下条件：1. 注册资本不少于人民币二百万元；2. 有与开展业务相适应的固定的经营场所和设施；3. 有符合法律、行政法规规定的劳务派遣管理制度；4. 法律、行政法规规定的其他条件。

重点提示：

1.《国务院关于印发注册资本登记制度改革方案的通知》（国发〔2014〕7号）明确，申请经营劳务派遣业务中的注册资本二百万元是实缴资本而非认缴资本。因此，在申请《劳务派遣经营许可证》时，需提交实缴不少于二百万元注册资本的验资报告等证明，否则将无法获得《劳务派遣经营许可证》。

2. 实缴资本已达到二百万元但注册资本与实缴资本不符，申请办理劳务派遣行政许可的，行政许可机关将不予许可；申请人应按登记的注册资本缴足资本金，或依法向公司登记机关申请减少注册资本的变更登记后，再申请办理劳务派遣行政许可。

3. 劳务派遣单位规范经营，需具备固定的经营场所、与业务相适应的办公设施设备、信息管理系统、劳务派遣管理制度等，并建议配备人力资源管理、劳动关系协调等方面的专业人员。

（十二）《劳务派遣经营许可证》的变更、延续

有下列情形之一的，劳务派遣单位应当向许可机关提出变更或延续申请：1. 劳务派遣单位名称、住所、法定代表人或者注册资本等改变的；2. 劳务派遣单位分立、合并后继续存续，其名称、住所、法定代表人或者注册资本等改变的；3. 劳务派遣行政许可有效期届满，劳务派遣单位需要延续行政许可有效期的。

重点提示：

劳务派遣单位分立、合并后设立新公司的，应当重新申请劳务派遣行政许可。

（十三）不予延续行政许可期限的情形

劳务派遣单位有下列情形之一的，许可机关应当作出不予延续书面决定：1. 逾期不提交劳务派遣经营情况报告或者提交虚假劳务派遣经营情况报告，经责令改正，拒不改正的；2. 违反劳动保障法律法规，在一个行政许可期限内受到二次以上行政处罚的。

重点提示：

劳务派遣单位应当在劳务派遣行政许可期限届满前六十日前向许可机关提出延续申请，并提交三年以来的基本经营情况，否则许可机关将不予延续；劳务派遣单位继续经营劳务派遣业务的，需重新申请劳务派遣经营许可。

（十四）年度劳务派遣经营情况报告

劳务派遣单位应当如实向人力资源和社会保障行政部门按年度提交上一年度劳务派遣

经营情况报告，报告事项包括：1. 经营情况以及上年度财务审计报告；2. 被派遣劳动者人数以及订立劳动合同、参加工会的情况；3. 向被派遣劳动者支付劳动报酬的情况；4. 被派遣劳动者参加社会保险、缴纳社会保险费的情况；5. 被派遣劳动者派往的用工单位、派遣数量、派遣期限、用工岗位的情况；6. 与用工单位订立的劳务派遣协议情况以及用工单位履行法定义务的情况；7. 设立子公司、分公司等情况。

重点提示：

1. 人力资源和社会保障行政部门对劳务派遣单位提交的年度经营情况报告进行核验，进行监督，并将核验结果和监督情况载入企业信用记录。

2. 劳务派遣单位设立的子公司或者分公司，应当向办理许可或者备案手续的人力资源和社会保障行政部门提交上一年度劳务派遣经营情况报告。

（十五）劳动合同的订立

劳务派遣单位招用被派遣劳动者，在与被派遣劳动者订立劳动合同时，需注意以下几点：1. 与被派遣劳动者应当订立二年以上的固定期限书面劳动合同；2. 不得以非全日制用工形式招用被派遣劳动者；3. 可以依法与被派遣劳动者约定试用期，但与同一被派遣劳动者只能约定一次试用期；4. 应当将劳务派遣协议的内容告知被派遣劳动者；5. 不得向被派遣劳动者收取费用。

重点提示：

1. 及时订立书面劳动合同。劳务派遣单位招用被派遣劳动者后，应当及时与其订立书面劳动合同。

2. 被派遣劳动者在无工作期间，劳务派遣单位应当按照所在地人民政府规定的最低工资标准，向其按月支付报酬。

（十六）劳动合同的必备条款

劳务派遣单位与被派遣劳动者订立的劳动合同，应载明以下事项：1. 劳务派遣单位的名称、住所和法定代表人或者主要负责人；2. 被派遣劳动者的姓名、住址和居民身份证或者其他有效身份证件号码；3. 劳动合同期限；4. 工作内容和工作地点；5. 工作时间和休息休假；6. 劳动报酬；7. 社会保险；8. 劳动保护、劳动条件和职业危害防护；9. 被派遣劳动者的用工单位；10. 派遣期限；11. 工作岗位；12. 法律、法规规定应当纳入劳动合同的其他事项。

重点提示：

上述的必备条款中，被派遣劳动者的用工单位、派遣期限和工作岗位很容易被遗漏，劳务派遣单位需格外注意。

（十七）劳务派遣单位对被派遣劳动者应当履行的义务

1. 告知方面：如实告知被派遣劳动者工作内容、工作条件、工作地点、职业危害、安全生产状况、劳动报酬、应遵守的规章制度、劳务派遣协议内容以及被派遣劳动者要求了解的其他情况。

2. 培训方面：建立培训制度，对被派遣劳动者进行上岗知识、安全教育等培训。

3. 报酬支付方面：按照国家规定和劳务派遣协议约定，依法支付被派遣劳动者的劳动报酬和相关待遇。

4. 社会保障方面：按照国家规定和劳务派遣协议约定，依法为被派遣劳动者缴纳社会保险费，并办理社会保险相关手续；对被派遣劳动者在用工单位因工作遭受事故伤害的，依法申请工伤认定。

5. 督促责任方面：督促用工单位依法为被派遣劳动者提供劳动保护和劳动安全卫生条件。

6. 协助处理和提供证明、材料方面：协助处理被派遣劳动者与用工单位的纠纷；在被派遣劳动者申请进行职业病诊断、鉴定时，提供被派遣劳动者职业病诊断、鉴定所需的其他材料；依法出具解除或终止劳动合同的证明。

重点提示：

跨地区派遣劳动者的，应当在用工单位所在地为被派遣劳动者参加社会保险，按照用工单位所在地的规定缴纳社会保险费，并执行用工单位所在地的劳动标准。

（十八）劳动合同的解除

1. 协商一致：双方协商一致的，可以解除劳动合同。

2. 劳务派遣单位单方提出：劳务派遣单位单方提出的，可细分为三个方面，即：因劳动者的原因导致劳动合同解除的；因劳务派遣单位的原因导致劳动合同解除的；因用工单位退回的原因导致劳动合同解除的。

因劳动者的原因导致劳动合同解除的，主要包括：①被派遣劳动者在试用期间被证明不符合录用条件的；②被派遣劳动者严重违反劳务派遣单位的规章制度的；③被派遣劳动者严重失职，营私舞弊，给劳务派遣单位造成重大损害的；④被派遣劳动者同时与其他用人单位建立劳动关系，对完成本单位的工作任务造成严重影响，或者经劳务派遣单位提出，拒不改正的；⑤被派遣劳动者以欺诈、胁迫的手段或者乘人之危，使劳务派遣单位在违背真实意思的情况下订立或者变更劳动合同的；⑥被派遣劳动者被依法追究刑事责任的；⑦被派遣劳动者患病或者非因工负伤，在规定的医疗期满后不能从事原工作，也不能从事由劳务派遣单位另行安排的工作的；⑧被派遣劳动者不能胜任工作，经过培训或者调整工作岗位，仍不能胜任工作的。

因劳务派遣单位的原因导致劳动合同解除的，主要包括：①劳动合同订立时所依据的客观情况发生重大变化，致使劳动合同无法履行，经劳务派遣单位与被派遣劳动者协商，未能就变更劳动合同内容达成协议的；②劳务派遣单位依照企业破产法规定进行重整的；③劳务派遣单位生产经营发生严重困难的；④劳务派遣单位转产、重大技术革新或者经营方式调整，经变更劳动合同后，仍需裁减人员的；⑤其他因劳动合同订立时所依据的客观经济情况发生重大变化，致使劳动合同无法履行的。

因用工单位退回的原因导致劳动合同解除的，主要包括：①被派遣劳动者因上述第（七）条第1款第①～⑧项原因被用工单位依法退回的；②被派遣劳动者因上述第（七）条第2款第①～⑥项、第3款原因被用工单位依法退回，劳务派遣单位重新派遣时维持或提高劳动合同约定条件，被派遣劳动者不同意的。

3. 被派遣劳动者单方提出：①被派遣劳动者提前三十日以书面形式通知劳务派遣单位的；②被派遣劳动者在试用期内提前三日通知劳务派遣单位的；③用人单位未按照劳动合同约定提供劳动保护或者劳动条件的；④用人单位未及时足额支付劳动报酬的；⑤用人单位未依法为劳动者缴纳社会保险费的；⑥用人单位的规章制度违反法律、法规的规定，损害劳动者权益的；⑦用人单位以欺诈、胁迫的手段或者乘人之危，使对方在违背真实意思的情况下订立或者变更劳动合同，致使劳动合同无效的；⑧用人单位在劳动合同中免除自己的法定责任、排除劳动者权利的；⑨用人单位违反法律、行政法规强制性规定的；⑩用人单位以暴力、威胁或者非法限制人身自由的手段强迫劳动者劳动的；⑪用人单位违章指挥、强令冒险作业危及劳动者人身安全的；⑫被派遣劳动者被用工单位依法退回，劳务派遣单位重新派遣时降低劳动合同约定条件，被派遣劳动者不同意，但被派遣劳动者提出解除劳动合同的；⑬法律、行政法规规定被派遣劳动者可以解除劳动合同的其他情形。

重点提示：

劳务派遣单位行政许可有效期未延续或者《劳务派遣经营许可证》被撤销、吊销的，已经与被派遣劳动者依法订立的劳动合同应当履行至期限届满；除经双方协商一致，被派遣劳动者同意解除劳动合同外，劳务派遣单位不得以此为理由与被派遣劳动者解除劳动合同。

（十九）劳动合同的终止

有下列情形之一的，劳务派遣单位可以依法终止与被派遣劳动者的劳动合同：1. 劳动合同期满的；2. 被派遣劳动者开始依法享受基本养老保险待遇的；3. 被派遣劳动者达到法定退休年龄的；4. 被派遣劳动者死亡，或者被人民法院宣告死亡或者宣告失踪的；5. 劳务派遣单位被依法宣告破产、吊销营业执照、责令关闭、撤销、决定提前解散或者经营期限届满不再继续经营的；6. 法律、行政法规规定的其他情形。

重点提示：

劳务派遣单位被依法宣告破产、吊销营业执照、责令关闭、撤销、决定提前解散或者经营期限届满不再继续经营的，此种情形下，劳务派遣单位可以终止与被派遣劳动者的劳动合同，但劳务派遣单位和用工单位应协商妥善安置被派遣劳动者。

（二十）经济补偿

有下列情形之一的，劳务派遣单位应依法支付经济补偿：

1. 协商一致解除劳动合同：劳务派遣单位提出并与被派遣劳动者协商一致解除劳动合同的。

2. 被派遣劳动者提出解除劳动合同：①用人单位未按照劳动合同约定提供劳动保护或者劳动条件的；②用人单位未及时足额支付劳动报酬的；③用人单位未依法为劳动者缴纳社会保险费的；④用人单位的规章制度违反法律、法规的规定，损害劳动者权益的；⑤用人单位以欺诈、胁迫的手段或者乘人之危，使对方在违背真实意思的情况下订立或者变更劳动合同，致使劳动合同无效的；⑥用人单位在劳动合同中免除自己的法定责任、排除劳动者权利致使劳动合同无效的；⑦用人单位违反法律、行政法规强制性规定致使劳动合同无效的；⑧用人单位以暴力、威胁或者非法限制人身自由的手段强迫劳动者劳动的；⑨用人单位违章指挥、强令冒险作业危及劳动者人身安全的；⑩法律、行政法规规定被派遣劳动者可以解除劳动合同的其他情形。

3. 劳务派遣单位提出解除劳动合同：①被派遣劳动者患病或者非因工负伤，在规定的医疗期满后不能从事原工作，也不能从事由用人单位另行安排的工作的；②被派遣劳动者不能胜任工作，经过培训或者调整工作岗位，仍不能胜任工作的；③劳动合同订立时所依据的客观情况发生重大变化，致使劳动合同无法履行，经劳务派遣单位与被派遣劳动者协商，未能就变更劳动合同内容达成协议的；④劳务派遣单位依照企业破产法规定进行重整，需裁减人员的；⑤劳务派遣单位因生产经营发生严重困难的；⑥劳务派遣单位转产、重大技术革新或者经营方式调整，经变更劳动合同后，仍需裁减人员的；⑦劳务派遣单位其他因劳动合同订立时所依据的客观经济情况发生重大变化，致使劳动合同无法履行的。

4. 劳动合同终止：①劳动合同到期，除劳务派遣单位维持或者提高劳动合同约定条件续订劳动合同，被派遣劳动者不同意续订的情形外，劳务派遣单位终止固定期限劳动合同的；②劳务派遣单位被依法宣告破产、吊销营业执照、责令关闭、撤销、决定提前解散或者经营期限届满不再继续经营而终止劳动合同的。

5. 用工单位退回被派遣劳动者：①被派遣劳动者因上述第（七）条第 2 款第①～⑥项、第 3 款原因被用工单位依法退回，劳务派遣单位重新派遣时维持或提高劳动合同约定条件，因被派遣劳动者不同意而解除劳动合同的；②因用工单位退回被派遣劳动者导致劳动合同解除，按照法律、行政法规规定应当支付经济补偿的。

重点提示：

1. 经济补偿按被派遣劳动者在本单位工作的年限，每满一年支付一个月工资的标准向劳动者支付。六个月以上不满一年的，按一年计算；不满六个月的，向被派遣劳动者支付半个月工资的经济补偿。

2. 月工资是指被派遣劳动者在劳动合同解除或者终止前十二个月的平均工资，工作不满十二个月的，按照实际工作的月数计算平均工资。月工资按照被派遣劳动者应得工资计算，包括计时工资或者计件工资以及奖金、津贴和补贴等货币性收入。

3. 劳务派遣单位违反规定的条件和程序解除或者终止劳动合同，被派遣劳动者要求继续履行劳动合同的，劳务派遣单位应当继续履行；被派遣劳动者不要求继续履行劳动合同或者劳动合同已经不能继续履行的，劳务派遣单位应当按经济补偿标准的二倍支付赔偿金。

三、劳动纠纷处理

（二十一）劳动争议仲裁

被派遣劳动者与劳务派遣单位、用工单位发生劳动争议后，可以依法申请劳动争议仲裁，劳务派遣单位、用工单位依法应为共同当事人。劳动争议案件仲裁处理主要包括如下几个环节：提交申请书、仲裁受理、开庭审理、仲裁调解、仲裁裁决。

1. 提交申请书：当事人申请劳动争议仲裁，应当按照要求提交书面仲裁申请书，并按照被申请人人数提交副本。申请书应当写明申请人和被申请人的基本信息，仲裁请求和所根据的事实、理由，证据和证据的来源、证人的姓名和住所等。

2. 仲裁受理：劳动人事争议仲裁委员会应当自收到仲裁申请之日起五日内，认为符合受理条件的，应当受理，并通知申请人；认为不符合受理条件的，应当通知申请人不予受理，并说明理由。劳动人事争议仲裁委员会受理仲裁申请后，应当在五日内将仲裁申请书副本送达被申请人。

3. 开庭审理：劳动人事争议仲裁委员会在受理仲裁申请之日起五日内将仲裁庭的组成情况书面通知当事人；仲裁庭在开庭五日前，将开庭日期、地点书面通知双方当事人。当事人无正当理由拒不到庭或者未经仲裁庭同意中途退庭的，对申请人视为撤回仲裁申请，对被申请人可以缺席裁决。

4. 仲裁调解：仲裁庭在作出裁决前，应当先行调解，促使当事人双方自愿达成和解协议。调解达成协议的，仲裁庭应当根据协议内容制作调解书，调解书经双方当事人签收后，发生法律效力。调解未达成协议或者调解书送达前，一方当事人反悔的，仲裁庭应当及时作出裁决。

5. 仲裁裁决：仲裁庭裁决劳动争议案件，应当自劳动人事争议仲裁委员会受理仲裁申请之日起四十五日内结束。案情复杂需要延期的，经批准可以延期并书面通知当事人，但延长期限不超过十五日。仲裁庭裁决后应当制作仲裁裁决书送达双方当事人。当事人对仲裁裁决不服的，可以按照劳动争议调解仲裁法的相关规定，向人民法院提起诉讼。

重点提示：

1. 做好应诉准备。无论用工单位还是劳务派遣单位，接到仲裁申请书副本后，要积极准备相关材料，如《营业执照》复印件、法定代表人证明书等，委托律师或者本单位有关人员参加仲裁活动的，还要准备好《授权委托书》，并根据要求积极准备好答辩书，在收到仲裁申请书副本后十日内提交至劳动人事争议仲裁委员会。

2. 积极准备证据材料。根据规定，因用人单位作出的开除、除名、辞退、解除劳动合同、减少劳动报酬、计算劳动者工作年限等决定而发生的劳动争议，用人单位负举证责任；被派遣劳动者主张加班费的，应当就加班事实的存在承担举证责任，但被派遣劳动者有证据证明用人单位掌握加班事实存在的证据，用人单位不提供的，由用人单位承担不利后果。

（二十二）劳动保障监察

人力资源和社会保障行政部门可以日常巡视检查、审查用人单位按照要求报送的书面材料以及接受举报投诉等形式实施劳动保障监察。任何组织或者被派遣劳动者等个人可以依法向人力资源和社会保障行政部门举报投诉。劳动保障监察处理主要包括如下几个环节：立案、调查取证、案件处理。

1. 立案：人力资源和社会保障行政部门接到投诉举报后，五个工作日内决定是否受理；对符合条件的投诉举报，应决定受理并于受理之日立案查处。人力资源和社会保障行政部门通过日常巡视检查、书面审查等发现用工单位或劳务派遣单位违反劳务派遣有关规定，需要调查处理的，应当及时立案查处。

2. 调查取证：人力资源和社会保障行政部门根据《关于实施〈劳动保障监察条例〉若干规定》（劳动保障部令第 25 号）规定的程序、措施及应履行的义务进行调查取证；调查取证应自立案之日起六十个工作日内完成，情况复杂的，经人力资源和社会保障行政部门负责人批准，可以延长三十个工作日。

3. 案件处理：根据调查、检查的结果，作出以下处理：①对依法应当受到行政处罚的，依法作出行政处罚决定；②对应当改正未改正的，依法责令改正或者作出相应的行政处理决定；③对情节轻微，且已改正的，或者经调查、检查，人力资源和社会保障行政部门认定违法事实不能成立的，撤销立案；④发现违法案件不属于劳动保障监察事项的，应当及时移送有关部门处理；涉嫌犯罪的，应当依法移送司法机关。

重点提示：

1. 劳动保障行政处理或者处罚决定书依法作出后，当事人应当在规定的期限内予以履行；当事人对人力资源和社会保障行政部门作出的行政处罚决定、责令支付被派遣劳动者工资报酬、赔偿金或者征缴社会保险费等行政处理决定逾期不履行的，人力资源和社会保障行政部门可以申请人民法院强制执行，或者依法强制执行。

2. 无论用工单位还是劳务派遣单位，有重大违反劳动保障法律、法规或者规章行为的，人力资源和社会保障行政部门将会按照规定向社会公布，并计入用人单位劳动保障守法诚信档案或予以联合惩戒。

附录三
国网江苏省和浙江省电力企业生产业务外包项目范围参考

国网江苏省电力企业生产业务外包项目范围

核心业务范围

分　类		具体工作
变电设备运维	一次设备运维	巡视、操作及监护
		工作许可及验收
		带电作业（带电水冲洗除外）
		各类设备铭牌的维护
		变电一次设备/继保二次设备/自动化系统专业巡视
		变电一次设备带电检测（包括 SF6 气体检测）
		变电一次设备新投、特殊情况下的红外测温，变电一次设备专业巡检
		充油（气）设备油气化学试验
	二次设备运维	工作许可及验收
		继保设备定值打印及压板核对、专业巡视测量、继保整定、二次回路检查、清扫
		直流逆变器巡视测量、切换测试、UPS 巡视测量、切换测试
		五防锁具钥匙对应性检查、电子密码锁检查试验
	辅助设施运维	事故照明设备电源切换
		变电站视频系统检查
	其他运维工作	各类风控箱、端子箱、机构箱、汇控箱及箱内驱潮电热装置专项巡检
		各类运行管理工作、生产管理信息系统数据维护
变电设备检修	一次设备检修	变电一次设备电气试验
	二次设备检修	二次保护设备校验
		保护定值整定、软件版本升级
		自动化综合联调、保护配合传动
线路设备运维		工作许可及验收
		铭牌维护
		污秽测量、红外测温、带电测零等常规检测业务以及特殊区段的运行管理
		线路设备专业巡视（杆塔、导线、地线、绝缘子、金具、基础、接地装置等）
		各类运行管理工作、生产管理信息系统数据维护

（续表）

分　类	具体工作
线路设备检修	常规带电作业
电缆设备运维及检修	工作许可及验收
	电缆通道、电缆线路本体、电缆附件及附属设施运行、巡视、维护
	电缆中间头、终端设备红外测温等带电检测专业巡视
	感应电流检测、局放试验、紫外放电检测、护层摇测、接地电阻测量
	各类运行管理工作、生产管理信息系统数据维护
配电设备运维	工作许可及验收
	配电线路、设备运维、带电检测、四类架空线路带电作业项目及电缆不停电作业项目
	各类运行管理工作、生产管理信息系统数据维护

常规业务范围

分　类		具体工作
变电设备运维	一次设备运维	变压器冷却系统、水喷淋系统维护
		状态检（监）测等新技术应用
		在线监测装置维护
		带电水冲洗
		所用变、电容器停电清扫
		微机防误装置维护
		变电一次设备红外精确测温
	二次设备运维	变电站综合自动化系统的维护
		变电站内通信设备（光纤、光传输、PCM、微波设备、GPS等）专业巡视、除尘、维护、系统通信参数调整、软件版本升级、通信蓄电池测量及充放电试验
		变电二次设备（含通信自动化及交直流系统）红外精确测温
变电设备检修		变电设备常规检修
线路设备运维		杆塔、基础、导地线、绝缘子、金具的定期检查和检测
		线路精确测温
		线路状态在线监测终端设备、通信光缆检修、线路状态在线监测主站系统维护
线路设备检修		特殊带电作业（新带电技术应用）
		杆塔改造、导地线更换、调爬以及线路防雷、防污闪、防风偏、防舞动等技防措施的安装，
电缆设备运维		电缆线路本体、终端及电缆中间接头及附属设施检修
		江缆检修
		无
		电缆头精确测温

（续表）

分　类	具体工作
配电设备检修	配网自动化终端设备、通信光缆检修，配网自动化主站系统维护
	电缆通道、电缆线路本体、电缆附件及附属设施运行、巡视、维护
	电缆局放试验、护层摇测、接地电阻测量
	电缆附属设施检修
	电缆线路本体、终端及电缆中间接头检修
	配变、柱上开关、开关柜、环网柜等配电主设备的轮换检修业务
	配电开关柜、环网柜、箱变、分支箱等设备局放检测
抢修	输变电设备、设施的抢修

一般业务范围

分　类		具体工作
变电设备运维	一次设备运维	UPS、逆变、站用电屏、直流电源系统及其屏柜维护
		铭牌制作、变电站警告牌安装、维修
	二次设备运维	故障录波仪维护
		综合自动化装置精度校验、维护
		调度总机、多通道录音电话维护
		通信机房接地测试
	仪器仪表运维	电能计量设备、负荷测录仪等指示仪表的校验维护
	辅助设施运维	变电站设备基础维修、房屋及道路修缮、电动大门检查维护，防小动物设施修理，防汛设施维护
		消防、技防、遥视、电子围栏系统维护，门禁（门锁）系统维护
		灭火器等消防器材维护
		检修电源箱、照明电源箱及箱内触电保护器检查维护，端子箱加热器更换及定期维护
		低压生活电器、空调检查维护，所内生产生活等家具维护
		排风扇、污水泵、排水泵、潜水泵检查维护
		电缆层、电缆沟及柜内防火封堵、电缆沟防渗漏、维修
		变电站构支架、设备基础防锈、防腐、防污喷涂
		防雷接地装置及接地网测量维护
		变电站照明系统维护
		桥式起重机、电动葫芦检查维护
		变电站绿化保洁、文明生产维护
	其他运维工作	变电站感应场强测试
		变电站噪声检测

（续表）

分　类	具体工作
线路设备运维	接地电阻测量及处理、大跨越线路振动测量
	警告牌安装、维修
	线路通道巡视、清障、防外破等电力设施防护业务、危险源监控
	航空照明设施维护、线路拦河拦道
	杆塔基础维护加固、修筑护坡，巡检便道维护
	杆塔油漆、防腐处理，绝缘子防污喷涂，大塔及辅助设施维护和环境巡视
线路设备检修	绝缘子停电测试、清扫
	防鸟装置等附属设施安装维修
电缆线路运维	电缆环境巡视、危险源监控
	电缆管沟维护、电缆井维修
	电缆标识牌维修、安装
配电设备运维	电缆环境巡视、危险源监控
	电缆头精确测温
	电缆管沟维护、电缆井维修
	导线及设备接头精确测温
	线路通道巡视、清障、防外破等电力设施防护业务
	杆塔基础维护加固、修筑护坡
	杆塔、配变等设备油漆、防腐处理
	配电房、开闭所及附属设施维修
	线路及设备标识牌维修、安装
	配电 GIS 数据采集，配电 GIS 主站系统维护
	配电线路综合检修
	配变、柱上开关、环网柜等设备接地电阻测量及处理
抢修	中低压配电设备抢修
工器具、仪器仪表修理	输变配电工器具、仪器仪表试验、维修，带电作业工器具试验、维修

国网浙江省电力检修公司生产业务外包项目范围

核心业务范围

分　类		具体工作
变电设备运维	一次设备运维	巡视、操作及监护
		工作许可及验收
		带电作业（带电水冲洗除外）
		各类设备铭牌的维护

（续表）

分　类		具体工作
变电设备运维	一次设备运维	变电一次设备/继保二次设备/自动化系统专业巡视
		变电一次设备带电检测（包括 SF6 气体检测）
		变电一次设备红外测温专业巡检
		充油（气）设备油气化学试验
	二次设备运维	继保设备定值打印及压板核对、专业巡视测量、继保整定、高频通道测试、母差不平衡电流测量、二次回路检查、清扫
		故障录波仪交直流切换、直流逆变器巡视测量、切换测试、UPS 巡视测量、切换测试
		五防锁具钥匙对应性检查、电子密码锁检查试验
	辅助设施运维	事故照明设备电源切换
		变电站视频系统检查
		各类风控箱、端子箱、机构箱、汇控箱及箱内驱潮电热装置专项巡检
	其他运维工作	各类运行管理工作、生产管理信息系统数据维护
变电设备检修	一次设备检修	变电一次设备电气试验
	二次设备检修	二次保护设备校验
		保护定值整定、软件版本升级
		自动化综合联调、保护配合传动
线路设备运维		工作许可及验收
		铭牌维护
		污秽测量、红外测温、带电测零等常规检测业务以及特殊区段的运行管理
		线路设备专业巡视（杆塔、导线、地线、绝缘子、金具、基础、接地装置等）
		各类运行管理工作、生产管理信息系统数据维护
线路设备检修		常规带电作业
电缆设备运维及检修		许可及验收
		电缆通道、电缆线路本体、电缆附件及附属设施运行、巡视、维护，电缆本体检修、电缆附属设备检修。
		电缆中间头、终端设备红外测温等带电检测专业巡视
		感应电流检测、局放试验、油压检测、紫外放电检测、护层摇测、接地电阻测量、油气化学试验
		各类运行管理工作、生产管理信息系统数据维护

常规业务范围

分 类		具体工作
变电设备运维	一次设备运维	变压器冷却系统、水喷淋系统维护
		状态检（监）测等新技术应用
		在线监测装置维护
		带电水冲洗
		所用变、电容器停电清扫
		微机防误装置维护
	二次设备运维	自动化系统的维护
		通信设备（光纤、光传输、PCM、微波设备、GPS等）专业巡视、除尘、维护、系统通信参数调整、软件版本升级、通信蓄电池测量及充放电试验
变电设备检修	变电设备检修	变电设备常规检修
线路设备运维		杆塔、基础、导地线、绝缘子、金具的定期检查和检测
线路设备检修		特殊带电作业（新带电技术应用）
		杆塔改造、导地线更换、调爬清扫以及线路防雷、防污闪、防风偏、防舞动等技防措施的安装，线路通道巡视、清障、防外破等电力设施防护业务。
电缆设备运维及检修		电缆附属设施检修
		海缆检修
		接地极检查
抢修		输变电设备、设施的抢修

一般业务范围

分 类		具体工作
变电设备运维	一次设备运维	UPS、逆变、站用电屏、直流电源屏维护
	二次设备运维	故障录波仪维护
		综合自动化装置精度校验、维护
		调度总机、多通道录音机维护
		通讯机房接地测试
	辅助设施运维	变电站建筑物、电动大门检查维护
		消防、技防、遥视系统维护
		灭火器等消防器材维护
		检修电源箱 照明电源箱及箱内触电保护器检查维护
		低压生活电器、空调检查维护
		排风扇、污水泵、排水泵、潜水泵检查维护
		电缆层及电缆沟防火封堵

（续表）

分　类		具体工作
变电设备运维	辅助设施运维	变电站构架防腐、防污喷涂
		防雷接地装置及接地网测量维护
		变电站照明系统维护
		桥式起重机、电动葫芦检查维护
		变电站非设备区域绿化保洁、房屋修缮、安保消防
	其他运维工作	变电站感应场强测试
		变电站噪声检测
线路设备运维		感应场强测量、接地电阻测量及处理、大跨越线路振动测量
		危险源监控、警告牌安装、通道巡视、清障、防外损宣传
		航空照明设施维护、线路拦河拦道
		杆塔基础维护加固、修筑护坡
		杆塔油漆、防腐处理，绝缘子防污喷涂，大塔及辅助设施维护和环境巡视
线路设备检修		绝缘子停电测试、清扫
		杆塔警告牌、防鸟装置等附属设施安装维修
电缆设备运维		电缆环境巡视、工地管理
抢修		低压故障抢修